U0216155

吉林人民出版社

简体字本二十六史

清史稿

卷二〇九——卷二二五

（十）

[民国] 赵尔巽等 撰

许凯等 标点

清史稿卷二〇九

表第四九

藩部世表序　藩部世表一

汉郡属国，皆有侯王。唐之胡州，亦袭爵号。有清蒙部，实多勋戚。天、崇开国，康、雍御准，咸、同之间，汤定粤、捻，均收其助。内盟诸爵，始皆世封。乾隆之末，外扎萨克以逮回部，皆予罔替。今按旧表，传袭多者至十数次，可谓盛矣。凡扎萨克皆有分土，三代诸侯，殆无以异。故虽台吉，亦所备列。闲散王公，以有世爵，亦不略焉。

	初封	一次袭	二次袭	三次袭	四次袭	五次袭	六次袭	七次袭	八次袭	九次袭	十次袭	十一次袭	十二次袭	十三次袭	十四次袭	十五次袭	十六次袭
科尔沁部扎萨克和硕土谢图	奥巴 元太祖弟哈巴图哈萨尔之裔。	巴达礼 奥巴长子。天聪七年，授济	巴雅斯呼朗 巴达礼长子。康	阿喇善 巴雅斯呼朗长子。康熙十	沙津 巴达礼次子。初封多罗贝勒，见	阿喇善 康熙四十一年，仍袭扎萨	鄂勒齐图 阿喇善长子。康熙五	阿喇布坦 鄂勒齐图长子。康熙	垂扎布 阿喇布坦长子。乾隆二十	纳旺 垂扎布长子。乾隆三十二年，袭	喇什纳木扎勒 垂扎布次	诺尔布璘沁 喇什纳木扎勒	色登端鲁布 诺尔布璘沁子。	巴宝多尔济 色登端鲁布子。	色旺诺尔布登宝 巴宝	业喜海顺 色旺诺尔布桑宝嗣	

亲王。	天命十一年,封土谢图汗。天聪六年卒。	农,袭土谢图号。崇德元年,封扎萨克和硕土谢图亲王。诏	熙十一年,袭扎萨克和硕土谢图亲王。寻卒。	三年,袭扎萨克和硕土谢图亲王。二十七年以惰职削。	贝勒表。康熙二十七年,袭扎萨克和硕土谢图亲王。四十	克和硕土谢图亲王。五十年,卒。	十一年,袭扎萨克和硕土谢图亲王。五十九年,卒。	五十九年,袭扎萨克和硕土谢图亲王。乾隆二十四年,卒。	四年,袭扎萨克和硕土谢图亲王。三十二年,卒。	扎萨克和硕土谢图亲王。寻卒。	子。乾隆三十二年,袭扎萨克和硕土谢图亲王。四十七年,	长子。乾隆四十七年,袭扎萨克和硕土谢图亲王。道光二	道光二十年袭。	咸丰六年,袭。光绪十六年,卒。	多尔济子。光绪十六年,袭。二十七年,遇害。	子。光绪二十八年,袭。

科尔沁部多罗贝勒。	
沙津 康熙十四年，以军功	
阿必达 沙津长子。康熙	世袭罔替。康熙十年，卒。
多尔济 阿必达长子。雍	
特古斯额尔克	
古穆扎布 特古斯额	一年，以罪削。
三音济雅图 古穆	
达尔玛扎普 三音	
三音瑚比图 达尔	
旺楚克林沁 三音	
达木林旺济勒	
敏珠尔色丹 达木	卒。
凯毕 敏珠尔色丹从弟。光	十年，卒。

科尔沁部	满珠习礼	和塔满珠习礼	班第和塔长子。	罗卜藏衮	色布腾巴	色旺诺尔	旺扎勒多	丹曾旺布	布彦温都	索特那木	棍布旺济	那木济勒					
	封多罗贝勒,诏世袭罔替,后袭扎萨克土谢图和硕亲王。见亲王表。	三十三年,袭多罗贝勒。六十一年,卒。	正元年,袭多罗贝勒。乾隆十一年,卒。	图多尔济长子。乾隆十一年,袭多罗贝勒。二十四年,卒。	尔克图长子。乾隆二十四年,袭多罗贝勒。嘉庆四年,卒。	扎布子。嘉庆四年,袭多罗贝勒。道光三年,卒。	济雅图长子。道光三年,袭。二十一年,革。	玛扎普弟。道光二十一年,袭。	瑚比图子。道光二十八年,袭。	旺楚克林沁弟。咸丰十一年,袭。	林旺济勒兄。光绪七年,袭。	绪十三年,袭。宣统二年,卒。					

扎萨克和硕达尔汉亲王。	土谢图汗奥巴从子，追封福亲王莽古斯之孙，忠亲王宰桑之子。崇德元年，封扎萨克多	长子。康熙四年，袭扎萨克和硕达尔汉亲王，停袭巴图鲁号。八年，卒。	康熙十年，袭扎萨克和硕达尔汉亲王。四十九年，卒。	布 班第长子。康熙四十九年，袭扎萨克和硕达尔汉亲王。乾隆十七年，卒。	勒珠尔 罗卜藏衮布第三子。乾隆十七年，袭扎萨克和硕达尔汉亲王。二十年，从	布 罗卜藏衮布次子。乾隆二十年，袭扎萨克和硕达尔汉亲王。三十八年，卒。	尔济 色旺诺尔布长子。乾隆三十九年，袭扎萨克和硕达尔汉亲王。嘉庆三年，卒。	旺扎勒多济尔长子。嘉庆三年，袭扎萨克和硕达尔汉亲王。十三年，卒。	尔珊 丹曾旺布长子。嘉庆十三年，袭扎萨克和硕达尔汉亲王。道光元年，因事革扎	朋素克 布彦温都尔珊之子。道光十八年，袭。二十八年，赐还扎萨克。	勒 索特那木朋素克子。同治十三年，袭。	色楞 棍布旺济勒子。光绪十年，袭。					

萨克。十八年，卒。

征准噶尔有功，赐双俸。寻以罪削，后复封和硕亲王。别有表。

罗巴图鲁郡王，诏世袭罔替。顺治九年，赐达尔汉号。十九年，晋和硕达尔汉巴图鲁亲王。

	康熙四年，卒。																
科尔沁部和硕卓哩克图亲王。	乌克善达尔汉亲王满珠习礼兄。崇德元年，封和硕卓哩克图亲	毕勒塔噶尔乌克善第三子。康熙五年，袭和硕卓哩克图亲	鄂齐尔毕勒塔噶尔长子康熙七年，袭和硕卓哩克图亲王。二十	都勒巴乌克善第六子。康熙二十一年，袭和硕卓哩克图亲王。二	巴特玛都勒巴长子。康熙二十七年，袭和硕卓哩克图亲王。雍正	阿勒坦格呼勒巴特玛长子。雍正三年，袭和硕卓哩克图	扎木巴勒扎木素阿勒坦格呼勒长子。乾隆二年，袭和	恭格喇布坦扎木巴勒扎木素长子。乾隆二十六年，袭和硕	拉旺恭格喇布坦长子。乾隆六十年，袭和硕卓哩克图亲王。	噶勒桑栋罗布拉旺长子。嘉庆九年，袭和硕卓哩克图亲	巴图噶勒桑栋罗布子。道光六年，袭。二十一年补备兵扎萨克。	济克登旺库尔巴图子。咸丰十一年，袭。光绪十七年，卒。	丹色里特旺珠尔光绪十七年，袭。二十年，卒。	额尔德木毕里克图丹色里特旺珠尔子。光绪二十	色旺端鲁布额尔德木毕里克图弟。光绪三十四年十二月，		

	王。诏世袭罔替。康熙四年，卒。	王。六年，卒。	一年，以罪削。	十七年，卒。	三年，卒。	亲王。乾隆元年，卒。	硕卓哩克图亲王。二十六年，卒。	卓哩克图亲王。六十年，卒。		王。道光元年，赐扎萨克。六年，卒。				年，袭。三十二年八月，卒。	袭。		
科尔沁部辅国公。	色布腾巴勒珠尔乾隆八年，封辅国公。	鄂勒哲特穆尔额尔克巴拜	鄂勒哲图鄂勒哲特穆尔额尔克巴拜嗣子。乾	济克默特鄂勒哲图之侄。嘉庆二十四年，降袭	棍楚克林沁济克默特嗣子。道光二十八年，	那苏图棍楚克林沁子。光绪十年，降袭辅国公。	达赉那苏图子。光绪二十七年，袭。										

十七年,袭其父罗卜藏衮布爵,后以罪削。见达尔汉亲王表。二十一年,复赐公品级。二十	色布腾巴勒珠尔长子。乾隆四十年,袭多罗郡王。四十九年,诏世袭罔替。五十六年八月,	隆五十九年,袭公品级。嘉庆二十四年六月,卒。	固山贝子。道光六年,补扎萨克。	降袭镇国公。同治十一年,赐贝子衔。

科尔沁	
奇塔特	三年，封和硕亲王。三十七年，复削。四十年，以从征金川功，诏复其爵。寻卒。
额尔德	因罪革。九月，奉恩旨赏公衔，在乾清门行走。五十八年，卒。
毕里克	
诺扪额	
阿旺臧	
喇什噶	
桑济扎	
栋默特	
济克默	
那兰格	

部 多罗郡王。	达尔汉亲王满珠习礼从子。顺治六年，封多罗郡王。诏世袭罔替。十年，卒。	尼 奇塔特长子。顺治十年，袭多罗郡王。康熙十四年，卒。	图 额尔德尼长子。康熙十五年，袭多罗郡王。四十九年，卒。	尔赫图 毕里克图长子。康熙四十九年，袭多罗郡王。乾隆八年，卒。	布 诺扪额尔赫图长子。乾隆八年，袭多罗郡王。二十四年，卒。	勒当 阿旺藏布第四子。乾隆二十四年，袭多罗郡王。嘉庆六年，卒。	布 喇什噶勒当次子。嘉庆六年，袭多罗郡王。十年，卒。	桑济扎布弟。嘉庆十年，袭多罗郡王。道光二十一年，卒。	特朗布 栋默特之子。道光二十一年，袭。同治十一年，晋亲王衔。	呼勒 济克默特朗布子。光绪三年，袭。							
科尔沁	绰尔济	鄂齐尔	巴克什	阿喇布	萨木丕	三音察	色楞多	八格拉	桑噜布	昂噶扣	济克登	济克登					

部多罗贝勒。	达尔汉亲王满珠习礼从子。顺治九年，封镇国公。十八年，晋多罗贝勒。诏世袭罔替。康熙	绰尔济长子。康熙九年，袭多罗贝勒。二十年，卒。	固尔鄂齐尔长子。康熙二十一年，袭多罗贝勒。五十九年，卒。	坦巴克什固尔长子。康熙五十九年。雍多罗贝勒。雍正十三年，卒。	勒扎木素阿喇布坦第四子雍正十三年袭多罗贝勒。乾隆二十二年，卒。	衮萨木丕勒扎木素嗣子。乾隆二十二多罗贝勒。嘉庆十五年，卒。	尔济三音察衮长子。嘉庆十五年，袭多罗贝勒。道光三年，卒。	普坦色楞多尔济子。道光三年，袭。	多特赛八格拉普坦子。咸丰九年，袭。	桑噜布多特赛从弟。同治五年，袭。光绪九年十一月，卒。	达克齐瓦昂噶扣子。光绪十年，袭。三十一年，卒。	诺尔布林沁扎木苏济克登达克齐瓦子。光绪三十二年五月，袭。					

七年，卒。

科尔沁部固山贝子。
喇什贝勒绰尔济孙。雍正二年，封辅国公。四年，晋固山贝子。乾隆十五年，
达尔玛达都喇什长子。初封镇国公，赐贝子品级。乾隆十五年，袭
班珠尔达尔玛达都长子。乾隆十八年，袭固山贝子。四十九年，诏世袭
锡第班珠尔长子。初授二等台吉。乾隆五十一年，袭固山贝子。嘉庆二十
阿舒噶锡第子。嘉庆二十五年，袭。道光七年，卒。
阿敏乌尔图阿舒噶子。道光七年，袭。
班咱喇克散阿敏乌尔图子。光绪七年，袭。
林沁多尔济
扬桑巴拉林沁多尔济弟。光绪二十八年，八月，袭。

	卒。	固山贝子。十八年,卒。	镇国公罔替。五十一年,卒。	五年,卒。													
科尔沁部辅国公。	噶尔呼玛勒达尔汉亲王满珠习礼孙。雍正二年,	玛哈玛育尔噶尔呼玛勒长子。雍正十年,降袭辅	锡达什哩玛哈玛育尔长子。乾隆三十五年,袭辅国	巴图锡达什哩之子。道光八年,袭。	云端帕尔赉巴图子。咸丰三年,袭。	哈斯巴图尔云端帕尔赉从弟。光绪三年,袭。											

科尔沁部辅国公。	
图纳赫卓哩克图亲王乌克善次子。顺	封辅国公。七年,晋固山贝子。十年,卒。
布尼图纳赫次子。康熙二十七年,袭辅国	国公。乾隆三十五年,卒。
萨玛第布尼长子。康熙六十一年,袭辅	公。四十九年,诏世袭罔替。道光八年,卒。
喇什色旺萨玛第长子。雍正六年,袭	
色当噶玛勒喇什色旺次子。乾隆	
诺尔布色当噶玛勒子。嘉庆三年,袭辅	
博罗特诺尔布长子。道光二年,袭辅国	
帕拉巴博罗特之子。道光二十一年,袭	
齐默特多尔帕拉巴弟。同治元年,	
德勒格尔蒙克齐默特多尔子。	
多尔济光绪三十年四月,袭。	

	治十八年，封辅国公，诏世袭罔替。康熙二十七年，卒。	公。六十一年，卒。	国公。雍正六年，卒。	辅国公。乾隆三十年，卒。	三十年，袭辅国公。嘉庆三年，卒。	国公。道光二年，卒。	公。二十一年，卒。	辅国公。	袭。	光绪元年，袭。							
科尔沁部辅国公。	噶尔弼卓哩克图亲王乌克	察罕达喇噶尔弼长子。乾	诺观达喇察罕达喇长子。	旺亲诺观达喇第三子。嘉庆七													

	善孙。雍正二年，封辅国公。乾隆三年，卒。	隆三年，袭辅国公。七年，卒。	乾隆七年，袭辅国公。嘉庆七年，卒。	年，袭辅国公。													
科尔沁部辅国公。	哈达贝子喇什第三子。乾隆十五年，封辅	巴特玛哈达长子。嘉庆八年，袭辅国公。															

	科尔沁部 扎萨克多罗扎萨克图郡王。
国公。	布达齐 土谢图汗奥巴弟。天命十一年，赐扎萨克
道光五年，病故，奉旨削除公爵。	拜斯噶勒 布达齐长子。顺治二年，袭扎萨克多
	鄂齐尔 拜斯噶勒长子。顺治十四年，袭扎萨克多
	萨祜拉克 鄂齐尔第六子。康熙五十七年，袭扎
	沙津德勒格尔 萨祜拉克长子。雍正九年，
	纳旺色布腾 沙津德勒格尔长子。乾隆十四
	喇什端罗布 纳旺色布腾长子。乾隆四十九
	敏珠尔多尔济 喇什端罗布长子。嘉庆三
	索诺那木伦布木 敏珠尔多尔济之子。
	达特巴扎木苏 索诺那木伦布木子。同治
	根敦占散 达特巴扎木苏嗣子。同治十二年，袭。
	乌泰 根敦占散嗣子。光绪七年，袭。

科尔	
洪果	图杜棱号。崇德元年，封扎萨克多罗扎萨克图郡王。诏世袭罔替。顺治元年,卒。
额森	罗扎萨克图郡王。十四年卒。
额济	罗扎萨克图郡王。康熙五十七年,卒。
达达	萨克多罗扎萨克图郡王。雍正九年，卒
宜什	衮扎萨克多罗扎萨克图郡王。乾隆十四年,卒。
喇特	年,袭扎萨克多罗扎萨克图郡王。四十九年,卒。
桑对	年,袭扎萨克多罗扎萨克图郡王。嘉庆三年,卒。
罗卜	年,袭扎萨克多罗扎萨克图郡王。道光十四年,卒。
林沁	道光十四年,袭。
锡里	六年,袭。
敏鲁	
棍楚	

沁部扎萨克多罗冰图郡王。
尔达尔汉亲王满珠习礼叔父。崇德元年，封扎萨克多罗冰图郡王，诏世袭罔替。六年，
洪果尔长子。顺治三年，袭扎萨克多罗冰图郡王。康熙四年，卒。
音额森长子。康熙五年，袭扎萨克多罗冰图郡王。三十年，卒。
布额济音长子。康熙三十五年，袭扎萨克多罗冰图郡王。四十六年，卒。
班第达达布长子。康熙四十六年，袭扎萨克多罗冰图郡王。乾隆十二年，卒。
纳扎木素宜什班第长子。乾隆十二年，袭扎萨克多罗冰图郡王。四十一年，卒。
扎布喇特纳扎木素长子。乾隆四十一年，袭扎萨克多罗冰图郡王。四十七年，卒。
藏占散桑对扎布长子。乾隆四十七年，袭扎萨克多罗冰图郡王。嘉庆十九年，卒。
扎勒参罗卜藏占散孙。嘉庆十九年，袭。
巴咱尔林沁扎勒参子。咸丰八年，袭。
普扎布锡里巴咱尔子。光绪三年，袭。三十年正月，卒。
克苏隆敏鲁普扎布子。光绪三十年，袭。

	卒。																
科尔沁部 扎萨克博多勒噶台亲王。	栋果尔 冰图郡王洪果尔从子。崇德元年，封镇国公。八年，卒。顺治五年，追封	彰吉伦 栋果尔长子。顺治五年，袭多罗贝勒。七年，晋扎萨克多罗郡王，诏世	布达礼 彰吉伦长子。康熙二年，袭扎萨克多罗郡王。二十三年，卒。	扎噶尔 布达礼长子。康熙二十三年，袭扎萨克多罗郡王。二十四年，卒。	岱布 扎噶尔长子。康熙二十四年，袭扎萨克多罗郡王。四十九年，卒。	阿喇布坦 岱布长子。康熙四十九年，袭扎萨克多罗郡王。五十五年，卒。	罗卜藏喇什 岱布次子。康熙五十五年，袭扎萨克多罗郡王。乾隆	齐默特多尔济 罗卜藏喇什长子。乾隆三年，袭扎萨克多罗郡王。四	巴勒珠尔 罗卜藏喇什次子。乾隆四十七年，袭扎萨克多罗郡王。四十八	索特纳木多布斋 巴勒珠尔长子。乾隆四十八年，袭扎萨克多罗	僧格林沁 索特纳木多布斋嗣子。道光五年，袭。咸丰四年，晋亲王，赐博多	伯彦讷谟祜 僧格林沁子。同治四年，袭。光绪十七年十月，卒。	阿穆尔灵圭 伯彦讷谟祜孙。光绪十七年，袭。				

勒噶台号。五年，世袭罔替。十年八月，革；九月，复郡王。十一年，复亲王。同治二年，仍诏世袭

郡王。道光五年，卒。

年,卒。

十七年,卒。

三年，卒。

袭罔替康熙三年,卒。

多罗贝勒。

罔替。四年四月，薨。

纳逊巴图索诺木色棱长子。乾隆三十六年，降袭辅国公。

索诺木色棱色布腾多尔济长子。乾隆八年，降袭镇国

色布腾多尔济郡王阿喇布坦长子。乾隆三年，封固

科尔沁部辅国公。

科	喇	色	都	图	喇	布	敏	萨	色	多	乌	特	喇
			山贝子。八年,卒。公。三十六年,卒。嘉庆十二年,卒。奉旨:“纳逊巴图所出辅国公之爵,既非因军绩所得,著毋庸承袭。”										

尔沁部	扎萨克镇国公。
嘛什希	土谢图汗奥巴从弟。崇德元年，封扎萨克镇国公，诏世袭罔替。顺治四年，
棱	喇嘛什希长子。顺治五年，袭扎萨克镇国公。十八年，卒。
什辖尔	色棱长子。顺治十八年，袭扎萨克镇国公。康熙三十六年，卒。
努玛勒	都什辖尔长子。康熙三十六年，袭扎萨克镇国公。雍正三年，卒。
嘛扎布	图努玛勒长子。雍正三年，袭扎萨克镇国公。乾隆十九年，卒。
延德勒格尔	喇嘛扎布第三子。乾隆十九年，袭扎萨克镇国公。二十年，以罪
珠尔多尔济	布延德勒格尔从子。乾隆二十年，袭扎萨克镇国公。三十三年，
木丕勒扎木素	敏珠尔多尔济长子。乾隆三十三年，袭扎萨克镇国公。嘉
旺多尔济	萨木丕勒扎木素长子。嘉庆七年，袭扎萨克镇国公。道光十三年，革
布沁旺丹	色旺多尔济之子。道光十四年，袭。二十年，卒。
勒济济尔噶勒	多布沁旺丹弟。道光二十年，卒。
古斯毕里克图	乌勒济济尔噶勒子。同治十一年，袭。光绪十四年二月，卒。
什敏珠尔	光绪十五年，袭。

去扎萨克，命伊子多布沁旺丹袭扎萨克。十四年，卒。	
庆七年，卒。	
卒。	
削。	
	阿勒坦鄂齐尔温都
	温都苏光绪十年十一月，袭。
	阿穆尔灵圭光绪十六
	那尔苏伯彦谟祜子。同治四
卒。	伯彦谟祜僧格林沁子。咸
	科尔沁部多罗贝勒。

	丰五年，封辅国公。同治三年，晋贝勒。四年，袭亲王。	年，袭贝勒。光绪十六年，卒。	年，袭。十七年十一月，改袭博多勒噶台亲王。	十九年，卒。	苏子。光绪十九年，袭。												
科尔沁部辅国公。	朗布林沁僧格林沁兄。咸	布彦图固鲁克齐	布彦巴哩克齐布彦	博迪苏													

上栏	下栏
科尔沁部辅国公。	
温都苏僧格林沁次孙。同治四年，封辅	丰五年，封辅国公。
那逊巴达尔呼	明布林沁子。咸丰八年，袭。
那逊阿尔毕吉呼光绪二十	图固鲁克齐兄。同治十年，袭。光绪十年，卒。

扎赉特部 扎萨克多罗贝勒。	
蒙衮 元太祖弟。哈巴图哈萨尔之裔。天命九年,赐达	国公。光绪十七年,袭多罗贝勒。
色棱 蒙衮长子。顺治五年,袭固山贝子,领扎萨克。康	
毕里克 色棱长子。康熙三年,袭扎萨克固山贝子。	六年五月袭。
纳逊 毕里克长子。康熙十七年,袭扎萨克固山贝子。	
特古斯 纳逊长子。康熙四十二年,袭扎萨克固山	
乌察喇勒图 特古斯长子。乾隆五年,袭扎萨	
罗卜藏锡拉布 乌察喇勒图长子。隆二	
阿穆祜朗 罗卜藏锡拉布长子。乾隆三十八年,	
玛什巴图 阿穆祜朗长子。乾隆五十一年,袭扎	
拉木棍布扎布 玛什巴图之族弟。道光十	
阿勒坦鄂绰尔 拉木棍布扎布子。咸丰十	
旺喇克帕勒齐 阿勒坦鄂绰尔子。同治十	
巴特玛喇布坦 旺喇克帕勒齐嗣子。光绪	

	尔汉和硕齐号。崇德八年，卒。顺治五年，追封固山贝子，诏世袭罔替。	熙三年，卒。	十六年，卒。	四十二年，卒。	贝子。雍正十年，晋多罗贝勒。乾隆五年，卒。	克多罗贝勒。二十一年，卒。	十一年，袭扎萨克多罗贝勒。三十八年，卒。	袭扎萨克多罗贝勒。四十九年，诏世袭罔替。五十一年，卒。	萨克多罗贝勒。道光十四年，卒。无子，以族弟拉木棍布扎布承祀。	四年袭。咸丰五年，赐王衔。十一年，晋郡王，袭三世。	一年，袭。	一年，袭。光绪三年，卒。	三十三年，袭。				
杜尔伯特	色棱元太祖弟	诺尔布色棱	沙津诺尔布从	巴图沙津长子。	班珠尔巴图	色布腾栋	丹珠尔巴图	纳木扎勒	罗布彰纳木	博第罗布彰弟。	赛音毕里	喇特纳巴	鄂绰尔琥	贡噶绰克	格里克巴	喇什绷苏	什呼布劳

部扎萨克固山贝子。

哈巴图哈萨尔之裔。崇德元年，封辅国公。顺治五年，晋扎萨克固山贝子，诏世袭罔替。康

长子。康熙九年，袭扎萨克固山贝子。十年，卒。

孙。康熙十年，袭扎萨克固山贝子。五十八年，卒。

康熙五十八年，袭扎萨克固山贝子。雍正七年，卒。

长子。雍正七年，袭扎萨克固山贝子。乾隆四年，卒。

罗布班珠尔长子。乾隆四年，袭扎萨克固山贝子。八年，卒。

次子。乾隆九年，袭扎萨克固山贝子。十九年，卒。

多尔济丹珠尔嗣子。乾隆十九年，袭扎萨克固山贝子。二十四年，卒。

扎勒多尔济叔父。乾隆二十四年，袭扎萨克固山贝子。三十年，卒。

乾隆三十年，袭扎萨克固山贝子。五十五年，卒。

克博第长子。乾隆五十五年，袭扎萨克固山贝子。五十七年，卒。

拉赛音毕里克长子。乾隆五十七年，袭扎萨克固山贝子。嘉庆十五年，卒。

雅克图喇特纳巴拉弟。嘉庆十五年，袭扎萨克固山贝子。

坦鄂绰尔琥雅克图子。道光二十七年，袭。

勒珠尔贡噶绰克坦子。同治九年，袭。

克格里克巴勒珠尔子。同治十年，袭。光绪二十三年，卒。

丕勒光绪二十六年，袭。

	郭尔罗斯部镇国公。
熙八年,卒。	布木巴元太祖弟哈巴图哈萨尔之裔。顺治五年,封扎萨克镇国公,诏
	扎尔布布木巴长子。顺治十一年,袭扎萨克镇国公。康熙四年,卒。
	安达什哩扎尔布长子。康熙四年,袭扎萨克镇国公。四十一年,卒。
	巴图安达什哩长子。康熙四十二年,袭扎萨克镇国公。乾隆五年,卒。
	多尔济巴图长子。乾隆五年,袭扎萨克镇国公。二十年,卒。
	索诺木扎木素多尔济长子。乾隆二十年,袭扎萨克镇国公。二
	锡喇博第索诺木扎木素长子。乾隆二十四年,袭扎萨克镇国公。四
	固噜扎布锡喇博第长子。乾隆四十二年,袭扎萨克镇国公。道光九
	杨赞巴拉固噜扎布子。道光九年,袭。
	噶尔玛什迪杨赞巴拉次孙。同治二年,袭。光绪九年,缘事削扎萨
	达木林扎布噶尔玛什迪子。光绪二十八年,袭。

	郭尔罗斯部扎萨克一等台吉。
世袭罔替。十一年,卒。	毕里衮鄂齐尔　镇国公布木巴从孙。康熙三十五年,
	察衮　毕里衮鄂齐尔次子。康熙五十三年,袭扎萨克一等台吉。
	都噶尔扎布　察衮第四子。乾隆十一年,袭扎萨克一等
	阿喇布坦　都噶尔扎布从弟。乾隆二十年,袭扎萨克一等
十四年,卒。	
十二十六年,卒。	
年,卒。	
克。二年,卒。	

	郭尔罗斯 扎萨克辅国公。
授一等台吉。四十七年,授扎萨克。五十三年,卒。	固穆 扎萨克台吉毕里衮鄂齐尔从
乾隆十一年,以病罢。	桑噶尔齐 固穆弟。顺治五年,袭
台吉。十九年,以溺职削。	昂哈 固穆长子。顺治七年,袭扎萨克
台吉。六十年,卒。	莽塞 昂哈长子。康熙十八年,袭扎萨
	诺尔布 莽塞长子。康熙五十八年,
	策旺札布 诺尔布长子。雍正五
	额勒登额 策旺札布长子。雍正
	恭格喇布坦 额勒登额长子。
	绰克温都尔恩克巴
	恩克托克托琥 绰克温都
	阿勒坦鄂齐尔 恩克托克
	图普乌勒济图 阿勒坦鄂
	齐莫特散帔勒 图普乌勒

	祖。崇德元年，封扎萨克辅国公，诏世袭罔替。八年，卒。	扎萨克辅国公。七年，卒。	辅国公。康熙十八年，卒。	克辅国公。二十六年，以罪削扎萨克，留公爵。五十八年，卒。	袭辅国公。雍正五年，卒。	年，袭辅国公。十年，卒。	十年，袭辅国公。乾隆二十二年，卒。	乾隆二十二年，袭辅国公。六十年，袭扎萨克。嘉庆三年，卒。	拜恭克喇布坦长子。嘉庆三年，袭扎萨克辅国公。十三年，卒。	尔恩克巴拜弟。嘉庆十三年，袭扎萨克辅国公。道光二年，卒。	托琥长子。道光二年，袭。	齐尔子。同治九年，袭。光绪二十三年，卒。	济图孙。光绪二十三年，十一月，袭。				
郭尔罗斯部	巴雅斯呼朗	勒苏隆扎布	布彦楚克勒苏														

喀喇沁部扎萨克王	扎萨克一等台吉。
固噜思奇布元臣	镇国公噶尔玛什迪同族。光绪九年，授扎萨克一等台吉。
图巴色棱固噜思奇。	巴雅斯呼朗子。光绪二十年,袭。
班达尔沙固噜思奇	隆扎布子。光绪三十一年，袭。
札什固噜思奇布次子。康	
噶勒藏扎什次子。康熙	
色棱扎什第三子。康熙五	
伊达木扎布色棱	
喇特纳锡第伊达	
端珠布色布腾	
满珠巴咱尔端珠	
布呢雅巴拉满珠	
色伯克多尔济	
旺都特那木济	
贡桑诺尔布旺都	

品级多罗杜棱郡王。	济拉玛之裔。初为喀喇沁塔布囊。天聪九年，授扎萨克。崇德元年，封固山贝子，赐多罗杜	布长子。顺治十五年，袭扎萨克多罗杜棱贝勒。康熙三年，卒。	布第三子。康熙三年，袭扎萨克多罗杜棱贝勒。七年，晋多罗杜棱郡王。十年，卒。	熙十一年，袭扎萨克多罗杜棱郡王。四十三年，卒。	四十三年，袭扎萨克多罗杜棱郡王。五十年，以罪削。	十年，袭扎萨克多罗杜棱郡王。五十六年，卒。	次子。康熙五十六年，袭扎萨克多罗杜棱郡王。乾隆四年，卒。	木扎布长子。乾隆四年，袭扎萨克多罗杜棱郡王。四十八年，赐亲王品级。五十二年，卒。	喇特纳锡第长子。乾隆五十二年二月，袭扎萨克多罗杜棱郡王。八月，卒。	布色布腾长子。乾隆五十二年，袭扎萨克多罗杜棱郡王。五十三年，赐亲王品级。道光八	巴咱尔子。道光八年，袭。十六年，卒。	布呢雅巴拉子。道光十六年，袭。	勒色伯克多尔济子。同治七年，袭。光绪二十四年三月，卒。	特那木济勒子。光绪二十四年，袭。			

	棱号。顺治七年,晋多罗杜棱贝勒,诏世袭罔替。十五年,卒。									年,卒。							
喀喇沁部辅国公。	敏珠尔喇布坦	丹津达尔扎敏珠	永库尔忠丹津达尔	拉旺立克森永库													

原袭杜棱郡王噶勒藏次子。乾隆八年,封辅国公。二十四年,晋固山贝子。二十五年,卒。

尔喇布坦长子。乾隆二十五年,降袭镇国公。五十八年,卒。

扎长子。乾隆五十八年,降袭辅国公。道光五年,卒。

尔忠子。道光五年,袭。

喀喇沁部辅国公。
罗卜藏车布登 杜稜郡王色稜长子。雍正九年，封辅国公。乾隆九年，卒。
阿喇布坦 罗卜藏车布登长子。乾隆九年，袭辅国公。二十年，卒。
拉扎布 阿喇布坦长子。乾隆二十年，袭辅国公。四十九年，诏世袭罔替。嘉庆二年，
玛哈达尔玛 拉扎布长子。嘉庆二年，袭辅国公。十八年，卒。
布呢雅什哩 玛哈达尔玛子。嘉庆十八年，袭。二十年，卒。
班咱什哩 布呢雅什哩胞弟。嘉庆二十年，袭。
维噜普仲奈 班咱什哩子。咸丰三年，袭。光绪八年，卒。
林沁多尔济 维噜普仲奈子。光绪八年，袭。
特木逊朗扎布 宣统元年，袭。

			卒。														
喀喇沁部扎萨克多罗贝勒。	色棱杜棱贝勒固噜思奇布族祖。初为喀喇沁塔布囊。天聪九年，授扎萨克。顺	奇塔特色棱长子。顺治十四年，袭扎萨克镇国公。康熙五年，卒。	乌特巴拉奇塔特长子。康熙六年，袭扎萨克镇国公。三十年，卒。	善巴喇什奇塔特次子。康熙三十年，袭扎萨克镇国公。五十五年，晋固山	僧衮扎布善巴喇什次子。康熙五十六年，袭扎萨克固山贝子。雍正九年，	瑚图灵阿僧衮扎布长子。乾隆七年，袭扎萨克固山贝子。十四年，以旷职	济克济瑚图灵阿长子。乾隆四十四年，袭扎萨克镇国公。四十五年，以罪削。	扎拉丰阿僧衮扎布次子。乾隆七年，封辅国公。十四年，晋固山贝子。二十	丹巴多尔济扎拉丰阿长子。乾隆四十八年，袭扎萨克固山贝子。五十	托恩多丹巴多尔济之子。嘉庆十八年，袭。道光十年，卒。	德木斋扎布托恩多之子。道光十二年，袭。	熙凌阿德木斋扎布之子。光绪二年，袭。二十三年十二月，复袭扎萨克。					

	治五年，封镇国公，诏世袭罔替。十四年，卒。			贝子。五十六年，卒。	晋多罗贝勒。乾隆七年，卒。	降镇国公。二十年，诏复贝子。四十四年，卒。		年，晋多罗郡王。二十一年，以罪削。是年，复由公品级封贝子，寻降辅国公。三十年，复封贝	六年八月，因罪革，以济克济特扎布之子喇特纳吉尔第为扎萨克一等塔布囊。九月，奉								

恩旨赏丹巴多尔济公衔，在乾清门行走。嘉庆十八年，卒。

子。四十四年，晋多罗贝勒。四十五年，兼袭扎萨克镇国公。四十八年，晋多罗郡王。寻卒。

喀喇沁部	扎萨克一等塔布囊。
格呼尔	杜棱贝勒固噜思奇布从孙。初袭其父茂秀一等塔布囊。康熙四十四年，
喀宁阿	格呼尔从子。康熙五十九年，袭扎萨克一等塔布囊。乾隆五年，卒。
齐齐克	喀宁阿长子。乾隆五年袭扎萨克一等塔布囊。十九年，赐公品级。三十九
玛哈巴拉	齐齐克长子。乾隆四十年，袭公品级扎萨克一等塔布囊。四十九年，
德勒格尔	玛哈巴拉之长孙。道光二十四年，袭。扎萨克一等塔布囊。
阿育尔扎那	德勒格尔子。同治八年，袭。光绪十七年，卒。
汉噜扎布	光绪十七年，袭。

诏世袭扎萨克罔替。五十三年，封辅国公。道光九年，赏给贝子衔。十七年，赏给贝勒衔。二

年，卒。

授扎萨克。五十八年，卒。

				十四年,卒。													
喀喇沁部 辅国公。	丹巴 扎萨克塔布囊格呼勒从叔父。雍正九年，从征准噶尔，力战卒。追封	丹津 丹巴长子。雍正十年，袭辅国公。乾隆十八年,卒。	托克托瑚 丹津长子。乾隆十八年,袭辅国公。二十二年,卒。	温都尔瑚 丹津第三子。乾隆二十二年,袭辅国公。	吹扎卜朗新 温都尔瑚长子。嘉庆四年,袭辅国公。十一年,卒。	色楞多尔济 吹扎卜朗新子。嘉庆十一年,袭辅国公。	萨纳什哩 色楞多尔济胞弟。嘉庆二十二年,袭。	布琳 萨纳什哩胞弟。道光元年，袭。	德哩克呢玛 布琳族弟。道光五年，袭。	僧格札布 德哩克呢玛子。同治八年，袭。光绪三十四年,卒。	巴布色楞 宣统元年袭。						

	喀喇沁部扎萨克一等塔布囊。今俸。
辅国公，诏世袭罔替。	喇特纳吉尔第乾隆五十六年，以削镇国公济克济
	克星额喇特纳吉尔第子。嘉庆二十三年，袭。
	布里浑巴拉克星额子。道光二十七年，袭。
	乌凌阿布里浑巴拉弟。咸丰二年，袭。五年，晋镇国公。光绪十
	索特旺光绪十一年，仍袭扎萨克塔布囊。
	巴特玛鄂特萨尔光绪二十二年，袭。二十三年，革。

	特布之子为扎萨克一等塔布囊。			年三月,卒。													
土默特部扎萨克多罗贝勒。	善巴元臣济拉玛之裔。初为土默特塔布囊。天	卓哩克图善巴长子。顺治十四年,袭扎萨	兆图卓哩克图长子。康熙十三年,袭扎萨克多	额尔德木图兆图长子。康熙十四年,袭	玛尼额尔德木图长子。康熙四十二年,袭扎萨	阿喇布坦玛尼长子。康熙五十二年,袭扎	索诺木巴勒珠尔阿喇布坦孙。乾	贡楚克巴勒桑索诺木巴勒珠尔次	济克默特扎布贡楚克巴勒桑子。嘉	那逊鄂勒哲依济克默特扎布之子。	散巴勒诺尔赞那逊鄂勒哲依子。同	色凌那木济勒旺保散巴勒诺					

聪九年,授扎萨克。崇德元年,封达尔汉镇国公,诏世袭罔替。顺治十四年,卒。

克达尔汉镇国公。康熙元年,晋多罗达尔汉贝勒。十三年,卒。

罗达尔汉贝勒。十四年,卒。

扎萨克多罗达尔汉贝勒。四十二年,卒。

克多罗达尔汉贝勒。五十二年,卒。

萨克多罗达尔汉贝勒。乾隆四年,卒。

隆五年,袭扎萨克多罗达尔汉贝勒。嘉庆十五年,卒。

子。嘉庆十五年,袭扎萨克多罗达尔汉贝勒。二十一年,卒。

庆二十一年,袭。道光十三年,卒。

道光十三年,袭。

治元年,袭。九年,缘事削扎萨克。光绪十三年十二月,卒。同治九年,以散巴勒诺尔赞弟哈

尔赞子。光绪十一年,袭扎萨克一等塔布囊。十四年九月,袭贝勒。

土默特部喀尔喀多罗贝勒。	
巴勒布冰图元太祖裔。初为	
衮诺木丹勒布冰图次子。康熙七	
罗卜藏丹巴衮诺木第三子。	
班第璘沁罗卜藏丹巴第三子。	
衮布多尔济班第璘沁次子。	
达什布木济那衮布多尔	
伊什拉克巴达什布木济那	
旺楚克拉布坦伊什拉克	
布彦巴达尔呼旺楚克拉	
贡桑珠尔莫特布彦巴达	
达克丹彭苏克光绪二十	斯塔玛噶衮扎萨克一等塔布囊。光绪六年,卒。

土默特部	固穆 元太祖裔。	衮济斯扎	拉斯扎布	班第 拉斯扎布	哈穆噶巴	垂扎布 哈穆	色布腾栋	色布腾喇	朋素克璘	玛呢巴达	德勒克色	索特那木	棍布扎布
	哈尔哈台吉。康熙元年，来归，附土默特。四年，封多罗贝勒。七年，卒。	年，袭多罗贝勒。三十一年，以病罢。	康熙三十一年，袭多罗贝勒。六十一年，卒。	康熙六十一年，袭多罗贝勒。乾隆二十二年，卒。	乾隆二十二年，袭多罗贝勒。嘉庆五年，卒。	济长子。嘉庆五年，袭多罗贝勒。十一年，卒。	长子。嘉庆十一年，袭多罗贝勒。道光十年，卒。	巴子。道光十年，袭。	布坦弟。咸丰二年，袭。	尔呼子。同治五年，袭。光绪二十八年，卒。	九年袭。		

扎萨克固山贝子。	顺治五年，封扎萨克镇国公。康熙二年，晋固山贝子，诏世袭罔替。十三年，卒。	布固穆第四熙三熙十三年，袭扎萨克固山贝子。三十一年，以罪削。	固穆第三子。康子。康十一年，袭扎萨克固山贝子。三十七年，卒。	长子。康熙三十七年，袭扎萨克固山贝子。四十八年，卒。	雅斯呼朗图班第长子。康熙四十九年，袭扎萨克固山贝子。乾隆三十六年，	噶巴雅斯呼朗图长子。乾隆三十六年，袭扎萨克固山贝子。三十九年，卒。	罗布垂扎布次子。乾隆三十九年，袭扎萨克固山贝子。五十年，卒。	什垂扎布第三子。乾隆五十年，袭扎萨克固山贝子。五十七年，以罪削。	亲色布腾喇什叔父。乾隆五十七年，袭扎萨克固山贝子。嘉庆四年，以罪削。	喇朋素克璘亲第四子。嘉庆四年，袭扎萨克固山贝子。道光七年，赏给郡王品级。十二	楞玛呢巴达喇之子。道光十三年，袭。	色登德勒克色楞子。咸丰七年，袭。	索特那木色登子。光绪六年，袭。						

					卒。					年，卒。							
敖汉部 扎萨克多罗郡王。	班第 元太祖裔。崇德元年，封扎萨克多罗郡王，诏世袭罔替。顺治四年，卒。	墨尔根巴图鲁温布 班第长子。顺治四年，袭扎萨克多罗郡王。	扎木素 墨尔根巴图鲁温布长子。康熙十一年，袭扎萨克多罗郡王。四十七	垂木丕勒 扎木素长子。康熙四十七年，袭扎萨克多罗郡王。乾隆十五年，	垂济喇什 垂木丕勒长子。乾隆十五年，袭扎萨克多罗郡王。三十三年，卒。	巴特玛喇什 垂济喇什长子。乾隆三十三年，袭扎萨克多罗郡王。三十	巴勒丹 巴特玛喇什长子。乾隆三十八年，袭扎萨克多罗郡王。四十七年，卒。	德亲 巴勒丹长子。乾隆四十八年，袭扎萨克多罗郡王。嘉庆五年，以罪削扎萨	德济特 德亲长子。嘉庆十五年，袭多罗郡王。十四年，仍授扎萨克。十七年，卒。	达尔玛吉尔底 德济特无子，伊承祀近支之弟达尔玛吉尔底。嘉庆	达旺多克丹 达尔玛吉尔底子。道光二十九年，袭。	色丹诺尔多克 达旺多克丹子。同治十二年，袭。	达木林达尔达克 色丹诺尔多克子。光绪五年，袭。二十四年，革扎	勒恩扎勒诺尔赞 光绪二十四年十一月，袭扎萨克。二十八年，袭			

	色凌端鲁布 察克达尔扎布子。光绪三
郡王。三十一年正月，被护卫砍死。	察克达尔扎布 布彦德勒格呼固鲁
萨克。二十七年十一月，卒。	布彦德勒格呼固鲁克齐
	甘萨巴拉 齐默特噜瓦次子。嘉庆十年，袭
	齐默特噜瓦 喇什喇布坦长子。乾隆四
十八年，袭扎萨克多罗郡王。	喇什喇布坦 鄂勒斋图长子。乾隆十三
	鄂勒斋图 瓦勒达从弟。康熙四十四年，袭
克。十年，卒。	瓦勒达 达什达尔扎从弟。康熙四十三年，袭
	达什达尔扎 萨木丕勒第三子。康熙三
八年，卒。	额色蒙克 萨木丕勒次子。康熙二十九年，
	阿敏达赉 萨木丕勒长子。康熙二十八年，
卒。	萨木丕勒 布达长子。康熙十三年，袭多罗
年，卒。	布达 索诺木杜棱次子。康熙五年，袭多罗郡王。
康熙十年，卒。	玛济克 索诺木杜棱长子。顺治五年，袭多罗
	索诺木杜棱 郡王班第伯父。顺治五年，
	敖汉部 扎萨克多罗郡王。

	追封多罗郡王。	郡王。康熙五年,以罪削。	十三年,卒。	郡王。二十八年,卒。	袭多罗郡王。二十九年,卒。	袭多罗郡王。三十年,卒。	十年,袭多罗郡王。四十三年,卒。	多罗郡王。四十四年,卒。	多罗郡王。乾隆十三年,卒。	年,袭多罗郡王。四十四年,卒。	十四年,袭多罗郡王。嘉庆九年,卒。	多罗郡王。道光二十三年,卒。	甘萨巴拉子。道光二十三年,袭。	克齐嗣子。同治九年,袭。光绪三十二年正月,卒。	十二年,袭。宣统二年,授扎萨克,分置右旗。		
敖汉部固山贝子。	罗卜藏郡王墨尔根巴图鲁温布	垂济扎勒罗卜藏长子。乾隆十	德威多尔济垂济扎勒长子。	诺尔布桑德威多尔济长子。嘉	达克沁诺尔布桑子。道光二十七	德色赉都布光绪十八年袭。											

敖汉	桑济	济克	多特														
	孙。雍正七年，封辅国公。十年，晋固山贝子。乾隆八年，晋多罗贝勒。十七年，卒。	八年，降袭固山贝子。四十六年，卒。	乾隆四十七年，袭固山贝子。四十九年，诏世袭罔替。嘉庆十六年，卒。	庆十六年，袭固山贝子。	年，袭。光绪十七年，遇害。												

部　公品级。

扎勒　贝勒罗卜藏第三子。乾隆十八年,封辅国公。四十八年,晋固山贝子。五十九年,

济扎布　桑济扎勒长子。乾隆五十九年,降袭公品级。

奇旺丹　济克济扎布长子。嘉庆十年,降袭二等台吉。

	敖汉部镇国公。
卒。	罗卜藏锡喇布郡王鄂勒斋图第三子。初授二等台吉。乾隆十九年，
	纳木扎勒多尔济罗卜藏锡喇布长子。乾隆四十六年，降袭镇国
	乌尔古扎布纳木扎勒多尔济长子。道光九年，袭辅国公。

公。道光九年，卒。

赐公品级。二十四年，封辅国公。三十三年，晋镇国公。四十年，晋固山贝子。四十六年，卒。

奈曼部	扎萨克多罗达尔汉郡王。
衮楚克	元太祖裔。崇德元年，封扎萨克多罗达尔汉郡王，诏世袭罔替。顺治十年，
阿罕	衮楚克次子。顺治十年，袭扎萨克多罗达尔汉郡王。十六年，以罪削。
扎木三	衮楚克第三子。顺治十七年，袭扎萨克多罗达尔汉郡王。康熙十四年，以
鄂齐尔	衮楚克孙。初授一等台吉。康熙十四年，袭扎萨克多罗达尔汉郡王。二十
班第	鄂齐尔第六子。康熙二十七年，袭扎萨克多罗达尔汉郡王。四十六年，卒。
吹忠	班第长子。康熙四十六年，袭扎萨克多罗达尔汉郡王。五十九年，以罪削。
阿咱拉	班第第三子。康熙五十九年，袭扎萨克多罗达尔汉郡王。乾隆二十二年，
拉旺喇布坦	阿咱拉长子。乾隆二十二年，袭扎萨克多罗达尔汉郡王。四十
巴勒楚克	拉旺喇布坦次子。嘉庆八年，袭扎萨克多罗达尔汉郡王。十四年，卒。
阿完都洼底扎布	巴勒楚克子。嘉庆二十四年，袭。
德木楚克扎布	阿完都洼底扎布子。道光二十八年，袭。同治四年，追赐亲
萨噶拉	德木楚克扎布嗣子。同治五年，袭。
玛什巴图尔	萨噶拉子。同治八年，袭。光绪三十一年九月，卒。
苏珠克图巴图尔	玛什巴图尔子。光绪三十一年，袭。

巴林部 扎萨克多罗郡王,亲王品级。	
色布腾 元太祖裔。顺治五年,封扎萨克辅国公。七	卒。
鄂齐尔 色布腾次子。康熙七年,袭扎萨克多罗郡	
纳木达克 鄂齐尔长子。康熙二十三年,袭扎萨	叛削。
乌尔衮 鄂齐尔次子。康熙四十三年,袭扎萨克多	六年,卒。
璘布 乌尔衮长子。康熙六十一年,袭扎萨克多罗郡	
桑哩达 鄂齐尔第三子。初授二等台吉。雍正三年,	
璘沁 桑哩达长子。乾隆八年,封辅国公。十三年,袭扎	卒。
巴图 璘沁次子。乾隆二十一年,袭扎萨克多罗郡王。	九年,诏世袭罔替。嘉庆八年,卒。
索勒纳木多尔济 巴图长子。嘉庆四年,	
那木济勒旺楚克 索勒纳木多尔济之	
额勒莫斯巴咱尔 那木济勒旺楚克子。	王衔。
额勒奇木巴雅尔 额勒莫斯巴咱尔兄。	
札噶尔 额勒奇木巴雅尔子。光绪十七年袭。	

年，晋多罗郡王，诏世袭罔替。康熙六年，卒。	王。二十二年，卒。	克多罗郡王。四十二年，卒。	罗郡王。六十年，卒。	王。雍正八年，以罪削。	以军功封辅国公。八年，袭扎萨克多罗郡王。乾隆十三年，卒。	萨克多罗郡王。十九年，赐亲王品级。二十年，卒。	四十八年，赐亲王品级。嘉庆四年，卒。	袭扎萨克多罗郡王。十四年，赐亲王品级。道光七年，卒。	孙。道光七年，袭。	同治九年，袭。	同治十三年，袭。光绪十六年，卒。						
巴林部辅国公。	德勒克郡王璘沁	赛尚阿德勒克嗣	丰伸泰赛尚阿长														

巴林部扎萨	
满珠习礼	长子。乾隆二十一年，封辅国公。四十八年，晋固山贝子。五十九年，卒。
乌尔占满珠	子。乾隆五十九年，诏袭辅国公。
鄂齐尔桑	子。嘉庆三年，降袭一等台吉。
巴特玛鄂齐	
诺扪额尔	
达色诺扪额尔	
萨木丕勒	
多尔济帕	
噶尔玛什	
多尔济萨	
毕齐那逊	
堆英固尔	
邑丹那木	

克固山贝子。	郡王色布腾从弟。顺治五年，封扎萨克固山贝子，诏世袭罔替。康熙十一年，卒。	习礼长子。康熙十二年，袭扎萨克固山贝子。四十五年，卒。	乌尔占长子。康熙四十五年，袭扎萨克固山贝子。五十八年，卒。	尔桑长子。康熙五十八年，袭扎萨克固山贝子。乾隆三年，卒。	赫图巴特玛长子，乾隆三年，袭。扎萨克固山贝子。八年，卒。	赫图弟。乾隆八年，袭。扎萨克固山贝子。十二年，卒。	多尔济达色长子。乾隆十二年，袭扎萨克固山贝子五十三年，卒。	拉木萨木丕勒多尔济长子。乾隆五十四年，袭扎萨克固山贝子。道光十年，卒。	底多尔济帕拉木长子。道光十年，袭扎萨克固山贝子。十八年，卒。	木鲁布噶尔玛什底之弟。道光十八年，袭。	多尔济萨木鲁布嗣子。咸丰七年，袭。	扎布毕齐那逊嗣子。咸丰七年，袭。光绪二十九年，卒。	扎勒旺保光绪二十九年，袭。				
巴	色	温	额	扎	策	多	阿	索	色	萨							

林部固山贝子。	棱贝子满珠习礼从弟。顺治五年，追封固山贝子，诏世袭罔替。	春色棱长子。顺治五年，袭固山贝子。康熙二十七年，卒。	尔德尼温春长子。康熙二十八年，袭固山贝子。五十年，卒。	什纳木塔勒额尔德尼长子。康熙五十年，袭固山贝子。乾隆十二年，卒。	喀敦多克扎什纳木塔勒长子。乾隆十二年，袭固山贝子。十七年，卒。	尔济喇布坦策喀敦多克长子。乾隆十七年，袭固山贝子。嘉庆二年，卒。	勒坦桑多尔济喇布坦子。嘉庆二年，袭固山贝子。道光二年，卒。	哩雅阿勒坦桑子。道光二年，袭。	旺诺尔布索哩雅子。光绪元年，袭。	旺喇普坦色旺诺尔布子。光绪七年，袭。							
扎	内	尚	奇	扎	毕	索	锡	衮	德	布	三	达	琳				

噜特部扎萨克多罗贝。
齐元太祖裔。顺治五年，追封多罗贝勒，诏世袭罔替。
嘉布内齐长子。顺治五年，袭多罗贝勒，领扎萨克。十年，卒。
塔特尚嘉布长子。顺治十年，袭扎萨克多罗贝勒。十三年，卒。
木布奇塔特长子。顺治十三年，袭扎萨克多罗贝勒。康熙二十九年，卒。
鲁瓦扎木布长子。康熙二十九年，袭扎萨克多罗贝勒。雍正十二年，卒。
诺木毕噜瓦长子。雍正十二年，袭扎萨克多罗贝勒。乾隆二十五年，卒。
勒塔喇索诺木第七子。乾隆二十五年，袭扎萨克多罗贝勒。四十三年，卒。
布扎布锡勒塔喇长子。乾隆四十三年，袭扎萨克多罗贝勒。四十八年，卒。
沁衮布扎布长子。乾隆四十八年，袭扎萨克多罗贝勒。嘉庆二十三年，卒。
木色楞德沁之子。嘉庆二十三年，袭扎萨克多罗贝勒。道光二十一年，卒。无嗣，以
音济尔噶勒布木色楞之嗣孙。道光二十一年，袭。
木林旺济勒三音济尔噶勒弟。同治五年，袭。
沁洛依鲁布达木林旺济勒嗣子。同治八年，袭。

	扎噜特部扎萨克多罗达尔汉贝勒。
	色本贝勒内齐从叔父。顺治五年，追封多罗达尔汉贝勒，
	桑噶尔色本次子。顺治五年，袭多罗达尔汉贝勒，领扎
	班达哩桑噶尔长子。康熙五年，袭扎萨克多罗达尔汉
	毕里克图班达哩长子。康熙二十七年，袭扎萨克多
	诺扪拉拜毕里克图第三子。康熙四十四年，袭扎萨
	阿第沙诺扪拉拜长子。康熙四十七年，袭扎萨克多罗
	固鲁扎布阿第沙次子。乾隆二十九年，袭扎萨克多
	衮楚克扎布固噜扎布次子。乾隆三十五年，袭扎
	噶勒桑衮楚克扎布次子。乾隆三十九年，袭扎萨克多
族孙三音济尔噶勒为嗣。	干珠尔扎布噶勒桑长子。嘉庆七年，袭扎萨克多
	萨达尔干珠尔扎布之子。道光七年，袭。
	诺尔布林沁萨达尔子。咸丰四年，袭。
	桑巴诺尔布林沁嗣子。同治七年，袭。光绪二十六年，卒。
	多木柴光绪二十八年，袭。

	诏世袭罔替。	萨克。康熙五年，卒。	贝勒。二十七年，卒。	罗达尔汉贝勒。四十四年，卒。	克多罗达尔汉贝勒。四十七年，卒。	达尔汉贝勒。乾隆二十九年，以罪削扎萨克。寻卒。	罗达尔汉贝勒。三十五年，卒。	萨克多罗达尔汉贝勒。三十九年,卒。	罗达尔汉贝勒。嘉庆七年，卒。	罗达尔汉贝勒。道光七年，卒。							
扎噜特部镇国公。	玛尼贝勒色本弟。顺治五年,追	茂奇塔特玛尼长子。顺治	巴图茂奇塔特次子。康熙三十	素哩巴图长子。康熙四十七年，	察罕龄华素哩长子，雍正	纳逊额尔克图察罕	色棱扎布纳逊额尔克图	塔尔清色棱扎布从弟。乾隆	达尔玛巴拉塔尔清长	特固斯巴雅尔达尔	曼都巴雅尔特固斯巴	达瓦宵保曼都巴尔雅子。	鲁勒玛扎布光绪二十				

	封镇国公，诏世袭罔替。	五年，袭镇国公。康熙三十一年，卒。	一年，袭镇国公。四十七年，卒。	袭镇国公。雍正三年，卒。	三年，袭镇国公。乾隆二十三年，卒。	龄华长子。乾隆二十三年，袭镇国公。三十七年，卒。	长子。乾隆三十七年，袭镇国公。五十九年，卒。	五十九年，袭镇国公。嘉庆四年，卒。	子。嘉庆四年，袭镇国公。十年，卒。	玛巴拉长子。嘉庆十年，袭镇国公。十六年，卒。	雅尔弟。嘉庆十六年，袭镇国公。	道光三十年，袭。光绪二十一年，卒。	二年，袭。			
扎噜特部公品级一等台	朋素克初授一等台吉。乾隆	恩克多尔济朋素克长	那木桑第恩克多尔济之													

吉。	四十八年，封辅国公。五十三年，卒。	子。乾隆五十三年，袭公品级一等台吉。	子。嘉庆二十四年，袭，降二等台吉。														
阿噜科尔沁部扎萨克多罗贝	穆彰 元太祖弟哈巴图哈萨尔之裔。顺治	珠勒扎干 穆彰长子。顺治五年，袭扎	色棱 珠勒扎干长子。康熙十七年，袭扎萨	楚依 珠勒扎干第三子。康熙二十七年，袭	穆宁 楚依长子。康熙四十三年，袭扎萨克	旺扎勒 色棱次子。康熙四十八年，袭扎	达克丹 旺扎勒长子。雍正五年，袭扎萨	阿尔达什第 达克丹长子。乾隆五	多尔济帕拉木 阿尔达什第长	丹锦巴勒桑 多尔济帕拉木之子。	扎木杨旺舒克 丹锦巴勒桑之	拉什仲鼐 扎木杨旺舒克之子。道光	巴咱尔吉哩第 拉什仲鼐子。同				

勒。	元年，封扎萨克固山贝子。四年，卒。五年，追封多罗贝勒，诏世袭罔替。	萨克多罗贝勒。八年，晋多罗郡王。康熙十七年，卒。	克多罗郡王。二十七年，以耽酒削。	扎萨克多罗贝勒。三十年，晋多罗郡王。四十三年，卒。	多罗贝勒。四十六年，卒。	萨克多罗贝勒。雍正五年，卒。	克多罗贝勒。乾隆五十一年，卒。	十一年，袭扎萨克多罗贝勒。嘉庆五年，卒。	子。嘉庆五年，袭扎萨克多罗贝勒。二十一年，卒。	嘉庆二十一年，袭扎萨克多罗贝勒。道光十一年，卒。	弟。道光十一年，袭。二十四年，卒。	二十四年，袭。	治六年，袭。				
翁牛特部	逊杜棱 元太	博多和 逊杜	毕里衮达	苍津 毕里衮达	鄂齐尔 博多	罗卜藏 鄂齐	齐旺 罗卜藏长	布达扎布	旺舒克 布达	色多尔济	拉特那济	布尔那巴	赞巴勒诺				

扎萨克多罗杜棱郡王。	祖弟谔楚因之裔。初为阿噜部济农。崇德元年，封扎萨克多罗杜棱郡王，诏世袭罔替。顺	棱孙。顺治二年，袭扎萨克多罗杜棱郡王。十七年，卒。	赉博多和长子。顺治十八年，袭扎萨克多罗杜棱郡王。康熙三十一年，卒。	赉次子。康熙三十二年，袭扎萨克多罗杜棱郡王。雍正五年，以罪削。	和次子。初封辅国公，晋固山贝子。见贝子表。雍正五年，袭扎萨克多罗杜棱郡王。十一年，	尔次子。初袭固山贝子，晋多罗贝勒。见贝子表。雍正十一年，袭扎萨克多罗杜棱郡王。乾	子。乾隆三年，袭扎萨克多罗杜棱郡王。寻卒。	齐旺长子。乾隆三年，袭扎萨克多罗杜棱郡王。四十二年，卒。	扎布长子。乾隆四十二年，袭扎萨克多罗杜棱郡王。六十年，因病罢。	旺舒克长子。乾隆六十年，袭扎萨克多罗杜棱郡王。嘉庆十一年，卒。	尔迪色多尔济子。嘉庆十一年，袭扎萨克多罗杜棱郡王。	达拉拉特那济尔迪子。咸丰八年，袭。	尔布布尔那巴达拉嗣子。同治元年，袭。				

	翁牛特部 辅国公。
治二年，卒。	鄂齐尔 康熙六十一年，封辅国公，寻晋固山贝子，后袭扎萨克郡王。见
	罗卜藏 雍正五年，袭固山贝子。十一年，晋多罗贝勒，后袭扎萨克郡王。
	额尔德尼 鄂齐尔长子。雍正十一年，袭固山贝子。寻卒。
	巴勒丹 额尔德尼长子。雍正十一年，袭固山贝子。乾隆三十七年，卒。
卒。	图扪巴颜 巴勒丹长子。乾隆三十七年，袭固山贝子。
隆二年，卒。	丰伸保 图扪巴颜之子。嘉庆二十一年，降袭镇国公。道光二十三年，卒。
	克什克阿尔比吉呼 丰伸保之子。道光二十三年，袭辅国
	济克莫特多尔济 克什克阿尔比吉呼子。光绪十年，袭。
	达尔玛巴拉 济克莫特多尔济子。光绪二十九年，袭。

翁牛特部镇国公。	
噶尔玛郡王逊杜棱从子。初为喀喇齐哩克台吉。崇德	郡王表。
察罕泰噶尔玛长子。顺治五年，袭镇国公。十六年，卒。	见郡王表。
奇塔特察罕泰长子。顺治十六年，袭镇国公。康熙四十	
齐旺多尔济奇塔特长子。康熙四十一年，袭镇国	
索诺木齐旺多尔济长子。康熙四十五年，袭镇国公。乾	
恭格喇布坦索诺木次子。乾隆六年袭镇国公。四	
达瓦什哩恭格喇布坦第四子。乾隆四十六年，袭镇	公。光绪十年十一月，卒。
乌呢济尔噶勒达瓦什哩之子。嘉庆十九年，袭	
桑噶巴拉乌呢济尔噶勒子。道光十四年，袭。十六年，	
那宛敦罗布桑噶巴拉之弟。道光十八年，袭。	
永隆那宛敦罗布弟。咸丰七年，袭。	
旺布林沁永隆弟。同治十二年，袭。	

翁牛特部扎萨克多罗达尔汉岱青	
栋岱青郡王逊杜棱弟。崇德元年，授扎	八年，封镇国公，诏世袭罔替。顺治五年，卒。
肯特尔栋岱青长子。顺治五年，袭扎萨	
叟塞栋岱青次子，顺治十一年，袭扎萨克	一年，卒。
额璘臣叟塞长子。康熙二十二年，袭扎	公。四十五年，卒。
额勒德布鄂齐尔额璘臣长	隆六年，卒。
朋素克额勒德布鄂齐尔长子。雍正八	十六年，卒。
诺尔布扎木素朋素克长子。乾	国公。嘉庆十九年，卒。
济克济扎布诺尔布扎木素长子。	镇国公。道光十四年，卒。
达玛琳扎布济克济扎布次子。嘉	缘事革爵。
孟克济雅达玛琳扎布之子。道光元	
宝拜孟克济雅之子。道光十一年袭。	
德木楚克苏隆宝拜子。光绪元	
花连德木楚克苏隆子。光绪二十一年，袭。	

贝勒。	萨克，赐多罗达尔汉岱青号，诏世袭罔替。顺治五年，卒。	克多罗达尔汉岱青。十一年，卒。	多罗达尔汉岱青，寻封固山贝子。十八年，晋多罗贝勒，仍达尔汉岱青号。康熙二十二年，	萨克多罗达尔汉岱青贝勒。二十六年，卒。	子。康熙二十六年，袭扎萨克多罗达尔汉岱青贝勒。雍正八年，以病罢。	年，袭扎萨克多罗达尔汉岱青贝勒。乾隆三十一年，卒。	隆三十一年，袭扎萨克多罗达尔汉岱青贝勒。四十六年，卒。	乾隆四十六年，袭扎萨克多罗达尔汉岱青贝勒。嘉庆二年，卒。	庆二年，袭扎萨克多罗达尔汉岱青贝勒。道光元年，病免。	年，袭扎萨克多罗达尔汉岱青贝勒。十一年，卒。		年，袭。二十年五月，卒。					

			卒。														
克什克腾部扎萨克一等台吉。	索诺木元太祖裔。顺治九年授扎萨克一等台吉，诏世袭罔替。十三年，卒。	玛纳瑚索诺木长子。顺治十三年，袭扎萨克一等台吉。康熙十年，卒。	阿玉什玛纳瑚长子。康熙十年袭扎萨克一等台吉。三十四年，卒。	齐巴克扎布阿玉什长子。康熙三十四年，袭扎萨克一等台吉。乾隆三	囊济特扎布齐巴克扎布长子。乾隆三十六年，袭扎萨克一等台吉。四	根敦达尔扎囊济特扎布长子。乾隆四十六年，袭扎萨克一等台吉。五	旺楚克喇布坦根敦达尔扎长子。乾隆四十八年，袭扎萨克一等台	弼玛拉吉尔第旺楚克喇布坦之子。道光二年，袭。	棍布栋噜布弼玛拉吉尔第子。光绪元年，袭。二十一年，卒。	那木济勒棍布栋鲁布族子。光绪二十一年，十二月袭。三十二年，卒。	伯克济雅那木济勒嗣子。光绪三十三年正月，袭。						

				十六年，以罪削。	十六年，卒。	十七年，以罪削。	吉。道光二年，卒。										
喀尔喀左翼部 扎萨克多罗贝勒。	衮布伊勒登 元太祖裔。康熙三年，封扎萨克多罗贝勒，诏世	罗卜藏 衮布伊勒登长子。康熙二十一年袭扎萨克多罗贝勒。四	准对 罗卜藏长子。康熙四十六年，袭扎萨克多罗贝勒。五十八年，卒。	噶勒桑 准对长子。康熙五十八年，袭扎萨克多罗贝勒。乾隆二十	阿裕尔 噶勒桑第三子。乾隆二十四年，袭扎萨克多罗贝勒。嘉庆	那穆尔赉扎布 阿裕尔孙。嘉庆元年，袭扎萨克多罗贝勒。	班咱什哩 那穆尔赉扎布之胞弟。嘉庆二十年，袭。是年，卒。	沙克都尔扎布 那穆尔赉扎布之子。嘉庆二十年，袭。道光	巴彦巴图尔 沙克都尔扎布无子。伊族侄巴彦巴图尔。道光	堆固尔苏隆 巴彦巴图尔子。同治九年，袭。光绪十六年，卒。	布林曼都呼 光绪十六年，袭。	鲁勒木色楞 光绪二十三年二月，袭。					

	索特那木喇布坦阿勒坦呼雅克图子。光绪二十
	阿勒坦呼雅克图朋素克那木济勒孙。光绪十年,
	朋素克那木济勒多尔济济克默特那木扎勒之
十年,袭。	多尔济济克默特那木扎勒巴勒珠尔
十年,被害。	巴勒珠尔喇布斋玛哈索哈长子。乾隆五十五年,
	玛哈索哈朋素克喇布坦长子。乾隆四十四年,袭扎萨克
二十年,卒。	朋素克喇布坦阿喇布坦纳木扎勒长子。乾隆十三
元年,卒。	阿喇布坦纳木扎勒色登敦多布长子。雍正十
四年,卒。	色登敦多布素达尼长子。康熙三十年,袭扎萨克和硕
	素达尼察罕巴拜次子。顺治十五年,袭扎萨克和硕车臣亲
十六年,卒。	察罕巴拜多尔济孙。顺治三年,袭扎萨克和硕车臣亲王。
袭罔替。二十一年,卒。	多尔济元太祖裔。崇德六年,封扎萨克和硕车臣亲王,诏世
	乌珠穆沁部扎萨克和硕车臣亲王。

	袭罔替。顺治三年,卒。	十四年,卒。	王。康熙二十九年,卒。	车臣亲王。雍正十一年,卒。	一年,袭扎萨克和硕车臣亲王。乾隆十三年,以病罢。	年,袭扎萨克和硕车臣亲王。四十四年,卒。	和硕车臣亲王。五十五年,卒。	袭扎萨克和硕车臣亲王。嘉庆十九年,卒。	喇布斋长子。嘉庆十九年,袭扎萨克和硕车臣亲王。道光十四年,卒。	子。道光十四年,袭。光绪十年九月,卒。	袭。	四年,袭。					
乌珠穆沁	塔旺扎木	朋素克喇	喇什丕勒	都噶尔扎	桑噶扎布	堆代扎布	达木林光绪										

部镇国公。	素车臣亲王素达尼次子。雍正元年，以军功追封镇国公。	布坦塔旺扎木素长子。雍正二年，袭镇国公。乾隆十七年，卒。	朋素克喇布坦孙。乾隆十七年，袭镇国公。四十九年，诏世袭罔替。嘉庆三年，卒。	布喇什丕勒次子。嘉庆三年，袭镇国公。道光十八年，卒。	都噶尔扎布之子。道光十八年，袭。	桑噶扎布子。同治元年，袭。十一年，赏贝子衔。光绪十九年，卒。	二十年十二月，袭。										
乌珠	德勒	敦多	玛哈	济克	车凌	图普	喇什										

穆沁部辅国公。
克旺舒克　车臣亲王素达尼第三子。乾隆三年，以军功封辅国公。二十一年，卒。
布色棱　德勒克旺舒克长子。乾隆二十一年，袭辅国公。三十八年，以病罢。
布尔尼雅　敦多布色棱长子。乾隆三十八年，袭辅国公。四十九年，诏世袭罔替。
济特扎布　玛哈布尔尼雅长子。嘉庆三年，袭。道光二十年，卒。
多尔济　济克济特扎布子。道光二十年，袭。
沁扎布　车凌多尔济子。光绪九年，袭。二十年，卒。
光绪二十一年袭。

	乌珠穆沁部扎萨克多罗额尔德尼贝勒。
	色棱车臣亲王多尔济从子。顺治三年,封扎萨克多罗额尔德尼贝
	茂里海色棱孙。康熙十年,袭扎萨克多罗额尔德尼贝勒。二十年,
嘉庆三年,卒。	鄂齐尔图茂里海长子。康熙二十年,袭扎萨克多罗额尔德尼
	博木布茂里海次子。康熙二十七年,袭扎萨克多罗额尔德尼贝
	车布登博木布长子。康熙六十年,袭扎萨克多罗额尔德尼贝勒。
	达什衮布车布登长子。乾隆十八年,袭扎萨克多罗额尔德尼
	旺楚克达什衮布长子。乾隆五十一年,袭扎萨克多罗额尔德尼
	图克济扎布旺楚克孙。嘉庆十六年,袭。道光五年,卒。
	达克丹图克济扎布子。道光五年,袭。同治十年,赐郡王衔,袭三世。
	察克都尔色楞达克丹子。光绪三年,袭。十年九月,卒。
	育勒济勒诺尔布察克都尔色楞子。光绪十一年二月,
	济尔哈朗育勒济勒诺尔布近族。光绪十八年,袭。十一年十二
	棍布苏伦济尔哈朗子。光绪三十一年十二月,袭。

	勒，诏世袭罔替。康熙十年，卒。	卒。	贝勒。二十七年，卒。	勒。六十年，卒。	乾隆十八年，卒。	贝勒。五十年，卒。	贝勒。嘉庆十六年，卒。		光绪三年，卒。		袭。十七年，卒。无子。	月，病免。					
浩齐特部扎萨克多罗额尔德尼郡王。	博罗特元太祖裔。顺治三年，封扎萨克多罗额尔	阿赖充博罗特长子。顺治十一年，袭扎萨克多罗	达尔玛吉里第阿赖充长子。康熙二十五	阿嘎尼斯达达尔玛吉里第长子。康熙四十	车凌喇布坦阿嘎尼斯达长子。雍正九年，袭	车布登巴勒珠尔车凌喇布坦次子。乾	齐苏咙多尔济车布登巴勒珠尔长子。乾	端多布多尔济齐苏咙多尔济长子。乾隆	额林沁诺尔布端多布多尔济子，嘉庆二	吹精扎布额林沁诺尔布弟。道光十四年，袭。	喇特那巴咱尔吹精扎布子。咸丰九年，袭。	都昂多克僧格喇特那巴咱尔子。光绪十	色隆托济勒光绪二十八年，袭。				

浩齐特部扎萨	
噶尔玛色旺	德尼贝勒。七年,晋多罗郡王,诏世袭罔替。十一年,卒。
阿喇布坦噶尔	额尔德尼郡王。康熙二十五年,卒。
车布登阿喇布坦	年,袭扎萨克多罗额尔德尼郡王。四十九年,卒。
巴扎尔车布登长	九年,袭扎萨克多罗额尔德尼郡王。雍正九年,卒。
雅木丕勒车布	扎萨克多罗额尔德尼郡王。乾隆二年,卒。
丹特玛车凌	隆二年,袭扎萨克多罗额尔德尼郡王。三十一年,以病罢。
丹津巴特玛车凌从	隆三十一年,袭扎萨克多罗额尔德尼郡王。五十六年,卒。
达什喇布坦	五十六年,袭扎萨克多罗额尔德尼郡王。嘉庆二十二年,卒。
敏珠尔多尔	十二年,袭。
贡楚克栋罗	
永隆珠尔默	光绪十八年,卒。
济克登噶卫	八年,袭。二十八年,卒。
贡嘎旺济勒	
桑达克多尔	

克多罗郡王。

额尔德尼郡王博罗特从弟。顺治十年，封扎萨克多罗郡王，诏世袭罔替。康熙三十，卒。

玛色旺长子。康熙三年，袭扎萨克多罗郡王。十一年，卒。

长子。康熙十一年，袭扎萨克多罗郡王。十六年，卒。

子。康熙二十六年，袭扎萨克多罗郡王。二十九年，卒。

登次子。康熙三十年，袭扎萨克多罗郡王。雍正十年，卒。

雅木丕勒长子。雍正十年，袭扎萨克多罗郡王。乾隆三年，卒。

子。乾隆三年，袭扎萨克多罗郡王。二十一年，卒。

丹津次子。乾隆二十一年，袭扎萨克多罗郡王。四十二年，卒。

济　达什喇布坦长子。乾隆四十二年，袭扎萨克多罗郡王。嘉庆九年，卒。

布　敏珠尔多尔济弟。嘉庆九年，袭。道光九年，卒。

特　贡楚克栋罗布子。道光九年，袭。十六年，缘事削扎萨克。

章　永隆珠尔默特子。道光十七年，袭扎萨克一等台吉。咸丰二年，兼袭多罗郡王。

济克　登噶卫章弟。光绪二年，袭扎萨克郡王。

济　贡噶旺济勒子。光绪十年，袭。

苏尼特部	扎萨克多罗郡王。
腾机思	元太祖裔。崇德六年，封扎萨克多罗墨尔根郡王，诏世袭罔替。顺治二年，
腾机特	腾机思弟。顺治五年，袭扎萨克多罗郡王。康熙二年，卒。
萨穆扎	腾机思第四子。初封多罗贝勒。见贝勒表。康熙三年，袭扎萨克多罗郡王。
垂济恭苏咙	萨穆扎第五子。康熙三十七年，袭扎萨克多罗郡王。雍正九年，
旺辰	垂济恭苏咙第三子。雍正十年，袭扎萨克多罗郡王。乾隆二十八年，卒。
车凌衮布	旺辰长子。乾隆二十八年，袭扎萨克多罗郡王。三十二年，卒。
阿尔达什第	车凌衮布长子。乾隆三十二年，袭扎萨克多罗郡王。四十六年，卒。
额呼克津	阿尔达什第叔父。乾隆四十七年，袭扎萨克多罗郡王。五十年，卒。
巴勒珠尔雅喇木丕勒	额呼克津次子。乾隆五十年，袭扎萨克多
成扎布	巴勒珠尔雅喇木丕勒子。嘉庆二十五年，袭。咸丰八年，以病削扎萨克。
托迪布木	成扎布子。咸丰八年，诏袭扎萨克一等台吉。咸丰十一年，袭多罗郡
绰克苏伦	托迪布木子。光绪五年，袭。十四年，卒。
根布车林	绰克苏伦嗣子。光绪十六年五月，袭。十八年，卒。
玛克苏尔扎布	根布车林子。光绪十八年三月，袭。

	以叛削。五年，悔罪，降。旋病没。诏仍世袭郡王爵。		三十七年，卒。	卒。			卒。		罗郡王。嘉庆二十五年，卒。		王。						
苏尼特部 多罗贝勒。	萨穆扎 顺治六年，封多罗贝勒，诏	博木布 郡王腾机特长子。康熙三	素岱 博木布长子。康熙三十九年，袭	西哩 素岱孙。康熙四十六年，袭多罗	齐旺多尔济 西哩长子。乾隆	甘珠尔 齐旺多尔济长子。乾隆九	恭桑扎勒 甘珠尔长子。乾隆三	那木济勒 恭桑扎勒长子。嘉庆	三达瓦喇 那木济勒子。道光二	布彦图 三达瓦喇子。咸丰十年，袭。	索特那木多布沁 布彦	郭尔卓尔扎布 索特那木					

下栏	上栏
苏尼特部 扎萨克多罗杜棱郡	
叟塞 郡王腾机特族兄。崇德七年，封	世袭罔替。后袭扎萨克多罗郡王。见郡王表。
沙希岱 叟塞次子。顺治四年，袭扎	年，袭多罗贝勒。三十九年，卒。
恭格 沙希岱长子。康熙九年，袭扎萨	多罗贝勒。四十六年，卒。
劳彰 恭格长子。康熙十二年，袭扎萨	贝勒。乾隆六年，卒。
阿玉什 沙希岱次子。康熙十四年，	六年，袭多罗贝勒。九年，卒。
达尔札布 阿玉什长子。康熙三	年，袭多罗贝勒。三十三年，卒。
旺青齐苏咙 达尔扎布长子。	十三年，袭多罗贝勒。嘉庆十二年，卒。
丹津车凌 旺青齐苏咙长子。乾	十二年，袭。道光二十一年，卒。
朗衮车凌 旺青齐苏咙子。乾隆	十一年，袭。咸丰十年，卒。
车凌多尔济 达尔扎布第三	光绪十四年，卒。
车凌衮布 车凌多尔济长子。乾	图子。光绪十五年，袭。二十九年，卒。
喇特那锡第 车凌衮布长子。	多布沁嗣子。光绪二十九年十一月，袭。
布尔呢什哩 喇特那锡第子。	
布达莽噶拉 布尔呢什哩子。	
那木济勒旺楚克 布达	
德木楚克栋鲁布 光绪	

苏尼特部辅国	王。
噶尔玛杜棱郡王	扎萨克多罗杜棱郡王，诏世袭罔替。顺治三年，卒。
丹津噶尔玛长子。康	萨克多罗杜棱郡王。康熙九年，卒。卒。
沙哩丹津长子。康熙	克多罗杜棱郡王。十二年，卒。
阿弼达沙哩长子。	克多罗杜棱郡王。十四年，卒。
洛垒阿弼达长子。康	袭扎萨克多罗杜棱郡王。三十二年，
扎什喇布坦	十二年，袭扎萨克多罗杜棱郡王。雍正七年，卒。
罗卜藏车凌	雍正七年，袭扎萨克多罗杜棱郡王。乾隆六年，卒。
额璘臣罗卜藏车	隆六年，袭扎萨克多罗杜棱郡王。九年，卒。
巴图鄂齐尔	九年，袭扎萨克多罗杜棱郡王。十六年，卒。
布彦特古斯	子。乾隆十六年，袭扎萨克多罗杜棱郡王。三十四年，以罪削。
玛哈什哩布彦	隆三十四年，袭扎萨克多罗杜棱郡王。嘉庆七年，卒。
特穆尔光绪十六	嘉庆七年，袭。道光六年，卒。
	道光六年，袭。
	咸丰五年，袭。
	恭噶拉子。同治二年，袭。光绪三十四年，卒。
	三十四年，袭。

阿巴	公。
多尔	叟塞长子。顺治六年,以不附腾机思叛,诏封多罗贝勒。康熙二年,卒。
塞尔	熙二年,袭多罗贝勒。十一年,卒。
德木	十一年,袭多罗贝勒。四十三年,卒。
楚英	康熙四十三年,降袭辅国公。四十八年,卒。
色棱	熙四十八年,袭辅国公。乾隆三十年,卒。
达玛	洛垒长子。乾隆三十年,袭辅国公。四十年,以病罢。
弼英	扎什喇布坦次子。乾隆四十年,袭辅国公。四十九年,诏世袭罔替。五十三年,卒。
扎木	凌子。乾隆五十三年,袭辅国公。
车凌	额璘臣子。道光十八年,袭。
喇特	巴图鄂齐尔子。道光二十三年,袭。
那木	特古斯子。同治七年,袭。
萨勒	年,袭。
刚噶	
布彦	

乌勒哲依刚噶尔伦布子。光绪十六年,袭。

尔伦布萨勒济勒多尔济子。道光二十九年,袭。光绪十六年。卒。

济勒多尔济那木萨赉多尔济子。道光十六年,袭。

萨赉多尔济喇特纳什第子。嘉庆二十五年,袭。道光十六年,卒。

纳什第车凌旺布长子。乾隆四十一年袭,扎萨克多罗卓哩克图郡王。五十三年,

旺布扎木巴勒扎布次子。乾隆十六年,袭扎萨克多罗卓哩克图郡王。四十一年,卒。

巴勒扎布弼英第三子。康熙五十四年,袭扎萨克多罗卓哩克图郡王。乾隆十

德木伯次子。康熙三十九年,袭扎萨克多罗卓哩克图郡王。五十四年,卒。

璘扎布楚英次子。康熙二十四年,袭扎萨克多罗卓哩克图郡王。三十九年,以不

楚英长子。康熙三十年,袭扎萨克多罗卓哩克图郡王。三十四年,卒。

德木伯勒长子。康熙十七年,袭扎萨克多罗卓哩克图郡王。三十年,卒。

伯勒塞尔珠长子。康熙八年,袭扎萨克多罗卓哩克图郡王。十六年,卒。

珍多尔济长子。顺治二年,袭扎萨克多罗卓哩克图郡王。康熙八年,卒。

济元太祖弟布格博勒格图之裔。号额齐格诺颜。崇德六年,封扎萨克图郡王,诏世袭

噶部多罗卓哩克图郡王。

杨桑	
瓦津	以罪革。五十四年,以其弟巴棱丹色棱为扎萨克一等台吉。嘉庆二十五年,卒。
阿尔	
嗾尼	六年,卒。
衮布	
鼐布	称职削。
索诺	
巴特	
乌尔	
沙克	
都思	罔替。顺治二年,卒。
阿巴	

噶部	噶尔	沙僧格	彰噶喇布	玛衮楚克	木喇布坦	坦常思	扎布	巴达拉	塔什迪	达喇	瓦津						
扎萨克多罗郡王。	卓哩克图郡王多尔济从孙。顺治八年，封扎萨克多罗郡王，诏世袭罔替。十年，	都思噶尔长子。顺治十一年，袭扎萨克多罗郡王。康熙二十四年，卒。	沙克沙僧格长子。康熙二十六年，袭扎萨克多罗郡王。五十三年，卒。	乌尔彰噶喇布长子。康熙五十三年，袭扎萨克多罗郡王。六十一年，	巴特玛衮楚克长子。雍正元年，袭扎萨克多罗郡王。乾隆二十年，赐	索诺木喇布坦长子。乾隆三十一年，袭扎萨克多罗郡王。四十八年，卒。	鼐布坦常思长子。乾隆四十九年，袭扎萨克多罗郡王。五十三年，卒。	衮布扎布子。乾隆五十三年，袭扎萨克多罗郡王。道光五年，卒。	嘛尼巴达拉子。道光五年，袭。同治元年十一月，卒。	阿尔塔什迪子。同治元年，袭。光绪七年，以病告休，仍留郡王爵。八年五月，卒。	达喇子。光绪七年，诏袭扎袭克一等台吉。八年，兼袭郡王。二十七年，赐亲王衔。						

	卒。			卒。	亲王品级。三十年,卒。												
阿巴噶部固山达尔汉贝子。	多尔济郡王都思噶尔从弟。号达尔汉诺颜。顺治三年,封固	绰博和多尔济长子。顺治十一年,袭固山达尔汉贝子。康熙	车凌栋罗布绰博和长子。康熙十五年,袭固山达尔汉	齐旺车凌栋罗布孙。雍正五年,袭固山达尔汉贝子。乾隆二十	朋素克齐旺孙。乾隆二十一年,袭固山达尔汉贝子。六十年,	巴雅尔锡第朋素克子。乾隆六十年,袭固山达尔汉贝	德木楚克达什巴雅尔锡第子。嘉庆二十二年,袭。咸	堆英固尔扎布德木楚克达什子。咸丰二年,袭。光绪	贡多桑保堆英固尔扎布子。光绪十年,袭。								

	山达尔汉贝子，诏世袭罔替。十一年，卒。	十五年，卒。	贝子。雍正四年，年。	一年，卒。	卒。	子。嘉庆二十二年，卒。	丰元年九月，卒。	十年六月，卒。									
阿巴噶部辅国达尔汉公。	德木楚克郡王沙克沙僧格次子。康	鄂勒斋图德木楚克次子。雍正四年，	旺沁扎布鄂勒斋图长子。乾隆十六	齐巴克扎布旺沁扎布长子。乾隆	拉旺多尔济齐巴克扎布长子。乾	萨木丕勒诺尔布拉旺多尔	鞥克托克塔呼萨木丕勒诺尔	济克默特巴宝鞥克托克塔呼	布彦托克托呼济克默特巴宝	苏特诺木旺楚克布彦托克							

熙五十四年，封辅国公。赐达尔汉号。六十一年，晋镇国公。雍正二年，晋固山贝子。仍兼达	降袭辅国达尔汉公。乾隆十五年，卒。	年，袭辅国达尔汉公。三十二年，卒。	三十二年，袭辅国达尔汉公。四十九年，诏世袭罔替。五十二年，卒。	隆五十二年，袭辅国达尔汉公。道光十二年，卒。	济子。道光十二年，袭。二十九年六月，卒。	布子。道光二十一年，袭。光绪五年，卒。	子。光绪五年，袭。二十七年，卒。	从弟。光绪二十八年，袭。是年，卒。	托呼子。光绪二十八年，袭。							

	阿巴噶部扎萨克一等台吉。
尔汉号。三年，卒。	巴勒丹僧格多罗卓哩克图郡王。喇特那萨弟。乾隆五十四
	索诺木图布钦多罗卓哩克图郡王。车凌旺布第五子。
	杜噶尔布索诺木图布钦子。道光十五年，袭。同治六年，卒。
	拉哈喇吉勒桑都布杜噶尔布子。同治七年，袭。十一
	拉哈齐旺楚克拉哈喇吉勒桑都布子。光绪九年十二月，
	札那密达尔拉哈喇吉勒桑都布从子。光绪二十四年，袭。二

	年，授扎萨克一等台吉。			年，赐辅国公衔。光绪九年，病免。	袭。二十四年，卒。	十九年，赐镇国公衔。							
阿巴哈纳尔部 扎萨克多罗贝勒。	色棱墨尔根 元太祖弟布格博勒格图之裔。	纳木喀尔 色棱墨尔根长子。康熙十九年，袭扎	布昭 纳木喀尔次子。康熙二十四年，袭扎萨克多罗	齐当旺舒克 布昭长子。康熙四十八年，袭扎	索诺木喇布坦 齐当旺舒克长子。康熙四	纳木扎 索诺木喇布坦从弟。康熙五十九年，袭扎	达什敏珠尔 纳木扎长子。雍正十三年，袭扎	车登扎布 达什敏珠尔长子。乾隆三十年，袭	玛哈巴拉 车登扎布长子。乾隆四十四年，袭扎	巴勒楚克 玛哈巴拉子。道光五年，袭。	绷楚克桑布 巴勒楚克子。道光十四年，袭。	达木定扎布 绷楚克桑布弟。道光二十六年，	旺沁敦都布 达木定扎布子。光绪三十年，袭。

阿巴哈纳尔部	
栋伊思喇布贝勒	康熙六年，封扎萨克多罗贝勒，诏世袭罔替。十九年，卒。
衮楚克扎布栋伊	萨克多罗贝勒。二十三年，卒。
额璘臣达什衮楚	贝勒四十八年，卒。
班珠尔额璘臣达什长	萨克多罗贝勒。四十九年，卒。
达克丹朋素克	十九年，袭扎萨克多罗贝勒。五十九年，卒。
衮布旺扎勒达克	萨克多罗贝勒。雍正十三年，卒。
伊达木扎布衮布	萨克多罗贝勒。乾隆五十三年，卒。
桑斋色勒特多	扎萨克多罗贝勒。四十四年，卒。
多特诺尔布桑斋	萨克多罗贝勒。道光五年，病免。
车林多尔济多特	
	袭。光绪三十年，卒。

扎萨克固山贝子。	色棱墨尔根弟。康熙四年，封扎萨克固山贝子，诏世袭罔替。二十年，卒。	思喇布长子。康熙二十年，袭扎萨克固山贝子。二十四年，卒。	克扎布长子。康熙二十四年，袭扎萨克固山贝子。五十五年，卒。	子。康熙五十六年，袭扎萨克固山贝子。乾隆十九年，赐贝勒品级。二十九年，卒。	班珠尔第三子。乾隆二十九年，袭扎萨克固山贝子。五十七年，卒。	丹朋素克长子。乾隆五十七年，袭扎萨克固山贝子。道光七年，卒。	旺扎勒子。道光七年，袭。二十四年，卒。	布伊达木扎布子。道光二十四年，袭。同治三年，赐贝勒衔。十三年，卒。	色勒特多布子。光绪元年，袭。二十年，病免。	诺尔布子。光绪二十一年，袭。宣统元年，赐郡王衔，世袭贝勒。							
四子	鄂木	巴拜	沙克	达木	三济	阿喇	车凌	喇什	朋楚	伊什	伊什	那木	勒旺				

部落扎萨克多罗达尔汉卓哩克图郡王。	布元太祖弟。哈巴图哈萨尔之裔。崇德元年，授扎萨克，赐达尔汉卓哩克图号。顺治六	鄂木布长子。顺治十年，袭扎萨克多罗达尔汉卓哩克图郡王。康熙二年，卒。	都尔巴拜长子。康熙三年，袭扎萨克多罗达尔汉卓哩克图郡王。十六年，卒。	巴琫素沙克都尔长子。康熙十七年，袭扎萨克多罗达尔汉卓哩克图郡王。三十	扎布素达木巴琫素长子。康熙三十一年，袭扎萨克多罗达尔汉卓哩克图郡王。四十	布坦多尔济三济扎布长子。康熙四十九年，袭扎萨克多罗达尔汉卓哩克	旺扎勒阿喇布坦多尔济长子。乾隆十六年，袭扎萨克多罗达尔汉卓哩克图	雅木丕素阿喇布坦多尔济第三子。乾隆三十六年，袭扎萨克多罗达尔汉卓	克桑鲁布喇什雅木丕素次子。乾隆四十九年，袭扎萨克多罗达尔汉卓哩克	楚克鲁布朋楚克桑鲁布子。道光五年，袭。六年，以僭用黄伞革。	车登伊什楚克鲁布弟。道光七年，袭。	凯多尔济伊什车登子。同治三年，袭。	诺尔布那木凯多尔济子。光绪十一年，袭。						

茂明安部扎萨克一等台吉。	
僧格元太祖弟哈巴图哈萨尔之裔。康熙三年，	年，封多罗郡王，诏世袭罔替。十年，卒。
诺尔布僧格长子。康熙十一年，袭扎萨克一	
齐旺锡喇布诺尔布第三子。雍正元年，	
根敦扎木素齐旺锡喇布长子。乾隆十	一年，卒。
萨木坦扎木素根敦扎木素长子。乾	九年，卒。
拉什栋罗布萨木坦扎木素从弟。嘉庆	图郡王。乾隆三十六年，以病削。
达特巴扎木苏拉什栋罗布孙。道光	郡王。是年卒。
绰克巴达尔呼达特巴扎木苏子。道	哩克图郡王。四十九年，卒。
绰克布彦图绰克巴达尔呼从父。光绪	图郡王。道光五年，卒。
喇喜色楞多尔济光绪十四袭，年。	

	授扎萨克一等台吉。十一年,卒。	等台吉。雍正元年,卒。	袭扎萨克一等台吉。乾隆十二年,以罪削。	二年,袭扎萨克一等台吉。二十七年,卒。	隆二十七年,袭扎萨克一等台吉。四十九年,诏世袭罔替。嘉庆十年,卒。	十年,袭。道光二年,卒。	二年,袭。十六年,卒。	光十六年,袭。	五年,袭。								
茂明安	固穆巴	图巴 固穆	班第 图巴	罗卜藏	裕木充	衮楚克	珠克都	丹丕勒	格楚克	棍布 格楚							

部 多罗贝勒。	图尔 扎萨克台吉僧格叔祖。顺治五年封辅国公。七年，晋多罗贝勒，诏世袭罔替。康	巴图尔第三子。康熙三年，袭多罗贝勒。三十二年，卒。	第三子。康熙三十二年，袭多罗贝勒。五十六年，卒。	锡喇布 班第次子。康熙五十六年，袭多罗贝勒。乾隆八年，卒。	罗卜藏锡喇布长子。乾隆八年，袭多罗贝勒。三十九年，卒。	扎布 裕木充长子。乾隆三十九年，袭多罗贝勒。四十五年，卒。	尔扎布 衮楚克扎布长子。乾隆四十五年，袭多罗贝勒。四十九年，卒。	衮楚克扎布次子。乾隆四十九年，袭多罗贝勒。道光十九年，卒。	丹丕勒孙。道光十九年，袭。光绪十六年，卒。	克嗣子。光绪十六年三月，袭。							

	熙三年，卒。																
乌喇特部扎萨克镇国公。	图巴 元太祖弟哈巴图哈萨尔之裔。顺治五年，封扎萨克镇国公，诏世袭	海色 图巴长子。顺治十三年，袭扎萨克镇国公。康熙八年，卒。	察木察 海色长子。康熙八年，袭扎萨克镇国公。二十五年，卒。	都棱 察木察长子。康熙二十五年，袭扎萨克镇国公。五十二年，卒。	诺尔布璘沁 都棱长子。康熙五十二年，袭扎萨克镇国公。五十六	锡喇布 都棱次子。康熙五十六年，袭扎萨克镇国公。乾隆七年，卒。	索诺木扎木三 锡喇布长子。乾隆七年，袭扎萨克镇国公。二十	索诺木喇布坦 索诺木扎木三长子。乾隆二十年，袭扎萨克镇	车布登栋罗布 索诺木喇布坦长子。乾隆四十年，袭扎萨克镇	喇特那巴拉 车布登栋罗布长子。嘉庆七年，袭。道光十四年，削扎	旺楚克色楞 胡毕图子。咸丰二年，袭。十一年，诏兼袭镇国公。	色楞那木济勒 旺楚克色楞子。同治六年，袭。光绪二十三年，卒。	木勒济多尔济 光绪二十三年十二月，袭。				

乌喇特部扎萨克镇	
谔班镇国公图巴从子。顺	罔替。十三年，卒。
博勒都呼谔班长子。	
博勒图谔班次子。顺治	
阿玉什谔班第四子。康	
诺扪阿玉什长子。康熙十	年，卒。
达尔玛第诺扪长子。	
达尔玛什哩达尔	年，卒。
达尔玛吉哩第	国公。四十年，卒。
达尔玛哩第达尔	国公。
噶勒桑车凌达尔	萨克。十八年，诏以其叔父胡毕图袭扎萨克一等台吉。
噶勒桑罗垒达尔	
济克默特多尔	
巴图鄂齐尔济克	
噶勒当旺楚克	
贡苏隆札布噶勒	
克什克德勒格	

国公。	治五年，封扎萨克镇国公，诏世袭罔替。十五年，卒。	顺治十五年，袭扎萨克镇国公。十八年，卒。	十八年，袭扎萨克镇国公。康熙七年，卒。	熙七年，袭扎萨克镇国公。十一年，卒。	一年，袭扎萨克镇国公。二十二年，卒。	康熙二十三年，袭扎萨克镇国公。二十八年，卒。	玛第长子。康熙二十八年，袭扎萨克镇国公。雍正三年，以罪削。	达尔玛什哩长子。雍正三年，袭扎萨克镇国公。乾隆十六年，卒。	玛吉哩第长子。乾隆十六年，袭扎萨克镇国公。二十九年，卒。	玛哩第长子。乾隆二十九年，袭扎萨克镇国公。四十四年，卒。	玛哩第次子。乾隆四十四年，袭扎萨克镇国公。寻卒。	济达尔玛吉哩第四子。乾隆四十四年，袭扎萨克镇国公。五十六年，卒。	默特多尔济弟。乾隆五十六年，袭扎萨克镇国公。道光十四年，卒。	多尔济巴图鄂齐尔子。道光十四年，袭。咸丰四年，卒。	当旺楚克多尔济子。咸丰四年，卒。	尔贡苏隆扎布孙。光绪八年，袭。	
喇乌特	巴克巴	楚充客	达尔玛	鄂勒班	垂扎木	阿穆尔	恭格喇	多尔济	车楞旺	拉旺哩	贡桑栋	索特那	巴宝多				

部 扎萨克辅国公。	喀
海 镇国公图巴从孙。顺治五年,封扎萨克辅国公,诏世袭罔替。寻卒。	本
巴克巴海弟。顺治五年,袭扎萨克辅国公。康熙二十二年,卒。	诺
楚充克长子。康熙二十三年,袭扎萨克辅国公。二十五年,卒。	詹
达尔玛长子。康熙二十五年,袭扎萨克辅国公。四十二年,卒。	拉
素 鄂勒班长子。康熙四十三年,袭扎萨克辅国公。雍正十一年,以罪削。	车
龄贵 鄂勒班第三子。雍正十一年,袭扎萨克辅国公。乾隆十一年,卒。	忠
布坦 阿穆尔龄贵次子。乾隆十一年,袭扎萨克辅国公。五十三年,卒。	贡
帕拉穆 恭格喇布坦长子。乾隆五十三年,袭扎萨克辅国公。道光八年,卒。	车
楚克多尔济 多尔济帕拉穆子。道光八年,袭。十年九月,革。	索
克锦 车楞旺楚克多尔济子。道光十一年,袭。	贡
鲁布 拉旺哩克锦子。同治三年,袭。光绪二十年三月,卒。	车
木旺珠尔多尔济 光绪二十年,袭。二十一年,卒。	云
尔济 索特那木旺珠尔多尔济弟。光绪二十一年十二月,袭。	

尔喀右翼部扎萨克多罗达尔汉贝勒。	塔尔元太祖裔。顺治十年，封扎萨克和硕达尔汉亲王，诏世袭罔替。康熙八年，卒。	内本塔尔第四子，康熙八年，袭扎萨克和硕达尔汉亲王。四十六年，卒。	达固密诺内第八子。康熙四十七年，降袭扎萨克多罗达尔汉贝勒。雍正六年，卒。	旺多尔济詹达固密长子。雍正七年，袭扎萨克多罗达尔汉贝勒。乾隆四十六	布登纳木扎勒拉旺多尔济长子。乾隆四十六年，袭扎萨克多罗达尔汉	济勒车璘车布登纳木扎勒长子。嘉庆五年，袭。道光二年，卒。	楚克绰克丕勒忠济勒车璘子。道光二年，袭。四年，卒。	旺都布济楚克绰克丕勒弟。道光四年，袭。二十四年，以罪削。	特那木多尔济车旺都布济子。道光二十四年，袭。	桑索特那木多尔济弟。同治二年，袭。	林多尔济贡桑子。光绪六年，袭。十六年，卒。	端旺楚克车林多尔济嗣子。光绪十六年八月，袭。					

				年，卒。	贝勒。嘉庆四年，卒。												
喀尔喀右翼部 固山卓哩克图贝子。	衮布 达尔汉亲王本塔尔从子。顺治十年，封多罗卓哩克图郡	达尔扎 衮布长子。顺治十八年，袭多罗卓哩克图郡王。康熙	固噜什希 达尔扎长子。康熙二十二年，袭多罗卓哩克图	巴特玛旺扎勒 固噜什希长子。康熙四十三年，降袭	车木伯勒 巴特玛旺扎勒次子。乾隆二十一年，袭固山卓	车登多尔济 车木伯勒长子。康熙四十五年，袭固山卓	东岳特 车登多尔济弟。乾隆五十一年，袭固山卓哩克图贝	吉礼克喇锡 东岳特子。乾隆六十年，袭固山卓哩克图	蕴丹盖鲁布 吉礼克喇锡从子。嘉庆二十五年，袭。	阿育尔布呢 蕴丹盖鲁布子。同治四年，袭。光绪十三年，	明珠尔多尔济 阿育尔布呢子。光绪十三年，袭。						

喀尔喀右翼部	
本巴什希 达尔汉亲	王。十八年，卒。
巴特玛 本巴什希次子。	二十一年，卒。
进穆巴 巴特玛长子。康	郡王。四十三年，卒。
达济 进穆巴长子。康熙五	固山卓哩克图贝子。乾隆二十一年，卒。
班第达 巴特玛次子。雍	哩克图贝子。四十五年，卒。
阿喇布坦 班第达长	哩克图贝子。四十九年，诏世袭罔替。五十一年，以罪革。
巴尔准多尔济	子。六十年，卒。
喇什那木扎尔	贝子。嘉庆二十五年，卒。
阿第雅 喇什那木扎尔	
色勒布贡格 阿第	卒。
托果瓦 色勒布贡格弟。	

喀尔喀右	固山贝子。
萨玛第达尔	王本塔尔弟。顺治十年，封固山贝子，诏世袭罔替。康熙十四年，卒。
衮布阿喇	康熙十五年，袭固山贝子。二十五年，卒。
索诺木班	熙二十六年，袭固山贝子。五十三年，卒。
恭格阿喇	十四年，袭固山贝子。雍正六年，卒。
衮楚克栋	正七年，袭固山贝子。十三年，卒。
丹津多尔	子。雍正十三年，袭固山贝子。乾隆二十五年，卒。
噶尔桑车	阿喇布坦长子。乾隆二十六年，袭固山贝子。嘉庆二年，卒。
贡桑噶尔桑车	巴尔准多尔济次子。嘉庆二年，袭。九年，卒。
宽楚克达	长子。嘉庆九年，袭。道光三十年，卒。
莫罗木光绪	雅子。道光三十年，袭。
诺尔布散	同治七年，袭。

鄂	翼部镇国公。
额	汉亲王本塔尔第五子。康熙十四年,以军功封镇国公,诏世袭罔替。二十五年,卒。
巴	布坦 萨玛第长子。康熙二十六年,袭镇国公。四十四年,卒。
固	珠尔 罗布阿喇布坦长子。康熙四十四年,袭镇国公。雍正九年,卒。
栋	布坦 索诺木班珠尔长子。雍正九年,袭镇国公。乾隆三十八年,卒。
萨	罗布 恭格阿喇布坦长子。乾隆三十八年,袭镇国公。三十九年,卒。
喇	济 衮楚克栋罗布长子。乾隆四十年,袭镇国公。嘉庆十二年,卒。
扎	林 丹津多尔济子。嘉庆十二年,袭。道光二十年,卒。
年	林子。道光二年,袭。
达	瓦 贡桑子。光绪九年,袭。
什	十三年,袭。二十年,卒。
巴	布 莫罗木嗣子。光绪二十年十二月,袭。
图	
额	
特	

尔多斯部扎萨克多罗郡王。

璘臣 元太祖裔。顺治六年，封扎萨克多罗郡王，诏世袭罔替。十三年，卒。

图 额璘臣从子。顺治十三年，袭扎萨克多罗郡王。十四年，以罪削。

噜 巴图兄。顺治十三年，袭扎萨克多罗郡王。康熙十八年，晋和硕亲王。三十一年，卒。

罗布 固噜次子。康熙三十一年，袭扎萨克多罗郡王。五十七年，卒。

克巴 栋罗布长子。康熙五十七年，袭扎萨克多罗郡王。五十九年，卒。

什班珠尔 栋啰布第四子。康熙五十九年，袭扎萨克多罗郡王。雍正六年，卒。

木扬 萨克巴长子。雍正六年，袭扎萨克多罗郡王。十一年，以赴调兵不堪用，降贝勒。

凌多尔济 扎木扬长子。乾隆二十三年，袭扎萨克多罗郡王。四十五年，卒。

尔玛咱第 车凌多尔济长子。乾隆四十六年，袭扎萨克多罗郡王。五十年，卒。

当巴拜 车凌多尔济次子。乾隆五十一年，袭扎萨克多罗郡王。嘉庆十七年，卒。

宝多尔济 什当巴拜子。嘉庆十七年，袭。道光十一年，以罪削扎萨克，仍留郡王。

们济尔噶勒 巴宝多尔济子。道光十一年，以一等台吉袭扎萨克。十五年，袭。

尔齐木毕里克 图们济尔噶勒子。道光十七年，袭。光绪二十七年，卒。

古斯阿勒坦 额尔齐木华里克子。光绪二十八年二月，袭。

鄂尔多斯部扎萨克多罗贝勒。	
善丹郡王额璘臣从子。顺治七年，封扎萨克多	
索诺木善丹长子。康熙二年，袭扎萨克多罗	
松喇布索诺木长子。康熙二十一年，袭扎萨	
干珠尔松喇布长子。康熙四十八年，袭扎萨	
诺依罗布扎木素干珠尔长子。康	
栋罗布扎木素诺依罗布扎木素长	
栋罗布色棱栋罗布扎木素长子。乾隆	乾隆元年，诏复郡王。二十二年，卒。
索诺木喇布斋根敦栋罗布色	
棍藏拉布坦扎木苏索诺木喇	
额尔德呢绰克图棍藏拉布坦扎	
察克都尔扎布额尔德呢绰克图子。	十八年，卒。
喇什扎木苏察克都尔扎布兄。光绪七	郡王。
噶勒藏罗勒玛旺扎勒扎	

鄂尔多	
小扎木	罗贝勒，诏世袭罔替。康熙二年，卒。
索诺木	贝勒。十六年，晋多罗郡王。二十一年，卒。
都棱索诺	克多罗贝勒。三十七年，晋多罗郡王。四十八年，卒。
色棱喇	克多罗贝勒。五十七年，卒。
伦布都棱	熙五十七年，袭扎萨克多罗贝勒。乾隆十二年，卒。
色棱纳	子。乾隆十二年，袭扎萨克多罗贝勒。三十一年，赐郡王品级。三十八年，卒。
齐旺班	三十八年，袭扎萨克多罗贝勒。嘉庆三年，卒。
喇什达	棱从弟。嘉庆三年，袭。道光十八年，卒。
拉什扎	布斋根敦子。道光十八年，袭。咸丰元年，卒。
拉什丕	木苏从子。咸丰三年，袭。
端多布	同治元年，袭。
静米特	年，袭。二十八年，卒。
巴图莽	木苏喇什扎木苏子。光绪二十八年十二月袭。
阿尔宾	

斯部扎萨克固山贝子。

素郡王额璘臣从子。顺治六年，封扎萨克镇国公，诏世袭罔替。康熙九年，卒。

小扎木素长子。康熙九年，袭扎萨克镇国公。十一年，卒。

木长子。康熙十一年，袭扎萨克镇国公。三十七年，晋固山贝勒。四十六年，卒。

什都棱长子。康熙四十六年，仍袭扎萨克固山贝子。五十一年，卒。

次子。康熙五十一年，袭扎萨克固山贝子。五十六年，卒。

木扎勒都棱第三子。康熙五十六年，袭扎萨克固山贝子。寻卒。

珠尔色棱纳木扎勒长子。康熙五十六年，袭扎萨克固山贝子。雍正十一年，以赴调

尔济齐旺班珠尔孙。乾隆三十七年，袭扎萨克固山贝子。四十九年，诏世袭罔替。嘉

木素喇什达尔济长子。嘉庆十一年，袭。十七年，卒。无嗣。

尔拉什扎木素叔。嘉庆十七年，袭。十八年，卒。

色楞拉什丕尔弟。嘉庆十八年，袭。道光二十一年，卒。

多布扎勒端多布色楞子。道光二十一年，袭。

鼐静米特多布扎勒弟。咸丰七年，袭。

巴雅尔巴图莽鼐嗣子。光绪六年，袭。

图们巴	
索呢因	
索那木	
散济密	
达什多	庆十一年，卒。
永咙多	兵不堪用，降辅国公。寻诏复贝子。乾隆十九年，晋多罗贝勒。三十七年，卒。
丹巴达	
拉旺巴	
纳木扎	
喇什扎	
固噜斯	
沙克扎	
鄂尔多	

斯部扎萨克固山贝子。

郡王额璘臣从弟。顺治七年，封扎萨克固山贝子，诏世袭罔替。十四年，卒。

希布沙克扎长子。顺治十四年，袭扎萨克固山贝子。康熙十九年，晋多罗贝勒。四十

木素固噜斯希布第五子。康熙四十三年，袭扎萨克固山贝子。五十一年，卒。

勒色棱喇什扎木素长子。康熙五十二年，袭扎萨克固山贝子。乾隆二十六年，卒。

勒丹色棱纳木扎勒色棱次子。乾隆二十六年，袭扎萨克固山贝子。三十年，卒。

尔济拉旺巴勒丹色棱弟。乾隆三十年，袭扎萨克固山贝子。五十四年，卒。

尔济丹巴达尔济长子。乾隆五十四年，袭扎萨克固山贝子。道光八年，卒。

尔济永咙多尔济子。道光八年，袭。

都布达什多尔济子。咸丰六年，袭。

彭苏克光绪十年，袭。十二年，卒。

索特图索那木彭苏克子。光绪十二年三月，袭。二十二年，卒。

雅尔光绪二十三年二月，袭。

		三年，卒。														
鄂尔多斯部 扎萨克固山贝子。	额琳沁 郡王额璘臣从子。顺治六年，封扎萨克固山贝子，诏世袭罔替。	达尔扎 额琳沁从子。顺治十八年，袭扎萨克固山贝子。康熙十六年，晋	旺舒克 达尔扎长子。康熙三十三年，袭扎萨克多罗贝勒。三十七年，卒。	达什喇布坦 达尔扎第三子。康熙三十七年，袭扎萨克多罗贝勒。	喇什色棱 达什喇布坦长子。雍正十二年，袭扎萨克固山贝子。乾隆	沙克都尔扎布 喇什色棱长子。乾隆三十八年，袭扎萨克固山	布延泰 沙克都尔扎布长子。乾隆四十三年，袭扎萨克固山贝子。嘉庆	扎木巴勒多尔济 布延泰弟。嘉庆十三年，袭。二十二年，卒。	桑斋旺沁 扎木巴勒多尔济从子。嘉庆二十二年，袭。道光八年，以罪	巴达尔呼 桑斋旺沁子。道光九年，袭。同治十三年，赐贝勒衔，世袭罔	察克都尔色楞 巴达尔呼子。光绪十年，袭。					

	十八年,卒。	多罗贝勒。三十三年,卒。		雍正十年,以赴调兵不堪用,降贝子。十二年,卒。	三十八年,卒。	贝子。四十三年,卒。	十三年,卒。		削。	替。							
鄂尔多斯部扎萨克固山贝	色棱郡王额璘臣从子。顺治六年,封	衮布喇什色棱长子。康熙十六	根都什辖布衮布喇什长子。	罗布藏根都什辖布长子。康熙四	纳木扎勒多尔济罗布	色旺喇什纳木扎勒多尔济次	额尔德尼色旺喇什子。嘉庆十	察克都尔色楞额尔德尼	札那济尔迪察克都尔色楞	珊济密都布光绪二十七年,							

子。	扎萨克固山贝子,诏世袭罔替。康熙十五年,卒。	年,袭扎萨克固山贝子。十九年,晋多罗贝勒。二十三年,卒。	康熙二十四年,袭扎萨克固山贝子。四十八年,卒。	十八年,袭扎萨克固山贝子。雍正十一年,以赴调兵不堪用,降辅国公。寻诏复贝子。乾隆	藏长子。乾隆五年,袭扎萨克固山贝子。四十二年,卒。	子。乾隆四十二年,袭扎萨克固山贝子。嘉庆十七年,卒。	七年,袭。道光元年,卒。	子。道光元年,袭。咸丰二年,卒。	子。咸丰二年,袭。四年,赐贝勒衔。光绪二十年正月,赏三眼花翎。	袭。	

五年，卒。	丹津多尔济　扎木巴勒多尔济次子。乾隆二十九年，袭辅国公。嘉
	萨木丕勒多尔济　扎木巴勒多尔济长子。乾隆二十七年，袭辅国公。二十九
	扎木巴勒多尔济　色布腾诺尔布长子。乾隆二十二年，袭辅
	色布腾诺尔布　郡王喇什班珠尔长子。雍正六年，封辅国公。乾
	鄂尔多斯部辅国公。

	隆二十二年，卒。	国公。二十七年，卒。	年，卒。	庆四年，卒。子当隆多尔济，降袭二等台吉。													
鄂尔多斯部扎萨克一等台吉。	定咱喇什郡王额璘臣从曾孙。雍正	衮布喇什定咱喇什长子。乾隆九年，	旺扎勒车登布多尔济	噶尔桑济克嗒特多尔	色楞多济特噶尔桑济克嗒特多	鞥克巴雅尔色楞多济特子。道光	扎那巴兰札鞥克巴雅尔弟。咸丰	克什克达赉光绪十六年，袭。	克沙都尔扎布光绪二十三年，								

九年，授一等台吉。乾隆元年，授扎萨克。九年，卒。	袭扎萨克一等台吉。二十七年，卒。	衮布喇什长子。乾隆二十七年，袭扎萨克一等台吉。四十九年，卒。诏世袭罔替。嘉庆十四年，	济旺扎勒车登布多尔济子。嘉庆十四年，袭。二十二年，卒。	尔济子。嘉庆二十二年，袭。道光十八年，卒。	十八年，袭。	八年，袭。光绪十六年，卒。		袭。

卒。

清史稿卷二一〇
表第五〇

藩部世表二

	初封	一次袭	二次袭	三次袭	四次袭	五次袭	六次袭	七次袭	八次袭	九次袭	十次袭	十一次袭	十二次袭	十三次袭	十四次袭	十五次袭	十六次袭
喀尔喀土	察珲多尔	敦多布多	多尔济额	旺扎勒多	敦丹多尔	敦多布多	延丕勒多	车登多尔	敏珠尔多	车登多尔	额依多布	雅凌泰依额	车林多尔	那逊绰克	色囊依勒	达什尼玛	

谢图汗部 土谢图汗。	济 元太祖裔喀尔喀格呼森扎扎赉尔珲台吉之五世孙。继其父衮布称汗，号土谢图。	尔济 察珲多尔济孙。初袭其父郡王噶勒丹多尔济爵。康熙三十九年，晋和硕	尔德尼阿海 察珲多尔济次子。康熙四十一年，袭土谢图汗。五十年，卒。	尔济 多尔济额尔德尼阿海长子。康熙五十年，袭土谢图汗。雍正十年，卒。	济 旺扎勒多尔济次子。雍正十年，袭土谢图汗。乾隆八年，卒。	尔济 旺扎勒多尔济第四子。乾隆九年，袭土谢图汗。十年，卒。	尔济 旺扎勒多尔济长子。乾隆十一年，袭土谢图汗。二十三年，卒。	济 敦丹多尔济次子。乾隆二十四年袭土谢图汗。四十六年，诏世袭罔替。五十八年，以	尔济 车登多尔济长子。乾隆五十八年，袭土谢图汗。五十九年，卒。	济 敏珠尔多尔济父。乾隆五十九年仍袭土谢图汗。嘉庆二十一年，卒。	多尔济 车登多尔济子。嘉庆二十年，袭。道光九年，卒。	多布多尔济子。道光九年，袭。十二年，卒。	济 雅凌泰弟道光十二年，袭。同治二年，卒。	图 车林多尔济子。同治二年，袭。光绪二十六年，卒。	多尔济 那逊绰克图子。光绪二十六年，袭。二十九年，卒。	色囊依勒多尔济嗣子。光绪三十年，袭。

喀尔喀土谢图汗		
固噜什喜	土谢图汗察珲	康熙三十年，诏留土谢图汗号。三十八年，卒。
多尔济阿喇布坦		亲王，袭土谢图汗后以溺职降袭原爵。见郡王表。
敏珠尔多尔济	多尔	
车凌拜都布	敏珠尔多	
丹忠多尔济	车凌拜都	
齐巴克扎布	车凌拜都	
多尔济扎布	齐巴克扎	
达克丹多尔济	多尔	罪削。
拉苏隆巴扎尔	达克	
阿木噶巴扎尔	拉萨	
阿囊达瓦齐尔	光绪	

部扎萨克多罗郡王。	多尔济族弟。康熙三十年，封扎萨克多罗郡王。四十四年，卒。	固噜什喜长子。康熙四十四年，袭扎萨克多罗郡王。雍正六年，以病罢。	济阿喇布坦长子。雍正六年，袭扎萨克多罗郡王。乾隆五年，卒。	尔济长子。乾隆五年，袭扎萨克多罗郡王。二十年，击伊犁叛，贼死之。	布长子。乾隆二十年，袭扎萨克多罗郡王。三十七年，卒。	布次子。乾隆三十七年，袭扎萨克多罗郡王。四十六年，诏世袭罔替。四十七年，卒。	布长子。乾隆四十七年，袭扎萨克多罗郡王。	济扎布子。嘉庆二十三年，袭。道光七年，卒。	丹多尔济子。道光七年，袭。	隆巴扎尔子。光绪元年，袭。	十八年，四月，袭。						
喀	噶	敦	额	根	格	车	逊	甯	德	那	绷						

尔喀土谢图汗部	扎萨克固山贝子。
勒丹多尔济	土谢图汗察珲多尔济长子。康熙三十年，封扎萨克多罗郡王。
多布多尔济	噶勒丹多尔济长子。康熙三十一年，袭扎萨克多罗郡王。三十
璘沁多尔济	敦多布多尔济次子。乾隆八年，袭扎萨克和硕亲王。二十年，以
扎布多尔济	敦多布多尔济长子。乾隆二十二年，降袭扎萨克固山贝子。二
齐多尔济	敦多布多尔济第三子。乾隆二十五年，袭扎萨克赐公品级。三十六
布登多尔济	根扎布多尔济次子。乾隆二十五年，袭固山贝子。三十六年，袭
都布多尔济	车登布多尔济长子。乾隆三十九年，袭扎萨克固山贝子。四十
保多尔济	逊都布多尔济长子。嘉庆四年，袭。道光十二年，卒。
勒克多尔济	宁保多尔济子。道光十二年，袭。
木济勒端多布	德勒克多尔济子。同治七年，袭。
楚克车林	那木济勒端多布子。光绪十年，袭。

六年，诏世袭罔替。嘉庆三年，卒。
扎萨克。三十九年，卒。
年，以病罢。
十五年，卒。
罪诛削爵。
九年，晋和硕亲王，袭土谢图汗。见汗表。四十一年，降袭郡王原爵。雍正元年，复封亲王。乾
三十一年，卒。

		隆八年，卒。															
喀尔喀土谢图汗部扎萨克和硕亲王。	车木楚克纳木扎勒土谢图汗察珲多尔济从子。康熙三	成衮扎布车木楚克纳木扎勒长子。雍正十年，袭扎萨克多罗贝勒。	齐巴克雅喇木丕勒成衮扎布长子。乾隆十二年，袭扎萨	齐巴克多尔济齐色克雅喇木丕勒次子。乾隆四十二年，袭扎	扎布以兄赛金布齐巴克多尔济从子。嘉庆二年，袭。六年，卒。	齐巴克扎济齐巴克扎布子。嘉庆六年，袭。道光十八年，卒。	额林沁多尔济车登布多尔济子。道光十八年，袭。咸丰四年，病	车林多尔济额林沁多尔济子。咸丰四年，袭。光绪十八年，卒。	杭达多尔济车林多尔济孙。光绪十八年，五月，袭。								

										免。			萨克和硕亲王。四十六年，诏世袭罔替。嘉庆二年，卒。	克多罗郡王。二十一年，晋和硕亲王。四十二年，卒。	乾隆三年，晋袭多罗郡王。十一年，卒。	十年，授扎萨克一等台吉。三十五年，封辅国公。雍正元年，特晋多罗贝勒。十年，卒。乾隆三	

	年，追封多罗郡王。																
喀尔喀土谢图汗部公品级一等台吉。	三济扎布亲王齐巴克雅喇木丕勒长子。初授一等台吉。	三都布多尔济三济扎布长子。乾隆二十二年，袭公	贡楚克达什三都布多尔济之子。嘉庆十五年，袭。														

	乾隆二十二年，卒。追封公品级。	品级一等台吉。嘉庆十五年，卒。															
喀尔喀土谢图汗部扎萨克多罗郡	西第什哩土谢图汗察珲多尔济弟。康熙三十	丹津多尔济西第什哩次子。康熙四十五年，	桑齐多尔济丹津多尔济孙。乾隆三年，袭扎	云丹多尔济桑齐多尔济长子。乾隆四十四	多尔济拉布坦云丹多尔济子。道光八年，	那逊巴图多尔济拉布坦子。道光十九年，袭。三	鄂特萨尔巴咱尔那逊巴图子。道光三	车林巴布鄂特萨尔巴咱尔子。光绪二十一年									

十一月,裘。

十年,裘。光绪二十一年十一月,告休。

十十年,卒。

裘。九年,卒。

年,裘扎萨克多罗郡王。四十六年,诏世裘罔替。道光七年,卒。

萨克多罗郡王。二十年,晋和硕亲王。三十年,以罪削寻诏复郡王爵。四十三年,卒。

裘扎萨克多罗贝勒。雍正元年,封多罗郡王。八年,晋和硕亲王。十一年,以罪降郡王。乾隆

年,封扎萨克多罗贝勒。四十五年,卒。

王。

		元年，复封亲王。三年，卒。															
喀尔喀土谢图汗部扎萨克一等台吉。	锡布推哈坦巴图尔土谢图汗察珲多尔	车登布锡布推哈坦巴图尔次子。康熙四十五年，降袭	齐旺多尔济车登布长子。乾隆二十一年，仍袭扎	车登布乾隆二十三年，赐公品级。三十年，仍袭扎萨克	齐素咙多尔济车登布孙。乾隆三十五年，降袭	伊塔木扎布齐素咙多尔济长子。嘉庆五年，袭。二	车林多尔济伊塔木扎布子。嘉庆二十年，袭。	车凌多尔济车林多尔济子。同治十年，袭。	那逊固木布车凌多尔济子。光绪十二年，袭。	索特那木达尔济雅宣统元年，袭。							

十年，卒。

扎萨克一等台吉。四十六年，诏世袭罔替。嘉庆五年，卒。

辅国公。三十五年，卒。

萨克辅国公。三十年，卒。

扎萨克镇国公。雍正元年，晋多罗贝勒。十年，晋多罗郡王。十一年，以罪降贝勒。乾隆十九

济从弟。康熙三十年，封扎萨克辅国公。三十八年，晋固山贝子。四十三年，卒。

	鄂达尔托克齐
	密什克多尔济
	毕里克太多尔
	喇布丹多尔济
	车林扎布拉素咙多
	拉素咙多尔济
	车登三丕勒巴木
年，降贝子，诏复贝勒。二十一年，以附叛贼青衮咱木罪削。	巴木丕勒多尔
	车凌巴勒土谢图汗
	喀尔喀土谢图

汗部扎萨克辅国公。	察珲多尔济第四子。康熙五十年，封扎萨克辅国公。雍正六年，卒。	济车凌巴勒长子。雍正七年，袭扎萨克辅国公。乾隆十二年，卒。	丕勒多尔济次子。乾隆十三年，袭扎萨克辅国公。四十一年，卒。	车登三丕勒长子。乾隆四十二年，袭扎萨克辅国公。四十六年，诏世袭罔替。	尔济子。嘉庆十九年，袭。道光五年，卒。	车林扎布子。道光五年，袭。	济喇布丹多尔济弟。咸丰十一年，袭。	毕里克太多尔济子。光绪元年，袭。二十二年三月，告休。	布扬瓦齐尔密什克多尔济子。光绪二十二年，袭。								
喀尔	巴海	贡楚	贡楚	巴勒	倭多	桑都	达什	曼达	萨赉								

喀土谢图汗部扎萨克辅国公。

贝子。锡布推哈坦巴图尔长子。雍正九年,授扎萨克一等台吉。十年,封辅国公。乾隆八年,

克扎布　巴海长子。乾隆八年,袭扎萨克辅国公。二十八年,卒。

克达什　贡楚克扎布长子。乾隆二十八年,袭扎萨克辅国公。四十六年,诏世袭罔

达尔扎布　贡楚克达什之弟。乾隆四十九年,袭扎萨克辅国公。嘉庆元年,卒。

布齐旺　巴勒达尔扎布长子。嘉庆元年,袭。道光三年,卒。

布明珠尔　倭多布齐旺子。道光三年,袭。十一年,卒。

多尔济　桑郡布明珠尔子。道光十一年,袭。

尔瓦　达什多尔济子。同治四年,袭。

瓦尔　光绪三十四年三月,袭。

	卒。		替。四十九年，卒。														
喀尔喀土谢图汗部扎萨克公品级一等台吉。	三达克多尔济亲王丹津多尔济弟三子。乾隆十八年，封	车凌多尔济三达克多尔济长子。乾隆二十九年，袭扎萨克	萨兰多尔济车凌多尔济长子。乾隆五十三年，袭公品级扎	绷楚克多尔济萨兰多尔济子。嘉庆二十三年，袭。道光二	奇默特多尔济绷楚克多尔济子。道光二十六年，袭。	洞多布扎勒布帕拉木多尔济奇默特多	阿克旺多尔济光绪三十三年，袭。										

	辅国公。二十年，赐贝子品级。二十三年，授扎萨。克二十九年，卒。	辅国公。五十三年，卒。	萨克一等台吉。嘉庆二十年，卒。	十六年，病免。		尔济子。光绪五年，袭。											
喀尔喀土谢	礼塔尔土谢图汗	旺舒克礼塔尔长	达什丕勒旺舒	德沁拉木丕	索诺木旺楚	巴勒达尔多	车林多尔济	嘎丹巴勒光绪	察克都尔扎								

图汗部扎萨克镇国公。	察珲多尔济族子。康熙三十二年,授扎萨克一等台吉。寻卒。	子。康熙三十二年,袭扎萨克一等台吉。雍正六年,以病罢。	克次子。雍正六年,袭扎萨克一等台吉。乾隆十九年,封辅国公。二十一年,晋固山贝子,赐	勒达什丕勒第四子。乾隆四十三年,袭札萨克固山贝子。四十六年,诏世袭罔替。五十	克德沁拉木丕勒长子。乾隆五十八年,袭镇国公。道光十七年,卒。	尔济索诺木旺楚克子。道光十七年,袭。	巴勒达尔多尔济嗣子。光绪二年,袭。	十七年,袭。二十一年,卒。	布嘎丹巴勒子。光绪二十一年二月,袭。								

	喀尔喀土谢图汗部 扎萨
	巴朗 土谢图汗察珲多尔济从弟。康熙三
	旺布 巴朗长子。康熙三十二年，袭扎萨克
贝勒品级。寻晋郡王品级。四十二年，卒。	蒙固 旺布次子。乾隆七年，袭扎萨克辅国
七年，以罪降镇国公。寻卒。	索诺木辰伯勒 蒙固长子。乾隆
	巴克巴扎布 索诺木辰伯勒次子。
	齐巴克扎布 巴克巴扎布长子。乾
	三都布多尔济 齐巴克扎布长
	巴尔多尔济 三都布多尔济长子。
	党苏伦多尔济 巴尔多尔济子。
	车德恩多尔济 党苏伦多尔济
	车登索诺木 车德恩多尔济弟。咸

克辅国公。	十年，授扎萨克一等台吉。三十一年，卒。	一等台吉。乾隆三年，封辅国公。七年，卒。	公。二十七年，以病罢。	二十七年，袭扎萨克辅国公。四十五年，卒。	乾隆四十五年，袭扎萨克辅国公。四十六年，诏世袭罔替。五十一年，卒。	隆五十一年，袭扎萨克辅国公。嘉庆三年，卒。	子。嘉庆四年，袭。八年，卒。	嘉庆九年，袭。	道光二十一年，袭。三十年，卒。	子。道光三十年，袭。	丰九年，袭。光绪三十四年，卒。						
喀尔喀	班珠尔	琳丕勒	车布登	那木济	齐旺多	喇布丹	济克济	旺楚克	密法木	阿勒坦							

土谢图汗部扎萨克辅国公。	多尔济土谢图汗察珲多尔济孙。康熙三十年，授扎萨克一等台吉。乾隆元年，卒。	多尔济班珠尔多尔济长子。乾隆元年，袭扎萨克一等台吉。二十年，晋辅国公。二	多尔济琳丕勒多尔济长子。乾隆二十三年，袭扎萨克辅国公。四十六年，诏世袭	尔多尔济车布登多尔济子。乾隆五十九年，袭扎萨克辅国公。嘉庆十三年，卒。	尔济那木济尔多尔济子。嘉庆十三年，袭。道光十年，卒。	多尔济齐旺多尔济弟。道光十年，袭。十七年，卒。	特多尔济喇布丹多尔济弟。道光十七年，袭。三十年，卒。	察克都尔苏伦济克济特多尔济子。道光三十年，袭。	察苏特巴保多尔济旺楚克察克都尔苏伦从子。光绪十年，袭。三十	呼雅克密法木察苏特巴保多尔济子。光绪三十二年，袭。

		十三，卒。	罔替。五十九年，卒。						一年，卒。								
喀尔喀土谢图汗部扎萨克辅国公。	辰丕勒多尔济贝勒西第什哩长子。康熙五十八年，	喇木丕勒多尔济辰丕勒多尔济孙。雍正六年，袭	三都布多尔济喇木丕勒多尔济弟。乾隆二年，袭扎	车登多尔济三都布多尔济长子。乾隆四十五年，袭扎	索诺木托布车登多尔济长子。乾隆五十三年，袭扎萨	霍罗奇索诺木托布子。道光元年，袭。九年，卒。	达什多尔济霍罗奇弟。道光九年，袭。二十八年，卒。	鼐当苏伦达什多尔济子。道光二十八年，袭。	那旺车林光绪十五年二月，袭。三十二年，卒。								

	授扎萨克一等吉台。雍正六年，以老罢。	扎萨克一等台吉。乾隆二年，以病罢。	萨克一等吉台。二十四年，封辅国公。四十五年卒。	萨克辅国公。四十六年，诏世袭罔替。五十二年卒。	克辅国公。道光元年，卒。												
喀尔喀土谢图汗	车凌 郡王都噜什喜从弟。康熙	鄂巴 车凌长子。康熙三十六年	卓特巴 鄂巴长子。康熙五十	喇布坦 卓特巴长子。雍正七	旺布多尔济 卓持巴次	敦多布多尔济 旺布	迈达哩扎布 敦多布多	沙克都尔扎布 迈达	乌都木济 沙克都尔扎布	齐旺扎布 乌都木济子。咸	扎米扬廓尔罗瓦	巴达尔呼 光绪二十二年					

部扎萨克一等台吉。	三十年授扎萨克一等台吉,三十六年,卒。	袭扎萨克一等台吉,五十二年卒。	二年袭扎萨克一等台吉。雍正七年,以老罢。	年袭扎萨克一等台吉,寻卒。	子。雍正八年袭扎萨克一等台吉,乾隆二十三年以病罢。	多尔济长子。乾隆二十三年袭扎萨克一等台吉,四十六年诏世袭罔替,四十七年卒。	尔济长子。乾隆四十七年袭扎萨克一等台吉,道光八年卒。	哩扎布子。道光八年袭,二十三年卒。	弟。道光二十三年袭。	丰十年袭。	齐旺扎布子。光绪二年袭	十二月袭。					

喀尔喀土谢图汗部	车璘扎布	齐巴克扎布	额璘沁多尔济	齐旺多尔济	那木济勒多尔济	车凌端多布	密济特多尔济											
扎萨克一等台吉。	贝子锡布推哈坦巴图尔从子。康熙三十三年授扎萨克一等台吉。	车璘扎布长子。康熙五十七年袭扎萨克一等台吉。乾隆二十	齐巴克扎布长子。乾隆二十七年袭扎萨克一等台吉。四	额璘沁多尔济子。乾隆五十九庆袭扎萨克一等台吉。嘉庆二	齐旺多尔济子。嘉庆二十年袭道光二十一年，卒。	那木济勒多尔济子。道光二十一年，袭。	车凌端多布子。光绪十二年，袭。											

	五十七年，卒。	七年，以病罢。	十六年，诏世袭罔替。五十八年，卒。	年，卒。				
喀尔喀土谢图汗部扎萨克一	青多尔济贝子锡布推哈坦巴图尔弟。康	恭格青多尔济长子。康熙三十九年，袭扎萨克	旺扎勒恭格长子。雍正四年，袭扎萨克一等	固噜扎布旺扎勒长子。乾隆十五年，袭扎	齐巴克扎布固噜扎布长子。乾隆四十	那木济勒多尔济齐巴克扎布孙。	乌尔津扎布那木济勒多尔济子。同治	罗布桑海都布那木济勒多尔济子。

等台吉。	熙三十五年，授扎萨克一等台吉。三十九年，卒。	一等台吉。雍正四年，以病罢。	台吉。乾隆十五年，卒。	萨克一等台吉。四十一年，以病罢。	一年，袭扎萨克一等台吉。四十六年，诏世袭罔替。	嘉庆十一年，袭。	三年，袭。	光绪十年，袭。									
喀尔喀土谢图汗	开木楚克郡王固噜什喜	纳木扎勒开木楚克长子。	车凌旺舒克纳木扎勒	达玛琳扎布车凌旺舒	乌尔津扎布达玛琳扎	都昂多布多尔济	额凌多尔济都昂多布	图鲁伯罗特额凌多尔	巴图萨固哩光绪二十								

喀	部扎萨克一等台吉。
成	从子。康熙三十六年，授扎萨克一等台吉。四十三年，卒。
车	康熙四十三年，袭扎萨克一等台吉。五十四年，卒。
车	长子。康熙五十四年，袭扎萨克一等台吉。乾隆二十一年，卒。
贡	克长子。乾隆二十一年袭扎萨克一等台吉。三十六年，卒。
达	布长子。乾隆三十六年，袭扎萨克一等台吉。四十六年，诏世袭罔替。道光二年，卒。
占	乌尔津扎布子。道光二年，袭。七年，卒。
喇	多尔济子。道光七年，袭。
额	济子。光绪二年，袭。
齐	年，袭。
巴	

尔喀土谢图汗部扎萨克一等台吉。	衮扎布郡王固噜什喜次子。康熙五十八年，授扎萨克一等台吉。雍正十年，以不	布登成衮扎布成衮扎布长子。雍正十年袭扎萨克一等台吉。乾隆三十一年，以罪削。	登成衮扎布次子。乾隆三十一年袭扎萨克一等台吉。三十五年，卒。	楚克车登次子。乾隆三十五年袭扎萨克一等台吉。四十六年，诏世袭罔替。嘉庆十	什扎布贡楚克长子。嘉庆十年，袭。十一年，卒。	楚布多尔济达什扎布长子。嘉庆十一年，袭。道光十年，卒。	特那什奇占楚布多尔济子。道光十年，袭。三十年，卒。	哩克轸端多布果绰瓦喇特那什奇子。道光三十年，袭。	达尔巴拉额哩克轸端多布果绰瓦长子。光绪元年，袭。	特玛勒克登珠拉光绪十五年，袭。										

	称职削。			年，卒。													
喀尔喀土谢图汗部扎萨克一等台吉。	朋素克喇布坦追封郡王车木楚克纳木扎勒弟。雍正八年，授	喇木丕勒多尔济朋素克喇布坦长子。乾隆十二年，袭扎萨	衮楚克车凌喇木丕勒多尔济次子。乾隆十七年，袭扎萨克一等	达玛第扎布衮楚克车凌长子。乾隆四十八年，袭扎萨克一等台	固噜扎布达玛第扎布长子。乾隆五十年，袭扎萨克一等台吉。嘉庆	噶木毗勒多尔济固噜扎布子。嘉庆二十三年，卒。	扎那巴扎尔噶木毗勒子。同治二年，袭。	索诺木车林扎那巴扎尔弟。同治五年，袭。	旺楚克拉布坦光绪十八年，袭。								

	扎萨克一等台吉。乾隆十一年，卒。	克一等台吉。十六年，卒。	台吉。四十六年，诏世袭罔替。四十八年，卒。	吉。五十年，卒。	二十三年卒。												
喀尔喀土谢图汗部扎萨	逊笃布郡王固噜什喜从子。雍正十年，	三笃克多尔济逊笃布长子。乾	阿扎拉三笃克多尔济长子。乾隆五十	旺沁多尔济阿扎拉子。嘉庆二十	巴勒党棍布旺沁多尔济弟。道光	达喇木僧格巴勒党棍布子。咸丰	都昂多克多尔济达喇木僧	索诺木多尔济都昂多克多尔	阿克旺多尔济光绪三十三年								

克一等台吉。	授扎萨克一等台吉。乾隆二十一年，赐公品级。二十二年，以罪削。	隆二十三年，袭扎萨克一等台吉。四十六年，诏世袭罔替。五十四年，以病罢。	四年，袭扎萨克一等台吉。嘉庆二十一年，卒。	一年，袭。道光八年，卒。	八年，袭咸丰三年，卒。	三年，袭。	格子。光绪五年，袭。	济子。光绪八年，袭。	二月，袭。								
喀尔	乌默	衮臣	车布	垂扎	达玛	嘛呢	车布	齐旺	朋楚	桑齐	玛哈	恩克	阿尔	车林	德木	阿克	

喀车臣汗部 车臣汗。	克 元太祖裔喀尔喀格呼森扎夕赉尔珲台吉之七世孙。继其父伊勒登阿喇布坦称	乌默克长子。康熙四十八年，袭车臣汗。雍正六年，卒。	登班珠尔 衮臣长子。雍正六年，袭车臣汗。十一年，以溺职削。	布 乌默克从弟。初袭其父郡王朋素克爵。见郡王表。雍正十一年，袭车臣汗。十三年，卒。	璘 衮臣次子。雍正十三年，袭车臣汗。乾隆十六年，卒。	巴达喇 达玛璘长子。乾隆十六年，袭车臣汗。三十二年，卒。	登扎布 达玛璘次子。乾隆三十二年，袭车臣汗。四十六年，诏世袭罔替。五十三年，	多尔济 车登布扎布长子。乾隆五十三年，袭车臣汗。六十年，卒。	克多尔济 齐旺多尔济次子。乾隆六十年，袭。是年，卒。无嗣。	多尔济 齐旺多尔济长子。嘉庆元年，袭。五年，降四等台吉。	什哩 朋楚克多尔济嗣子。嘉庆五年，袭车臣汗。十二年，卒。	图噜 玛哈什哩长子。嘉庆十二年，袭。十二二年，病免。	塔什达 恩克图噜子。嘉庆二十二年，袭。	多尔济 阿尔塔什达子。光绪元年，袭。十九年，卒。	楚克多尔济 光绪十九年，袭。宣统元年，卒。	旺那林 宣统元年，袭。

喀尔喀车臣汗部	三济扎布车臣汗乌默克	密瓦扎布三济扎布长子。	格埒克密瓦扎布长子。乾隆	车登扎布格埒克长子。乾	巴图图鲁车登扎布子。嘉	那希哩巴图图鲁子。咸丰八	拉苏伦那希哩子。同治十二	什固尔扎布光绪十九
	汗，号车臣。康熙三十年，诏留车臣汗号。四十八年，卒。						卒。	

旺堆多尔济	
济克济特伦	
那木济勒端	
车林多尔济	年,袭。
玛尼巴咱尔	年,袭。
达尔玛锡哩	年,袭。
贡楚克扎布	庆十六年,袭。
巴雅尔什第	隆四十三年,袭辅国公。四十六年,诏世袭罔替。嘉庆十六年,卒。
多尔济扎勒	十一年,袭辅国公。四十三年,卒。
达玛琳多尔	雍正八年,袭辅国公。乾隆十一年,卒。
纳木扎勒车臣	弟。康熙五十六年,封辅国公。雍正七年,卒。
喀尔喀车臣	辅国公。

汗部扎萨克和硕亲王。	喀
汗乌默克叔父。康熙三十年，封扎萨克多罗郡王。六十年，卒。	朋
济纳木扎勒长子。康熙六十年，袭扎萨克多罗郡王。雍正十年，以罪削。	乖
纳木扎勒次子。雍正十年，袭扎萨克多罗郡王。乾隆五年，卒。	德
多尔济扎勒长子。乾隆五年，袭扎萨克多罗郡王。二十年，晋和硕亲王。四十六年，卒。	齐
巴雅尔什第长子。乾隆四十六年，袭扎萨克和硕亲王，诏世袭罔替。五十五年，卒。	桑
贡楚克扎布长子。乾隆五十五年，袭扎萨克和硕亲王。嘉庆十九年，卒。	巴
达尔玛锡哩弟。嘉庆十九年，袭。道光五年，卒。	托
玛尼巴咱尔子。道光五年，袭。	莽
多布车林多尔济子。咸丰七年，袭。光绪二十八年，卒。	多
苏那木济勒端多布子。光绪三十年，十二月，袭。三十三年二月，卒。	
宣统元年袭	

尔喀车臣汗部扎萨克多罗郡王。	素克车臣汉乌默客叔父。康熙三十年,封扎萨克固山贝子。三十五年,特晋多罗郡	扎布朋素克长子。雍正五年,袭扎萨克多罗郡王。后袭车臣汗。见汗表。	木楚克垂扎布长子。雍正十三年,袭扎萨克多罗郡王。乾隆四十五年,卒。	旺多尔济德木楚克长子。乾隆四十五年,袭扎萨克多罗郡王。四十六年,诏世	齐多尔济齐旺多尔济长子。乾隆四十六年,袭扎萨克多罗郡王。嘉庆元年,袭	图鄂齐尔桑齐多尔济长子。嘉庆十六年,袭。道光元年,卒。	克托呼图鲁巴图鄂齐尔子。道光元年,袭。	珠巴咱尔托克托呼图鲁子。同治七年,袭。	尔济帕喇穆莽珠巴咱尔子。光绪十年,袭。								

	札密养吹济勒
车臣汗降郡王。为贝勒，以子玛哈锡哩袭。五年，袭车臣汗。	干当当准车林
袭罔替。寻卒。	索诺穆多尔沁
	车凌多尔济丹津
	丹津贡格三丕勒长子。乾
王。雍正五年，以老罢。	贡格三丕勒郡王
	喀尔喀车臣汗

苏伦　光绪十七年二月，袭。

索诺穆多尔沁　子。道光二十二年，袭。光绪十七年，卒。

车林多尔济　子。嘉庆十二年，袭。道光二十二年，卒。

长子。乾隆四十五年，袭多罗贝勒。四十六年，诏世袭罔替。嘉庆十二年，卒。

隆九年，袭多罗贝勒。四十五年，卒。

朋素克次子。雍正十一年，以其兄垂扎布袭车臣汗，贡格三丕勒代为扎萨克多罗郡王。

部　多罗郡王今袭多罗贝勒。

十三年，垂扎布子德穆楚克袭父原爵，诏贡格三丕勒仍为郡王，不兼扎萨克。乾隆九年，

	卒。																
喀尔喀车臣汗部扎萨克多罗贝勒。	车布登臣车汗乌默客叔父。康熙三十年，封扎萨克多罗贝勒。三十三年，卒。	旺扎布车布登长子。康熙三十三年，袭扎萨克多罗贝勒。雍正元年，晋多罗	旺沁扎布旺扎布长子。乾隆十四年，袭扎萨克多罗贝勒。二十年，击伊犁	达克丹多尔济旺沁扎布长子。乾隆二十一年，袭扎萨克多罗贝勒。	那木济勒多尔济达克丹多尔济长子。嘉庆九年，袭。道光二十三	贡楚克扎布那木济勒多尔济子。道光二十三年，袭。	贡噶多尔济贡楚克扎布子。咸丰七年，袭。	车林桑都布贡噶多尔济子。咸丰十年，袭。光绪三十一年十二月，卒。	永端多尔济车林桑都布子。光绪三十二年正月，袭。	棍布苏伦光绪三十四年，袭。							

		郡王。八年，以，罪削。九年，复封贝勒乾隆十四年，卒。	叛贼，死之。	四十六年，诏世袭罔替。嘉庆八年，病免。	年，卒。												
喀尔喀车臣汗部	布达扎布 车臣汗乌默客	云敦琳沁 布达扎布长子。	巴苏 云敦琳沁长子。康熙五十	达尔济雅 巴苏长子。乾隆	索诺木扎勒多	倭多布齐旺 索诺木旺	彭楚克多尔济 倭多	德吉特多尔济 彭楚	贡楚克扎布 德吉特多	勒旺多尔济 贡楚克扎	棍布苏伦 光绪二十五年						

扎萨克多罗贝勒今袭固山贝子。	从曾祖康熙三十年，封扎萨克固山贝子。五十年，晋多罗贝勒。五十一年，卒。	康熙五十二年，降袭扎萨克辅国公。五十五年，卒。	七年，袭扎萨克辅国公。乾隆十五年，卒。	十五年，袭扎萨克辅国公。二十年，晋固山贝子。四十五年，卒。	尔济 达尔济雅长子。乾隆四十五年，袭扎萨克固山贝子。四十六年，诏世袭罔替。嘉	扎勒多尔济长子。嘉庆八年，袭。十五年，卒。	布齐旺弟。嘉庆十五年，袭。道光二十七年，卒。	克多尔济子。道光二十七年，袭	尔济子。同治十年，袭。	布弟。光绪十年，袭。二十四年，卒。	四月，袭。

					庆七年，以擅杀人削。												
喀尔喀车臣汗部扎萨克固山贝子。	达哩车臣汗乌默客族祖。康熙三十年，封扎萨克固山贝子。寻	阿海成伯勒达哩长子。康熙三十一年，袭扎萨克固山	喇布坦达哩第三子。康熙四十年，袭扎萨克固山贝子。雍正	旺扎勒喇布坦长子。雍正十年，袭扎萨克固山贝子。乾隆二	伊达木扎布旺扎勒次子。乾隆二十七年，袭扎萨克固	贡楚克扎布伊达木扎布长子。乾隆四十九年，袭扎萨	蕴端巴雅尔贡楚克扎布子。嘉庆十九年，袭。道光十五	敏珠尔多尔济蕴端巴雅尔子。道光十五年，袭。	普尔布扎布敏珠尔多尔济子。光绪十年，袭。	多尔济车林宣统元年袭。							

	以老罢。三十七年，卒。	贝子。四十年，卒。	十年，卒。	十七年，卒。	山贝子。四十六年，诏世袭罔替。四十九年，卒。	克固山贝子。嘉庆十九年，卒。	年，卒。										
喀尔喀车臣汗部扎萨	车布登车臣汗乌默客从曾祖。康	阿勒达尔车布登长子。康熙三	车凌布木阿勒达尔长子。康熙	格埒克巴木丕勒车凌	衮布扎布格埒克巴木丕勒长	僧格多尔济衮布扎布子。嘉	棍布扎布僧格多尔济子。道光	棍楚克车林棍布扎布子。道	成里克多尔济棍楚克车								

克固山贝子。今袭辅国公。	熙三十年，封扎萨克固山贝子。三十四年，卒。	十五年，袭扎萨克固山贝子。四十一年，卒。	四十二年，降袭扎萨克镇国公。五十三年，卒。	布木长子。康熙五十三年，降袭扎萨克辅国公。乾隆二十年，以罪削。二十一年，诏复其爵。	子。乾隆三十六年，降袭扎萨克辅国公。四十六年，诏世袭罔替。嘉庆十三年，卒。	庆十三年，袭。道光元年，卒。	元年，袭。二十九年，卒。	光二十九年，袭。咸丰五年，卒。	林弟。咸丰五年，袭。									

喀尔喀车臣汗部扎萨克固山贝	
阿南达车臣汗乌默客从曾祖。康熙三十年，	
丹津阿南达第三子。康熙三十六年，袭固山贝	
齐巴勒阿喇布坦阿南达第四子。	
延楚布多尔济丹津长子。康熙四十	二十五年，晋镇国公。三十三年，卒。
旺沁扎布延楚布多尔济长子。乾隆二十	
贡素咙扎布延楚布多尔济次子。乾隆	
车登多尔济贡素咙扎布长子。乾隆五	
敏珠多尔济车登多尔济子。嘉庆十一	
伊特兴诺尔布敏珠多尔济弟。道光	
车林多尔济伊特兴诺尔布子。同治五	
勒旺勒克津车林多尔济子。同治十一	
桑萨赖多尔济光绪二十四年，袭。	

子。今袭扎萨克一等台吉。	封扎萨克固山贝子。三十五年，卒。	子，不兼扎萨克。四十四年，卒。	康熙四十四年，降袭镇国公。寻授扎萨克。四十五年，卒。	五年，袭扎萨克镇国公。雍正二年，晋固山贝子。乾隆二十二年，以溺职削。	二，袭扎萨克固山贝子。二十五年，以溺职降封镇国公。别有表。	二十五上，降袭扎萨克一等台吉。四十六年，诏世袭罔替。五十二年，以病罢。	十二年，袭扎萨克一等台吉。嘉庆十一年，卒。	年，袭。道光二十七年，卒。	二十七年，袭。	年，袭。	年，袭。						
喀尔	旺沁	垂济	车林	那逊	伊达												

喀车臣汗部镇国公。	扎布	扎布	多尔济	瓦齐尔	木苏伦
	乾隆二十五年，由扎萨克固山贝子降封镇国公。四十六年，诏世袭罔替。四十	旺沁扎布长子。乾隆四十八年，袭镇国公。	垂济扎布子。咸丰六年，袭。	车林多尔济子。同治十一年，袭。	光绪十七年，袭。

	八年，卒。																
喀尔喀车臣汗部扎萨克镇国公。	车布登 臣车汗乌默客族叔父。康熙三十四年，封扎萨克镇国公。五十	图巴 车布登长子。康熙五十二年，袭镇国公。雍正十一年，卒。	扎木禅 图巴长子。雍正十一年，袭扎萨克镇国公。乾隆三十二年，卒。	云丹 扎木禅长子。乾隆三十二年，袭扎萨克镇国公。四十六年，诏世袭罔	达什格埒克 云丹次子。乾隆五十一年，袭扎萨克镇国公。道光元	多尔济帕喇穆 达什格埒克子。道光元年，袭。二年，卒。	索诺木达尔济雅 多尔济帕喇穆子。道光二年，袭。二十四年，	额尔德呢托克塔噶勒 索诺木达尔济雅弟。道光二十	扎木萨林扎布 额尔德尼托克塔噶勒子。光绪二年，袭。十七年，	车林呢玛 扎木萨林扎布嗣子。光绪十七年七月，袭。							

	二年，卒。			替。五十一年，卒。	年，卒。		卒。	四年，袭。	卒。								
喀尔喀车臣汗部扎萨克辅国公。	车凌旺布贝勒车布登从弟。康熙五十年，授一等台吉。五十一	格埒克车凌旺布长子。乾隆七年，袭扎萨克辅国公。二十二年，以	贡楚克多尔济格埒克长子。乾隆二十二年，袭扎萨克辅	齐旺多尔济贡楚克多尔济子。乾隆五十九年，袭扎萨克辅	棍布扎布齐旺多尔济子。道光二十七年，袭扎萨克辅国公。	那喇莽棍布扎布达呼棍布扎布嗣子。光绪十九											

	年，授扎萨克。雍正二年，封辅国公。乾隆七年，以老罢。	病罢。	国公。四十六年，诏世袭罔替。五十九年，卒。	国公。道光二十七年，卒。		年四月，袭。											
喀尔喀车臣汗部	车凌达什 车臣汗乌默客	根敦 车凌达什长子。康熙四十	三丕勒 根敦次子。雍正九年，	成衮 三丕勒长子。乾隆九年，袭	德木楚克 成衮长子。乾隆	车登旺布 德木楚克长子。	那木济勒多尔济	朗准多布坦多尔	伊特星诺尔布 朗准	哈丹 伊特星诺尔布嗣子。光绪	多尔济扎布 宣统元年						

扎萨克一等台吉。	族祖。康熙三十年，袭扎萨克一等台吉。三十五年，封辅国公。四十二年，卒。	二年，袭扎萨克辅国公。雍正九年，卒。	袭扎萨克辅国公。乾隆九年，卒。	扎萨克辅国公。二十一年，以罪削。二十四年，卒。	二十四年，降袭扎萨克一等台吉。四十六年，诏世袭罔替。嘉庆八年，卒。	嘉庆八年，袭。道光元年，卒。	车登旺布子。道光元年，袭。十六年，卒。	济那木济勒多尔济子。道光十六年，袭。	多布坦多尔济弟。道光二十七年，袭。	十年袭	袭						
喀尔喀	车凌多	车登扎	齐巴克	哈斯巴	车都布	杜噶尔	齐达尔	拉木扎	密什克								

车臣汗部扎萨克一等台吉。

岳特贝子阿勒达尔孙。乾隆十九年，授一等台吉。二十年，封扎萨克辅国公。四十三

布车凌多岳特长子。乾隆四十三年，降袭扎萨克一等台吉。四十四年，卒。

扎布车登扎布长子。乾隆四十四年，袭扎萨克一等台吉。四十六年，诏世袭罔替。嘉

咱尔齐巴克扎布子。嘉庆十三年，袭。二十年，卒。

多尔济哈斯巴咱尔子。嘉庆二十年，袭。道光十八年，卒。

车木布勒车都布多尔济子。道光十八年，袭。二十七年，卒。

巴拉杜噶尔车木布勒子。道光二十七年，袭。

布苏隆齐达尔巴拉子。同治五年，袭。

多尔济光绪二十九年，袭。

	喀尔喀车臣汗部扎萨克公品级一等台吉。
年，卒。	多尔济达什辅国公车凌达什弟。康熙五十年，授扎萨克一
	成衮扎布多尔济达什长子。雍正三年，袭扎萨克一等台吉。乾
庆十三年，卒。	云敦齐旺成衮扎布长子。乾隆三十六年，袭公品级扎萨克一
	贡桑班巴尔云敦齐旺长子。乾隆三十九年，袭公品级扎萨
	萨满达巴达喇贡桑班巴尔子。嘉庆二十二年，袭。道光九
	玛哈苏噶萨满达巴达喇子。道光九年，袭。
	德勒克依车车克玛哈苏噶子。同治五年，袭。
	多尔济玉勒吉克多克德勒克依车车克嗣子。光

喀尔喀车臣汗	固噜扎布辅国公车	齐旺班珠尔固噜	格埒克齐旺班珠尔长	索诺木敦多布	巴延巴达尔瑚	德木楚克彭楚	济克莫特多尔	车林巴咱尔济克	额林沁多尔济	都赫德光绪二十二年							
	等台吉。雍正三年,卒。	隆二十一年,赐公品级。三十六年,卒。	等台吉。三十九年,卒。	克一等台吉。四十六年,诏世袭罔替。嘉庆二十二年,卒。	年,卒。			绪九年,袭。									

部扎萨克一等台吉。	凌达什从子。康熙三十年，授扎萨克一等台吉。寻卒。	扎布长子。康熙三十一年，袭扎萨克一等台吉。雍正十三年，以病罢。	子。雍正十三年，袭扎萨克一等台吉。乾隆八年，以罪削。	格埒克长子。乾隆八年，袭扎萨克一等台吉。四十六年，诏世袭罔替。五十六年，卒。	索诺木敦多布长子。乾隆五十六年，袭扎萨克一等台吉。嘉庆九年，卒。	克多尔济巴延巴达尔瑚长子。嘉庆九年，袭。道光五年，卒。	济德木楚克彭楚克多尔济族弟。道光五年，袭。	莫特多尔济孙。咸丰十一年，袭。光绪十一年十二月，卒。	车林巴咱尔子。光绪十二年，袭。二十二年，卒。	十二月袭							
喀	色	固	贡	玛	扎	车	达	车									

尔喀车臣汗部	扎萨克一等台吉。
棱达什	车臣汗乌默客族叔父。康熙三十年，授扎萨克一等台吉。四十一年，卒。
噜扎布	色棱达什长子。康熙四十一年，袭扎萨克一等台吉。乾隆二年，卒。
楚克扎布	固噜扎布长子。乾隆二年，袭扎萨克一等台吉。四十六年，诏世袭罔
哈巴达	贡楚克扎布长子。乾隆四十六年，袭扎萨克一等台吉。五十七年，卒。
木萨朗扎布	玛哈巴达子。乾隆五十七年，袭扎萨克一等台吉。嘉庆八年，卒。
林达什	扎木萨朗扎布长子。嘉庆九年，袭。
什克车林多尔济	车林达什子。咸丰八年，袭。
林棍布	达什克车林多尔济子。光绪九年，袭。

			替。是年，卒。														
喀尔喀车臣汗部扎萨克一等台吉。	贡楚克 贝子阿南达长子。康熙三十六年，授扎萨克一等台吉。四十二	布尼 贡楚克长子。康熙四十二年，袭扎萨克一等台吉。四十九年，卒。	达玛璘扎布 贡楚克次子。康熙四十九年，袭扎萨克一等台吉。雍	旺舒克达尔扎 达玛璘扎布长子。雍正十一年，袭扎萨克一等	贡楚克扎布 旺舒克达尔扎长子。乾隆十三年，袭扎萨克一等台	乌尔锦扎布 贡楚克扎布次子。嘉庆四年，袭。二十三年，卒。	扎木萨兰扎布 乌尔锦扎布子。嘉庆二十三年，袭。道光五年，卒。	达尔玛扎尔 扎木萨兰扎布子。道光五年，袭。	车林端多布多尔济 达尔玛扎尔孙。同治八年，袭。	达木定扎布 光绪二十一年袭							

	年,卒。		正十一年,以酗酒削。	台吉。乾隆十三年,卒。	吉。四十六年,诏世袭罔替。嘉庆四年,病免。												
喀尔喀车臣汗部扎萨克一	韬赉车臣乌汗默客从叔父。康熙三十四	车登敦多布韬赉长子。康熙六十	根敦扎布车登敦多布长子。乾隆二	车凌多尔济根敦扎布长子。乾隆	衮布扎布车凌多尔济子。乾隆五十	当苏噶扎布衮布扎布子。嘉庆十	喇布丹多尔济当苏噶扎布子。	车林多尔济光绪十八年袭									

喀尔喀车臣	等台吉。
罗卜藏车臣汗乌	年,授扎萨克一等台吉。六十年,卒。
沙克都尔扎	年,袭扎萨克一等台吉。乾隆二十九年,卒。
格木丕勒沙克	十九年,袭扎萨克一等台吉。四十六年,诏世袭罔替。五十年,卒。
沙克都尔扎	五十年,袭扎萨克一等台吉。五十七年,卒。
纳旺伊什格木	七年,袭扎萨克一等台吉。嘉庆十六年,卒。
贡素隆扎布	六年,袭。二十三年,卒。
车木布尔扎	嘉庆二十三年,袭。
车登达瓦车木	
布扬德勒格	
囊济特多尔	
那旺什库尔	

汗部扎萨克一等台吉。	默客从叔父。康熙三十六年，授扎萨克一等台吉。五十四年，卒。	布罗布藏长子。康熙五十四年，袭扎萨克一等台吉。雍正八年，以旷职削。	都尔扎布长子。雍正八年，袭扎萨克一等台吉。乾隆元年，卒。	布乾隆元年，仍袭扎萨克一等台吉。七年，卒。	丕勒长子。乾隆七年，袭扎萨克一等台吉。二十一年，以罪削。二十五年，诏复其爵。四十六	纳旺伊什子。乾隆五十八年，袭扎萨克一等台吉。五十九年，卒。	布贡素隆扎布子。乾隆五十九年，袭扎萨克一等台吉。道光元年，卒。	布尔扎布弟。道光元年，袭。二十二年，卒。	尔车登达瓦子。道光二十二年，袭。咸丰四年，卒。	济布杨德勒格尔子。咸丰四年，袭。	囊济特多尔济子。同治五年，袭。						

年,诏世袭罔替。五十七年,卒。

喀尔喀车臣汗部	扎萨克一等台吉。
垂扎木素	车臣汗乌默客叔父。康熙四十年,授
齐旺多尔济	垂扎木素长子。雍正五年,袭扎
旺扎勒	垂扎木素次子。雍正乾十年,袭扎萨克一
噶尔玛扎布	旺扎勒长一子。隆二十五年,袭
索诺木	噶尔玛扎布长子。乾隆四十三年,袭扎萨
沈木丕勒多尔济	索诺木长子。嘉庆十
桑都布多尔济	沈木丕勒多尔济子。道光
杜喇木扎布	桑都布多尔济子。道光十八年,
达木定多尔济	杜喇木扎布子。光绪七年,
达木楚克旺济勒	光绪十四年,袭。

喀尔喀车臣汗部	
额尔德尼 车臣汗乌默客	扎萨克一等台吉。雍正五年，以老罢。
旺布 额尔德尼长子。雍正五年，	萨克一等台吉。十一年，以溺职削。
齐旺 额尔德尼次子。雍正十一	等台吉。乾隆二十五年，以老罢。
车登旺扎勒 齐旺长子。	扎萨克一等台吉。四十三年，卒。
扎木巴勒多尔济	克一等台吉。四十六年，诏世袭罔替。嘉庆九年，卒。
扎木萨朗扎布 扎木	年，袭。道光三年，卒。
达木第音车凌 扎木	三年袭。十八年，卒。
巴雅尔什达 达木第音	袭。
玛哈巴哩迪 巴雅尔什	袭。
桑旺车林多尔济	
绷楚克德济特 光绪	

扎萨克一等台吉。	叔父。康熙三十五年，授一等台吉。四十年，授扎萨克。雍正五年，以老罢。	袭扎萨克一等台吉。十年，以罪削。	年袭扎萨克一等台吉。乾隆二十五年，以老罢。	乾隆二十五年，袭扎萨克一等台吉。三十七年，卒。	车登旺扎勒长子。乾隆三十七年，袭扎萨克一等台吉。四十六年，诏世袭罔替。嘉庆四年，	巴勒多尔济长子。嘉庆五年，袭。十年，卒。	萨朗扎布长子。嘉庆十年，袭。道光九年，卒。	车凌子。道光九年，袭。	达子。同治元年，袭。	玛哈巴哩迪子。光绪九年，袭。	二十四年二月，袭。						

					卒。												
喀尔喀车臣汗部扎萨克一等台吉。	根敦 车臣汗乌默客叔父。康熙四十年,授扎萨克一等台吉。雍正五年,以老罢。	博洛尔 根敦第三子。雍正五年,袭扎萨克一等台吉。乾隆十五年,卒。	鞥克 博洛尔长子。乾隆十五年,袭扎萨克一等台吉。四十四年,卒。	僧格喇布坦 博洛尔次子。乾隆四十四年,袭扎萨克一等台吉。四十六	朗衮扎布 僧格喇布坦长子。乾隆五十四年,袭扎萨克一等台吉。嘉庆十	彭楚克多尔济 朗衮扎布子。嘉庆十七年,袭。道光二十三年,卒。	车林端多布 彭楚克多尔济子。道光二十三年,袭。										

				年，诏世袭罔替。五十四年，卒。	七年，因事休致。												
喀尔喀车臣汗部扎萨克一等台吉。	吹音珠尔车臣汗乌默客族叔父。康熙五十二	塔旺吹音珠尔次子。康熙五十三年，袭扎萨克一等	齐瑚拉塔旺从子。雍正十三年，袭扎萨克一等台	桑齐瓘沁齐瑚拉长子。乾隆七年，袭扎萨克一	楚克苏木扎布桑齐瓘沁长子。乾隆三十	多尔济扎布楚克苏木扎布子。嘉庆十四年，	车楞多尔济多尔济扎布子。嘉庆二十一年，	棍布扎布车楞多尔济子。道光五年，袭。	车林端多布棍布扎布子。光绪七年，袭。	都噶尔苏伦光绪二十二年，袭。							

喀尔喀车	
旺扎勒扎	年,授扎萨克一等台吉。五十三年,卒。
班珠尔旺扎	台吉。雍正十三年,以罪削。
车凌达什	吉。乾隆七年,卒。
车凌纳木	等台吉。二十一年,以罪削。二十五年,诏复其爵。三十四年,卒。
棍布扎布	五年,袭扎萨克一等台吉。四十六年,诏世袭罔替。嘉庆十四年,病免。
贡噶尔扎	袭。二十一年,卒。
达什端多	袭。道光五年,病免。
车林多尔	
洛布桑吹	

臣汗部扎萨克一等台吉。	布贝子达哩孙。雍正十三年，授一等台吉。乾隆十四年，授扎萨克。二十五年，卒。	勒扎布长子。乾隆二十五年，袭扎萨克一等台吉。四十二年，卒。	班珠尔长子。乾隆四十二年，袭扎萨克一等台吉。四十六年，诏世袭罔替。五十二年，卒。	扎勒车凌达什长子。乾隆五十二年，袭扎萨克一等台吉。嘉庆五年，以罪削。	车凌纳木扎勒长子。嘉庆六年，袭。道光三年，卒。	布棍布扎布子。道光三年，袭。	布当苏隆扎布子。道光十五年，袭。	济喇布丹多尔济子。光绪元年，袭。	都布瓦哈旺帕勒齐达什车林光绪三十二年正月，袭。								

喀尔喀扎萨克图汗部

原封扎萨克图硕和硕亲王。

荣旺扎布

元太祖裔额尔喀格埒森扎扎赉尔珲台吉之七世孙。其曾祖素巴

第称汗，号扎萨克图。康熙三十年，封策旺扎布为扎萨克和硕亲王。四十二年，诏袭扎萨

喀尔	
朋素	克图汗号。雍正十年，以罪削，诏其族弟郡王格埒克延丕勒袭汗号。别有表。
格埒	
巴勒	
齐旺	
布尼	
玛呢	
车林	
多尔	
衮特	

喀扎萨克图汗部	克喇布坦	克延丕勒	达尔格勒	巴勒齐	拉忒纳	巴咱尔	端多布	济帕拉玛	木那木坦
扎萨克图汗兼多罗郡王。	喀尔喀格埒森扎扎赉尔珲台吉之六世孙。康熙三十年，封扎萨克	朋素克喇布坦长子。康熙五十一年，袭扎萨克多罗郡王。雍正十年，	克延丕勒长子。乾隆六年，袭扎萨克多罗郡王。七年，袭扎萨克图汗。三十	巴勒达尔长子。乾隆三十五年，袭扎萨克图汗兼多罗郡王。四十六年，诏	齐旺巴勒齐长子。乾隆五十六年袭扎萨克图汗，兼多罗郡王。道光三年，	布尼拉忒纳子。道光三年，袭。二十年，卒。	玛呢巴咱尔子。道光二十年，袭。	车林端多布子。光绪三年，袭。二十四年五月，告休。	多尔济帕拉玛子。光绪二十四年十二月，袭。

喀尔喀扎萨克图汗部	
格色克 原封扎萨克图汗策旺扎布从	多罗郡王。五十一年，卒。
多岳特 格色克长子。乾隆十七年，袭辅	袭扎萨克图汗仍兼郡王爵。乾隆六年，卒。
干珠尔扎布 多岳特长子。乾隆四	五年，卒。
阿育尔扎那 干珠尔扎布孙。道光	世袭罔替。五十六年，以病罢。
	卒。

辅国公。今袭公品级三等台吉。	子。康熙三十年，封辅国公。乾隆十七年，卒。	国公。二十年，以罪削。二十二年，授三等台吉，赐公品级。四十八年，卒。	十八年，袭公品级三等台吉。	十五年，袭。													
喀尔喀扎	根敦扎萨克图	松津僧格	博贝根敦嗣子。	班第博贝长子。	旺布多尔	车都布旺布	成敦扎布	曼达尔瓦	多布沁扎	阿尔达萨	那木凯章						

萨克图汗部 扎萨克郡王品级多罗贝勒。	汗格埒克延丕勒族。祖康熙三十三年,封扎萨克多罗贝勒。三十六年,卒。	根敦长子。康熙三十六年,降袭扎萨克辅国公。四十三年,卒。	康熙四十三年,降袭扎萨克一等台吉。四十四年,袭辅国公。雍正元年,叙功特封多罗贝	雍正八年,袭扎萨克多罗贝勒。乾隆二年,卒。子青衮咱卜袭。二十一年,以叛诛,故不列表。	济 博贝嗣子。扎萨克辅国公额璘沁之子。初袭父爵。乾隆二十一年,袭扎萨克多罗贝	多尔济长子。乾隆二十二年,袭郡王品级扎萨克多罗贝勒。四十六年,诏世袭罔替。五十	车都布长子。乾隆五十年,袭郡王品级扎萨克多罗贝勒。嘉庆十九年,卒。	尔 成敦扎布子。嘉庆十九年,袭赐郡王品级。咸丰四年,卒。	木 楚 曼达尔瓦尔子。咸丰四年,袭赐郡王品级。	噶 喇 多布沁扎木楚子。光绪十一年,袭赐郡王品级。	禅 宣统元年袭。						

			勒。八年，卒。		勒。二十二年，赐郡王品级。寻卒。	年，卒。											
喀尔喀扎萨克图汗部扎萨克镇	卓特巴扎萨克图汗格埒克延丕勒族。祖康熙三	萨穆多尔济卓特巴长子。康熙三十一年，袭	诺尔布班第萨穆多尔济长子。康熙三十五	旺扎勒诺尔布班第孙。雍正十二年，降袭扎萨克	玛哈巴拉旺扎勒长子。乾隆十七年，袭扎萨克	贡楚克多尔济玛哈巴拉次子。乾隆五十	扎木萨里扎布贡楚克多尔济弟。嘉庆十	刚当多尔济扎木萨里扎布子。嘉庆二十三	阿育尔色德丹占扎木楚刚当	苏克苏伦阿育尔色德丹占扎木楚子。光绪二							

国公。	十年，封扎萨克多罗贝勒。三十一年，卒。	扎萨克多罗贝勒。三十五年，卒。	年，袭扎萨克多罗贝勒。雍正十二年，卒。	镇国公。乾隆十七年，卒。	镇国公。四十六年，诏世袭罔替。五十年，以罪削。	年，袭扎萨克镇国公。嘉庆十二年，卒。	二年，袭。二十二，卒。	年，袭。	多尔济子。同治四年，袭。光绪二十三年七月，革。	十三年，袭。							
喀尔喀扎萨克图汗	博贝 扎萨克图汗格埒克延丕勒从	乌巴什 博贝长子。康熙四十二年，	旺舒克 博贝次子。雍正二年，袭扎	拉旺多尔济 旺舒克长子。乾	达布拉车璘 拉旺多尔济长	旺丹多尔济 达布拉车璘子。	济克米特多尔济 旺丹	棍布苏 光绪二十四年二月，袭。									

部扎萨克辅国公。	叔父。康熙三十年,封扎萨克固山贝子。四十二年,卒。	降袭扎萨克镇国公。雍正二年,以罪削。	萨克镇国公。乾隆三十一年,以病罢。	隆三十一年,降袭扎萨克辅国公。四十六年,诏世袭罔替。四十九年,以病罢。	子。乾隆四十九年,袭扎萨克辅国公。道光六年,卒。	道光六年,袭。二十九年,卒。	多尔济子。道光二十九年,袭。										
喀尔	索诺	噶勒	旌准	拉沁	旺舒	敏珠	桑都	车登		扎赉							

喀扎萨克图汗部扎萨克辅国公。	木伊斯扎布扎萨克郡王朋素克喇布坦从弟。康熙三十年，授扎萨克一等	桑色旺索诺木伊斯扎布长子。康熙五十七年，袭扎萨克辅国公。乾隆二年，卒。	多尔济噶勒桑色旺长子。乾隆二年，袭扎萨克辅国公。二十三年，卒。	苏咙旌准多尔济长子。乾隆二十三年，袭扎萨克辅国公。四十六年，诏世袭罔替。嘉	克拉沁苏咙长子。嘉庆七年，袭。	尔多尔济旺舒克长子。嘉庆九年，袭。道光六年，卒。	布多尔济敏珠尔多尔济子。道光六年，袭。二十二年，卒。	端多布多尔济桑都布多尔济子。道光二十二年，袭。		青达赉那木济勒阿克旺多尔济宣统二年，袭。							

	台吉。三十六年，封辅国公。五十六年，卒。			庆九年，卒。													
喀尔喀扎萨克图汗部	衮占扎萨克郡王朋素克喇布坦从叔父。	敏珠尔衮占次子。康熙五十二年，袭扎	策噜布敏珠尔长子。乾隆五年，袭扎萨	多岳特多尔济敏珠尔第三子。	敏丕木多尔济敏珠尔第四子。	齐旺达什敏丕木多尔济长子。乾隆	萨达巴扎尔齐旺达什子。道光十	洛布桑端多布萨达巴扎尔子。	棍楚克丹光绪二十四年袭								

光绪二年，袭。二十四年七月，告休。	
四年，袭。	扎勒清棍
四十六年，袭扎萨克辅国公。道光十四年，卒。	达什喇布
乾隆二十一年袭扎萨克辅国公。四十六年，诏世袭罔替。是年，卒。	索诺木车
乾隆九年袭扎萨克辅国公。二十一年，卒。	车登多尔
克辅国公。九年，卒。	格哩克旺沁
萨克辅国公。乾隆五年，卒。	旺沁扎布
康熙三十年，授扎萨克一等台吉。五十年，封辅国公。五十二年，卒。	通谟克扎萨
扎萨克辅国公。	喀尔喀扎

萨克图汗部扎萨克辅国公。	克图汗格埒克延丕勒族叔父。康熙五十三年，授扎萨克一等台吉。雍正二年，封辅国公。	通谟克长长子。乾隆四年，袭扎萨克辅国公。十六年，诏世袭罔替。五十年，卒。	扎布次子。乾隆五十年，袭扎萨克辅国公。嘉庆九年，卒。	济格哩克嗣子。嘉庆九年，袭。十六年，卒。	林车登多尔济子。嘉庆十六年，袭。咸丰四年，卒。	坦索诺木车林子。咸丰四年，袭。光绪二十八年，卒。	布多尔济光绪二十八年十二月，袭。										

	扎勒沁扎布光绪二十八年十二月,袭。
	图布多尔济达拉密济特子。同治十一年,袭。
	达拉密济特当素咙子。道光二十四年,袭。
	当素咙索诺木车璘兄。嘉庆十一年,袭。道光二十四年,卒。
	索诺木车璘贡楚克扎布长子。乾隆四十年,袭辅国公。四十
	贡楚克扎布弥什克长子。乾隆二十九年,袭辅国公。四十年,
	弥什克御垺克长子。雍正十年,袭辅国公。乾隆二十九年,卒。
乾隆四年,卒。	御垺克辅国公通谟克叔父。初授一等台吉。雍正十年,以从征准
	喀尔喀扎萨克图汗部辅国公。

	班扎尔拉察 光绪十四年二月，袭。
	特固斯德勒格尔 多尔济扎布子。
	多尔济扎布 沙克多尔扎布子。道光二
六年，诏世袭罔替。嘉庆十一年，卒。	沙克多尔扎布 车登布多尔济长子。
卒。	车登布多尔济 多尔济车登长子。乾
	多尔济车登 沙克扎长子。乾隆二年，袭
	沙克扎 贝勒博贝弟。雍正二年，封扎萨克辅
噶尔阵殁，追封辅国公，诏世袭罔替。	喀尔喀扎萨克图汗部 扎萨

克辅国公。	国公。乾隆二年，以病罢。	扎萨克辅国公。二十九年，卒。	隆二十九年，袭扎萨克辅国公。四十六年，诏世袭罔替。	嘉庆八年，袭。道光二十八年，病免。	十八年，袭。	同治十一年，袭。											
喀尔喀扎萨克	齐巴克扎布贝勒	巴图济尔噶勒	吹苏伦巴图济尔噶勒	扎木巴拉吹苏伦长	恭格多尔济扎木	巴彦济尔噶勒											

图汗部扎萨克辅国公。	博贝，从孙。初授二等台吉。乾隆二十一年，以从剿乌梁海贼阵殁，追封辅国公，诏入祀昭	齐巴克扎布，长子。乾隆二十二年，袭辅国公。授扎萨克。四十六年，诏世袭罔替。六十年，卒。	长子。乾隆六十年，袭。嘉庆十二年，卒。	子。嘉庆十二年，袭。咸丰四年，卒。	巴拉子。咸丰四年，袭。
					恭格多尔济孙。光绪五年，袭。

	达木党苏伦 密法木散布子。光绪十二年,袭。
	密法木散布 噶勒桑端多布从父。同治三年,袭。
	噶勒桑端多布 蕴端达什子。道光十二年,袭。
	蕴端达什 索诺木多尔济子。嘉庆二十三年,袭。
	索诺木多尔济 喇布坦孙。乾隆三十一年,袭公品级扎萨克一等台
忠祠。	喇布坦 贝勒卓特巴次子。雍正六年,授扎萨克一等台吉。十年,以罪削。十三
	喀尔喀扎萨克图汗部 扎萨克镇国公。

吉。先是其父朗衮扎布以军功别封镇国公,至是年,卒。诏索诺木多尔济晋袭之。四十六

年,诏复其爵。乾隆二十一年,赐公品级。三十一年,以老罢。

		年，诏世袭罔替。嘉庆二十三年，卒。															
喀尔喀扎萨克图汗部扎萨	额尔德尼衮布贝勒卓特巴从子。康	垂扎布额尔德尼衮布长子。康熙三十八年，	丹津垂扎布长子。雍正三年，袭扎萨克一等台	格埒克丹津次子。雍正八年，袭扎萨克一等	罗卜藏喇布坦丹津长子。雍正十二	莽苏尔罗卜藏喇布坦长子。乾隆二十二年，	吹木丕勒莽苏尔长子。乾隆五十四年，袭	蕴端多尔济吹木丕勒子。道光十一年，	莽济巴咱尔蕴端多尔济子。道光十二	索诺木车林莽济巴咱尔子。咸丰六年，	巴扎尔巴呢光绪十五年，袭。						

克一等台吉。	熙三十年，袭扎萨克一等台吉。三十八年，卒。	袭扎萨克一等台吉。雍正三年，卒。	吉。八年，卒。	台吉。十年，以罪削。	年，袭扎萨克一等台吉。乾隆二十二年，以病罢。	袭扎萨克一等台吉。四十六年，诏世袭罔替。五十四年，卒。	扎萨克一等台吉。道光十一年，卒。	袭。十二年，卒。	年，袭。	袭。						
喀尔喀扎萨克	乌尔占扎萨克图汗格	弥育特多尔济	根敦车琳弥育特多	乌巴什根敦车琳长子。	吹忠达什乌巴什长	蒙衮扎布吹忠达什	车琳多尔济蒙衮	桑青齐苏隆车琳	车林多尔济桑青	车林棍布光绪九年，						

图汗部扎萨克一等台吉。	垺克延丕勒从祖。康熙三十年，授扎萨克一等台吉。雍正五年，以病罢。	乌尔占长子。雍正五年，袭扎萨克一等台吉。乾隆十三年，卒。	尔济长子。乾隆十三年，袭扎萨克一等台吉。三十五年，卒。	乾隆三十五年，袭扎萨克一等台吉。四十六年，诏世袭罔替。五十一年，卒。	子。乾隆五十一年，袭扎萨克一等台吉。五十九年，卒。	长子。乾隆五十九年，袭扎萨克一等台吉。嘉庆十四年，卒。	扎布子。嘉庆十四年，袭。道光二十五年，卒。	多尔济子。道光二十五年，袭。	齐苏隆子。光绪六年，袭。	袭。							
喀尔喀	衮布扎	沙克都	巴勒桑	锡喇布	纳木扎	哈斯车	贡楚克	达什车									

扎萨克图汗部辅国公。

布扎萨克台吉乌尔占从弟。雍正二年，封辅国公。寻卒。

尔扎布衮布扎布长子。雍正二年，袭辅国公。八年，卒。

衮布扎布次子。雍正八年，袭辅国公。乾隆三十六年，卒。

多尔济巴勒桑长子。乾隆三十六年，袭辅国公。四十二年，卒。

勤多尔济锡喇布多尔济次子。乾隆四十二年，袭辅国公。四十六年，诏世袭罔

林纳木扎勒多尔济子。道光十二年，袭。

扎布哈斯车林子。咸丰九年，袭。光绪二十一年，告休。

林贡楚克扎布子。光绪二十一年十二月，袭。

					替。道光十二年，卒。												
喀尔喀扎萨克图汗部扎萨克一等台吉。	哈玛尔岱青扎萨克郡王朋素克喇布坦从弟。康熙三	鄂木布济哈玛尔岱青长子。康熙五十三年，袭扎萨克一	达尔巴图鄂木布济长子。乾隆十五年，袭扎萨克一等台	达什琳沁达尔巴图长子。乾隆三十五年，袭扎萨克一等	丹巴多尔济达什琳沁子。嘉庆十九年，袭。二十四年，卒。	都拉木扎布丹巴多尔济子。嘉庆二十四年，袭。咸丰元	达克丹多尔济都拉木扎布弟。咸丰元年，袭。	玛米达拉达克丹多尔济从子。同治十一年，袭。	图布多尔济光绪二十五年，袭。								

	十六年，授扎萨克一等台吉。五十三年，卒。	等台吉。乾隆十五年，以病罢。	吉。三十五年，以病罢。	台吉。四十六年，诏世袭罔替。嘉庆十九年，卒。		年，卒。											
喀尔喀扎萨克图汗	纳玛璘藏布 贝勒博贝从子。	扎木扬 纳玛璘藏布弟。康熙五十	衮布车凌 纳玛璘藏布叔父。雍	拉哩 衮布车凌兄。雍正十年，袭扎萨	班第 拉哩长子。乾隆二年，袭扎萨克	三都布多尔济 班第长子。	齐素咙多尔济 三都布多	噶尔丹棍都布 齐素咙多	玛克苏尔布扎 噶尔丹棍	扎克达散巴勒 玛克苏尔	达木丹根毕沙 光绪二十						

喀尔喀	伊达木	根敦伊达	车都布	巴图尔	额林沁	阿克旺											
部扎萨克一等台吉。	康熙四十八年，授扎萨克一等台吉。五十七年，卒。	七年，袭扎萨克一等台吉。雍正二年，卒。	正二年，袭扎萨克一等台吉。十年，为准噶尔贼所戕。	克一等台吉。乾隆二年，卒。	一等台吉。二十一年，卒。	乾隆二十一年，袭扎萨克一等台吉。四十六年，诏世袭罔替。六十年，卒。	尔济长子。乾隆六十年，袭扎萨克一等台吉。嘉庆十三年，卒。	尔济子。嘉庆十三年，袭。道光二十七年，卒。	都布子。道光二十七年，袭。	布扎子。同治三年，袭。	一年，袭。						

扎萨克图汗部扎萨克一等台吉。	扎布辅国公衮占长子。雍正四年,授扎萨克一等台吉。乾隆七年,卒。	木扎布第三子。乾隆七年,袭扎萨克一等台吉。二十八年,卒。	多尔济根敦长子。乾隆二十八年,袭扎萨克一等台吉。三十八年,卒。	车都布多尔济次子。乾隆三十八年,袭扎萨克一等台吉。四十六年,诏世袭罔替。道光七	丕勒巴图尔孙。道光七年,袭。	车林额林沁丕勒子。光绪五年,袭。

	车丹多尔济光绪三十一年正月，袭。
	呢兰瓦尔吹光楚克达什子。光绪元年，袭。二十四年九月，告休。
年，卒。	吹光楚克达什济克莫特车布登子。道光元年，袭。
	济克莫特车布登衮布扎布长子。嘉庆元年，袭。道光元年卒
	衮布扎布达什朋素克长子。乾隆四十四年，袭扎萨克一等台吉。四十六
	达什朋素克贝勒博贝从子。乾隆二十二年，授扎萨克一等台吉。二十
	喀尔喀扎萨克图汗部扎萨克一等台吉。

	三年，以罪削扎萨克。寻诏复之。四十四年，卒。	年，诏世袭罔替。嘉庆元年，卒。								
喀尔喀扎萨克图汗	普尔普车凌辅国公通谟克	沙克都尔扎布普尔普车	尼木布多尔济亦普尔普	衮楚克尼木布多尔济从叔。乾隆	尼玛尼木布多尔济从子。乾隆五十	塔尔巴海尼玛子。嘉庆十三年，	诺尔布扎勒塔尔巴海子。嘉	鞥克德勒克楞贵诺尔	蕴端多尔济鞥克德勒克楞	玛呢巴札尔光绪二十五年

部扎萨克一等台吉。

从子。乾隆二十年,自噶准尔来归,授扎萨克一等台吉。二十四年,卒。

凌嗣子。乾隆二十四年,袭扎萨克一等台吉。二十九年,卒。

车凌嗣子。乾隆二十九年,袭扎萨克一等台吉。四十六年,诏世袭罔替。四十九年,因罪革。

五十年,袭扎萨克一等台吉。五十八年,卒。

九年,袭扎萨克一等台吉。嘉庆十三年,卒。

袭。二十五年,卒。

庆二十五年,袭。道光二十八年,卒。

布扎勒子。道光二十八年,袭。

贵子。光绪元年,袭。二十四年八月,告休。

十一月,袭。

喀尔喀扎萨克图汗部	扎萨克一等台吉。
诺尔布	扎萨克图汗格坶克延丕勒族弟。初授二等台吉，隶其叔父贝勒策登扎
敦多布多尔济	乌尔布长子。乾隆三十二年，袭扎萨克一等台吉。四十六
齐松扎布	敦多布多诺尔子。嘉庆十三年，袭。二十三年，病免。
齐旺扎布	齐松扎布子嘉庆二十三年，袭。咸丰二年，卒。
班扎巴扎尔扎布	齐旺扎布子。咸丰二年，袭。
那逊布彦济尔噶勒	班扎巴扎尔扎布子。同治十二年，袭。
扎勒青棍布车坦	光绪二十八年，袭。

年，诏世袭罔替。嘉庆十三年，卒。

布旗。乾隆二十一年，策登扎布以附叛贼青衮咱卜罪诛，诏授诺尔布扎萨克一等台吉，

	伊达布济党苏伦扎布光绪二十六年，袭。
	车登多尔济达木丹瓦齐尔子。同治七年，袭。
	达木丹瓦齐尔拉旺班珠尔子。道光三十年，袭。
	拉旺班珠尔萨木丕勒诺尔布长子。嘉庆十二年，袭。道
	萨木丕勒诺尔布拉克沁噶喇长子。乾隆四十六
	拉克沁噶喇噶勒丹达尔扎长子。乾隆三十年，袭一等
领其众。三十二年，卒。	噶勒丹达尔扎辉特人。其父罗卜藏，自准噶尔来归，
	喀尔喀扎萨克图汗部扎萨克厄鲁特一等

台吉。

封辅国公。兄已济嗣，复叛归准噶尔。乾隆二十年，噶勒丹达尔扎自准噶尔来降，诏授一

台吉，授扎萨克，诏隶喀尔喀扎萨克图汗部。四十六年，卒。

年，袭扎萨克一等台吉。是年，诏世袭罔替。嘉庆十二年，卒。

光三十年，卒。

	等台吉。二十年，卒。																
喀尔喀赛因诺颜部 扎萨克和硕亲王。	善巴 元太祖裔喀尔喀格埒森扎扎赉尔珲台吉之五世孙康	达什敦多布 善巴长子。康熙四十六年，袭扎萨克和硕	喇嘛扎布 达什敦多布长子。雍正四年，袭扎萨克和硕亲	德沁扎布 达什敦多布次子。雍正十一年，袭扎萨克和硕	诺尔布扎布 德沁扎布长子。初由公品级封固山贝子	车登扎布 诺尔布扎布长子。初袭镇国公。别有表。乾隆五	额璘沁多尔济 车登扎布子。乾隆五十八年，袭扎萨	朋楚克达什 额璘沁多尔济弟。嘉庆七年，袭。二十二年，	车林多尔济 朋楚克达什子。嘉庆二十二年，袭。咸丰三	德木吹 车林多尔济子。咸丰三年，袭。	车林端多布 德木吹从弟。同治十年，袭。	特固斯瓦齐尔 车林端多布子。光绪九年，袭。	那木囊苏伦 特固斯瓦齐尔子。光绪十二年，袭。				

	熙三十年封扎萨克多罗郡王。三十五年，晋和硕亲王。四十六年，卒。	亲王。雍正四年，以老罢	王。十年，以罪削	亲王。乾隆二十七年，卒。	别有表乾隆二十七年，袭扎萨克和硕亲五。三十一年，诏袭其六世祖图蒙肯赛因诺颜	十一年，晋袭扎萨克和硕亲王，兼赛因诺颜。五十七年，卒。	克和硕亲王。嘉庆五年，以罪削。	病免。	年，卒。								

号。四十六年，诏世袭罔替。五十一年，以病罢。

喀尔喀赛因诺颜部	
诺尔布扎布	乾隆十七年赐
车登扎布	诺尔布扎布长子。乾
额璘沁多尔济	车登扎布
朋楚克达什	额璘沁多尔济
札纳札布	朋楚克达什长子。嘉
车林端多布	扎纳扎布子。道
特固斯瓦齐尔	车林端多
邦当那木济勒	特固斯瓦
那木囊苏伦	邦当那木济勒
额琳沁萨什	光绪二十四年

镇国公。	公品级。二十年，封固山贝子。后袭扎萨克和硕亲王。兼赛因诺颜。见亲王表。	隆二十七年，袭镇国公。四十六年，诏世袭罔替。五十一年，袭扎萨克和硕亲王，兼赛因诺	长子。乾隆五十一年，袭镇国公。五十八年，袭扎萨克和硕亲王。	弟。乾隆五十八年，袭镇国公。嘉庆七年，改袭扎萨克和硕亲王。	庆八年，袭。道光二十九年，卒。	光二十九年，袭。	布子。同治十一年，袭。	齐尔子。光绪十年，袭。	弟。光绪十二年，袭。	二月，袭。							

	敏珠尔达玛璘之弟。乾隆五十七年，袭公品级一等台吉。嘉庆十
颜。见亲王表。	达玛璘三丕勒多尔济长子。乾隆五十年，袭公品级一等台吉。五
	三丕勒多尔济亲王德沁扎布第三子。初授一等台吉。乾
	喀喀尔赛因诺颜部公品级一等台吉。

	隆二十二年，赐公品级。四十九年，卒。	十七年，卒。	九年，卒。子滚布敏珠尔，袭一等台吉，销去公品级。														
喀尔喀赛因诺颜	策棱 亲王善巴再从弟。康熙三	成衮扎布 策棱长子。乾隆	拉旺多尔济 成衮扎布	巴彦济尔噶勒 拉旺	车登巴咱尔 巴彦济尔	达尔玛 车登巴咱尔子。咸丰	那彦图 达尔玛子。同治十三										

部扎萨克和硕亲王。	十一年，授三等轻车都尉。四十五年，赐贝子品级。六十年，授扎萨克。雍正元年，特封郡王。	元年封固山贝子。四年，封世子。十五年，袭扎萨克和硕亲王。三十六年，卒。	第七子。乾隆二十九年，封世子。三十六年，袭扎萨克和硕亲王。四十六年，诏世袭罔替。嘉	多尔济嗣子。嘉庆二十一年，袭。	噶勒子。嘉庆二十一年，袭。咸丰二年，卒。	二年，袭。	年，袭。										

庆二十一年，卒。

九年，晋封和硕亲王，授喀尔喀大扎萨克。十年，赐号超勇。乾隆十五年，薨。谥襄配享太庙。

	喀尔喀赛因诺颜部固山贝子。
入祀贤良祠。	恭格喇布坦超勇襄亲王策棱弟。雍正元年，封多罗贝勒。寻
	佛保恭格喇布坦第四子。雍正元年，降袭固山贝子。十年，陷准噶尔。
	沙克都尔扎布恭格喇布坦长子。雍正十年，袭固山贝子。
	敦多布多尔济沙克都尔扎布次子。乾隆二十七年，降袭
	巴勒珠巴逊多布敦多布多尔济长子。嘉庆元年，袭。二
	呢买凝保巴勒珠巴逊多布子。嘉庆二十三年，袭。道光元年，更
	津巴里克什特巴勒多尔济子。道光二十九年，袭。
	通噶拉克瓦齐尔巴里克什特子。同治三年，袭。
	旺楚克察克达尔通噶拉克瓦齐尔子。光绪元年，袭。
	札木萨林札布光绪二十二年十二月，袭。

喀尔喀赛因诺颜部	
额尔克沙喇亲王成衮扎布，	卒。
伊什扎木楚额尔克沙喇弟。	后自伊犁归，别封辅国公。见辅国公表。
达什多尔济伊什扎木楚侄	乾隆二十年，晋多罗贝勒。二十七年，卒。
呢玛达什多尔济长子。嘉庆二十，袭。	固山贝子。四十六年，诏世袭罔替。六十年，卒。
布呢达哩呢玛长子。道光十一	十三年，卒。
密济特多尔济布呢达哩	名巴勒多。尔济。道光二十九年，卒。
额克里色莽奈光绪三十	

喀	佛	三	格	桑	济	车	洛										
辅国公。	长子。乾隆二十二年，封辅国公。二十三年，赐贝子品级。三十一年，卒。贝子品级停袭。	乾隆三十一年，袭辅国公。四十六年，诏世袭罔替。五十五年，卒。	孙。乾隆五十六年，袭辅国公。嘉庆元年，卒。		年，袭。二十四年，卒。	子。道光二十四年，袭。	三年三月，袭。										

尔喀赛因诺颜部辅国公。	保初袭其父贝勒恭格喇布坦爵。见贝勒表。乾隆二十二年，自伊犁归，赐公品级。二十	丕勒敦多克佛保长子。乾隆三十六年，袭辅国公。四十六年，诏世袭罔替。	哩克敦多布三丕勒敦多克嗣子。嘉庆七年，袭。二十三年，卒。	都克多尔济格哩克敦多布子。嘉庆二十三年，袭。道光三十年，病免。	克济特瓦齐尔桑都克多尔济子。道光三十年，袭。	凌多尔济济克济特瓦齐尔子。光绪四年，袭。	布桑吹木伯勒光绪十九年四月，袭。										

	纳敦多尔济额璘沁多尔济长子。乾隆二十
八年，封辅国公。三十六年，卒。	额璘沁多尔济超勇襄亲王策棱第五子。
	喀尔喀赛因诺颜部公品级一等台

喀尔喀赛因诺颜部	吉。
车登布扎布超勇襄亲王策	初授一等台吉。乾隆二十一年，追封公品级。
三丕勒多尔济车布登扎	一年，袭公品级一等台吉。
达玛琳扎布三丕勒多尔济	
楚克苏木扎布达玛琳扎	
车凌棍布楚克苏木扎布弟。道	
达尔玛巴札尔车凌棍布	
桑噶希哩达尔玛巴札尔弟。咸	
车凌多尔济桑噶希哩子。光	
库鲁固木扎布车凌多尔	

扎萨克多罗郡王。	棱次子。雍正十年，封辅国公。乾隆十六年，授扎萨克。十九年，赐贝子品级。二十年，封多罗	布长子。乾隆四十七年，袭扎萨克多罗郡王。	长子。嘉庆十二年，袭。二十年，卒。	布子。嘉庆二十年，袭。道光十一年，卒。	光十一年，袭。十七年，卒。	子。道光十七年，袭。咸丰四年，卒。	丰四年，袭。	绪九年，袭。十八年，卒。	济子。光绪十八年，袭。									

贝勒。二十一年，晋多罗郡王。二十三年，诏继其父超勇号，赐亲王品级。四十五年，以冒请

	车登索诺木
	晋丕勒多尔
	贡楚克扎布
	德埒克朋楚
	齐墨特多尔
	纳木扎勒齐
	吹扎木三额璘
	额璘沁衮布长子。
展界，削亲王品级。四十六年，诏世袭郡王罔替。四十七年，卒。	衮布亲王善巴叔祖。
	喀尔喀赛因

诺颜部扎萨克多罗贝勒。

康熙三十年,封扎萨克多罗郡王。四十七年,卒。

康熙四十七年,降袭扎萨克多罗贝勒。四十九年,晋多罗郡王。寻卒。

沁长子。康熙五十年,袭扎萨克多罗贝勒。雍正元年,卒。

素咣吹扎木三长子。雍正二年,袭扎萨克多罗贝勒。乾隆二十五年,卒。

济纳木扎勒齐素咣第三子。乾隆二十五年,袭扎萨克多罗贝勒。四十六年,诏世袭罔

克齐墨特多尔济长子。乾隆五十五年,袭扎萨克多罗贝勒。嘉庆二十二年,卒。

德埒克朋楚克子。嘉庆二十二年,袭。道光二十五年,卒。

济贡楚克扎布子。道光二十五年,袭。同治五年,赏郡王衔,世袭罔替。光绪二十年,卒。

晋丕勒多尔济子。光绪二十年十二月,袭。

喀尔喀赛因诺颜部 扎萨克多罗郡王。	
托多诺尔德尼 亲王善巴再从弟。康熙三十年,封扎萨克	
乌巴达 托多诺尔德尼兄。康熙三十二年,袭扎萨克镇国公。四十	
巴穆 乌巴达长子。康熙五十年,袭扎萨克镇国公。五十一年,卒。	
策旺诺尔布 托多诺尔德尼嗣子。康熙五十一年,袭扎萨克	
车木楚克扎布 策旺诺尔布长子。雍正十年,袭扎萨克镇	替。五十五年,卒。
贡楚克扎布 车木楚克扎布长子。乾隆四十四年,袭扎萨克	
德木楚克扎布 贡楚克扎布之弟。乾隆五十三年,袭扎萨	
图克济扎布 德木楚克扎布子。道光十一年,袭。二十九年,卒。	
推音固尔扎布 图克济扎布子。道光二十九年,袭。	
格勒克扎木楚 推音固尔扎布从父。咸丰七年,袭。	
吹苏隆扎布 格勒克扎木楚子。光绪四年,袭。三十二年,卒。	
扎密多尔济 光绪三十三年袭。	

										克多罗郡王。道光十一年，卒。	多罗郡王。四十六年，诏世袭罔替。五十三年，以病罢。	国公。乾隆三年，晋固山贝子。十九年，赐贝勒品级。二十一年，封多罗贝勒。寻晋多罗郡王。	镇国公。雍正二年，晋固山贝子。十年以老罢。		九年，卒。	镇国公。三十一年，卒。	

					四十三年,卒。							
喀尔喀赛因诺颜部扎萨克多罗贝勒。	素泰伊勒登亲王善巴族弟。康熙三十年,封扎萨克镇国公。	洪果尔素泰伊勒登长子。康熙四十二年,降袭扎萨克一等台吉。	阿努哩洪果尔长子。康熙四十五年,袭扎萨克一等台吉。五十年,	多尔济旺楚克阿努哩长子。乾隆二年,袭扎萨克固山贝	罗卜藏车璘多尔济旺楚克长子。乾隆十五年,袭扎萨克固	德木楚克扎布罗卜藏车璘长子。乾隆二十一年,袭扎萨	衮布车璘德木楚克扎布长子。乾隆五十五年,袭扎萨克多罗	绷楚克多尔济衮布车璘子。嘉庆二十一年,袭。道光十五	那木济勒端多尔济绷楚克多尔济子。道光十五年,	希哩巴札尔札布那木济勒端多尔济子。道光二十五	额林沁忠奈希哩巴扎尔扎布子。光绪三年,袭。	栋多布章沁光绪十三年二月,袭。

	四十二年，卒。	四十五年，卒。	封辅国公。雍正九年，晋固山贝子。乾隆二年，卒。	子。十五年，卒。	山贝子。二十年，系伊犁叛贼，死之。诏晋贝勒爵	克多罗贝勒。四十六年，诏世袭罔替。五十五，卒。	贝勒。嘉庆二十一年，病免。	年，卒。	袭。十五年，卒。	二年，袭。							
喀尔喀赛因诺颜部	旺舒克亲王善巴从子。康熙三十	扎木禅舒旺克长子。雍正元年，袭	巴图蒙克扎木禅长子。乾隆十	丹巴旌准巴图蒙克长子。乾隆	罗卜藏多尔济丹巴旌准长子。	齐旺扎布罗卜藏多尔济长子。	札木萨兰扎布齐旺扎布	喇布坦多尔济扎木萨兰	索诺木达什喇布坦多尔济	布尔布扎布索诺木达什子。							

扎萨克辅国公。	一年，封扎萨克辅国公。雍正元年，卒。	扎萨克辅国公。乾隆十年，卒。	年袭扎萨克辅国公。二十一年，卒。	二十一年，袭扎萨克辅国公。四十六年，诏世袭罔替。五十五年，卒。	长子。乾隆五十五年，袭扎萨克辅国公。嘉庆二年，卒。	嘉庆三年袭十二年卒。	从子。嘉庆十二年，袭。咸丰八年，卒。	扎布子。咸丰八年，袭。	子。光绪七年，袭。二十一年闰五月，病免。	光绪二十三年二月，袭。						
喀尔喀赛	阿玉什亲王	旺扎勒阿玉	三都克车	车登扎布	三都克车	噶尔玛车登	根丕勒敦	达什德勒	班丹扎布	济克济特	玛哈萨木					

因诺颜部扎萨克辅国公。	善巴再从弟。康熙三十年，授扎萨克一等台吉。三十五年封辅国公。三十九年卒。	什孙。康熙三十九年袭扎萨克辅国公。乾隆十二年卒。	**木伯勒**旺扎勒长子。乾隆十二年袭扎萨克辅国公。二十五年以病罢。	三都克车木伯勒长子。乾隆二十五年袭扎萨克辅国公。二十九年卒。	**木伯勒**乾隆二十九年仍袭扎萨克辅国公。三十五年卒。	扎布长子。乾隆三十五年袭扎萨克辅国公。四十六年诏世袭罔替。嘉庆八年卒。	**多布**噶尔玛长子。嘉庆九年袭。二十年卒。	**克**根丕勒敦多布弟。嘉庆二十年袭。道光八年病削。	达什德勒克子。道光八年袭。二十七年卒。	**多尔济**班丹扎布子道光二十七年袭。	**丹**宣统二年，卒。						
喀	车	敦	色	贡	三	敏	车	达	达	珠	达	德	达				

尔喀赛因诺颜部 扎萨克辅国公。

凌达什 亲王善巴次子。康熙四十六年，授扎萨克一等台吉。寻封辅国公。雍正二

多布额璘沁 车凌达什长子。雍正二年，袭扎萨克辅国公。八年，卒。

纳依 敦多布额璘沁长子。雍正八年，袭扎萨克辅国公。乾隆八年，卒。

格 车凌达什次子。乾隆八年，袭扎萨克辅国公。十四年，卒。

都克扎布 车凌达什第三子。乾隆十四年，降袭扎萨克一等台吉。二十四年，仍

珠尔多尔济 三都克扎布长子。乾隆二十六年，袭扎萨克辅国公。四十三年，

敦扎布 敏珠尔多尔济长子。乾隆四十三年，袭扎萨克辅国公。四十六年，诏世袭

哩克多尔济 车敦扎布长子。乾隆五十年，袭扎萨克辅国公。道光三年，病免。

什喇布坦 达哩克多尔济子。道光三年袭。十五年，卒。

尔莫特旺济勒 达什喇布坦子。道光十五年，袭咸丰五年，卒。

尔玛巴咱尔 珠尔莫特旺济勒子。咸丰五年，袭。

哩克多尔济 达尔玛巴咱尔子。光绪十年，袭。

钦拉布坦 光绪二十三年十二月袭。宣统二年，卒。

喀尔喀赛因诺颜部扎萨克辅国公。	
诺尔布扎布镇国公巴穆长子。康熙五十一	年,卒。
达木巴多尔济诺尔布扎布长子。乾隆五	
贡楚克达木巴多尔济长子。乾隆九年,袭扎萨克	
索诺木巴勒珠尔多尔济贡楚	
固噜色特索诺木巴勒珠尔多尔济子。道光四	袭辅国公原爵。二十六年,卒。
额尔奇木济尔噶朗固噜色特子。咸	以病罢。
乌勒哲依特莫尔额尔奇木济尔噶朗	罔替。五十年,卒。
都噶尔扎布乌勒哲依特莫尔子。光绪二十	

喀尔喀赛因诺	
齐旺多尔济 亲王	年，授扎萨克一等台吉。乾隆元年，封辅国公。五年，卒。
三都布多尔济	年，袭扎萨克辅国公。九年，卒。
旺沁扎布 三都布多	辅国公。四十六年，诏世袭罔替。五十一年，卒。
倭多布多尔济	克长子。乾隆五十一年，袭扎萨克辅国公。道光四年，病免。
达木定扎布 倭多	年，袭。
萨莽达巴达尔	丰六年，袭。光绪二年，赐贝子衔，世袭罔替。
乌尔津扎布 萨莽	子。光绪十二年，袭。十九年七月，病免。
	年三月袭。

颜部扎萨克一等台吉公品级。

德沁扎布次子。初授一等台吉。乾隆十九年,赐公品级。二十年,晋贝子品级。二十四年,授

齐旺多尔济长子。乾隆三十八年,袭公品级扎萨克一等台吉。五十二年,卒。

尔济长子。乾隆五十二年,袭公品级扎萨克一等台吉。嘉庆十七年,卒。

旺沁扎布子。嘉庆十七年,袭。道光二十三年,卒。

布多尔济子。道光二十三年,袭。

达木定扎布子。咸丰十年,袭。

达巴达尔子。同治九年,袭。

	扎萨克。三十八年，以罪削。																
喀尔喀赛因诺颜部扎萨克镇国公。	阿哩雅亲王善巴族子。康熙三十一年，授扎萨克一等	格木丕勒阿哩雅长子。康熙五十四年，袭扎萨克一	贡格敦丹格木丕勒长子。乾隆十四年，袭扎萨克镇	当苏咙贡格敦丹长子。乾隆三十五年，袭扎萨克镇国	齐旺达什当苏咙长子。乾隆四十七年，袭扎萨克镇	巴勒沁齐旺达什子。嘉庆十八年，袭。道光五年，卒。	车登扎布巴勒沁从子。道光五年，袭。	冈昭尔扎布车登扎布子。同治六年，袭。宣统二年，									

喀尔喀赛因	
多尔济镇国公贡	台吉。五十四年，卒。
沙克都尔扎	等台吉。雍正十年，封辅国公。乾隆二年，晋镇国公。十四年，卒。
多布沁沙克都尔	国公。三十五年，卒。
扎冲多布沁兄道光	公。四十六年，诏世袭罔替。四十七年，卒。
车登扎布扎冲	国公。嘉庆十八年，卒。
玛克苏尔扎	
	卒。

诺颜部辅国公。	格敦丹同族。乾隆二十一年，封辅国公。二十七年，卒。	布多尔济长子。乾隆二十七年，袭辅国公。四十六年，诏世袭罔替。五十九年，卒。	扎布次子。嘉庆二年，袭。道光五年，卒。	五年，袭。咸丰三年，卒。	子。咸丰三年，袭。	布光绪二十八年，袭。											
喀	图	实	齐	达	喇	车	达	拉	达								

尔喀赛因诺颜部扎萨克辅国公。	巴镇国公托多额尔德尼从子。康熙三十年，授扎萨克一等台吉。三十六年，卒。	第图巴长子。康熙三十六年，袭扎萨克一等台吉。五十八年，卒。	旺实第长子。康熙五十八年，袭扎萨克一等台吉。雍正十年，封辅国公。乾隆二十二年，	什齐旺长子。乾隆二十二年，袭扎萨克辅国公。三十一年，晋镇国公。四十五年，卒。	嘛扎布达什长子。乾隆四十五年，袭扎萨克辅国公。四十六年，诏世袭罔替。嘉庆	布登多尔济喇嘛扎布长子。嘉庆十七年，袭。十七年，病免。	拉扎布车布登多尔济弟。嘉庆十七年，袭。道光十一年，卒。	旺多尔济达拉扎布子。道光十一年，袭。	什多尔济拉旺多尔济子。同治十三年，袭。								

			以病罢。		七年,病免。											
喀尔喀赛因诺颜部扎萨克一等台吉。	丹津额尔德尼亲王善巴丹从弟。康熙三十年,授扎萨克一等	锡喇扎布丹津额尔德尼长子。康熙五十一年,袭扎萨克一等台吉。	满珠习礼锡喇扎布长子。雍正六年,袭扎萨克一等台吉。九年,卒。	吹木丕勒满珠习礼长子。雍正九年,袭扎萨克一等台吉。乾隆二十	敦多布纳木扎勒吹木丕勒长子。乾隆二十年,袭扎萨克一	多尔济齐巴克吹木丕勒次子。乾隆三十年,袭扎萨克一等台	索诺木衮布多尔济齐巴克长子。乾隆四十年,袭扎萨克一等台	罗布桑达什索诺木衮布子。乾隆五十四年,袭扎萨克一等台吉	达玛林扎布罗布桑达什子。嘉庆二十一年,袭。道光十三年,卒。	阿巴尔米特达玛琳扎布从子。道光十三年,袭。	巴拉丹阿巴尔米特子。光绪十一年,袭。宣统二年,卒。					

	台吉。五十一年，卒。	雍正六年，卒。		年，卒。	等台吉。三十年，卒。	吉。四十年，卒。	吉。四十六年，诏世袭罔替。五十三年，卒。	嘉庆二十一年，病免。									
喀尔喀赛因诺颜部扎萨	萨木济特扎萨克台吉阿哩雅叔祖。	根敦萨木济特长子。康熙五十一年，袭扎	布达扎布根敦长子。雍正十三年，袭	车登扎布布达扎布长子。乾隆十七	多尔济扎布车登扎布长子。乾隆	罗布桑车林多尔济扎布子。道光	乌哲依巴达尔呼凌霍	孟柯瓦齐尔光绪二十四年二月，									

克一等台吉。	康熙三十一年，授扎萨克一等台吉。五十一年，卒。	萨克一等台吉。雍正十三年，以病罢。	扎萨克一等台吉。乾隆十七年，卒。	年，袭扎萨克一等台吉。四十七年，诏世袭罔替。四十七年，以病罢。	四十七年，袭扎萨克一等台吉。道光二十六年，卒。	二十六年，袭。咸丰二年，卒。	罗布桑车林子。咸丰二年，袭。	袭。									
喀尔喀赛	伊达木亲王	达尔济雅	齐旺扎布	额璘沁齐旺	巴勒桑敏	巴扎尔巴勒	托克米特	扎布沁扎									

因诺颜部扎萨克一等台吉。
善巴丹从弟。康熙三十五年，授扎萨克一等台吉。四十八年，卒。
伊达木长子。康熙四十八年，袭扎萨克一等台吉。雍正六年，卒。
达尔济雅长子。雍正六年，袭扎萨克一等台吉。十二年，卒。
扎布长子。雍正十二年，袭扎萨克一等台吉。乾隆二十九年，卒。
珠尔额璘沁长子。乾隆二十九年，袭扎萨克一等台吉。四十六年，诏世袭罔替。五十
桑敏珠尔子。乾隆五十九年，袭扎萨克一等台吉。咸丰元年，卒。
巴扎尔子。咸丰元年，袭。
木楚光绪二十三年，袭。

七年，卒。

喀尔喀赛因诺颜部辅国公。	
衮布车凌	扎萨克台吉伊达木从子。乾隆元年，封辅国公。九年，卒。
丹忠	衮布车凌长子。乾隆九年，封辅国公。二十年，卒。
达什朋楚克	丹忠长子。乾隆二十年，袭辅国公。四十六年，诏世袭
齐旺达什	达什朋楚克子。嘉庆七年，袭。十九年，卒。
德勒克达什	齐旺达什子。嘉庆十九年，袭。
索诺木多尔济	德勒克达什子。同治六年，袭。

			罔替。嘉庆七年,卒。														
喀尔喀赛因诺颜部扎萨克一等台吉。	纳木扎勒 扎萨克台吉伊达木从弟。康熙三十五年,授扎	巴朗 纳木扎勒长子。康熙五十五年,袭扎萨克一等台吉。乾隆	阿喇布坦 巴朗长子。乾隆十三年,袭扎萨克一等台吉。二	敦多布 阿喇布坦长子。乾隆二十四年,袭扎萨克一等台吉。	旺济勒三丕勒 敦多布长子。乾隆三十一年,袭扎萨	格济巴勒 旺济勒三丕勒长子。道光二年,袭。	扎木萨林扎布 格济巴勒子。同治元年,袭。	车林棍布 扎布萨林扎布子。同治四年,袭。	罗布桑海都布 光绪十四年,袭。								

喀尔喀赛因诺颜	萨克一等台吉。五十五年，卒。
沙噜伊勒都齐亲王	十三年，以病罢。
延达博第沙噜伊勒都齐	十四年，卒。
罗卜藏敦多布延达	三十一年，以病罢。
衮布多尔济罗卜藏敦	克一等台吉。四十六年，诏世袭罔替。道光二年，卒。
萨木丕勒多尔济	
巴达尔萨木丕勒多尔济从	
棍楚克吹末勒光绪	

部扎萨克一等台吉。	善巴再从弟。康熙三十五年，授扎萨克一等台吉。雍正二年，以病罢。	长子。雍正二年，袭扎萨克一等台吉。乾隆二年，卒。	博第长子。乾隆二年，袭扎萨克一等台吉。三十二年，以废疾罢。	多布长子。乾隆三十二年，袭扎萨克一等台吉。四十六年，诏世袭罔替。嘉庆七年，卒。	衮布多尔济长子。嘉庆七年，袭。道光二十四年，卒。	孙。道光二十四年，袭。	二十三年，袭。										
喀	素	萨	车	赉	纳	贡	贡	占	车	蕴	车						

尔喀赛因诺颜部扎萨克一等台吉。	达尼亲王善巴从弟。康熙三十六年，授扎萨克一等台吉。三十九年，卒。	喇旺扎勒素达尼长子。康熙三十九年，袭扎萨克一等台吉。雍正元年，卒。	布登萨喇旺扎勒长子。雍正元年，袭扎萨克一等台吉。十一年，以罪削。	充扎布车布登长子。雍正十一年，袭扎萨克一等台吉。乾隆二十四年，卒。	旺车凌车布登次子。乾隆二十四年，袭扎萨克一等台吉。四十六年，诏世袭罔替。	格拉什纳旺车凌第四子。乾隆四十九年，袭扎萨克一等台吉。嘉庆六年，卒。	楚克扎布贡格拉什长子。嘉庆六年，袭。道光十九年，卒。	巴拉贡楚克扎布子。道光十九年，袭。二十七年，卒。	登丕勒济雅占巴拉从子。道光二十七年，袭。	端多尔济车登丕勒济雅子。光绪九年，袭。	林多尔济蕴端多尔济弟。光绪十三年，袭。						

四十九年，以病罢。	雅多布桑保 车凌桑鲁布子。同治三年，袭。
	车凌桑鲁布 旺丕勒子。道光三年，袭。
	旺丕勒 桑济子。嘉庆二十二年，袭。
	桑济 噶瓦长子。乾隆三十四年，袭公品级三等台吉。四十六年，
	噶瓦 扎萨克台吉衮充扎布同族初。授三等台吉。乾隆二十一
	喀尔喀赛因诺颜部公品级三等台吉。

	年，赐公品级。三十四年，卒。	诏世袭罔替。															
喀尔喀赛因诺颜部扎萨克。	济纳弥达 亲王善巴再从弟。康熙四十八年，授扎萨	特克什 济纳弥达长子。雍正二年，袭扎萨克一等台吉。	乌巴什 特克什长子。乾隆十五年，袭扎萨克一等台吉。	布达齐素咙 乌巴什长子。乾隆五十四年，袭扎萨	衮布多尔济 布达齐素咙弟。嘉庆十年，袭。道光二	噶勒桑多尔济 衮布多尔济子。道光二十五年，袭。	章楚布多尔济 噶勒桑多尔济兄。咸丰元年，袭。	额林多尔济 章楚布多尔济子。咸丰二年，袭。	达扬扎勒保 光绪二十三年二月，袭。								

	克一等台吉。雍正二年，卒。	乾隆十五年，卒。	四十六年，诏世袭罔替。五十三年，卒。	克一等台吉。嘉庆十五年，卒。	十五年，卒。	袭。咸丰元年，卒。	二年，卒。										
喀尔喀赛因诺颜部扎萨克一	多尔济亲王善巴从弟。康熙五十一年，授扎	呢玛多尔济长子。雍正三年，袭扎萨克一等台	阿保呢玛长子。雍正十年，袭扎萨克一等台吉。	车璘巴勒多尔济次子。乾降十八年，袭扎	成衮扎布车璘巴勒长子。乾隆二十五年，	德木楚克成衮扎布长子。乾隆五十年，袭	车登达什德木楚克弟。嘉庆六年，袭。二十	桑津扎布车登达什弟。道光十一年，袭。	车林桑津扎布子。道光十一年，袭。十二年，卒。	布彦济尔噶勒车林之弟。道光十二	齐默特巴勒津光绪二十年三月，袭。						

	年，袭。
巴尔瓦喇克察	
扎木萨林扎布	
齐默特多尔济	五年，卒。
布木达尔哈思巴咱	扎萨克一等台吉。嘉庆五年，卒。
哈思巴咱尔达玛	袭扎萨克一等台吉。四十六年，诏世袭罔替。五十年，卒。
达玛璘班第长子。乾隆	萨克一等台吉。二十五年，卒。
班第达什长子乾隆二十	乾隆十八年，卒。
达什额墨根长子。乾隆二	吉。十年，卒。
额墨根郡王衮布曾孙。	萨克一等台吉。雍正三年，以病罢。
喀尔喀赛因诺	等台吉。

喀尔喀赛因	颜部扎萨克一等台吉。
阿喇布坦（准噶）	乾隆三年，授一等台吉，扎萨克。二十二年，卒。
车凌旺布（阿喇）	十二年，袭扎萨克一等台吉。二十三年，赐公品级。二十五年，卒。
色布腾旺布	五年，袭扎萨克一等台吉。四十六年，诏世袭罔替。五十五年卒。
朋素克（色布腾旺）	五十五年，袭扎萨克一等台吉。嘉庆二十四年，卒。
纳木扎勒（朋素）	璘子。嘉庆二十四年，袭。道光十九年，卒。
车凌多尔济	尔子。道光十九年，袭。
朋素克（车凌多尔）	布木达尔子。同治四年，袭。
多尔济巴勒	齐默特多尔济弟。同治六年，袭。
察克都尔扎	光绪三十一年，袭。
达克丹多尔	
桑都克多尔	

诺颜部厄鲁特扎萨克固山贝子。	尔台吉额尔墨特达尔汉诺颜之九世孙。康熙四十一年，来降，封扎萨克多罗郡王。四十	布坦长子。康熙四十二年，袭扎萨克多罗郡王。雍正六年，卒。	阿喇布坦次子。雍正元年，封多罗贝勒。四年，授扎萨克。七年，袭多罗郡王。并尔扎萨克为	布嗣子。乾隆十三年，降袭扎萨克固山贝子。二十六年，诏隶喀尔喀赛因诺颜。部。四十三	克长子。乾隆四十三年，袭扎萨克固山贝子。四十六年，诏世袭罔替。五十三年，卒。	纳木扎勒长子。乾隆五十三年，袭扎萨克固山贝子。五十六年，卒。	济之祖。乾隆五十六年，仍袭扎萨克固山贝子。嘉庆三年，卒。	朋素克孙。嘉庆四年，袭。二十二年，卒。	勒多尔济巴勒从弟。嘉庆二十二年，袭。	济察克都尔扎勒子。光绪五年，袭。三十年，卒。	济光绪三十三年三月，袭。					

	二年，卒。		一。乾隆十三年，卒。	年，以罪削扎萨克，留贝子爵。													
喀尔喀赛因诺颜部 厄鲁特扎萨克	丹济拉 准噶尔台吉额尔墨特达尔汉诺因之九	多尔济色布腾 丹济拉长子。康熙四十七	三都布 多尔济色布腾长子。乾隆二年，袭扎萨克	贡楚克邦 三都布嗣子。乾隆二十六年，袭扎萨	济克墨特贡桑 贡楚克邦长子。嘉庆九年，	车伯克扎勒 济克墨特贡桑子。嘉庆十三年，	扎木彦多尔济 车伯克扎勒兄。嘉庆十九	贡格多尔济 扎木彦多尔济从弟。嘉庆二十	车都布多尔济 贡格多尔济子。道光二十	齐莫特德哩克 车都布多尔济从子。光绪							

固山贝子。	世孙。康熙三十六年，来降，授内大臣。四十四年，封扎萨克辅国公。四十七年，卒。	年，袭扎萨克辅国公。雍正元年，晋固山贝子。八年，晋多罗贝勒。乾隆二年，卒。	固山贝子。二十五年，卒。	克固山贝子，诏隶喀尔喀赛因诺颜部。四十六年，晋世袭罔替。	袭。	袭。九年，卒。	十年，袭。二十三年，卒。	三年，袭。	二年，袭。	十二年，袭。							

清史稿卷二一一

表第五一

藩部世表三

	初封	一次袭	二次袭	三次袭	四次袭	五次袭	六次袭	七次袭	八次袭	九次袭	十次袭	十一次袭	十二次袭	十三次袭	十四次袭	十五次袭	十六次袭
阿拉善厄	和啰哩元太	阿宝和啰哩第	罗卜藏多	旺沁班巴	玛哈巴拉	囊都布苏	贡桑珠尔	多罗特色	塔旺布鲁								

鲁特部			尔济	尔		隆	默特	樱	克札勒									
扎萨克和硕亲王。	祖弟哈巴图哈萨尔之裔。康熙三十六年，封扎萨克多罗贝勒。四十六年，卒。	三子。康熙四十八年，袭扎萨克多罗贝勒。雍正元年，晋多罗郡王。七年，以罪降贝勒。九年，	阿宝次子。乾隆四年，袭扎萨克多罗贝勒。二十二年，晋多罗郡王。三十年，晋和	罗卜藏多尔济长子。初授公品级一等台吉。乾隆四十八年，袭扎萨克和硕亲王。四	旺沁巴班尔弟。嘉庆九年，袭。道光十二年，卒。	玛哈巴拉子。道光十二年，袭。二十四年，卒。	裹都布苏隆子。道光二十四年，袭。	贡桑珠尔默特子。光绪二年，袭。	多罗特色樱子。宣统二年，袭。									

		复郡王爵。乾隆四年，卒。	硕亲王。四十七年，诏世袭罔替。四十八年，卒。	十九年，赐其弟玛哈巴拉公品级。嘉庆九年，卒。													
阿拉善厄鲁特部镇国	衮布郡王阿宝长子。雍正九年，封辅	拉尔济旺舒克郡王阿宝	索诺木多尔济拉尔济旺	乌尔图纳逊索诺木多尔济	莽噶拉乌尔图纳逊子。嘉庆二年，	德勒格尔布彦莽噶拉子。	沙都尔扎布德勒格尔布彦	普勒忠呢什尔光绪三十									

									年正月，袭。	子。咸丰五年，袭。光绪二十九年五月，病免。	嘉庆十九年，袭。	袭。十九年，卒。	长子。乾隆三十年，袭镇国公。四十七年，诏世袭罔替。嘉庆元年，卒。	舒克再从弟。乾隆六年，降袭镇国公。三十年，卒。	第三子。乾隆二年，袭固山贝子。六年，卒。	国公。十年，晋固山贝子。乾隆二年，卒。	公。
								勒旺诺	阿育尔	萨达布	普尔布	多尔济	衮楚克	沙毕多	罗卜藏	玉木楚	阿拉善

厄鲁特部 镇国公。
木 贝勒和啰理次子。康熙三十七年，封辅国公。五十二年，卒。
达尔济 玉木楚木次子。康熙五十三年，袭辅国公，寻晋镇国公。五十九年，卒。
尔济 玉木楚木长子。康熙六十年，袭镇国公。雍正元年，晋固山贝子。乾隆二年，
沙毕多尔济 从弟。乾隆二年，袭辅国公。二十四年，晋镇国公。三十二年，卒。
色布腾 衮楚克次子。乾隆三十二年，袭镇国公。四十七年，诏世袭罔替。道光
多尔济色布腾 子。道光三年，袭。
多尔济 普尔布子。咸丰二年，袭。
扎那 萨达布多尔济弟。同治四年，袭。光绪二十年正月，加贝子衔。
尔布 光绪二十二年袭。

			卒。		三年，卒。												
青海厄鲁特部扎萨克多罗郡王。	察罕丹津和硕特族，元太祖弟哈巴图哈萨尔裔，青海顾实汗之曾	旺舒克察罕丹津之孙。雍正十之年，袭扎萨克和硕亲王。乾隆十四	旺丹多尔济帕拉木旺舒克子。乾隆十四年，袭扎萨克和	纳罕达尔济旺舒克从子。初袭其父台吉。旺舒克喇布坦所遗	达什忠鼐纳罕达尔济子。嘉庆十二年，袭。道光十三年，卒。	达锡旺扎勒达什忠鼐子。道光十三年，袭。三十年，卒。	春津达锡旺扎勒子。道光三十年，袭。	巴勒珠尔喇布坦春津族侄。光绪十三年，袭。									

扎萨克。见扎萨克台吉表。乾隆三十六年，袭扎萨克多罗郡王。四十七年，诏世袭罔

硕亲王。三十六年，卒。

年，卒。

孙。康熙四十年封多罗贝勒。五十七年，晋多罗郡王。雍正元年，晋和硕亲王。三年，

青海厄鲁特部	策旺喇布坦	额尔克巴勒珠尔	朋素克旺扎勒	衮楚克达什	索诺木多尔济	车林端多布	乌尔津扎布	阿育尔什迪	鞥克济尔噶勒								
	授扎萨克。十三年，卒。			替。嘉庆十三年，卒。													
扎萨克多罗郡王。	和硕特族，亲王察罕丹津从叔。康熙	策旺喇布坦次子。康熙	额尔克巴勒珠尔长子。康熙	朋素克旺扎勒长子。雍正十三年，袭	衮楚克达什次子。乾隆四十	索诺木多尔济子。嘉庆十三年，	车林端多布子。咸丰四年，袭。	乌尔津扎布子。同治四年，袭。	阿育尔什迪族兄。光绪十一								

四十二年，封多罗郡王。四十四年，卒。	四十四年，袭多罗郡王。四十五年，自戕死。	四十六年，降袭多罗贝勒。雍正三年，授扎萨克。四年，晋多罗郡王。十三年，卒。	扎萨克多罗郡王。乾隆四十二年，以病罢。	二年，袭扎萨克多罗郡王。四十七年，诏世袭罔替。五十六年，赐亲王品级。	袭。咸丰四年，卒。				年，袭。								
青	色	车	索	色	车	吹	德	那	拉	林							

海厄鲁特部	布腾扎勒	凌喇布坦	诺木多尔济	布腾多尔济	木伯勒	忠扎布	哩巴勒珠尔	木扎勒丹巴	旺多布济	沁旺扎勒
扎萨克多罗贝勒。	准噶尔族，台吉额特鲁特达尔汉诺颜之九世孙。康熙四十二年，	色布腾扎勒长子。雍正九年，袭扎萨克多罗郡王。乾隆十三年，	车凌喇布坦长子。乾隆十三年，袭扎萨克多罗郡王。二十	索诺木多尔济从弟。乾隆二十三年，袭扎萨克多罗郡王三十	色布腾多尔济从祖。乾隆三十年降袭扎萨克多罗贝勒。三十九年，卒。	车木伯勒长子。乾隆三十九，袭扎萨克多罗贝勒。四十七年，诏世袭罔替。	吹忠扎布长子。乾隆五十三年，袭扎萨克多罗贝勒。道光十八	德哩巴勒珠尔子。道光十八年，袭。咸丰五年，病免。	那木扎勒丹巴子。咸丰五年，袭。光绪二十二年二月，加郡王衔。	光绪二十三年六月袭。

青海厄鲁	
衮布和硕特族，	封多罗。贝勒雍正二年，晋多罗郡王。三年，授扎萨克。九年，卒。
额尔德尼	卒。
索诺木丹	三年，卒。
衮楚克敦	年，卒。
刚噶尔衮楚	
伊什达尔	五十三年，卒。
沙克都尔	年，卒。
棍楚史济	
济克莫特	十一月，卒。
棍布喇布	
栋阔林沁	

特部扎萨克多罗郡王。

亲王察罕丹津从叔父。康熙四十三年，封多罗贝勒。四十四年，卒。

额尔克托克托鼐衮布长子。康熙四十四年，袭多罗贝勒。雍正元年，

津额尔德尼额尔克托克托鼐第三子。雍正九年封贝子。乾隆十四年，袭扎萨克多

多布纳木扎勒索诺木丹津孙。乾隆三十六年，袭扎萨克多罗郡王。四十

克敦多布纳木扎勒长子。乾隆四十年袭扎萨克多罗郡王。四十七年，诏世袭罔替。

济刚噶尔叔父。嘉庆三年，袭。十年，袭。

兼伊什达尔济族弟。嘉庆十一袭。袭。道光三年，病免。

莫特沙克都尔兼子。道光三年袭。

那木济勒多尔济棍楚克济莫特子。咸丰六年，袭。

坦济克莫特那木济勒多尔济子。光绪五年，袭。二十八年，卒。

棍布喇布坦子。光绪二十九年二月，袭。

	车林端多布 光绪十五年十
	冈占缜克都布 罗布桑占
	罗布桑占巴 车棱诺尔布叔。
	车棱诺尔布 那木喀旺扎勒
	那木喀旺扎勒 扎木巴勒
	扎木巴勒多尔济 济克
嘉庆二年,卒。	济克默特伊什 丹巴车凌
年,卒。	丹巴车凌 达什车凌长子。乾隆
罗郡王。三十六年,卒。	达什车凌 达颜从子。康熙六十
晋多罗郡王。三年,授扎萨克。十四年,卒。	旺舒克喇布坦 达颜子。
	达颜 和硕特族,郡王策旺喇布坦从
	青海厄鲁特部扎萨克多

二月，袭。

巴子。咸丰五年，袭。光绪十五年，卒。

道光十九年，袭。咸丰五年，卒。

子。道光十四年，袭。十九年，卒。

多尔济子。道光四年，袭。十四年，卒。

默特伊什长子。嘉庆十三年，袭。道光四年，卒。

长子。乾隆三十九年，袭扎萨克多罗贝勒。四十七年，诏世袭罔替。嘉庆十三年，病免。

二十二年，袭扎萨克多罗贝勒。三十九年，卒。

一年，降袭固山贝子。雍正二年，晋多罗贝勒，诏世袭罔替。三年，授扎萨克。乾隆二十二年，

康熙五十八年，袭多罗贝勒。六十一年，卒。

子。康熙五十五年，封多罗贝勒。五十七年，卒。

罗贝勒。

青海厄鲁特部扎萨克一等台吉。
纳木扎勒和硕特族，亲王察罕丹律从弟。康熙三十七年，封多罗贝勒。
罗卜藏察罕纳木扎勒次子。康熙五十年袭多罗贝勒。雍正二年，以罪
多尔济色布腾罗卜藏察罕长子。乾隆七年，降袭扎萨克一等台
卒。
恭桑车凌多尔济色布腾长子。乾隆二十六年，袭扎萨克一等台吉。四十
旺舒克恭桑车凌嗣子。乾隆五十四年，袭扎萨克一等台吉。
达尔玛什哩旺舒克子。道光九年，袭。咸丰五年，卒。
永隆达尔玛什哩叔。咸丰五年，袭。
丹津绰克都布永隆子。同治十二年，袭。
沙克都尔扎布丹津绰克都布子。光绪五年，袭。
伯绷楚克沙克都尔扎布子。光绪九年，袭。
察木多尔济勒噶朗光绪二十八年，袭。宣统二年，卒。

青海厄鲁特	
车凌敦多布	四十九年，卒。
丹巴车凌端多布再	削。三年，授扎萨克一等台吉。六年，晋辅国公。乾隆七年，卒。
沙克都尔扎	吉。二十六年，卒。
车尔登多尔	七年，诏世袭罔替。五十四年，卒。
喇特纳锡第	
伊达木林沁	
吹木丕勒诺	

部扎萨克固山贝子。
和硕特族，亲王察罕丹津从弟。雍正元年，封多罗贝勒。二年，以罪降。
从叔父。雍正三年袭固山贝子，授扎萨克。乾隆十七年，卒。
布丹巴长子。乾隆十七年，袭扎萨克固山贝子。四十七年，诏世袭罔替。四十八年，
济沙克都尔扎布次子。乾隆四十八年，袭扎萨克固山贝子。五十三年，更名车尔登多
车尔登多尔济子。嘉庆二十年，袭。道光二十三年，卒。
喇特纳锡第子。道光二十三年，袭。
尔布伊达木林沁长子。光绪十年，袭。二十二年三月，加贝勒衔。

			卒。	尔济。嘉庆二十年，病免。						
青海厄鲁特部扎萨克辅国公。	索诺木达什和硕特族，镇国公噶勒丹达什从祖。	诺尔布朋素克索诺木达什次子。康熙五十	达什巴勒珠尔诺尔布朋素克嗣子。雍正五年，	车凌达什巴勒珠尔再从叔父。雍正八年，袭扎萨克辅国	达什扎布车凌第三子。乾隆九年，袭扎萨克辅国	根敦端多布达什扎布长子。乾隆三十一年，袭扎	伊什达尔济根敦端多布长子。嘉庆元年，袭。	珠尔默特图布什达尔济子。道光八年，袭。	吹达尔珠尔默特图布道光十八年，袭。	棍楚克拉逊多布吹达尔子。同治十二年，

青海厄鲁特部	
罗卜藏色布腾	康熙五十年,封辅国公。五十一年,卒。
	二年,袭辅国公。雍正三年,授扎萨克。四年,卒。
	授扎萨国公。七年,卒。
	公。乾隆九年,卒。
	公。三十一年,卒。
	萨克辅国公。四十七年,诏世袭罔替。嘉庆元年,卒。
	道光八年,卒。
	十八年,卒。
	袭。光绪三十三年,卒。

贝子莽鼐长子。初袭父扎萨克。见扎萨克表。乾隆三十一年，以罪削，改授闲散贝子爵。

固山贝子。

青海厄鲁特部扎萨	
罗卜藏达尔扎和硕	四十七年，诏世袭罔替。五十六年，赐贝勒品级。
济克济扎布罗卜藏达	
车凌多尔济济克济扎	
达克巴纳木扎勒	
诺尔布璘沁达克巴纳	
济克莫特诺尔布璘沁长	
衮诺木旺济勒济克	
喇木棍策勒谦索诺	
喇木贡策喇克扎	
乌勒哲依巴图喇木	
棍布扎布光绪二十年，	

克一等台吉。

特族贝勒纳木扎勒从弟。康熙五十年，封固山贝子。六十一年，卒。

尔扎长子。乾隆六十一年，降袭辅国公。雍正二年，以罪削。三年，授扎萨克一等台吉。

布长子。乾隆二十年，袭扎萨克一等台吉。二十八年，卒。

车凌多尔济长子。乾隆二十九年袭扎萨克一等台吉。四十四年，卒。

木扎勒长子。乾隆四十四年袭扎萨克一等台吉。四十七年，诏世袭罔替。嘉庆九年，

子。嘉庆九年，袭。二十五年，卒。

莫特叔祖。嘉庆二十五年袭道光九年病免。

木旺济勒子。道光九年，袭。十三年，卒。

勒喇木棍策勒谦弟。道光十三年，袭。

贡策喇克扎勒子。咸丰十年，袭。

袭。

	青海厄鲁特部 扎萨克辅国公。
	噶勒丹达什 和硕特族亲王察罕丹津从弟。康熙五十
乾隆二十年，卒。	丹津纳木扎勒 噶勒丹达什次子。乾隆四年，袭扎
	索诺木丹勒济 噶勒丹达什第三子。乾隆十三年，袭，年
	索诺木多尔济 索诺木丹勒济从子。乾隆十三年，降
卒。	喇特纳锡第 索诺木多尔济之弟。乾隆五十四年，袭扎
	察哈巴克 喇特纳锡弟子。道光三年，袭。
	罗布桑端多布 察哈巴克子。同治七年，袭。
	耀布塔尔 光绪三十二年六月袭。

达什那	
多普济	
德济特	
讷木希	
棍楚克	
索诺木	萨克辅国公。道光三年，卒。
拉特纳	衮扎萨克辅国公。四十七年，诏世袭罔替。五十四年，卒。
齐默特	扎萨克镇国公。寻卒。
纳木扎	萨克镇国公。十三年，卒。
阿喇布	年，封辅国公。雍正元年，年，晋镇国公。三年，授扎萨克。乾隆四年，卒。
青海厄	

鲁特部扎萨克固山贝子。

坦 准噶尔族，郡王色布腾扎勒从子。康熙五十五年，封公品级一等台吉授扎萨克。

勒车凌 阿喇布坦长子。乾隆四年，袭扎萨克辅国公。十五年，晋固山贝子。三十

丹巴 纳木扎勒车凌长子。乾隆三十五年，袭扎萨克固山贝子。四十七年，诏世袭罔

西第 齐默特丹巴子。嘉庆十三年，袭。

丕勒斋 拉特纳西第子。道光十八年，袭。

旺丹忠 索诺木丕勒斋子。同治十一年，袭。光绪二十年正月，加贝勒衔。

哩 光绪二十一年，袭。二十二年，阵亡。

巴勒珠 光绪二十二年，袭。二十五年二月，卒。

光绪二十五年十二月，袭。二十九年，卒。

木济勒 光绪二十九年八月，袭。

	那木当吹布尔光绪十九年，袭。
	棍布车布坦格勒克那木扎勒子。咸丰
	格勒克那木扎勒旺沁丹津长子。
	旺沁丹津罗卜藏色布腾长子。嘉庆三年，
	罗卜藏色布腾巴勒济特长兄。乾隆
	拉扎布巴勒济特长子。乾隆四十九年，袭扎
	巴勒济特莽鼐第四子。乾隆三十一年，
	罗卜藏色布腾莽鼐长子。乾隆十八
替。嘉庆十三年，卒。	莽鼐索诺木达什第三子。乾隆十五年，袭扎萨
五年，卒。	噶勒丹旺扎勒索诺木达什次子。
雍正三年，晋辅国公。乾隆四年，卒。	索诺木达什和硕特族，亲王察罕丹津
	青海厄鲁特部扎萨克一等台吉。

青海厄	
车凌和硕	从弟。雍正元年，封固山贝子。三年，授扎萨克。乾隆十四年，卒。
色布腾	乾隆十四年，袭扎萨克固山贝子。十五年，卒。
衮楚克	克固山贝子。十八年，卒。
吹忠扎	年，袭扎萨克固山贝子。三十一年，以罪削扎萨克。
格楞喇	袭扎萨克一等台吉。四十七年，诏世袭罔替。四十九年，卒。
达玛琳	萨克一等台吉。五十六年，卒。
多尔济	五十六年，仍袭扎萨克一等台吉，赐贝勒品级兼袭贝子。嘉庆三年，卒。
济克什	袭扎萨克固山贝子。十五年，卒。
索诺木	嘉庆十六年，袭。咸丰三年，卒。
	三年，袭。

鲁特部扎萨克辅国公。	特族，镇国公噶勒丹达什从叔父。康熙五十年，封辅国公。雍正三年，授扎萨克。六年，	达什 车凌长子。雍正七年，袭扎萨克辅国公。乾隆四年，卒。	扎布 车凌次子。乾隆四年袭扎萨克辅国公。十八年，卒。	布衮楚克扎布长子。嘉庆十八年，袭扎萨克辅国公。四十七年，诏世袭罔替。嘉庆	布斋 吹忠扎布长子。道光元年，袭。道光九年，卒。	扎布 格楞喇布斋子。道光九年，袭。三十年，卒。	色布登 达玛琳扎子。道光三十年，卒。	扎布 多尔济色布登子。光绪七年，袭。二十九年十月，卒。	达布 光绪三十年正月袭。								

	卒。			元年，病免。													
青海厄鲁特部扎萨克辅国公。	贡格辉特族，台吉纳木占之四世孙。雍正三年，授扎萨克一等台吉。九年，	纳罕塔尔巴贡格长子。乾隆二十年，袭扎萨克辅国公。三十五年，	旺扎勒敦多布纳罕塔尔巴长子。乾隆三十五年，袭扎萨克	达玛璘旺扎勒敦多布长子。乾隆四十七年，袭扎萨克辅国公。五十	灵沁旺苏克达玛璘长子。嘉庆二年，袭。道光二年，卒。	多尔济沙木灵沁旺苏克子。道光二年，袭。	车林端多布多尔济沙木弟。同治十二年，袭。光绪二十九年	班玛旺扎勒光绪三十一年袭。									

	库楞塔什光绪二十四年十二
	巴勒珠尔喇布坦棍布
十一月，卒。	棍木旺济勒达什端多布子。
	达什端多布旺济勒多尔济
	旺济勒多尔济隆贲子。
六年，赐贝子品级。嘉庆二年，卒。	隆贲达什纳木扎勒子。乾隆四十
辅国公。四十七年，诏世袭罔替。是年，卒。	礼塔尔达什纳木扎勒嗣子。乾隆
卒。	达什纳木扎勒阿喇布坦
晋辅国公。乾隆二十年，卒。	阿喇布坦扎木素和硕
	青海厄鲁特部扎萨克一

等台吉。	特族，亲王察罕丹津从子。康熙五十九年，封辅国公。雍正三年，授扎萨克。乾隆五年，卒。	扎木素从子。乾隆五年，袭扎萨克辅国公。三十年，卒。	三十年，袭扎萨克辅国公。四十年，为郭罗克番贼所戕。	一年，降袭扎萨克一等台吉。四十七年，诏世袭罔替。嘉庆十三年，病免。	嘉庆十三年，袭。道光二十三年，卒。	子。道光二十三年，袭。	光绪五年，袭。	旺济勒子。光绪十一年，袭。	月，袭。								

青海厄鲁特部扎萨克一等台吉。	达玛璘色布腾和硕特族，贝勒纳木扎勒从子。雍正三年，授扎萨克一等	博贝达玛璘色布腾弟。乾隆十五年，授扎萨克一等台吉。二十年，卒。	旺扎勒博贝从子。乾隆二十年，袭扎萨克一等台吉。三十年，卒。	根敦扎布旺扎勒长子。乾隆三十年，袭扎萨克一等台卒。四十七年，诏世	固木扎布根敦扎布长子。乾隆五十四年，袭扎萨克一等台吉。咸丰四年，卒。	察哈巴克固木扎布子。咸丰四年，袭。	索诺端多布光绪二十七年，袭。										

	台吉。乾隆十四年，卒。			袭罔替。五十四年，卒。													
青海厄鲁特所萨克一等台吉。	阿喇布坦 和硕族，贝勒纳木扎勒弟。雍正三年，授扎	衮布喇布 阿喇布坦长子。乾隆四年，袭扎萨克一等	班第 衮布喇布坦长子。乾隆四十一年，袭扎萨克一等	索诺穆敏珠尔 班第弟子。嘉庆十四年，袭。	端多布旺济勒 索诺穆敏珠尔子。道光十年，	齐莫特林增 端多布旺济勒子。光绪元年，袭。											

青海厄鲁特部扎萨	
哈尔噶斯和硕特族，顾实	萨克一等台吉。乾隆四年，卒。
恭格车凌哈尔噶斯长子。	台吉。四十一年，卒。
吹忠扎布哈尔噶斯次子。	台吉。四十七年，诏世袭罔替。嘉庆十四年，病免。
楞衮多尔济吹忠扎布	道光十年，袭。
恩克巴雅尔楞衮多尔	袭。
济克莫特旺楚克	宣统二年，卒。
通昌嘎尔布济克莫特	
布穆达什通昌嘎尔布子。	
旺丹多尔济光绪二十	

克一等台吉。	汗弟色棱哈坦图尔之四世孙。雍正三年授扎萨克一等台吉。乾隆十九年，卒。	乾隆十九年，袭扎萨克一等台吉。三十一年，以罪削。	乾隆三十一年，袭。扎萨克一等台吉。四十七年，诏世袭罔替。五十九年，卒。	长子。乾隆五十九年，袭扎萨克一等台吉。嘉庆十三年，卒。	济长子。嘉庆十三年，袭。道光九年，病免。	恩克巴雅尔子。道光九年，袭。二十七年，卒。	旺楚克弟。道光二十七年，袭。	咸丰十年，袭。	四年，袭。								
青	扎	达	桑	车	扎	端	车										

布登端多布 端多布子。道光二十五年，袭。

多布 扎苏咙次子。嘉庆十三年，袭。道光二十五年，卒。

苏咙 车凌多尔济弟。嘉庆二年，袭。十二年，卒。

凌多尔济 桑济达什长子。乾隆四十九年，袭扎萨克一等台吉。嘉庆二年，以疏卒。

济达什 达奇长子。乾隆三十二年，袭扎萨克一等台吉。四十七年，诏世袭罔替。

奇 扎布长子。乾隆三年，袭扎萨克一等台吉。三十二年，卒。

布 和硕特族，亲王察罕丹津从叔父。雍正三年，授扎萨克一等台吉。乾隆三年，卒。

海厄鲁特部扎萨克一等台吉。

			四十九年，卒。	纵逃犯削。													
青海厄特部扎萨克一等台吉。	察罕喇布坦和硕特族，亲王旺舒克兄。雍正九年，授扎萨克	多尔济色布腾察罕喇布坦长子。乾隆二年，袭扎萨克	旺舒克喇布坦察罕喇布坦弟。乾隆四年袭扎萨克一等	纳罕达尔济旺舒克喇布坦长子。乾隆三十三年，袭扎萨克	罗卜藏丹津旺舒克喇布坦次子。乾隆三十六年，袭扎萨克	沙喇布提理罗卜藏丹津第三弟。乾隆五十二年袭扎萨克	衮布多尔济沙喇布提理长子。乾隆五十六年，袭扎萨克	棍布车木腾衮布多尔济孙。咸丰十年，袭。光绪二十三年	萨木党扎布吹棍布车布腾子。光绪三十二年，袭。								

						索	罗	林	巴	旺	多	三	毕	巴	毕	伊	青
									十二月，病免。	一等台吉。	一等台吉。五十六年，因番贼劫掠牲畜，往捕伤亡。	一等台吉。四十七年，诏世袭罔替。五十二年，以罪削。	一等台吉。后袭其从兄旺丹多尔济帕拍木所遗扎萨克，封多罗郡王。见郡王表。	台吉。三十三年，卒。	一等台吉。四年，卒。	一等台吉。乾隆二年，卒。	

海厄鲁特部	什多勒扎布	齐罕车凌	勒珠尔	齐罕车凌	都布	尔济	沁端多布	木巴勒达什伦都布	沁那木都勒	堆僧格	诺木兴额拉布坦						
扎萨克一等台吉。	和硕特族，郡王额尔克巴勒珠尔次子。雍正三年，授扎萨克	伊什多勒扎布子。雍正七年，袭扎萨克一等台吉。乾隆三十九年，	毕齐罕车凌族子。乾隆三十九年，袭扎萨克一等台吉。四十七年，诏世	巴勒珠尔从叔父。乾隆五十三年，仍袭扎萨克一等台吉。五十	毕齐罕车凌嗣子。乾隆五十四年，袭扎萨克一等台吉。五十八年，卒。	三都布从弟。乾隆五十八年，袭扎萨克一等台吉。嘉庆二十二年，病免。	多尔济子。嘉庆二十二年，袭。道光十年，卒。	旺沁端多布子。道光十年，袭。二十六年，卒。	巴木巴勒达什伦都布同族。道光二十六年，袭。咸丰四年，	林沁那木都勒子。咸丰四年，袭。	光绪二十三年四月，袭。						

青海厄鲁特部扎萨克一等台吉。	
色布腾博面克图和硕特族，贝子。巴丹兄。	一等台吉。七年，卒。
车凌多尔济色布腾博硕克图长子。乾隆三年	以病罢。
巴勒珠尔车凌多尔济孙。乾隆二十六年，袭。扎萨	袭罔替。五十二年，卒。
噶勒丹丹忠巴勒珠尔长子。乾隆四十二年，袭扎	四年，复以病罢。
格勒克拉布坦噶勒丹丹忠子。嘉庆十四年，	
布彦达赖格勒克拉布坦子。道光八年，袭。	
达什多布济布彦达赖子。同治三年，袭。	
诺尔布达尔济达什多布济子。光绪九年，袭。	
	卒。

青海厄鲁特	
车凌多尔济	雍正三年，授扎萨克一等台吉。乾隆三年，卒。
恭格色布腾	袭扎萨克一等台吉。二十六年，卒。
沙克都尔恭格	克一等台吉。四十二年，卒。
	萨克一等台吉。四十七年，诏世袭罔替。嘉庆十四年，卒。
	袭。道光八年，卒。

部扎萨克一等台吉。

和硕特族，郡王额尔德尼额尔克托克托鼐第四子。乾隆十一年授扎萨克一等台吉。

车凌多尔济长子。乾隆二十五年，袭扎萨克一等台吉。四十三年以罪削。

色布腾长子。乾隆四十三年，袭扎萨克一等台吉。四十七年，诏世袭罔替。嘉庆十一

	二十五年，卒。		年，裁改袭族兄伊什达尔济郡王之爵，是爵停袭，并郡王旗。														
青海厄鲁特	索诺木喇布	栋索诺木喇布坦多尔	萨喇栋长子。乾隆	达什喇布坦	萨木都布扎	多尔济旺济	端多布那木	丹巴端多布那木济									

部 扎萨克一等台吉。

坦多尔济 土尔扈特族，台吉翁罕之十世孙。雍正三年，授扎萨克一等台吉。

济族曾孙。雍正七年，袭扎萨克一等台吉。乾隆五年，卒。

五年，扎萨克一等台吉。三七年，卒。

喇萨长子。乾隆三十七年，袭扎萨克一等台吉。四十五年，卒。

木素 萨喇次子。乾隆四十五年，袭扎萨克一等台吉。四十七年，诏世袭罔替。嘉庆

勒 萨木都布扎木素族弟。嘉庆五年，袭。道光二十一年，卒。

济勒 多尔济旺济勒子。道光二十一年，袭。

勒孙。同治十二年，袭。

	七年，卒。				五年，卒。												
青海厄鲁特部扎萨克一等台吉。	色特尔布木土尔扈特族，扎萨克台吉栋从弟。雍正三年，授扎	乌尔占色特尔布木长子。乾隆二十一年，袭扎萨克一等台吉。四十	伊达木乌尔占从弟。乾隆四十九年，袭扎萨克一等台吉。五十年，	贡格伊达木从弟。乾隆五十年，袭扎萨克一等台吉。嘉庆七年，病免。	旺舒克贡格子。嘉庆二年，袭。道光九年，卒。	达玛林车凌旺舒克子。道光九年袭。	洛布桑彦达克达玛林车凌子。光绪二年，袭。	端布棍多布洛布桑彦达克族叔。光绪八年，袭。	林沁诺罗光绪三十二年闰四月，袭。								

	萨克一等台吉。乾隆二十一年，卒。	七年，诏世袭罔替。四十九年，卒。	卒。														
青海厄鲁特部扎萨克一等台吉。	达尔扎土伯扈特族，扎萨克台吉索诺木喇	色布腾多尔济达尔扎长子。乾隆	衮楚克色布腾多尔济从子。乾隆三十四年，	玛济克策楞衮楚克第三子。嘉庆七年，	索诺木喇布坦玛济克策楞子。道光	车林端多布索诺木喇布坦从子。同治	噶勒藏旺扎勒光绪二十二年十二										

青海厄	
丹忠土尔	布坦多尔济族子。雍正九年，授扎萨克一等台吉。乾隆十九年，卒。
纳木锡	十九年，袭扎萨克一等台吉。三十四年，卒。
都勒玛	袭扎萨克一等台吉。四十七年，诏世袭罔替。嘉庆七年，病免。
罗卜藏	袭。道光十二年，卒。
喇布扎	十二年，袭。
达阔喇布	十二年，袭。
诺尔布	月，袭。
多锐光绪	

鲁特部扎萨克一等台吉。	扈特族,扎萨克台吉达尔扎从子。雍正二年,授扎萨克一等台吉。乾隆十年,卒。	哩策旺丹忠长子。乾隆十年,袭扎萨克一等台吉。十四年,卒。	扎布纳木锡哩策旺族弟。乾隆十四年,袭扎萨克一等台吉。四十七年,诏世袭罔	吹达尔都勒玛扎布长子。嘉庆三年,袭。十八年,免。	喇木楚克罗卜藏吹达尔子。嘉庆十八年袭。	扎喇木楚克族子。光绪元年,袭。	达阔子。光绪十二年袭。二十三年二月加辅国公衔。	二十九年二月袭。

替。

青海厄鲁特部	公中扎萨克一等台吉。
车凌纳木扎勒	和硕特族，顾实汗兄哈纳克土谢图之四世孙。雍正
巴勒丹	车凌纳木扎勒从弟。雍正十一年，袭公中扎萨克一等台吉。乾隆
达什车木伯勒	巴勒丹长子。乾隆二十九年，袭公中扎萨克一等
丹珠布那木扎尔	达什车木伯勒子。嘉庆八年，袭。十七年，病
德沁	丹珠布那木扎尔子。嘉庆十七年，袭。十九年，卒。
恭藏	德沁胞叔。嘉庆十九年，袭。道光十二年，卒。
旺沁	恭藏从子。道光十二年，袭。咸丰四年，卒。
多布登色尔扎勒	旺沁子。咸丰四年，袭。
沙克都尔扎布	多布登色尔扎勒子。光绪元年，袭。
图布坦扎木绰	宣统二年，袭。

青海厄鲁特部公中扎萨克一	
达什敦多布元太祖裔，喀尔喀格	三年，授公中扎萨克一等台吉。十年，卒。
车德尔达什敦多布孙。乾隆四十二年，	二十九年，卒。
济克济扎布车德尔长子。嘉庆	台吉。五十六年，赐公品级。
车伯克多尔济济克济扎布子。	免。
巴彦济尔嘎勒车伯克多尔济	
达什萨布坦巴彦济尔嘎勒侄。	
乐布什诺尔布达什萨布坦子。	

等台吉。	埒森扎扎赉尔珲台台之五世孙。乾隆三十年,授公中扎萨克一等台吉。四十二年，	袭。公中扎萨克一等台吉。嘉庆十四年，卒。	十五年，袭。道光元年，卒。	道光元年，袭。咸丰三年，卒。	子。咸丰三年，袭。	咸丰六年，袭。	光绪九年，袭。										

西藏部	扎萨克镇国公今袭辅国公。
珠尔默特策布登	雍正八年，授扎萨克一等台吉。九年，晋辅国公。卒。
珠尔默特旺扎勒	珠尔默特策布登次子。乾隆十六年，降袭扎
诺尔布朋素克	珠尔默特旺扎勒嗣子。乾隆四十三年，袭扎萨克
额琳沁彭楚克	诺尔布朋素克子。乾隆五十九年，袭扎萨克辅国
策旺珠美	额琳沁彭楚克子。嘉庆二十一年，袭。道光二十一年，病免。
札什熟布丹	策旺珠美子。道光二十七年，袭。
那木济勒错布丹	光绪十三年，袭。

	加木参乌
	色纶彭苏
公。嘉庆二十一年，卒。	奇雅多尔
辅国公。四十八年，诏世袭罔替。五十八年，卒。	扎什纳木
萨克辅国公。四十二年，卒。	恭格丹津
十一年，晋镇国公。乾隆十五年，为其弟珠尔默特纳木扎勒所戕。	索诺木达
	西藏部辅国

珠色纶，彭苏子。道光十一年，袭。	奇雅多尔，旺瞿子。嘉庆二十二年，袭。道光十一年，卒。	**旺瞿**，扎什纳木扎勒长子。乾隆五十七年，袭一等台吉。嘉庆二十二年，卒。	**扎勒**，恭格丹津子。乾隆三十八年，袭辅国公。四十八年，诏出缺后世袭一等台吉	索诺木达尔扎，次子。乾隆九年，袭。辅国公。三十八年，卒。	**尔扎**，雍正七年，封辅国公。乾隆九年，卒。	公今定世袭一等台吉。

			罔替。五十六年，卒。														
西藏部辅国公。	喀锡鼐色布登喇什初授阿哩总管。雍正五年，	噶锡巴纳木扎勒色布腾喀锡鼐色布登	旺第达喀锡鼐色布登喇什次子。乾隆五年，袭辅国公。五十	丹津班珠尔班第达子。乾隆五十四年，袭辅国公。五十	敏珠尔索诺木班珠勒丹津班珠尔子。乾隆												

西	
年	以击逆贼阿尔布巴等阵殁。六年，追授一等台吉。
索	喇什长子。雍正六年，袭一等台吉。九年，晋辅国公，诏世袭罔替。乾隆四年，卒。
	四年，以老罢。
	七年，以罪削。
	五十七年，袭辅国公。

藏部	扎萨克一等台吉。
凌旺扎勒	雍正六年，授扎萨克一等台吉。二十八年，卒。
诺木旺扎勒	车凌旺扎勒孙。乾隆二十九年，袭扎萨克一等台吉。四十八年，

西藏部扎萨克一等台吉。	
诺颜和硕齐雍正六年，授扎萨克	
车臣哈什哈诺颜和硕齐弟。乾隆	诏世袭罔替。五十二年，卒。以罪停袭。
齐旺多尔济车臣哈什哈弟。乾隆	
旺对诺颜和硕齐子。乾隆十年，袭扎萨克	
索诺木喇什旺对子。乾隆三十	
策棱旺舒克多尔济索诺	
敦珠毓杰策棱旺舒克多尔济子。	
汪青彭错光绪三十二年，袭。	

杜尔伯特	
车凌 杜尔伯特	一等台吉。乾隆元年，卒。
索诺木衮	元年，袭扎萨克一等台吉。五年，卒。
玛克苏尔	五年，袭扎萨克一等台吉。十年，卒。
旺拉布 玛克	一等台吉。三十一年，卒。
拉木扎布	一年，袭扎萨克一等台吉。四十八年，诏世袭罔替。五十七年，卒。
齐旺巴勒	木喇什长子。乾隆五十七年，袭扎萨克一等台吉。道光八年，卒。
密什克多	道光八年，袭。
散都克多	
勒扎勒喇	
那克旺扎	
噶勒章那	

部	扎萨克特古斯库鲁克达赖汗。
	台吉博罗诺哈勒九世孙。乾隆十九年,封扎衮克和硕亲王。二十年,封特古斯库鲁克
布	车凌长子。乾隆二十三年,袭扎萨克特古斯库鲁克达赖汗。三十四年卒。
札布	索木诺衮布长子。乾隆三十四年,袭扎萨克特古斯库鲁克达赖汗。四十
	苏尔扎布长子。嘉庆十七年,袭。二十五年,卒。
	旺拉布子。嘉庆二十五年,袭。道光元年,卒。
楚克	拉木扎布叔。道光元年,袭。二十三年,卒。
尔济	济旺巴勒楚克次子。道光二十三年,袭。
尔济	密什克多尔济族弟。道光二十八年,袭。咸丰四年,卒。
布坦希哩勒珠特	散都克多尔济长子。咸丰四年,袭。
勒禅	勒扎勒喇布坦希哩勒珠特叔。同治三年,袭。
木济勒	密什克多尔济族弟。同治九年,袭。

	达赖汗。二十三年，卒。		七年，诏世袭罔替。嘉庆十七年，卒。														
杜尔伯特部 扎萨克和硕亲王。	车凌乌巴什 汗车凌从子。乾隆	固鲁扎布 车凌乌巴什族侄贝勒达	贡噶诺尔布 固鲁扎布长子。嘉庆	棍布扎布 贡噶诺尔布嗣子。道光	索特那木扎木柴 棍布扎布												

十九年，封扎萨克多罗郡王。二十年，晋和硕亲王。四十七年，诏世袭罔替。五十五年，	瓦丕勒之子。乾隆五十五年，袭扎萨克和硕亲王。嘉庆二十三年，卒。	二十三年，袭。道光九年，卒。	九年，袭。	长子。光绪十二年，袭。

	卒。																
杜尔伯特部扎萨克多罗郡王。	车凌蒙克汗车凌从叔父。乾隆十九年，封扎萨克多罗贝勒。二十年，晋	巴雅勒当车凌蒙克次子。乾隆三十二年，袭扎萨克多罗郡王。二十三年，	博斯和勒车凌蒙克第四子。乾隆二十四年，袭扎萨克多罗郡王。四十	纳旺索诺木博斯和勒长子。乾隆四十六年，袭扎萨克多罗郡王。四十	满达拉纳旺索诺木长子。嘉庆九年，袭。	那逊托克托呼满达拉长子。光绪八年，袭。二十四年七月，卒。	都格莫勒那逊托克托呼子。光绪二十四年十一月，袭。										

	多罗郡王。二十二年，卒。	卒。	六年，卒。	七年，诏世袭罔替。嘉庆九年，卒。													
杜尔伯特部 扎萨克多罗贝勒。	色布腾 汗车凌族祖。乾隆十九年，封扎萨	巴桑 色布腾长子。乾隆二十一年，袭扎萨克	贡楚克扎布 巴桑长子。嘉庆十八年，	雅林丕勒多尔济 贡楚克扎布长	德勒格尔瓦齐尔 雅林丕勒多尔	那逊布彦 德勒格尔瓦齐尔子。光绪十八	萨木当扎木吹 光绪三十二年，袭。										

	克多罗贝勒。二十年，赐郡王品级。寻卒。	多罗贝勒。四十七年，诏世袭罔替。嘉庆十八年，病免。	袭。道光五年，卒。	子。道光五年，袭。	济长子。同治三年，袭。光绪十八年十月，卒。	年，袭。
杜尔伯特部扎萨	刚多尔济汗车凌从	达瓦丕勒刚多尔济	齐墨特多尔济	巴咱尔咱那齐墨	图们济尔噶勒	

杜	玛	布	和	鄂	索	拉	诺	察	纳								
克多罗贝勒。	子。乾隆十九年，封扎萨克多罗贝勒。三十二年卒。	从子。乾隆三十二年，袭扎萨克多罗贝勒。四十七年，诏世袭罔替。五十五年，卒。	达瓦丕勒次子。乾隆五十五年，袭扎萨克多罗贝勒。道光十年，卒。	特多尔济长子。道光十年，袭。	巴咱尔咱那孙。光绪五年，袭。												

尔伯特部	扎萨克固山贝子。
什巴图	汗车凌族弟。乾隆十九年，封扎萨克辅国公。二十年晋固山贝子。二十
延济尔噶勒	玛什巴图长子。乾隆三十年，袭扎萨克固山贝子。四十四年，
托罗	布延济尔噶勒长子。乾隆四十四年，袭扎萨克固山贝子。四十六年，卒。
勒哲布图库	和托罗长子。乾隆四十六年，袭扎萨克固山贝子。四十七年，
诺木巴尔	鄂勒哲布图库长子。嘉庆八年，袭。十三年，卒。
特那巴咱尔	索诺木巴尔弟。嘉庆十四年，袭。道光二十一年，卒。
木巴达尔瑚	拉特那巴咱尔长子。道光二十一年，袭。咸丰四年，卒。
克都尔扎布	诺木巴达尔瑚次子。咸丰四年，袭。光绪二十六年，卒。
楚克多尔济	光绪二十七年，袭。

杜尔伯特部扎萨克固山贝子。	
班珠尔汗车凌族子。乾隆十九年，封扎萨克固	九年，卒。
奇塔班珠尔从子。乾隆二十年，袭扎萨克固山贝	卒。
罗卡藏萨木坦奇塔长子。乾隆四十四年，	
拉穆扎布罗卜藏萨木坦长子。乾隆六十年，	诏世袭罔替。嘉庆八年，卒。
达木扎布拉穆扎布弟。嘉庆十四年，袭。	
车林多尔济达木扎布长子。咸丰四年，袭。	
车哩布贡堆车林多尔济长子。同治元年，袭。	
什达瓦齐尔车哩布贡堆三子。光绪十年，袭。	
彭泰忠奈什达瓦齐尔子。光绪十七年，袭。	

	山贝子。寻卒。	子。四十四年，卒。	袭扎萨克固山贝子。四十七年，诏世袭罔替。六十年，卒。	袭。嘉庆十四年，卒。	咸丰四年，卒。		袭。	袭。十七年，卒。									
杜尔伯特部	根敦汗车凌族弟。	扣肯根敦长子。乾隆	双和尔根敦弟。	谔勒哲鄂罗	诺尔布谔勒哲鄂	阿育尔扎那	多诺鲁布阿育	巴噶图而光绪									

扎萨克镇国公。	乾隆十九年，封扎萨克固山贝子。三十一年，卒。	三十二年，袭扎萨克固山贝子。三十三年，卒。	乾隆三十三年，降袭扎萨克镇国公。四十五年，卒。	什瑚双和尔长子。乾隆四十五年，袭扎萨克镇国公。四十七年，诏世袭罔替。	罗什瑚长子。嘉庆二十四年，袭。咸丰三年，卒。	诺尔布长子。咸丰三年，袭。	尔扎那长子。咸丰十年，袭。光绪三十年四月，卒。	三十三年，袭。									

				嘉庆二十四年,卒。													
杜尔伯特部扎萨克辅国公。	巴图蒙克汗车凌从叔父。乾隆十九年,封扎萨克辅国公。	乌坶斯巴图蒙克次子。乾隆四十年,袭扎萨克辅国公。四十	博第格呼勒乌坶斯长子。乾隆五十六年,袭扎萨克	多尔济扎布博第格坶勒长子。嘉庆十一年,袭。	车德恩扎布多尔济扎布弟。道光五年,袭。二十五年,	车巴克扎布车德恩扎布子。道光二十五年,袭。光绪	图都布车巴克扎布子。光绪二十一年,袭。										

杜尔伯特部扎萨克辅国公。	
刚汗车凌族弟。乾隆十九年封扎萨克辅国公。	三十九年，卒。
扎纳巴克刚长子。乾隆三十年，袭扎萨	七年，诏世袭罔替。五十五年，卒。
齐默特巴勒扎纳巴克长子。乾隆五十	辅国公。嘉庆十一年，卒。
达克敦齐默特巴勒孙。道光二十三年，袭。	道光五年，卒。
多诺尔巴达克敦弟。道光二十四年，袭。	卒。
罗布桑多诺尔巴从父。道光二十五年，袭。	二十一年二月，卒。
图们巴雅尔光绪二十一年，袭。	

杜尔伯特部扎萨克一	
达什敦多克汗车凌族	三十年，卒。
宝贝达什克长子。乾隆二十	克辅国公。四十七年，诏世袭罔替。五十年，卒。
布克宝贝嘉庆嘉庆四年，袭。	年，袭扎萨克辅国公。道光二十三年，卒。
乌尔库济库布克长子。	二十五年，卒。
诺尔布乌尔库济库次子。	二十五年，卒。
鄂瓦尔齐诺尔布长子。	光绪二十年，卒。

杜尔伯	等台吉。
恭锡喇	叔父。乾隆十九年，授扎萨克一等台吉。二十三年，卒。
车登恭锡	三年，袭扎萨克一等台吉。四十七年，诏世袭罔替。嘉庆四年，病免。
谔勒哲	道光元年二月，病免。
乌巴什	道光元年，袭。
巴拉章	咸丰十一年，袭。
车凌诺	同治四年，袭。
巴图瓦	

特部扎萨克一等台吉。	汗车凌族弟。乾隆十九年，授扎萨克一等台吉。二十一年，卒。	喇长子。乾隆二十一年，袭扎萨克一等台吉。四十五年，卒。	鄂罗什瑚车登长子。乾隆四十五年，袭扎萨克一等台吉。四十六年，卒。	车登次子。乾隆四十六年，袭扎萨克一等台吉。四十七年，诏世袭罔替。嘉庆十二年，	乌巴什长子。嘉庆十二年，袭。道光十一年，卒。	依鲁布巴拉章长子。道光十一年，袭。	齐尔车凌诺依鲁布子。同治六年，袭。

卒。

杜尔伯特部	额布根	齐巴克	索诺木丕尔	鄂特巴克扎布	额尔德尼	僧格多尔济
扎萨克一等台吉。	汗车凌族子。乾隆十九年授扎萨克一等台吉。二十二年，卒。	额布根弟。乾隆二十二年，袭扎萨克一等台吉。四十七年，诏世袭罔替。	齐巴克次子。嘉庆元年，袭。二十五年，卒。	索诺木丕尔长子。嘉庆二十五年，袭。道光十六	鄂特巴克扎布长子。道光十六年，袭。	额尔德尼三子。咸丰九年，袭。

杜尔伯特部扎萨克一等台吉。	
巴尔汗军凌族子。乾隆十九年,授扎萨克一等台吉。三十	
布达什哩巴尔长子。乾隆三十三年,袭扎萨克一等台吉。	替。嘉庆元年,卒。
济卜瑚朗布达什哩长子。嘉庆十五年,袭。道光元年,	
扎照济卜瑚朗长子。道光元年,袭。十六年,卒。	年,卒。
布彦德勒格尔扎照长子。道光十六年,袭。	
阿巴尔米达布彦德勒格尔次子。光绪八年,袭。	
党达尔光绪二十一年,袭。	

	三年，卒。	四十七年，诏世袭罔替。嘉庆十五年，卒。	卒。														
杜尔伯特部辉特扎萨克一	达玛璘辉特台吉扎巴甘墨尔根	布尔布达尔济达玛璘从	萨噶布尔布达尔济子。嘉庆六年，	散保多尔济萨噶长子。道光	曼达勒扎布散保多尔济长	育木沁曼达勒扎布子。咸丰四年，	阿巴尔米达育木沁长子。	那木噜拉	鄂勒哲依特穆林那木	巴特玛鄂勒哲依特穆林嗣子。							

等台吉。	之裔。乾隆二十年，授扎萨克一等台吉。四十一年，卒。	子。乾隆四十一年，袭扎萨克一等台吉。四十七年，诏世袭罔替。嘉庆六年，卒。	袭。道光三年，卒。	三年，二十三年，卒。	子。道光二十三年，袭。	袭。袭。	光绪十二年，袭。		噜拉子。光绪三十二年，袭。	宣统元年，袭。							
杜	罗	衮	布	呢	棍	噶	车	阿									

尔伯特部辉特扎萨克一等台吉。

卜藏达玛臻从祖。乾隆二十年,授扎萨克一等台吉。二十一年,卒。

布罗卜藏子。乾隆二十一年,袭扎萨克一等台吉。四十七年,诏世袭罔替。嘉庆二年,

第扎布衮布长子。嘉庆二年,袭。二十一年,卒。

玛扎布布第扎布长子。嘉庆二十一年,袭。道光八年,卒。

楚克呢玛扎布弟。道光八年,袭。十七年,卒。

尔玛棍楚克子。道光十七年,袭。

德恩多尔济噶尔玛长子。同治四年,袭。

育尔扎那车德恩多尔济子。光绪十五年,袭。

		卒。																
土尔扈特部多罗贝勒。	呵喇布珠尔土尔扈特台吉翁罕之十三世孙。康熙四十三年，封固	丹忠阿喇布珠尔长子初袭固山贝子。雍正七年，晋多罗贝勒。乾隆五年，	罗卜藏达尔扎丹忠长子。乾隆五年，袭多罗贝勒。十八年，授扎萨	旺扎勒车凌罗卜藏达尔扎长子。乾隆三十二年，袭扎萨克多罗贝勒。	端多布车林旺扎勒车凌次子。嘉庆十五年，袭。	巴雅尔莽柰端多布车林子。嘉庆十七年，袭。道光二十一年，卒。	达什车楞巴雅尔莽柰子。道光二十一年，袭。	丹津达什车楞子。同治十二年，袭。	乌勒哲依巴达贝呼勒光绪年袭二十五年三月，病免。	达什光绪二十五年十二月，袭。								

土尔扈特部 扎萨克卓哩克图汗。	
渥巴锡 土尔扈特台吉翁罕之十五世孙。乾隆三十	山贝子。五十五年，卒。
策璘纳木扎勒 渥巴锡长子。乾隆三十九年	卒。
霍绍齐 策璘纳木扎勒长子。乾隆五十七年袭扎萨克	克。三十二年，卒。
丹津旺济尔 霍绍齐弟。嘉庆十一年袭十三年卒。	四十八年，诏世袭罔替。
那木济扎多尔济 丹津旺济尔兄。嘉庆十四	
策登多尔济 那木济扎多尔济子。嘉庆十四年袭。	
那木扎勒珠尔默特策林 策登多尔	
玛哈巴咱尔 那木济扎珠尔默特策林簇弟。道光	
喇特那巴咱尔 玛哈巴咱尔子。咸丰二年，袭。	
布彦绰克图 喇特那巴咱尔子。光绪元年，袭。	
布彦蒙库 布彦绰克图子。光绪十七年，袭。	

土尔扈特部扎萨克多	
额墨根乌巴什汗渥	六年，封扎萨克卓哩克图汗。三十九年，卒。
恭坦额墨根乌巴什长子。乾隆	袭。扎萨克卓哩克图汗。四十八年，诏世袭罔替。
巴尔丹拉什恭坦子。	卓哩克图汗。嘉庆十一年，卒。
蒙库那逊巴尔丹拉什长	
固噜扎布蒙库那逊子。	年，袭。是年，卒。
乌勒哲依特固斯	道光十一年，卒。
恭噶那木扎勒乌勒	济子。道光十一年，袭。二十九年，卒。
敏珠多尔济恭噶那木	三十年，袭。咸丰二年，卒。
	七年，更名布雅勒哲依图。

土	罗尔图贝勒。
拜	巴锡从子。乾隆三十六年，封扎萨克固山巴雅尔图贝子。寻卒。
策	三十七年，袭扎萨克固山巴雅尔图贝子。四十八年，世袭罔替。嘉庆十六年，卒。
巴	嘉庆十六年，袭。道光十年，卒。
曼	子。道光十一年，晋袭多罗贝勒。
达	咸丰十一年，袭。
诺	固噜扎布子。光绪二年，袭。十三年，卒。
	哲依特固斯子。光绪十四年，袭。二十四年十一月，卒。
	扎勒子。光绪二十五年，袭。

尔博林沁 达尔玛巴勒弟。光绪十年，九月，袭。	尔玛巴勒 曼吉多尔济子。光绪七年，袭。八月，卒。	吉多尔济 巴彦克什克子。道光二十四年，袭。光绪五年三月，卒。	彦克什克 策伯克扎布子。道光十二年，袭。二十四年，卒。	伯克扎布 拜济瑚子。道光元年，袭。十二年，卒。	济瑚 汗渥巴锡从子。乾隆三十六年，封扎萨克辅国公。四十八年，诏世袭罔替。	尔扈特特 扎萨克辅国公。

	土尔扈特部扎萨克一等台吉。
道光元年，卒。	伯尔哈什哈汗渥巴锡从弟。乾隆三十六年，授扎萨克一等
	纳木扎勒喇什伯尔哈什哈长子。乾隆四十七年，袭扎
	扎尔纳木扎勒喇什弟。嘉庆七年，袭。八年，卒。
	和团扎尔子。道光八年，袭。道光二十五年，卒。
	额尔德尼和团子。道光二十五年，袭。
	西勒达尔吗光绪二十三年，袭。

	鄂罗勒默扎布
	洞古噜布车得
	策林喇布坦恩克
	恩克济尔噶勒
	车凌乌巴什奇哩
萨克一等台吉。四十八年，诏世袭罔替。嘉庆七年，卒。	奇哩布策伯克多尔济
台吉。四十七年，卒。	策伯克多济济
	土尔扈特部扎萨

<table>
<tr><td>克和硕布延图亲王。</td><td>汗渥巴锡从子。乾隆三十六年，封扎萨克和硕布延图亲王。四十三年，卒。</td><td>弟。初授一等台吉。乾隆四十四年，袭扎萨克和硕布延图亲王。四十八年，诏世袭罔</td><td>布长子。乾隆四十九年，袭扎萨克和硕布延图亲王。嘉庆十九年，卒。</td><td>车凌乌巴什子。嘉庆十九年，袭。道光二十八年，卒。</td><td>济尔噶勒子。道光二十八年，袭。光绪十年，病免。</td><td>恩策林喇布坦子。光绪十二年，袭。二十一年，九月，卒。</td><td>洞克噜布车得恩子。光绪二十二年十月，袭。</td><td></td><td></td><td></td><td></td><td></td><td></td><td></td><td></td><td></td><td></td></tr>
</table>

		替。四十九年，卒。															
土尔扈特部公品级扎萨克一等台吉。	恭格车凌亲王策伯克多尔济子。初授公品级二等台	策林敏珠尔恭格车凌子。道光六年，袭。七年，卒。	喇特那巴咱尔策林敏珠尔子。道光七年，袭同治十	伊达木车林喇特那巴咱尔子。同治十二年，袭。	里依扎布伊达木车林子。光绪九年，袭。三十二年闰四	棍布扎普里依扎布子。光绪三十四年，袭。											

土尔扈特部扎萨克辅国公。	
阿克萨哈勒亲王奇哩布弟。	吉。乾隆五十年，授扎萨克。道光六年，卒。
阿咱拉阿克萨哈勒长子。乾隆	
多尔济那木济勒阿咱	二年。卒。
图普伸克什克多尔济那	
车德恩多尔济图普伸克	月，卒。
哩玛扎布车德恩多尔济子。	
普恩楚克车林哩玛扎布	

乾隆三十六年，授一等台吉。四十年，授扎萨克。四十八年，诏世袭罔替。五十四年，卒。	五十四年，袭扎萨克一等台吉。五十六年，赏公品级。五十七年，封辅国公。道光二年，卒。	拉子。道光二年，降袭扎萨克一等台吉。十二年，卒。	木济勒子。道光十二年，袭。光绪四年，革。	什克子。光绪四年，袭。	光绪七年，袭。三十二年闰四月，卒。	子。光绪三十四年，袭。											

	卒。															
土尔扈特部扎萨克多罗毕锡呼勒图郡王。	巴木巴尔汗渥巴锡族弟。乾隆三十六年，封扎萨克多罗毕锡呼勒图郡	车凌德勒克巴木巴尔长子。初授一等台吉。乾隆三十九年，袭扎萨克	巴特玛乌巴锡车凌德勒克长子。乾隆五十七年，袭克多罗毕锡	那木扎勒车登巴特玛乌巴锡子。嘉庆二十二年，袭。道光二十	巴图那木扎勒车登子。道光二十五年，袭。同治十三年，卒。	巴雅尔巴图子。光绪二十四年，袭。	帕勒塔巴雅尔子。光绪元年，袭。									

王。三十九年，卒。	多罗毕锡呼勒图郡王。四十八年，诏世袭罔替。五十七年，以病罢。	呼勒图郡王。嘉庆二十二年，病免。	五年，卒。														
土尔扈	奇布腾	玛尔噶	察罕布	那逊德	普尔普	德恩沁											

阿拉什　普尔普噶丹孙。光绪三年，袭。

噶丹　那逊德勒克孙。道光二十三年，袭。光绪三年，卒。

勒克　察罕布彦从父。道光十七年，袭。二十三年，卒。

彦　玛尔噶锡里子。嘉庆十七年，袭。道光十七年，卒。无嗣。

锡里　奇布腾长子。嘉庆十七年，卒。

郡王巴木巴尔从子。乾隆三十六年，封扎萨克固山伊特格勒贝子。四十八年，诏世袭罔

特部　扎萨克固山伊特格勒贝子。

	诺尔博三丕勒巴特玛扎勒嗣子。光绪二十八年，袭。
	巴特玛扎勒三济赉子。光绪十八年，袭。二十六年六月，卒。
	三济赉鄂齐尔弟。光绪元年，袭。十八年三月，卒。
	鄂济尔喀特纳什第弟。咸丰元年，袭。
	喀特纳什第巴图纳逊子。道光二十六年，袭。咸丰元年，卒。
	巴图纳逊巴图克什克弟。嘉庆二十一年，袭。道光二十六年，卒。
	巴图克什克巴图济尔噶尔弟。嘉庆十六年，袭。二十一年，卒。
	巴图济尔噶尔库魁长子。嘉庆十五年，袭。是年，卒。
	库魁额尔德尼弟。嘉庆七年，袭。十五年，卒。
	额尔德尼默们图长子。嘉庆四年，袭。七年，卒。
替。	默们图汗渥巴锡族叔父。乾隆三十六年，封扎萨克多罗济尔哈朗贝勒。
	土尔扈特部扎萨克多罗济尔哈朗贝勒。

土尔扈特部扎萨克多罗弼理克	
舍棱土尔扈特台吉翁罕之十二世孙。	四十八年，诏世袭罔替。嘉庆四年，卒。
策伯克扎布舍棱长子。乾隆五十	
三都克多尔济策伯克扎布次	
多诺鲁布多尔济三都克多	
凌扎栋固鲁布多诺鲁布多尔	
密什克栋固噜布光绪十年	

图郡王。	乾隆三十六年，封扎萨克多罗弼哩克图郡王。四十八年，诏世袭罔替。五十七年，以病	七年，袭扎萨克多罗弼哩克图郡王。道光四年，卒。	子。道光四年，袭。十七年，卒。	尔济长子。道光十七年，袭。	济长子。咸丰八年，袭。同治八年，赐亲王衔，诏袭三世。	袭。									

	罢。																
土尔扈特特扎萨克固山乌察喇勒图贝子。	沙喇扣肯郡王舍棱从子。乾隆三十六年，封扎萨克固山乌察喇勒图贝	车林多尔济沙喇扣肯次子。道光九年，袭。二十年，卒。	乌尔图那逊车林多尔济子。道光二十二年，袭。	精米特乌尔图那逊长子。同治十年，袭。	喇特那巴咱尔精米特长子。光绪五年，袭。十七年，卒。	玛克苏尔扎布光绪十七年，袭。											

	腾特克 德勒克乌巴什从弟。乾隆
	德勒克乌巴什 恭格长子。
子。四十八年，诏世袭罔替。道光九年，病免。	恭格 元太祖弟哈布图哈萨尔之裔，
	珠勒都斯和硕特部

扎萨克多罗土谢图贝功。	青海顾实汗兄昆都伦乌巴什六世孙。乾隆三十六年，封扎萨克多罗土谢图贝勒。	乾隆三十八年，袭扎萨克多罗土谢图贝勒。四十八年，诏世袭罔替。五十六年，卒。	五十六年，袭扎萨克多罗土谢图贝勒。嘉庆二年，卒。无嗣，停袭。

	和硕特部扎萨克固山阿穆尔喀贵固山贝子。
三十八年，卒。	雅兰丕勒元太祖弟哈布图哈萨尔之裔，青海顾实汗兄昆都
	鄂济尔雅兰丕勒弟。乾隆五十五年，袭。嘉庆七年，卒。
	巴特玛策凌鄂济尔子。嘉庆七年，袭。十九年，卒。
	普尔普巴特玛策凌子。嘉庆十九年四月，袭。寻卒。
	车德恩多尔济普尔普子。嘉庆十九年，袭。道光二十
	多尔济那木扎勒车德恩多尔济嗣子。道光二十一年，
	棍布扎布多尔济那木扎勒子。光绪八年，袭。
	桑济扎布棍布扎布子。光绪二十三年，袭。

	仑乌巴什元孙。乾隆三十六年，封。四十六年，诏世袭罔替。				年，卒。	袭。	
和硕特部扎萨	诺海恭格族叔父。	三济诺海长子。乾隆	乌尔图那逊	巴彦济尔噶	棍济克扎布	洞鲁布旺扎	贡噶那木扎

和硕	克一等台吉。
巴雅	乾隆三十六年，授扎萨克一等台吉。四十八年，诏世袭罔替。五十七年，卒。
齐业	五十七年，袭扎萨克一等台吉。嘉庆二年，卒。
桑济	三济子。嘉庆二年，袭。道光十四年，卒。
济尔	勒乌尔图那逊子。道光十四年，袭。十九年，卒。
图鲁	巴彦济尔噶勒子。道光十九年，袭。
喇什	勒棍济克扎布弟。咸丰六年，袭。光绪十三年，病免。
车伯	勒洞鲁布旺扎勒子。光绪十三年，袭。
喇达	

特部扎萨克一等台吉。

尔拉瑚 顾实汗兄昆都仑乌巴什五世孙。初封一等台吉。

齐巴雅尔拉瑚 尔拉瑚子。乾隆四十年，授扎萨克。四十八年，诏世袭罔替。嘉庆十年，病免。

策楞 齐巴雅尔拉瑚子。嘉庆十一年，袭。二十四年，卒。

噶勒 桑济策楞子。嘉庆二十四年，袭。道光六年，卒。

孟库 济尔噶勒嗣子。道光六年，袭。

德勒克 图鲁孟库子。咸丰元年，袭。光绪十七年，卒。

克多尔济 光绪十七年，袭。

博堆 光绪二十五年，袭。

哈毕察克和硕特部	布彦科什克	额林沁多尔济	齐默特车林	克什克布彦	达木鼎策得恩												
扎萨克一等台吉。	乾隆三十六年，和硕特台吉巴尔雅拉瑚之族衮蒙率属业归，	布彦科什克子。道光十五年，袭。	额林沁多尔济子。咸丰元年，袭。	齐默特车林子。同治十年，袭。光绪三十三年，正月，卒。	克什克布彦子。光绪三十三年，袭。												

封一等台吉，牧哈喇沙尔。三十八年，迁科布多，编半佐领，附济尔哈朗土尔扈特左旗游

牧。五十七年，拨出别为游牧。嘉庆元年，授蒙衮子一等台吉布彦科什扎萨克。道光

	十五年，卒。																
喀密回部扎萨克和硕亲王。	额贝都拉康熙三十六年，授扎萨克一等达尔。汉四十八年，	郭帕伯克额贝都拉长子。康熙四十八年，袭扎萨克一等达尔。	额敏郭帕伯克长子。康熙五十年，袭扎萨克一等达尔汉。雍正五年，	玉素卜额敏长子。乾隆五年，袭扎萨克镇国公。十年，晋固山贝	伊萨克玉素卜次子。乾隆三十一年，袭郡王品级扎萨克多罗	额尔德锡尔伊萨克长子。乾隆四十五年，袭郡王品级扎	博锡尔额尔德锡尔子。嘉庆十八年，袭。道光十二年晋多罗郡王。	卖哈莫特博锡尔子。同治六年，袭扎萨克和硕亲王。	沙木胡索特卖哈莫特侄。光绪七年，袭。								

	卒。	汉五十年，卒。	晋镇国公。七年，晋固山贝子。乾隆五年，卒。	子。二十三年，赐贝勒品级。二十四年，封多罗贝勒，赐郡王品级。三十一年，卒。	贝勒。四十五年，卒。	萨克多罗贝勒。四十八年，诏世袭罔替。嘉庆十八年，卒。	咸丰三年，赐亲王衔。同治六年，追封硕和亲王。										
吐	额	苏	伊	玉	丕	迈	阿	玛	叶								

鲁番回部扎萨克多罗郡王。

敏和卓 雍正十一年，封扎萨克辅国公。乾隆二十一年，晋镇国公。旋晋贝子。二十

赉瑚 额敏和卓子。乾隆四十二年，袭郡王爵。四十四年，以罪削。四十五年，卒。

思坎达尔 额敏和卓子。乾隆四十四年，袭郡王爵。四十八年，诏世袭罔替。

努斯 伊思坎达尔子。嘉庆十六年，袭。十九年，削。

尔墩 额敏和卓第六子。嘉庆二十年六月，袭。是年，卒。

玛萨依特 丕尔敦子。嘉庆二十一年，袭。道光六年，御张格尔于喀什噶尔阵

克拉依都 迈玛萨依特子。道光七年，袭。同治元年，以罪削。二年，赏复郡王

穆特 阿克拉依都子。光绪八年，袭。二十六年，卒。

明和卓 玛穆特子。光绪二十七年，袭。

爵。十一年，阵亡。

亡。

嘉庆十六年，卒。

二年，赐贝勒品级。二十三年，授多罗贝勒。旋赐郡王品级。四十二年，卒。

鄂罗

吐鲁

木咱卜 郡王额敏和卓第三子。乾隆三十一年，授一等台吉。五十三年，诏世

番回部 一等台吉。

袭罔替。	丕尔敦，郡王额敏和卓第六子。乾隆三十六年，授二等台吉。嘉庆
	吐鲁番回部二等台吉。

	唐古色 伊铿额子。光绪五年,袭。
	伊铿额 赓音苏子。道光十八年,袭。
	赓音苏 富尔纳次子。嘉庆二年,袭。道光十八年,卒。
	富尔纳 罗卜扎长子。乾隆四十六年,降袭固山贝子。四十
	富达喜 达瓦齐次子。乾隆三十九年,降袭多罗贝勒。四十
	罗卜扎 达瓦齐长子。乾隆二十四年,降袭多罗郡王。三十
二十年,改袭郡王。	达瓦齐 准噶尔台吉额斯墨特达尔汉诺颜之十一世孙。
	居京师之绰罗斯 固山贝子。

初为准噶尔部长。乾隆二十年，大军平其部，俘归，释之，诏封和硕亲王。二十四年，卒。	九年，以罪削。	六年，以罪削。	八年，诏世袭罔替。嘉庆二年，卒。

居归化城之土默特辅国公。	喇嘛扎布 元太祖裔。世居归化城。乾隆二十一年，封扎萨克辅国公。二十	索诺木旺扎勒 喇嘛扎布次子。乾隆三十一年，袭辅国公。四十九年，诏世	济鲁布 索诺木旺扎勒子。嘉庆十二年，袭。道光二十七年，卒。	根丕勒多尔济 济鲁布子。道光二十七年，袭。	贡格巴勒 根丕勒多尔济子。同治十一年，袭。光绪二十九年，卒。						

	五年，以罪削扎萨克。三十一年，卒。	袭罔替。嘉庆十二年，卒。															
居归化城之土默特原授左翼	古禄格 土默特人。天聪六年，来归居归化城。	锡喇布 古禄格第四子。乾隆五年，袭都统。	古睦德 锡喇布长子。康熙九年，袭都统。	阿喇纳 古禄格第五子。康熙二十五年，袭都统。	古睦德 康熙三十六年，仍袭都统。四十三年，	丹津 古睦德长子。康熙四十三年，袭都统。	扎什泰 丹津嗣子。乾隆二年，袭三等子。二十	福保 扎什泰次子。乾隆三十年，袭三等子兼	罗布藏多尔济 乾隆五十四年，袭。								

居归化城之	都统。今袭三等子兼三等男。
托博克 土默特人。	崇德元年，授左翼都统。顺治二年，授二等子。康熙五年，卒。
古噜 托博克次子。	九年，卒。
拉察布 古噜长子。	二十五年，降佐领。
乌巴什 托博克第	统。三十六年，以罪削。
阿弼达 乌巴什长	卒。
根敦 阿弼达长子。	五十九年，袭三等子。乾隆二年，卒。都统停袭。
班达尔什 根敦	四年，以前停袭之都统改三等男爵，今其兼袭。三十年，卒。
赛音弼里克	三等男。五十三年，卒。
赛音岳苏图	
噶勒臧 赛音岳苏	
讷沁 噶勒臧之子。	
吉朗阿 讷沁之子。	

土默特原授右翼都统。三等男。

天聪六年，来归居归化城。崇德元年，授参领。三年，授一等轻车都尉。顺治四年，授右

康熙九年，袭都统。二十年，卒。

康熙二十年，袭都统。二十一年，卒。

三子。康熙二十一年，都袭统。三十五年，卒。

子。康熙三十五年，袭都统。三十六年以罪削。

雍正元年，诏仍袭都统。乾隆七年，卒。

长子。乾隆七年，袭都统。十九年，卒。都统停袭，改授三等男。

图班达尔什长子。乾隆二十年，袭三等男。二十六年，卒。

赛音珂里克图从弟。乾隆二十六年，袭三等男。二十七年，卒。

图子。乾隆二十七年，袭。嘉庆十年，卒。

嘉庆十年，袭。道光十四年，卒。

道光十四子年，袭。

	罗布桑索特巴光绪二十九年，袭。
	格楚克扎木苏蕴端子。同治元年，袭。
	蕴端丹津扎布子。嘉庆二十五年，袭。
	丹津扎布敏珠多尔济子。嘉庆十七年，袭。二十
	敏珠多尔济巴勒济子。嘉庆二年，袭。十七年，
	巴勒济达克巴弟。乾隆二十一年，袭辅国公。四十八年，
	达克巴纳噶察弟。乾隆二十一年，袭辅国公。寻卒。
翼都统。康熙九年，卒。	纳噶察元太祖弟哈巴图哈萨尔之裔。初为和硕特台
	居察哈尔之和硕特辅国公。

名	事迹
居察哈尔	
色布腾贝子	吉。乾隆十九年,归顺封辅国公。二十一年,晋固山贝子。寻卒。
达什喇布	
桑鲁布多	诏世袭罔替。嘉庆二年,卒。
达里扎布	卒。
齐旺哩克	五年,以事削。

精	达里扎布子。同治十三年，袭。
桑鲁	布多尔济子。同治十一年，袭。
尔济	达什喇布坦子。嘉庆十九年，袭。
坦	色布腾长子。乾隆四十九年，袭辅国公。嘉庆十九年，卒。
纳噶	察从祖。初为和硕特台吉。乾隆二十年，归顺，封辅国公。四十八年，诏世袭罔
之和硕特	辅国公。

	居察哈尔之和硕特扎萨克一等台吉。
替。四十九年，卒。	特默齐贝子纳噶察从弟。初为和硕特台吉。乾隆十九
	达什和木丕勒特默齐长子。乾隆五十七年，袭扎
	辟克伯罗特达什和木丕勒子。道光六年，袭。二十
	布尔尼巴达尔辟克伯罗特子。道光二十八年，袭。
	玛尔津沁布布尔尼巴达尔子。咸丰八年，袭。
	阿喇布齐玛尔津沁布子。光绪十年，袭。
	贡楚克多尔济宣统元年，袭。

居	巴	色	呢	乌	巴		巴										
	年，归顺。二十年，授扎萨克一等台吉。四十八年，诏世袭罔替。五十七年，卒。	萨克一等台吉。	八年，卒。														

勒吉呢玛光绪三十一年袭。

克默特多尔济乌尔图那逊。孙同治二年，袭。

尔图那逊呢玛咱木布嗣子。道光六年，袭。

玛咱木布色棱德济特长子。乾隆五十五年，袭辅国公。

棱德济特巴桑长子。乾隆二十六年，袭辅国公。四十八年，诏世袭罔替。五十

桑初为准噶尔台吉。乾隆二十年，归顺封辅国公。二十六年，卒。

黑龙江之厄鲁特辅国公。

		五年，卒。			
居黑龙江之厄鲁特扎萨克一等台吉。	阿卜达什 初为准噶尔台吉。乾隆十九年，归顺，授扎萨克一等台	德勒格尔 阿卜达什长子。乾隆二十六年，袭扎萨克一等台吉。四十	鄂齐尔 德勒格尔长子。乾隆四十八年，袭扎萨克一等台吉。是年，诏世	托克托瑚 嘉庆七年，袭。道光十五年，卒。	茂讷海 托克托瑚继子。道光十五年，袭。二十四年，削袭。

	吉。二十六年，卒。	八年，卒。	袭图替。嘉庆七年，卒。														
居科布多之扎哈沁三等信勇公。	祃木特初为准噶尔宰桑。乾隆十九年,大军获之,授	扎木禅祃木特孙。乾隆二十一年，袭三等信勇公。四十	扪图什扎木禅长子。乾隆四十年，袭三等信勇公。四十	托克多巴图扪图什长子。乾隆四十九年，袭三	车德布达什托克多巴图子。道光三年，袭。十九	敏珠尔多尔济车德布达什子。道光十九年，	车林多尔济敏珠尔多尔济子。光绪六年，袭。										

居新	
霍集	内大臣。二十年,从征达瓦齐,封三等信勇公。寻为叛贼阿睦尔撒纳所戕。
哈第	年，卒。
科克	九年，卒。
阿布	等信勇公。道光三年，卒。
迈玛	年，卒。
迈玛	袭。
哈的	

疆阿克苏之回部 郡王品级多罗贝勒。	斯 初为图尔璘阿奇木伯克。乾隆二十三年，归顺赐公品级。以军功晋贝子品级。寻封	尔 霍集斯第四子。乾隆四十六年，袭郡王品级多罗贝勒。四十八年，诏出缺后递降	色布库 哈第尔子。道光十年，袭。十一年，革。	都尔满 哈第尔从子。道光十年，袭，并给予世袭罔替。十三年，卒。	特爱仔斯 阿布都尔满之子。道光十四年，袭。二十二年，卒。	第敏 迈玛特爱仔斯之子。道光二十二年，袭。同治二年正月，卒。	尔 迈玛第敏从子。光绪十七年，袭。										

居新	和什	伊巴	阿布	迈玛	迈玛	木沙
	固山贝子，赐贝勒品级二十四年，封多罗贝勒，赐郡王品级。四十六年，卒。	至公爵，世袭罔替。道光十年，卒。				

疆和阗之回部辅国公。	克乾隆二十四年，归顺。二十五年，封辅国公。	喇伊木和什克子。乾隆四十六年袭。四十八年，诏世袭罔替。嘉庆七年，乞归。	都莫敏伊巴喇伊木子。嘉庆十年，袭，谕伊母居和阗，暂不必来京。道光八年，以张	特热爱木沙阿布都莫敏无嗣。道光八年十二月，以和什克次子艾孜螨	特爱里迈玛特热爱木沙子。咸丰六年，袭。	迈玛特爱里子。光绪二十三年，袭。

		十年，卒。	格尔反被胁削。	曾孙迈玛特热爱木沙袭。													
居京师之回部辅国公定世袭三等台吉。	额色尹叶尔羌回人。乾隆二十四年，归顺封辅国公。	喀沙和卓额色尹子。乾隆五十五年，袭辅国公。															

四十八年，奉旨额色尹之子准袭公爵，以后递降袭三等台吉，世袭罔替。五十五年，卒。

托克托	图尔都之子。乾隆四十四年，袭辅国公。四十八年，奉旨托克托仍袭公
图尔都	辅国公额色尹从子。乾隆二十四年，归顺，授扎萨克一等台吉。二十七年，
居京师之回部	辅国公。定世袭三等台吉。

爵，以后递降袭三等台吉，世袭罔替。五十五年，卒。无嗣，停袭。	巴巴克祃木特长
晋辅国公。四十四年，卒。	祃木特辅国公额
	居京师之回

巴巴克和	子。乾隆四十四年，降袭二等台吉。五十三年，诏世袭罔替。
帕尔萨辅国	色尹从子。乾隆二十四年，归顺，授扎萨克一等台吉。四十四年，卒。
居京师之	部扎萨克一等台吉。定世袭二等台吉。

回部三等台吉。

公额色尹弟。乾隆二十四年，归顺。二十五年，授三等台吉。五十三年，诏世袭罔替。

卓帕尔萨子。乾隆五十五年，袭三等台吉。

	五十五年，卒。																
居新疆之库车回部多罗郡王。	鄂对库车回人。乾隆二十年，归顺。二十三年，授散秩大臣，晋内大	鄂斯璊鄂对长子。乾隆二十四年，授三品职。三十四年，授二等台	迈哈默特鄂斯璊三子。乾隆五十三年，袭散秩大臣，特恩兼	迈哈默特鄂对迈哈默特三子。道光四年袭。六年革。	伊萨克迈哈默特鄂对子。道光六年，袭。八年，晋郡王。二十	爱玛特伊萨克子。道光二十二年，袭。同治三年五月，阵亡。	阿密特爱玛特子。光绪九年五月袭。二十年十一月，卒。	玛木特阿密特子。光绪二十一年，九月，袭。三十四年，卒。									

二年，卒。

袭固山贝子。

吉。四十三年，袭贝勒品级。寻降散秩大臣。乾隆四十八年，诏世袭罔替。乾隆四十

臣二十四年赐公品级。以军功封固山贝子，晋贝勒品级。四十三年，卒。以罪追削。

		九年，封固山贝子。乾隆五十三年，卒。															
居新疆之乌什回部贝子	色提卜阿勒氏乌什回人。乾隆	迈默特阿卜都拉色提卜阿	迈玛特阿散迈默特阿卜都拉长	迈玛特爱默特迈玛特阿散弟。	迈玛特爱萨迈玛特爱默子。道光	哈迪尔	依不拉引										

品级辅国公。	二十年，归顺。二十一年，授四品职。二十三年，晋三品总管。二十五年，授二品散秩大	勒氏长子。乾隆五十三年，袭贝子品级辅国公。	子。嘉庆十年，袭贝子品级辅国公。	嘉庆二十五年，袭。道光二十三年，卒。	二十三年，袭。														

臣。二十八年，赐公品级。二十九年，封辅国公。四十三年，赐贝子品级。五十三年，诏世

	居新疆拜城之回部辅国公。
袭罔替。寻卒。	噶岱默特乌什回人。乾隆二十一年，归顺。二十三年，授三品。
	阿卜都喇璊噶岱默特长子。乾隆四十年袭公品级。四十
	迈玛第敏阿卜都喇璊长子。乾隆四十一年，袭公品级。四十
	迈玛特伊布拉赖穆迈玛第敏长子。嘉庆二年，袭。
	木萨迈玛特伊布拉赖穆孙。道光八年十二月，袭。十七年，
	迈玛塔哩普木萨子。道光十八年，袭。咸丰年，卒。
	爱玛特迈玛塔哩普子。咸丰九年，袭。

	二十四年,赐公品级。四十年,卒。	一年,卒。	八年,诏世袭罔替。嘉庆元年,卒。	道光八年,以张格尔反被胁,削。	卒。
居新疆之乌什回部三等轻车	萨里 乌什回人。乾隆二十三年,归顺。二十四年,	海色木 萨里长子。乾隆四十年,袭三等轻车	爱里木 海色木长子。嘉庆十年,袭。	阿布都瓦依特 爱里木长子。道光	

都尉。	授五品职。二十七年，授三等轻车都尉。乾隆四十年，卒。	都尉。四十八年，诏世袭罔替。		二十年，袭。													

清史稿卷二一二

表第五二

交聘年表序　交聘年表上 中国遣驻使

交聘之典，春秋为盛，《南北史本纪》书交聘颇详。其时中土分裂，与列国之敌体相交，无以异也。宋与辽、金，岁贺正旦、贺生辰外，有泛使，今谓之专使。然皆事毕即行，不常驻。《金史》始有《盟聘表》。清有中夏，沿元、明制，视海内外莫与为对。凡俄、英之来聘者，国史皆书曰“来贡”。洎道光庚子订约，始与敌体相等。咸丰庚申之役，肇衅非一，而遣使驻京。未允实行者，亦一大端。自是而后，有约各国率遣使驻京。同治中，志刚、孙家谷之出，是为中国遣专使之始。光绪建元，郭嵩焘、陈兰彬诸人分使英、美，是为中国遣驻使之始。其时以使俄者兼德、奥，使英者兼法、义、比，使美者兼日斯巴尼亚、秘鲁，而日本无附近之国，则特置使。甲午以后，增置渐多，迄于宣统，俄、英、法、德、和、义、奥、日本皆特置使，日斯巴尼亚则改以法使兼，秘鲁、墨西哥、古巴则以美使兼。韩国置使旋废。有约之国，惟葡萄牙、瑞典、挪威、丹马诸国无驻使，有事则以就近驻使任之。国际交涉，大至和战之重，细至节文之末，为使者罔弗与闻，关国家休戚者固至重也。作《交聘表》。

	俄	英	法	美	德	瑞典那威	丹	和	日	比	义	奥	日本	秘鲁	朝鲜	墨西哥	古巴		
光绪元年乙亥，是年，设出使驻英		郭嵩焘七月庚子，自兵部左侍郎派为		陈兰彬十一月丙午，自朗中赏三四品					陈兰彬					陈兰彬					

京堂，为出使美国、日斯巴尼亚国、秘鲁国大臣。

出使英国大臣。许钤身自直隶候补道员为副使。

国一人，副使一人；出使驻美、日、秘国一人，副

	陈兰彬
	许钤身 八月辛丑，自驻英副使改派为出使日本大臣。十二月戊
	陈兰彬
	陈兰彬
	郭嵩焘　许钤身 八月辛丑，改使日本。　刘锡
使一人。	光绪二年丙子，是年，设出使驻日本

子，罢。

何如璋　八月辛丑，自翰林院编修命以侍讲升用，为副使。十二

鸿　八月，自刑部员外郎以四五品京堂候补，为英国副使。

国一人，副使一人。

												月戊子改为正使。知府张斯桂为副使。							
光绪三年丁丑。是年裁		郭嵩焘 正月甲寅补颁，为驻扎英国办		陈兰彬	刘锡鸿 三月癸酉自出，使英国副				陈兰彬				何如璋	陈兰彬					

光绪四年戊寅,是年,设出	驻英副使。
崇厚 五月辛未,自署盛京将军派为出使俄国	
郭嵩焘 七月乙亥,召回。曾纪泽	理交涉事件大臣,国书。
郭嵩焘 二月辛未,命兼为出使法国大臣。	
陈兰彬	
刘锡鸿 七月乙亥,召回。李凤苞自道员赏二	使派为出使德国大臣,加二品顶戴。
陈兰彬	
何如璋	
陈兰彬	

品项戴，令署出使德国大臣。

乙亥自四，五品京堂、一等毅勇侯为出使英国、法国大臣。

大臣，办理交还伊犁及俄国修约事宜。

使俄国一人，出使德国一人，出使英国兼法

国。

光绪五年乙卯

崇厚 十一月庚寅，崇厚以不候谕旨，擅自回京，严议。乙卯革逮。

曾纪泽

曾纪泽

陈兰彬

李凤苞 三月乙未，赏三品卿衔，以海关道记名，由署任改为出使德国大臣。

陈兰彬

何如璋

陈兰彬

光绪六年庚辰，是年，出使英、法兼出使俄国。
曾纪泽正月辛未，自出使英、法大臣命兼为出使俄国大臣，商办交收伊犁及修
曾纪泽
曾纪泽
陈兰彬
李凤苞
陈兰彬
何如璋十一月乙丑，与张斯桂同召回。许景澄自翰林院编修以侍
陈兰彬

	陈兰彬 郑藻如
讲升用，加二品，命为出使日本大臣。	许景澄 三月，丁忧。黎庶昌 三月，自知
	李凤苞 三月，兼为。
	李凤苞 三月，兼为。
	陈兰彬 任满 郑藻如
	李凤苞 三月，兼为出使义国、和国、奥国大臣。
	李凤苞
	陈兰彬 七月召回。郑藻如 五月自津，
	曾纪泽
	曾纪泽
约。	曾纪泽
	光绪七年辛巳，是年，出使

府以道员补用,子二品顶戴,命为出使日本大臣。

海关道赏三品卿衔,派为出使美国、日斯巴尼亚国、秘鲁国大臣。十二月,开本缺,以三

德国大臣兼出使义国、和国、奥国大臣。

				品京堂候补。															
光绪八年壬午	曾纪泽	曾纪泽	曾纪泽	郑藻如	李凤苞			李凤苞	郑藻如		李凤苞	李凤苞	黎庶昌	郑藻如					
光绪九年癸未	曾纪泽	曾纪泽	曾纪泽	郑藻如	李凤苞二月命再留一年。			李凤苞	郑藻如		李凤苞	李凤苞	黎庶昌	郑藻如					
光	曾	曾	曾	郑	李			李	郑		李	李	黎	郑					

绪十年甲申。是年，以德国使臣兼法义奥

纪泽

纪泽　四月，停兼为法使。李凤苞　四月，署。

纪泽　四月，停兼为法使　许景澄　四月，戊子，为出使法国、德国、义国、奥国大

藻如

凤苞　四月，命兼署出使法国大臣。许景澄

凤苞　许景澄

藻如

凤苞

凤苞

庶昌　八月，丁忧。徐承祖　八月，自候自候补知府予二品顶载，为出使日本大

藻如

	光绪十一年乙酉。是年，以出
	曾纪泽　六月十六，召回。刘瑞芬　六月，自江
	曾纪泽　六月，召回。
臣。李凤苞　四月，兼署。	许景澄
	郑藻如　六月，病免。张荫桓　六月，自三品卿
	许景澄
	许景澄
	郑藻如　六月，病免。张荫桓　六月，命。
	许景澄　六月，兼为出使比国大臣。
	许景澄
	许景澄
臣。	徐承祖
	郑藻如

	张荫桓
	徐承祖
	许景澄
	许景澄
	许景澄
	张荫桓
	许景澄
	许景澄
衔直隶大顺广道为出使美国、日斯巴尼亚国、秘鲁国出使大臣。	张荫桓
	许景澄
	刘瑞芬
西布政使为出使英、俄国大臣。十月辛未，开本缺，以三品京堂候补。	刘瑞芬
使法、德等国大臣兼使比国。	光绪十

二年丙戌																			
光绪十三年丁亥	刘瑞芬 四月癸未，定出使俄国大臣兼为驻德使臣，以奥、和	刘瑞芬 四月癸未，定出使英国大臣兼为驻法使臣，以义、比	许景澄 五月，召回。刘瑞芬	张荫桓	许景澄 五月，召回。洪钧			许景澄 五月，召回。洪钧	张荫桓	许景澄 刘瑞芬	许景澄 刘瑞芬	许景澄 洪钧	徐承祖 五月，召回。李兴锐 五月丁巳，自直隶候补道	张荫桓					

赏二品顶戴，为出使日本大臣。七月庚申病免。黎庶昌七月庚申，自记名道出为

两国附之。五月丁巳，瑞芬改为出使英、法、义、比大臣。

两国附之。洪钧五月丁巳，自前内阁学士派为出使俄、德、奥和大臣。

	光绪十四年戊子	光绪十五年己丑
	张荫桓	张荫桓三月召回崔国
使日本大臣。	黎庶昌	黎庶昌
	洪钧	洪钧
	刘瑞芬	刘瑞芬三月召回陈钦
	刘瑞芬	刘瑞芬三月召回陈钦
	张荫桓	张荫桓三月召回崔国
	洪钧	洪钧
	洪钧	洪钧
	张荫桓	张荫桓三月，召回崔国
	刘瑞芬	刘瑞芬
	刘瑞芬	刘瑞芬三月，召回。陈钦
	洪钧	洪钧

因三月，命。

铭薛福成四月，命。

铭三月，命。四月，免。薛福成

因三月，命。

因三月丙午，自翰林院侍读赏二品顶戴，为出使美、日，秘鲁大臣。

铭三月丙午，自江苏按察使派为出使英、法、义、比大臣。四月戊寅，病免。薛

福成　四月辛卯，自湖南按察使以三品京堂候补，充出使英、法、义、比大臣。

光绪十六年庚寅	洪钧 七月，召回。许景澄 七月癸巳，自候补翰林院侍读为出使俄、德、奥、	薛福成	薛福成	崔国因	许景澄			许景澄	崔国因	薛福成	薛福成	许景澄	黎庶昌 李经方 七月癸巳，自江苏候补道为出使日本大臣。	崔国因					

	崔国因	崔
	李经方 六月，给假。汪凤藻 六月二十四，署出使日本大臣。	汪
	许景澄	许
	薛福成	薛
	薛福成	薛
	崔国因	崔
	许景澄	
	许景澄	许
	崔国因	崔
	薛福成	薛
	薛福成	薛
和大臣。	许景澄	许
	光绪十七年辛卯	光

国因
凤藻 三月，回国。李经方 三月，回任。六月，丁忧。汪凤藻 六月十六自翰
景澄
福成
福成
国因 任满。杨儒 十二月，命。
景澄
国因 任满。杨儒 十二月，自徽宁池太道以四品京堂候补，为出使美、日、秘大臣。
福成
福成
景澄
绪十八年壬辰

	崔国因
林院编修赏二品顶戴，为出使日本大臣。	汪凤藻
	许景澄
	薛福成
	薛福成
	杨儒
	许景澄
	许景澄
	杨儒
	薛福成
	薛福成任满。龚照瑗十月壬子，
	许景澄
	光绪十九年癸巳

光绪	
许景	
龚照	自四川布政使赏侍郎衔，以四品京堂候补，为出使英、法、美、比大臣。
龚照	
杨儒	
许景	
许景	
杨儒	
龚照	
许景	
汪凤	
杨儒	

二十年甲午	澄	瑗	瑗		澄			澄		瑗		澄	藻 回国。						
光绪二十一年乙未。是年六月	许景澄	龚照瑗	常庆 八月丙戌，自工部郎中赏三品卿衔，以五品京堂候	杨儒	许景澄			许景澄	杨儒		龚照瑗	许景澄	裕庚 五月戊午，自惠潮嘉道以四品京堂候补，为出使日	杨儒					

丁丑，专设出使法国大臣。			补，为出使法国大臣。										本大臣。						
光绪二十二年丙	许景澄任满。杨儒十月	龚照瑗任满。罗丰禄	庆常	杨儒调俄。伍廷芳十月，	许景澄十一月丁巳，自工部			杨儒伍廷芳	龚照瑗罗丰禄	龚照瑗罗丰禄	许景澄杨儒	杨儒	裕庚	杨儒伍廷芳					

光绪二十	申
杨儒	辛巳，调为出使俄、奥、和大臣。
罗丰禄	十月辛巳，自记名海关道赏四品卿衔，为出使英、义、比大臣。
庆常	
伍廷芳	自候补道赏四品卿衔，为出使美、日、秘鲁国大臣。
许景澄召回。	侍郎为专使德国大臣。
吕海寰	
伍廷芳	
罗丰禄	
罗丰禄	
杨儒	
裕庚	
伍廷芳	

光绪	三年丁酉
阳儒	
罗丰	
庆常	
伍廷	
吕海	吕海寰 五月壬子，自常镇通海道以四品京堂为出使德国、和国大臣。
吕海	
伍廷	
罗丰	
罗丰	
杨儒	
裕庚	
伍廷	
徐寿	

朋 六月戊申，自安徽按察使以三品京堂候补，为出使朝鲜大臣。丙午，先命。张亨

芳

任满。黄遵宪 六月，丙午，自二品衔湖南盐法道以三品京堂候补，为出使日本大

禄

禄

芳

寰

寰

芳

禄

二十四年戊戌。是年，设出使朝鲜大臣。

嘉不拜。

臣，未任。甲申。李盛铎自江南道监察御史暂代。庚申，赏三品衔，以四品京堂候

	光绪二十五年己亥	光绪二十六庚
	杨儒	杨儒
	罗丰禄	罗丰禄
	庆常任满。裕庚五月，为出使法国大臣。	裕庚
	伍廷芳	伍廷芳
	吕海寰	吕海寰
	吕海寰	吕海寰
	伍廷芳	伍廷芳
	罗丰禄	罗丰禄
	罗丰禄	罗丰禄
	杨儒	杨儒
补。	李盛铎	李盛铎
	伍廷芳	伍廷芳
	徐寿明	徐寿明

	徐寿朋 六月，迁。许台身 六月丙申，自候补知府赏道员加四
	伍廷芳
	李盛铎 任满。蔡钧 五月癸未，自候补四品京堂前江苏苏松太道出为
	杨儒
	罗丰禄
	罗丰禄
	伍廷芳
	吕海寰 荫昌
	吕海寰、任满。荫昌 六月丙申，自正白旗副都统为出使德国、和国大臣。
	伍廷芳
	裕庚
	罗丰禄 十月，改使俄，未任。张德彝 十月丙申，自记名道赏三品卿
	杨儒
子	光绪二十七年辛丑

品卿衔，为出使韩国大臣。	许台身
	伍廷芳 梁诚
使日本大臣。	蔡钧
	吴德章四月，壬寅，自江苏候补道赏四品卿衔，为
	许珏四月，壬寅，自候选道赏四品卿衔，为出使义国
	杨兆鋆四月，自候补道赏四品卿衔，为出使比国
	梁诚
	荫昌
	荫昌
	伍廷芳任满。梁诚六月，丙申，自记名简放道
	裕庚任满。孙宝琦六月，丁酉，自候补五品京
衔，为出使英国、义国比国大臣。	张德彝
	杨儒卒。胡惟德六月，丙申，自补用道赏四
	光绪二十八年壬寅，专设出

使比、义、奥、大臣。	品卿衔，为出使俄国大臣。		堂为出使法国大臣。	加三品卿衔，为出使美国、日斯巴尼亚、秘鲁国大臣。						大臣。	大臣。	出使奥国大臣。							
光绪二十九年癸	胡惟德	张德彝	孙宝琦	梁诚	荫昌			荫昌	梁诚九月，解。孙宝琦	梁兆鋆	许珏	吴德章回国。杨晟十月	蔡钧召回。杨枢五月壬午，	梁诚	许台身	梁诚九月，兼出使墨西哥国大			

臣。

自候补四品京堂为出使日本大臣。

乙亥，自候补道赏四品卿衔，为出使奥俄国大臣。

九月，定驻日使分馆改归法使兼理。

卯。是年，改，以出使法国大臣兼出使日斯巴

	梁诚
	许台身回国。曾广铨十一月乙亥，自候补五品
	梁诚
	杨枢
	杨晟
	许珏
	杨兆鋆
	孙宝琦
	荫昌
	荫昌任满。十一月乙亥，仍命。
	梁诚
	孙宝琦
	张德彝
	胡惟德
尼亚国大臣。	光绪三十年甲辰

	梁诚
京堂为出使韩国大臣。	曾广铨 撤驻韩公使。
	梁诚
	杨枢
	杨晟 调德。李经迈 八月壬戌，自候补三品京堂为
	许珏 回国。黄诰 八月壬戌自江苏候补道赏四品卿
	杨兆鋆 回国。李盛铎 八月，为出使比国大臣是
	孙宝琦 刘式训
	荫昌 回国。专设出使和国大臣。陆徵祥 十月乙丑，
	荫昌 回国。杨晟 八月壬戌，自使奥大臣调为出使德
	梁诚
	孙宝琦 回国。刘式训 八月丙午，自候补知府以
	张德彝 回国。汪大燮 八月癸丑，自外务部左参
	胡惟德
	光绪三十一年乙巳。是年，撤驻

光绪三十二年丙	韩国出使大臣。
胡惟德	
汪大燮	议为出使英国大臣。丙寅，赏二品顶戴。
刘式训	四品京堂候补，为出使法国、日斯巴尼亚国大臣。
梁诚	
杨晟	国大臣。
陆徵祥	为出使和国大臣。
刘式训	
李盛铎	月先命。周荣曜至是改。
黄诰	衔，为出使义国大臣。
李经迈	出使奥国大臣。
杨枢	
梁诚	
梁诚	

午。是年，十二月，定出使各国大臣为二品实官。

光绪三十三年丁未。是年，增兼出使古巴。
胡惟德 回国。萨荫图 八月乙亥，自滨江关道为出使俄国大臣。
汪大燮 回国。李经方 三月丙辰，自候补四品京堂为出使英国大臣。
刘式训
梁诚 回国。梁敦彦 三月壬子，自直隶津海关道为出使美国、墨西哥国、
杨晟 回国。孙宝琦 三月壬寅，自署顺天府尹为出使德国大臣。
陆徵祥 三月改为保和会专使。钱恂 是月丙辰，为出使和国大臣。
刘式训
李盛铎
黄诰
李经迈 免。雷补同 七月戊午，自外务部左参议为出使奥国大臣。
杨枢 回国。李家驹 六月壬戌，自学部右丞为出使日本大臣。
梁诚 回国。梁敦彦 未任。伍廷芳
梁诚 梁敦彦 未任。伍廷芳
梁敦彦 未任。伍廷芳

秘魯国、古巴国大臣。仍留署外务部右侍郎。伍廷芳八月乙亥，自前刑部侍郎

光绪三十四年戊申
萨荫图
李经方
刘式训
伍廷芳 为出使美、墨西哥、秘鲁等国大臣。
孙宝琦 回国。荫昌 九月，自陆军部侍郎
钱恂 改义国。陆徵祥
刘式训
李盛铎
黄诰 回国。钱恂 三月，使和国大臣调任出
雷补同
李家驹 改派出使考查宪政大臣。胡惟
伍廷芳
伍廷芳
伍廷芳

	伍廷芳 张荫棠
	伍廷芳 张荫棠
	伍廷芳 张荫棠
德三月，为出使日本大臣。	胡惟德
	雷补同
使义国大臣。	钱恂回国。吴宗濂六月，甲辰，自署外务
	李盛铎回国。杨枢二月，为出使比国大臣。
	刘式训
	陆徵祥
为出使德国大臣。	荫昌
	伍廷芳回国。张荫棠六月，甲辰，自署外务
	刘式训
	李经方
	萨荫图
	宣统元年己酉

	张荫棠
	刘式训
	张荫棠
	胡惟德四月乙丑，授外务部
	雷补同回国。七月乙丑，沈
部左参议为出使义国大臣。	吴宗濂
	杨枢病免。回国。九月丁卯，李
	刘式训
	陆徵祥
	荫昌二月，授陆军部尚书，回国。
部左丞为出使美国、墨西哥国、秘鲁国、古巴大臣。	张荫棠
	刘式训
	李经方回国。刘玉麟
	萨荫图
	宣统二年庚戌

宣统	
萨荫	
刘玉	八月甲申，自外务部左丞为出使英国大臣。
刘式	
张荫	
梁诚	是月乙酉，梁诚自内阁侍读学士为出使德国大臣。
陆徵	
刘式	
李国	国杰自农工商部左丞为出使比国大臣。
吴宗	
沈瑞	瑞麟自外务部参议上行走为出奥国大臣。
汪大	右侍郎，回国。是月辛卯。汪大燮自邮传部侍郎为出使日本大臣。
张荫	
刘式	
张荫	

栏
三年辛亥
图 七月，授科布多参赞大臣回国。陆徵祥 是月己卯，自使和调任，加侍郎衔。
麟
训
棠 九月，辞免。施肇基 是月戊辰，自署吉林交涉使为美国、墨西哥国、秘鲁、古巴
祥 七月，调俄。刘人镜 是月己卯，为出使和国大臣。
训
杰
濂
麟
燮
棠 九月，辞免。施基肇
训
棠 九月，辞免。施肇基

国大臣。

清史稿卷二一三
表第五三

交聘年表下 各国遣驻使

咸丰	俄	英	法	美	德	瑞那	丹	和	日	比	义	奥	日本	秘鲁	巴西	葡	刚果	韩	墨
十一年辛酉	把留捷克五	卜鲁斯是为	布尔布隆是																

同治元年壬戌	
把留捷克	月任。是为俄派驻使之始。
卜鲁斯	英派驻使之始。
布尔布隆　哥土	为法派驻使之始。
蒲安臣	
列斐士	

同治二年癸亥

把留捷克四月回国，格凌喀四月署。倭良

卜鲁斯

耆。

哥士耆二月回国，柏尔德密。

蒲安臣

列斐士

	同治三年甲子
嘎哩四月任。	倭良嘎哩
	卜鲁斯五月回国，威妥玛五月
	柏尔德密
	蒲安臣
	列斐士回国，德登赉十一月

署。	德登费
	蒲安臣四月回国，卫廉士四月以
	伯尔德密五月回国，伯洛内五月
以参赞署。	威妥玛 阿礼国八月任。
	倭艮嘎哩
	同治四年乙丑

同治五年丙寅	
倭艮嘎哩	
阿礼国	
伯洛内	以参赞署。
蒲安臣	副使署。
德登黄	
金德俄国斯德由订约专使改派,	

同治六年丁卯	
倭良嘎哩	
阿礼国	
伯洛内　兰盟四	
蒲安臣十月回国，	
德登贲	
金德俄国斯德	是为比利时派驻使之始。

	金德俄国斯德
	克维度四月派，是为
	德登费
卫，廉士十月以副使署。	卫廉士御署。劳文罗
月任。	兰盟九月回国，罗淑
	阿礼国
	倭艮嘎哩
	同治七年戊辰

	费三多
	金德俄固斯德
日斯巴尼亚驻使之始。	克维度三月回国，由
斯八月任。	劳文罗斯六月回国，
亚九月以参赞署。	罗淑亚
	阿礼国九月回国，传，
	倭艮嘎哩三月卸，布
	同治八年己巳

	费三多十月出京。
	金德俄固斯德八月
法使代。	罗淑亚卸，巴周德五
	德登赍
卫，廉士六月以副使署。	卫廉士卸署。镂斐迪
	罗淑亚
磊士九月以参赞署。	威妥玛署。
策三月署。	布策卸 倭良嘎哩
	同治九年庚午

	嘉理治
	费三多
回国。	
月任，十月假归。倭泽十月以参赞署。	倭泽九
	德登贲
任。	镂斐迪
	罗淑哑
	威妥玛
十月回任。	倭艮嘎
	同治十

九月任，是为奥派驻使之始。按奥使兼日本、

二月回任。

月回国，白来辣九月任。

安讷克五月署。是年布鲁斯改为德意志。

二月赴朝鲜，卫廉士以副使暂代。斐镂迪八

六月实授。

哩

年辛未

	副岛种臣五月任，闰六月回
暹罗，向驻东京。	嘉理治
	费三多
	白来挪七月任，九月病归。丁
	安讷克卸署，李福斯署。
月京回。	镂斐迪
	罗淑亚卸署，热福理任。
	威妥玛代，旋回京。
	倭良嘎哩
	同治十一年壬申

国，由俄使代办。是为日本派驻使之始。	
	嘉理
	费三
	谢惠
美霞十月署。	丁美
	费果
	李福
	镂斐
	热福
	威妥
	倭艮
	同治

十二年癸酉
嘎哩二月回国，凯阳德二月以副使署。
玛
理
迪闰六月回国，卫廉士闰六月以副使署。
斯三月回国，和立本。
赫四月由沪抵京任。是为荷兰派驻使之始
霞
施四月任。
多
治

柳原前光五月任，十月回国。郑永宁十月以
嘉理治
费三多九月由国回任。
谢惠施四月派任。
丁美霞
费果荪
拉斯勒福十月任，寓俄使署。是为丹派驻使
和立本
卫廉士卸署，艾忭敏九月任。
热福理九月回国，罗淑亚九月以参赞署。
威妥玛
凯阳德卸，布策正月任。
同治十三年甲戌

	爱勤谟是年任。是为秘鲁派驻使
书记官署。	森有礼十二月任。
	嘉理治四月回国，史福礼八月任。
	费三多
	谢惠施
	丁美霞法乐德四月任，九月回国。
	费果荪
之始。	拉斯勤福五月赴日本，俄使布策
	和立本卸，巴兰德任。
	艾忭敏十月卒。何天爵十月以参
	罗淑亚
	威妥玛
	布策
	光绪元年乙亥

光绪	
布策	
威妥	
罗淑	
西华	赞署。
巴兰	
	代办。十月回国。由布策兼摄。
费果	
白讷	贾思理九月暂署。赫海达十月特派署。
谢惠	
费三	
史福	
森有	
爱勒	之始。

谟闰五月因事回国，由美使西华暂代。

礼四月回国，郑永宁四月以书记官署。

礼

多

施

托

苏

德

正月任

亚五月卸，赫捷德五月以参赞署。白罗呢七

玛九月因事回国，傅磊斯九月以参赞署。

二年丙子

	光绪三年丁丑
	布策
	傅磊斯
月任。	白罗呢
	西华
	巴兰德
	费果荪
	伊巴里任。十月赴暹罗，由德使巴兰德
	谢惠施
	费三多卸，博海德任。
	史福礼四月卸，由德使巴兰德暂代。
	郑永宁八月卸，森有礼八月回任。
	西华

	西华七月卸，爱勤谟七月回任。
	森有礼三月卸，郑永宁三月以书记官
	巴兰德是年仍代，
	博海德
	谢惠施五月假回国，谢武伯五月署。
暂代。	伊巴里六月由暹罗回任。
	费果荪
	巴兰德
	西华五
	白罗呢
	傅磊斯
	布策二月假回国，凯阳德以副使署。
	光绪四年戊寅

	爱勤谟
署。	宾户机闰三月任。
	何福尔九月任。十月回国。
	卢嘎闰三月任。义使向兼使日本，专派驻
	谢武伯八月更名谢惠施。
	伊巴里三月回国，倭泽三月以参赞署。
	费果荪
	巴兰德
	何天爵五月卸，西华五月由国回任。
	白罗呢闰三月卸，巴特纳闰三月以参赞
	傅磊斯五月卸，威妥玛五月由国回任。
	凯阳德
	光绪五年己卯

	宾户机
	何福尔
京自是始。	卢嘎
	谢惠施
	倭泽卸，伊巴里四月由国回任，九
	费果荪
	巴兰德
	西华卸，安吉立七月任。
署。	巴特纳卸，宝海五月任。
	威妥玛
	凯阳德
	光绪六年庚辰

	光绪七年辛巳	光绪八年
	布策	布策九月
	威妥玛	威妥玛七
	宝海	宝海
	安吉立月卸，何天爵八月署。	何天爵
	巴兰德	巴兰德
	费果荪	费果荪
月卒。	罗德理六月任。	罗德理
	诺丹福四月任。	诺丹福
	卢嘎	卢嘎
	何福尔	何福尔七
	宾户机	宾户机卸

壬午	卸，聿贝九月以天津领事署。	月卸，格维讷七月以参赞署。		杨约翰七月任。								月卸，由德使巴兰德暂代。	任，榎本武扬九月任。						
光绪九年癸未	傅白傅九月任。	格维讷卸，巴夏	宝海四月卸，谢	杨约翰	巴兰德二月病			费果荪	罗德理二月病	诺丹福	卢嘎二月假回	萨鲁斯齐	榎本武杨十一						

月假回国，吉田二郎十一月以书记官署。	榎
	萨
国，由德使谭敦邦暂代。	卢
	诺
回国，吴礼巴二月以参赞署。	吴
	费
回国，谭敦邦二月以参赞署。	巴
	杨
满录四月以参赞署。德理固六月任。	谢
礼八月任。	巴
	博
	光

榎本武	本武杨七月由国回任。
萨鲁斯	鲁斯齐
卢嘉德	嘎四月由国回任，更名卢嘉德。
米师丽	丹福正月卸，米师丽正月以参赞署。
萨时铎	礼巴萨时铎闰五月任。
费果荪	果荪
巴兰德	兰德
杨约翰	约翰
巴特纳	满禄巴特纳闰五月任。
巴夏礼	夏礼
博白傅	白傅
光绪十	绪汁年甲申

一年乙酉	光绪十二年
	博白傅二月
二月卒。格维讷二月以参赞署。	格维讷卸，华
九月卸，贝田八月任。	戈可当五月
二月卸，石米德二月署。	田贝
	巴兰德
二月病回国。	费果荪
	萨时铎三月
卸，维礼用四月任。	维礼用
	卢嘉德二月
齐	萨鲁斯齐
杨八月卸，品田允则八月署。	品田允则卸，

内容	
丙戌	光
卸，拉德仁二月以参赞署。库满十月任。	库
尔身五月任。	华
卸，恺自迩五月任恭思当八月任。	恭
	田
	巴
	费
卸，鄂尼思三月以参赞署。罗思德六月任。	罗
	维
病回国，兰家丽二月署。	兰
	萨
盐田三郎三月任。	盐

绪十三年丁亥

满

尔身

思当七月卸，苏阿尔七月署。李梅十月任。

贝

兰德

果荪

德理

礼用四月假回国。

家丽卸，卢嘉德三月由国回任。

鲁斯齐

田三郎闰三月假回国，以参赞梶山鼎介代

												办。十月回任。							
光绪十四年戊子	库满	华尔身	李梅	田贝	巴兰德			费果荪	罗德理	维礼用	卢嘉德	萨鲁斯齐	盐田三郎						
光绪十五年	库满	华尔身	李梅	田贝	巴兰德三月			费果荪八月	罗德理三月	维礼用	卢嘉德三月	萨鲁斯齐	盐田三郎四						

月卒。大岛圭介五月任。

卒。贾雅第四月署。

卸，鄂思四月以参赞署，九月卒。罗邻德九月

假回国来因八月任。

假回国。

己丑

	大岛圭介
	萨鲁斯齐
	潘萨三月任
	维礼用八月卸,
以参赞署。吴礼巴十二月署。	吴礼巴
	费果荪七月由
	巴兰德
	田贝
	李梅八月回国,
	华尔身
	库满闰二月病
	光绪十六年庚

寅	光绪十七年
回国，阔雷明闰二月以参赞署。	阔雷明 喀
	华尔身
林春八月署。	李梅九月由
	田贝
	巴兰德
国回任。	费果荪
	吴礼巴五月
米师丽八月署。	米师丽 陆
	潘萨
	华格里本八
	大岛圭介

辛卯	光绪十八年壬辰
希尼九月任。	喀希尼
	华尔身八月卸，欧格讷
国回任。	李梅
	田贝
	巴兰德
	费果荪
奉调，阿岳乐六月署。	德拉拔六月任。
弥业六月署。	陆弥业二月实授九月
	潘萨
月任。	毕格哩本六月假回国，
	大岛圭介

	大岛圭介四
古典和福六月以参赞署。	毕格哩本五
	潘萨二月卸，
假回国。米师丽九月以参赞署。	陆弥业十月
	德拉拔
	费果荪
	巴兰德二月
	田贝
	李梅
十月任。	欧格讷
	路希尼
	光绪十九年

月卸，桥口道古卫门四月以参赞署，小村寿

月由国回任十月仍回国，古典和福十月以

嘎厘纳二月以参赞署。

由国回任。

卸，师特恩博二月以参赞署，绅阿五月任。

癸巳

太郎十月署。	小村寿太郎七月回国。
参赞署。	古典和福
	嘎厘纳卸巴尔迪四月任。
	陆弥业
	德拉拔六月卸，梁威理六月以
	费果荪十一月假回国，由德使
	绅阿
	田贝
	李梅二月卸，施阿兰二月任。
	欧格讷
	喀希尼
	光绪二十年甲午

光绪二十一年乙未	
喀希尼	
欧格讷卸任。窦讷乐任。	
施阿兰	
田贝	
绅阿	
克罗伯九月任。	绅阿暂代。
葛罗干八月任。	参赞署。
陆弥业	
巴尔迪	
比田布禄古	
林董闰五月以和议成，复派驻使	

任。

林董九月卸，内田康哉九月以参赞署。

讷色因十月派署。

巴尔迪九月卸，威达雷九月以参赞署。

陆弥业三月假回国，寻卒，米师丽三月以

葛罗干十月假回国，瑟理威十一月以参

克罗伯正月假回国，由德使暂代，十月回

绅阿五月卸，贝威土五月以参赞署。海靖

田贝

施阿兰

窦讷乐

喀希尼八月卸，巴布罗福八月以参赞署。

光绪二十二年丙申

	光绪二十三年丁酉
	巴布罗福
	窦讷乐
	施阿兰六月回国，吕班
	田贝
七月任。	海靖
	柏固八月任兼使日本。
任。	克罗伯
赞署。	葛罗干
参赞署，费葛八月任。	费葛
	威达雷　萨尔瓦署。
	罗士恒署　齐干三月
	内田康哉　矢野文雄

五月任。	矢野文雄	矢野文
任。	齐干	齐干
	萨尔瓦　马迪讷八月任	马迪讷
	费葛	费葛三
	葛罗干	葛罗干
	克罗伯	克罗伯
	柏固	
	海靖	海靖四
	田贝　康格五月任。	康格
六月署。	吕班　毕盛三月任。	毕盛
	窦讷乐	窦讷乐
	巴布罗福　格尔思十月任	格尔思
	光绪二十四年戊戌	光绪二

雄十月回国，西德二郎十月任。

二月回国，英使窦讷乐暂代。萨尔瓦六月任。

月回国，贾尔牒三月署。

月回国，贝威士四月署。克林德。

十五年己亥

西德二郎十一月回国，小村寿太郎十二月
齐干
萨尔瓦
姚士登四月任
葛罗干
克罗伯
克林德五月被戕。
康格
毕盛
窦讷乐
格尔思
光绪二十六年庚子

光绪二十七年辛丑

格尔思八月回国，雷萨尔八月任。

窦讷乐调日本，萨道义任。

毕盛

康格

穆默任九月假出京，葛尔士九月署。

克罗伯

葛罗干

姚士登

萨尔瓦八月回国，罗玛讷八月署。

齐干

小村寿太郎十月回国，内田康哉十月任。

任。

光绪二十八年壬寅	光绪
雷萨尔	雷萨
萨道义十一月假归，焘讷里十一月署。	萨道
鲍渥五月回国，贾斯讷五月署。	吕班
康格	康格
穆默回任。	穆默
克罗伯回国，罗敦署。	希特
葛罗干回国，贾思理署。	贾思
姚士登	姚士
罗玛讷二月卸，嘎厘讷二月任。	嘎厘
齐干	齐干
内田康哉	内田
白朗谷	白朗
朴齐纯十月任。是为韩派驻使之始。	朴齐

二十九年癸卯	光绪三十年甲辰
尔	雷萨尔
义回任。	萨道义
	吕班
	康格
	穆默
斯九月任。	希特斯
理	贾思理
登	姚士登六月回国，
讷　巴乐礼十一月任。	巴乐礼
	齐干
康哉	内田康哉
谷	白朗谷
纯十二月回国，朴，台莱署。	朴台莱卸，闵泳喆

	胡尔达五月任护理驻使。
二月任。	闵泳喆
	白朗谷阿梅达署。
	内田康哉
	齐干
	巴乐礼
葛飞业六月任。	葛飞业
	贾思理
	希特斯
	穆默
	康格四月回国，柔克义五月
	吕班
	萨道义
	雷萨尔三月卒。璞科第五月
	光绪三十一年乙巳

胡尔达

白朗谷　阿达

内田康哉　回国，林权助六月任。

齐干　讷巴思正月署。

巴乐礼

博费尔正月署，柯霓雅九月任。

贾思理

希特斯

穆默三月回国，葛尔士署，雷克司十月任。

任。柔克义

吕班回国，巴思德五月任。

萨道义回国，朱迩典十月任。

任。璞科第

光绪三十二年丙午

光绪三十三年丁未	光绪三十四年戊申
璞科第	璞科第廓索维慈八
朱迩典	朱迩典
吕班	吕班十一月回国。
柔克义	柔克义
雷克司	雷克司
	倭伦白
希特斯	希特斯
贾思理	贾思理
葛飞业	葛飞业
巴乐礼	巴乐礼文吉二月任。
齐干	顾觐斯基正月任。
林权助	林权助五月回国，伊集
白朗谷	白朗谷
胡尔达	胡尔达

年份																			
							院彦吉五月任。												月任。
宣统元年己酉	胡尔达			伯德罗			伊集院彦吉	顾觐斯基	文吉	柯霓雅	贾思理	贝拉斯		倭伦白	雷克司	柔克义	潘荪纳署	朱迩典	廓索维慈
宣统二年庚	胡尔达巴			伯德罗			伊集院彦吉	顾觐斯基	文吉	柯霓雅卸，博	贾思理	贝拉斯		倭伦白	雷克司	柔克义回国，	潘荪纳	朱迩典	廓索维慈

哲格	巴哲格
	柏德罗
	伊集院彦吉
	顾觐斯基
	斯弗尔赉六月
赉尔六月署。贾思牒九月任。	贾思牒
	贾思理
	贝拉斯
	雷克斯
嘉，乐恒七月任。	嘉乐恒
	潘荪纳
	朱迩典
	廓索维慈
戌	宣统三年辛亥

任。

清史稿卷二一四

列传第一

后　妃

太祖初起，草创阔略，宫闱未有位号，但循国俗称“福晋”。福晋盖“可敦”之转音，史述后妃。后人缘饰名之，非当时本称也。崇德改元，五宫并建，位号既明，等威渐辨。世祖定鼎，循前代旧典。顺治十五年，采礼官之议：乾清宫设夫人一，淑仪一，婉侍六，柔婉、芳婉皆三十。慈宁宫设贞容一、慎容二，勤侍无定数，又置女官。循明六局一司之制，议定而未行。

康熙以后，典制大备。皇后居中宫，皇贵妃一，贵妃二，妃四，嫔六，贵人、常在、答应无定数，分居东、西十二宫。东六宫：曰景仁，曰承乾，曰钟粹，曰延禧，曰永和，曰景阳；西六宫：曰永寿，曰翊坤，曰储秀，曰启祥，曰长春，曰咸福。诸宫皆有宫女子供使令。每三岁选八旗秀女，户部主之，每岁选内务府属旗秀女，内务府主之。秀女入宫，妃、嫔、贵人惟上命。选宫女子、贵人以上，得选世家女。贵人以下，但选拜唐阿以下女，宫女子侍上。自常在、答应渐进至妃、嫔，后妃诸姑、姊妹不赴选。帝祖母曰"太皇太后，"母曰"皇太后"，居慈宁、寿康、宁寿诸宫。先朝妃、嫔称太妃、太嫔随皇太后同居，与嗣皇帝，年皆逾五十，乃始得相见。诸宫殿设太监，秩最高不逾四品，员额有定数，禀给有定量，分领执事有定程，此其大较也。

二百数十年，壸化肃雍，诐谒盖寡，内鲜燕溺匹嫡之嫌，外绝权戚蠹国之衅，彬彬盛矣。追尊四代，惟宣皇后著发族，且有继室，托始于是。历朝居正号者，谨慎而次之，并及妃、嫔有子若受后朝尊封者。世祖以汉女为妃，高宗以回女为妃，附书之，以其仅见也。

显祖宣皇后，喜塔腊氏，都督阿古女。归显祖为嫡妃。岁己未，太祖生。岁己巳，崩。顺治五年，与肇祖原皇后、兴祖直皇后、景祖翼皇后同时追谥。子三：太祖、舒尔哈齐、雅尔哈齐。女一，下嫁噶哈善哈斯虎。

继妃，纳喇氏，哈达部长万所抚族女。遇太祖寡恩，年十九，俾分居，予产独薄。子一，巴雅喇。庶妃，李佳氏。子一，穆尔哈齐。

太祖孝慈高皇后，纳喇氏，叶赫部长杨吉砮女。太祖初起兵，如叶赫，杨吉砮以后许焉。杨吉砮为明总兵李成梁所杀，子纳林布禄继为贝勒，又为成梁击破。岁戊子秋九月，以后来归，上率诸贝勒、大臣迎之，大宴成礼。是岁，后年十四。岁壬辰冬十月，太宗生。岁癸卯秋，后病作，思见母，上遣使迎焉，纳林布禄不许。是月庚辰，后崩，年二十九。

后庄敬聪慧，词气婉顺，得誉不喜，闻恶言，愉悦不改其常。不好谄谀，不信谗佞，耳无妄听，口无妄言。不预外事，殚诚华虑以事上。及崩，上深悼之，丧敛祭享有加礼，不饮酒茹荤者逾月。越三载，葬赫图阿拉尼雅满山冈。天命九年，迁葬东京杨鲁山。天聪三年，再迁葬沈阳石觜头山，是为福陵。崇德元年，上谥孝慈昭宪纯德真顺承天育圣武皇后。顺治元年，祔太庙。康熙元年，改谥。雍正乾隆累加谥，曰孝慈昭宪敬顺仁徽懿德庆显承天辅圣高皇后。子一，太宗。

元妃，佟佳氏，归太祖最早。子二：褚英、代善。女一，下嫁何和礼。

继妃，富察氏。归太祖亦在孝慈皇后前。岁癸巳，叶赫诸部来侵，上夜驻军，寝甚酣，妃呼上觉曰："尔方寸乱耶，惧耶？九国兵来攻，岂酣寝时耶？"上曰："我果惧，安能酣寝？我闻叶赫来侵，以其无期，时以为念，既至，我心安矣。我若负叶赫，天必厌之，安得不慎？今我顺天命，安疆土，彼纠九国以虐无咎之人，天不佑也！"安寝如故。及旦，遂破敌。天命五年，妃得罪，死。子二：莽古尔泰、德格类。女一，名莽古济，下嫁锁木诺杜棱。

大妃，纳喇氏，乌喇贝勒满泰女。岁辛丑，归太祖，年十二。孝慈皇后崩，立为大妃。天命十一年七月，太祖有疾，浴于汤泉。八月，疾大渐，乘舟自太子河还，召大妃出迎，入浑河。庚戌，舣舟次鸡堡，上崩。辛亥，大妃殉焉，年三十七。同殉者，二庶妃。妃子三：阿济格、多尔衮、多铎。顺治初，多尔衮摄政，七年，上谥孝烈恭敏献哲仁和赞天俪圣武皇后，祔太庙。八年，多尔衮得罪，罢谥，出庙。

寿康太妃，博尔济吉特氏，科尔沁郡王孔果尔女。太祖诸妃中最老寿。顺治十八年，圣祖即位，尊为皇曾祖寿康太妃。康熙四年，死。

太祖诸妃称侧妃者四：伊尔根觉罗氏，子一，阿巴泰，女一，下嫁达尔汉。纳喇氏，孝慈皇后女弟，女一，下嫁固尔布什，其二皆无出。称庶妃者五：兆佳氏，子一，阿拜。钮祜禄氏，子二，汤古代、塔拜。嘉穆瑚觉罗氏，子二，巴布泰、巴布海，女三，下嫁布占泰、达启、苏纳。西林觉罗氏，子一，赖慕布。伊尔根觉罗氏，女一，下嫁鄂扎伊。

太宗孝端文皇后，博尔济吉特氏，科尔沁贝勒莽古思女。岁甲寅四月，来归，太祖命太宗亲迎，至辉发扈尔奇山城，大宴成礼。天聪间，后母科尔沁大妃屡来朝，上迎劳，锡赉有加礼。崇德元年，上建尊号，后亦正位中宫。二年，大妃复来朝，上迎宴。越二日，大妃设宴，上率后及贵妃、庄妃幸其行幄。寻命追封后父莽古思和硕福亲王，立碑于墓，封大妃为和硕福妃，使大学士范文程等册封。世祖即位，尊为皇太后。顺治六年四月乙巳，崩，年五十一。七年，上谥。雍正、乾隆累加谥，曰孝端正敬仁懿哲顺慈僖庄敏辅天协圣文皇后。女三，下嫁额哲、奇塔特、巴雅思祜朗。

孝庄文皇后，博尔济吉特氏，科尔沁贝勒塞桑女，孝端皇后侄也。天命十年二月，来归。崇德元年，封永福宫庄妃。三年正月甲午，世祖生。世祖即位，尊为皇太后。十一年，赠太后父塞桑和硕忠亲王，母贤妃。十三年二月，太后万寿，上制诗三十首以献。上承太后训，撰内则衍义，并为序以进。圣祖即位，尊为太皇太后。

九年，上奉太后谒孝陵。十年，谒福陵、昭陵。十一年，幸赤城汤泉，经长安岭，上下马，扶辇，至坦道，始上马以从。还，度岭，正大雨，仍下马，扶辇。太后命骑从，上不可，下岭，乃乘马傍辇行。吴三桂乱作，频年用兵，太后念从征将士劳苦，发宫中金帛加犒。闻各省有偏灾,辄发帑振恤布尔尼叛,师北征,太后以慈宁宫庶妃有母年九十余,居察哈尔,告上诫师行毋掳掠。

国初故事,后妃、王、贝勒福晋,贝子、公夫人,皆令命妇更番入侍,至太后始命罢之。宫中守祖宗制,不蓄汉女。上命儒臣译大学衍义进太后,太后称善,赐赉有加。太后不预政,朝迁廷有黜陟,上多告而后行。尝勉上曰:"祖宗骑射开基,武备不可弛。用人行政,务敬以承天,虚公裁决。"又作书以诫曰:"古称为君难。苍生至众,天子以一身临其上,生养抚育,莫不引领,必深思得众得国之道,使四海咸登康阜,绵历数于无疆,惟休。汝尚宽裕慈仁,温良恭敬,慎乃威仪,谨尔出话,夙夜恪勤,以只承祖考遗绪,俾予亦无疚于厥心。"十九年四月,上撰大德景福颂进太后。

二十年,上复奉太后幸汤泉。云南平,上诣太后宫奏捷。二十一年,上诣奉天谒陵,途次屡奏书问安,使献方物,奏曰:"臣到盛京,亲网得鲢、鲭,浸以羊脂,山中野烧,自落榛实及山核桃,朝鲜所进柿饼、松、栗、银杏,附使进上,伏乞俯赐一笑,不胜欣幸。"二十二年夏,奉太后出古北口避暑。秋,幸五台山,至龙泉关。上以长城岭峻绝,试辇不能陟,奏太后。次日,太后辇登岭,路数折不可上,太后乃还龙泉关,命上代礼诸寺。二十四年夏,上出塞避暑,次博洛和屯,闻太后不豫,即驰还京师,太后疾良已。

二十六年九月,太后疾复作,上昼夜在视。十二月,步祷天坛,请减算以益太后。读祝,上泣,陪祀诸王大臣皆泣。太后疾大渐,命上曰:"太宗奉安久,不可为我轻动。况我心恋汝父子,当于孝陵近地安厝,我心始无憾。"己巳,崩,年七十五。上哀恸,欲于宫中持服二十七月,王大臣屡疏请遵遗诰,以日易月,始从之。命撤太后所居宫移建昌瑞山孝陵近地,号"暂安奉殿。"二十七年四月,奉太后梓宫诣昌瑞山。自是,岁必诣谒。雍正三年十二月,世宗即其地起陵,曰昭西陵。

世祖亲政,上太后徽号,国有庆,必加上。至圣祖以云南平,奏捷,定徽号曰昭圣慈寿恭简安懿章庆敦惠温庄康和仁宣弘靖太皇太后，初奉安上谥。雍正、乾隆累加谥，曰孝庄仁宣诚宪恭懿至德纯徽翊天启圣文皇后。子一，世祖。女三，下嫁弼尔塔哈尔、色布腾铿吉尔格。

敏惠恭和元妃，博尔济吉特氏，孝庄皇后姊也。天聪八年，来归。崇德元年，封关睢宫宸妃。妃有宠于太宗，生子，为大赦。子二岁而殇，未命名。六年九月，太宗方伐明，闻妃病而还，未至，妃已薨。上恸甚，一日忽迷惘，自午至酉始瘥，乃悔曰："天生朕为抚世安民，岂为一妇人哉？朕不能自持。天地祖宗特示谴也。"上仍悲悼不已。诸王大臣请出猎，遂猎蒲河。还过妃墓，复大恸。妃母和硕贤妃来吊，上命内大臣掖舆临妃墓。郡王阿达礼、辅国公扎哈纳当妃丧作乐，皆坐夺爵。

懿靖大贵妃，博尔济吉特氏，阿霸垓郡王额齐格诺颜女。崇德元年，封麟趾宫贵妃。四年，额齐格诺颜及其妻福晋来朝。妃率诸王、贝勒迎宴。次日，上赐宴清宁宫，福晋入见，称上外姑。顺治九年，世祖加尊封。康熙十三年，薨，圣祖侍太后临奠。子一，博穆博果尔。女一，下嫁噶尔玛索诺木。又抚蒙古女，嫁噶尔玛德参，济旺子也。

康惠淑妃，博尔济吉特氏，阿霸垓塔布囊博第塞楚祜尔女。崇德元年，封衍庆宫淑妃。抚蒙古女，上命睿亲王多尔衮娶焉。顺治九年，加尊封，前懿靖大贵妃薨。

太宗诸妃：元妃，钮祜禄氏，宏毅公额亦都女，子一，格博会；继妃，乌拉纳喇氏，子二，豪格、洛格，女一，下嫁班第。称侧妃者二：叶赫纳喇氏，子一，硕塞；扎鲁特博尔济吉特氏，女二，下嫁夸扎、哈尚。称庶妃者六：纳喇氏，子一，高塞，女二，下嫁辉塞、拉哈；奇垒氏，察哈尔部人，女一，下嫁吴应熊；颜扎氏，子一，叶布舒；伊尔根觉罗氏，子一，常舒，其二不知氏族，一生子，韬塞；一生女，下嫁班第。

世祖废后，博尔济吉特氏，科尔沁卓礼克图亲王吴克善女，孝庄文皇后侄也。后丽而慧，睿亲王多尔衮摄政，为世祖聘焉。顺治八年八月，册为皇后。上好简朴，后则嗜奢侈，又妒，积与上忤。

十年八月，上命大学士冯铨等上前代废后故事，铨等疏谏，上严拒，谕以“无能，故当废”，责诸臣沽名。即日奏皇太后，降后为静妃，改居侧宫，下礼部，礼部尚书胡世安、侍郎吕崇烈、高珩疏请慎重详审，礼部员外郎孔允樾及御史宗敦一、潘朝选、陈棐、张椿、杜果、聂玠、张嘉、李敬、刘秉政、陈自德、祖永杰、高尔位、自尚登、祖建明各具疏力争。允樾言尤切，略言：“皇后正位三年，未闻失德，特以‘无能’二字定废嫡之案，何以服皇后之心？何以服天下后世之心？君后犹父母，父欲出母，即心知母过，犹涕泣以谏；况不知母过何事，安忍缄口而不为母请命？”上命诸王、贝勒、大臣集议，议仍以皇后位中宫，而别立东西两宫。上不许，令再议，并责允樾覆奏，允樾疏引罪，诸王大臣再议，请从上指，于是后竟废。

孝惠章皇后，博尔济吉特氏，科尔沁贝勒绰尔济女。顺治十一年五月，聘为妃，六月，册为后。贵妃董鄂氏方幸，后又不当上旨。十五年正月，皇太后不豫，上责后礼节疏阙，命停应进中宫笺表，下诸王、贝勒、大臣议行。三月，以皇太后旨，如旧制封进。

圣祖即位，尊为皇太后，居慈仁宫。上奉太皇太后谒孝陵，幸盛京，谒福陵、昭陵、出古北口避暑，幸五台山，皆奉太后侍行。二十二年，上奉太皇太后出塞，太后未侍行，中途射得鹿，断尾渍以盐，并亲选榛实，进太后。

二十六年，太皇太后不豫，太后朝夕奉侍，及太皇太后崩，太后悲痛。诸妃主入临，太后恸甚，几仆地。上命诸王大臣奏请太后节哀回宫，再请乃允。岁除，诸王大臣请太后谕上回宫，上不可。二十七年正月，行虞祭，上命诸王大臣请太后勿往行礼，太后亦不可。二十八年，建宁寿新宫，奉太后居焉。

三十五年十月，上北巡，太后万寿，上奉书称祝。驻丽苏，太后遣送衣裘，上奉书言："时方燠，河未冰，帐房不须置火，俟严寒，即欢忭而服之，"三十六年二月，上亲征噶尔丹，驻他喇布拉克。太后以上生日，使赐金银茶壶，上奉书拜受。噶尔丹既定，群臣请上加太后徽号寿康显宁，太后以上不受尊号，亦坚谕不受。三十七年七月，奉太后幸盛京谒陵，道喀尔沁。途中以太后父母葬发库山，距跸路二百里，谕内大臣索额图择洁地，太后遥设祭。十月，次奇尔赛毕喇，值太后万寿，上诣行宫行礼，敕封太后所驻山曰寿山。

三十八年，上奉太后南巡。三十九年十月，太后六十万寿。上制万寿无疆赋，并奉佛象、珊瑚、自鸣钟、洋镜、东珠、珊瑚、金珀、御风石，念珠，皮裘，羽缎，哆罗呢，沈、檀、芸、降诸香，犀玉、玛瑙、瓷、漆诸器，宋、元、明名画，金银、币帛。又令膳房一数米万粒，号"万国玉粒饭，"及肴馔、果品以献。四十九年，太后七十万寿，亦如之。

五十六年十月，太后不豫。是岁，上春秋六十有四，方有疾，头眩足肿，闻太后疾甚，以帕缠足，乘软舆诣视，跪床下，捧太后手曰："母后，臣在此！"太后张目，畏明，障以手，视上，执上手，已不能语。上力疾，于苍震门内支幄以居。丙戌，太后崩，年七十七。上号恸尽礼。五十七年三月，葬孝陵之东，曰孝东陵。初上太后徽号，国有庆，必中上。至云南平，定曰仁宪恪顺诚惠纯淑端禧皇太后。及崩，上谥，大学士等初议误不系世祖谥，上令至太庙、奉先殿瞻礼高皇后、文皇后神位，大学士等引罪；又以所拟谥未多留徽号字，命更议。雍正、乾隆累加谥，曰孝惠仁宣端懿慈淑恭安纯德顺天翊圣章皇后。

孝康章皇后，佟佳氏，少保、固山额真佟图赖女。后初入宫，为世祖妃。十一年春，妃诣太后宫问安，将出，衣裾有光若龙绕，太后问之，知有妊，谓近侍曰："朕妊皇帝实有斯祥，今妃亦有是，生子必膺大福。"三月戊申，圣祖生。圣祖即位，尊为皇太后。二年二月庚戌，崩，年二十四。初上徽号曰慈和皇太后。及崩，葬孝陵，上谥，雍正、乾隆累加谥，曰孝康慈和庄懿恭惠温穆端靖崇文育圣章皇后。家佟氏，本汉军，上命改佟佳氏，入满洲。后族抬旗自此始。子一，圣祖。

孝献皇后，栋鄂氏，内大臣鄂硕女。年十八入侍，上眷之特厚，宠冠后宫。十三年八月，立为贤妃。十二月，进皇贵妃，行册立礼，颁赦。上皇太后徽号，鄂硕本以军功授一等精奇尼哈番，进三等伯。十七年八月，薨，上辍朝五日。追谥孝献庄和至德宣仁温惠端敬皇后。

上亲制行状，略曰："后婉静循礼，事皇太后，奉养甚至，左右趋走，皇太后安之。事朕，晨夕候兴居，视饮食服御，曲体罔不悉。朕返跸晏，必迎问寒暑，意少觖，则曰：'陛下归晚，体得毋倦耶？'趣具餐，躬进之，命共餐，则辞。朕值庆典，举数觞，必诫侍者，室无过燠，中夜慽慽起视。朕省封事，夜分，未尝不侍侧。诸曹循例章报，朕则置之，后曰：'此虽奉行成法，安知无当更张，或有他故？奈何忽之！'令同阅，起谢'不敢干政'览廷谳疏，握笔未忍下，后问是疏安所云，朕谕之，则泣曰'诸辟皆愚无知，岂尽无冤？宜求可矜宥者全活之！'大臣偶得罪，朕或不乐，后辄请霁威详察。朕偶免朝，则谏毋倦勤。日讲后，与言章句大义，辄喜。偶遗忘，则谏：'当服默识。'搜狩，亲骑射，则谏'毋以万邦仰庇之身，轻于驰骤'偶有未称旨，朕或加谯让，始犹自明无过，及闻姜后脱簪事，即有宜辨者，但引咎自责而已。后至节俭，不用金玉。诵四书及易已卒业；习书，未久即精。朕喻以禅学，参究若有所省。后初病，皇太后使问安否，必对曰：'安'疾甚，朕及今后、诸妃、嫔环视之，后曰：'吾殆将不起，此中澄定，亦无所苦，独不及酬皇太后既陛下恩万一。妾殁，陛下宜自爱！惟皇太后必伤悼，奈何？'既又令以诸王赙施贫乏，复属左右毋以珍丽物敛。殁后，皇太后哀之甚。"行状数千言，又命大学士金之俊别作传。是岁，命秋谳停决，从后志也。

时鄂硕已前卒，后世父罗硕，授一等阿思哈尼哈番。及上崩，遗诏以后丧祭逾礼为罪已之一。康熙二年，合葬孝陵，主不祔庙，岁时配食飨殿。子一，生三月而殇，未命名。

贞妃，栋鄂氏，一等阿达哈哈番巴庆女。殉世祖。圣祖追封为皇考贞妃。

淑惠妃，博尔济吉特氏，孝惠皇后妹也。顺治十一年，册为妃。康熙十二年，尊封皇考淑惠妃。妃最老寿，以五十二年十月薨。

同时尊封者：浩齐特博尔济吉特氏为恭靖妃，阿霸垓博尔济吉特氏为端顺妃，皆无所出：栋鄂氏为宁悫妃，在世祖时号庶妃，子一，福全。又恪妃，石氏，滦州人，吏部侍郎申女。世祖尝选汉官女备六宫，妃与焉。居永寿宫。康熙六年薨，圣祖追封皇考恪妃。

又在三妃前，世祖庶妃有子女者，又有八人：穆克图氏，子承干，八岁殇；巴氏，子钮钮，为世祖长子，二岁殇，女二，一六岁殇，一七岁；殇陈氏，子一，常宁；唐氏，子一，奇授，七岁殇；钮氏；子一，隆重禧；杨氏，女一，下嫁纳尔杜；乌苏氏，女一，八岁殇；纳喇氏，女一，五岁殇。

圣祖孝诚仁皇后，赫舍里氏，辅政大臣、一等大臣索尼孙，领侍卫内大臣噶布喇女。康熙四年七月，册为皇后。十三年五月丙寅，生皇二子允礽，即于是日崩，年二十二。谥曰仁孝皇后。二十年，葬孝东陵之东，即景陵也。雍正元年，改谥。乾隆、嘉庆累加谥，曰孝诚恭肃正惠安和淑懿恪敏俪天襄圣仁皇后。子二：承祜，四岁殇；允礽。

孝昭仁皇后，钮祜禄氏，一等公遏必隆女。初为妃。康熙十六年八月，册为皇后。十七年二月丁卯，崩。二十年，与孝诚皇后同葬。上每谒孝陵，辄临孝诚、孝昭两后陵奠醊。乾隆、嘉庆累加谥，曰孝昭静淑明惠正和安裕端穆钦天顺圣仁皇后。

孝懿仁皇后，佟佳氏，一等公佟国维女，孝康章皇后侄女也。康熙十六年，为贵妃。二十年，进皇贵妃。二十八年七月，病笃，册为皇后。翼日甲辰，崩。谥曰孝懿皇后。是冬，葬仁孝、孝昭两后之次。雍正、乾隆、嘉庆累加谥，曰孝懿温诚端仁宪穆和恪慈惠奉天佐圣仁皇后。女一，殇。

孝恭仁皇后，乌雅氏，护军参领威武女。后事圣祖。康熙十七年十月丁酉，世宗生。十八年，为德嫔。二十年，进德妃。世宗即位，尊为皇太后，拟上徽号曰仁寿皇太后，未上册。雍正元年五月辛丑，崩，年六十四。葬景陵。上谥，曰孝恭宣惠温肃定裕慈纯钦穆赞天承圣仁皇后。子三：世宗，允祚，允禵。允祚六岁殇。女三：其二殇，一下嫁舜安颜。

敬敏皇贵妃，章佳氏。事圣祖为妃。康熙三十八年，薨。谥曰敏妃。雍正初，世宗以其子怡亲王允祥贤，追进封。妃又生女二，下嫁仓津、多尔济。

定妃，万琉哈氏。事圣祖为嫔。世宗尊为皇考定妃。就养其子履亲王允祹邸。高宗朝，岁时伏腊，辄迎入宫中上寿，然未进尊封。薨年九十七。

通嫔，纳喇氏。事圣祖为贵人。雍正二年，世宗以其婿喀尔郡王策棱功，尊封。乾隆九年，薨。子二：万黼，五岁殇；允禶，二岁殇。女一。

惇怡皇贵妃，瓜尔佳氏。事圣祖为和妃。世宗尊为皇考贵妃。高宗尊为皇祖温惠皇贵太妃。乾隆三十三年，薨，年八十六。谥曰惇怡皇贵妃。葬景陵侧皇贵妃园寝。女一，殇。圣祖诸妃，妃薨最后。

乾隆初，同时尊封者：悫惠皇贵妃，佟佳氏，孝懿皇后妹。事圣祖为贵妃。世宗尊为皇考皇贵妃。高宗尊为皇祖寿祺皇贵太妃。薨，谥曰悫惠皇贵妃。顺懿密太妃，王氏。初为密嫔，自密妃尊封。子三：允禑、允禄、允祄，允祄八岁殇。纯裕勤太妃，陈氏。初为勤嫔，自勤妃尊封。子一，允礼。襄嫔，高氏。自贵人尊封。子一，允祎。女一，殇。谨嫔，色赫图氏。自贵人尊封。子一，允祜。静嫔，石氏。自贵人尊封。子一，允祁。熙嫔，陈氏。自贵人尊封。子一，允禧。穆嫔，陈氏。自贵人卒后追尊封。子一，允祕。

其卒于康熙中及虽下逮雍正、乾隆而未尊封者，又有：温僖贵妃，钮祜禄氏，孝昭皇后妹。子一，允䄉。女一，殇。惠妃，纳喇氏。子二：承庆，殇；允禔。宜妃，郭络罗氏。当圣祖崩时，妃方病，以四人舁软榻诣丧所，出太后前，世宗见之，又傲，世宗为诘责宫监。子三：允祺、允禟、允禌，允禌十二岁殇。荣妃，马佳氏。子五：承瑞，为圣祖长子，四岁殇；赛音察浑，长善，长生皆殇；允祉。女一，下嫁乌尔滚。成妃，戴佳氏。子一，允祐。良妃，卫氏。子一，允禩。平妃，赫舍里氏。孝诚皇后妹。子一，允禨，殇。端嫔，董氏。女一，殇。贵人，兆佳氏。女一，下嫁噶尔臧。郭络罗氏，宜妃妹。子一，允禑，殇。女一，下嫁敦多布多尔济。袁氏，女一，下嫁孙承运。陈氏，子一，允禐，殇。庶妃，钮祜禄氏，女一。张氏，女二，王氏，女一，刘氏，女一，皆殇。

世宗孝敬宪皇后，乌喇那拉氏，内大臣费扬古女。世宗为皇子，圣祖册后为嫡福晋。雍正元年，册为皇后。九年九月己丑，崩。时上病初愈，欲亲临含敛，诸大臣谏止。上谕曰："皇后自垂髫之年，奉皇考命，作配朕躬。结缡以来，四十余载，孝顺恭敬，始终一致。朕调理经年，今始全愈，若亲临丧次，触景增悲，非摄养所宜。但皇后丧事，国家典仪虽备，而朕礼数未周。权衡轻重，如何使情文兼尽，其具议以闻。"诸大臣议，以明会典皇后丧无亲临祭奠之礼，令皇子朝夕奠，遇祭，例可遣官，乞停亲奠，从之。谥孝敬皇后。及世宗崩，合葬泰陵。乾隆、嘉庆累加谥，曰孝敬恭和懿顺昭惠庄肃安康佐天翊圣宪皇后。

孝圣宪皇后，钮祜禄氏，四品典仪凌柱女。后年十三，事世宗潜邸，号格格。五十年八月庚午，高宗生。雍正中，封熹妃，进熹贵妃。高宗即位，以世宗遗命，尊为皇太后，居慈宁宫。高宗事太后孝，以天下养，惟亦兢兢守家法，重国体。太后偶言顺天府东有废寺当重修，上从之。即召宫监，谕："汝等尝侍圣祖，几曾见昭圣太后当日令圣祖修盖庙宇？嗣后当奏止！"宫监引悟真庵尼入内，导太后弟入苍震门谢恩，上屡诫之。上每出巡幸，辄奉太后以行，南巡者三，东巡者三，幸五台山者三，幸中州者一。谒孝陵，猕木兰，岁必至焉。遇万寿，率王大臣奉觞称庆。

十六年，六十寿，二十六年，七十寿；三十六年，八十寿；度典以次加隆。先期，日进寿礼九九。先以上亲制诗文、书画，次则如意、佛象、冠服、簪饰、金玉、犀象、玛瑙、水晶、玻璃、珊瑚、彝鼎、艺器、书画、绮绣、币帛、花果，诸外国珍品，靡不具备。太后为天下母四十余年，国家全盛，亲见曾元。

四十二年正月庚寅，崩，年八十六。葬泰陵东北，曰泰东陵。初尊太后，上徽号。国有庆，屡加上，曰崇德慈宣康惠敦和裕寿纯禧恭懿安祺宁豫皇太后。既葬，上谥。嘉庆中，再加谥，曰孝圣慈宣康惠敦和诚徽仁穆敬天光圣宪皇后。子一，高宗。

敦肃皇贵妃，年氏，巡抚遐龄女。事世宗潜邸，为侧福晋。雍正元年，封贵妃。三年十一月，妃病笃，进皇贵妃。并谕妃病如不起，礼仪视皇贵妃例行。妃薨逾月，妃兄羹尧得罪死。谥曰敦肃皇贵妃。乾隆初，从葬泰陵。子三：福宜、福惠、福沛，皆殇。女一，亦殇。

纯懿皇贵妃，耿氏。事世宗潜邸，为格格。雍正间，封裕嫔，进裕妃。高宗时，屡加尊为裕皇贵太妃。四十九年，薨，年九十六。谥曰纯懿皇贵妃。葬妃园寝，位诸妃上。子一，宏昼。

世宗诸妃，又有：齐妃，李氏。事世宗潜邸，为侧室福晋。雍正间，封齐妃。子三：宏昐、宏昀，皆殇；宏时。女一，下嫁星德。谦妃，刘氏。事世宗潜邸，号贵人。雍正间，封谦嫔。高宗尊为皇考谦记。子一，宏瞻。懋嫔，宋氏。事世宗，号格格。雍正初，封懋嫔。女二皆殇。

高宗孝贤纯皇后，富察氏，察哈尔总管李荣保女。高宗为皇子，雍正五年，世宗册后为嫡福晋。乾隆二年，册为皇后后。恭俭，平居以通草绒花为饰，不御珠翠。岁时以鹿羔䍦毯制为荷包进上，仿先世关外遗制，示不忘本也。上甚重之。十三年，从上东巡，还跸，三月乙未，后崩于德州舟次，年三十七。上深恸，兼程还京师，殡于长春宫，服缟素十二日。

初，皇贵妃高佳氏薨，上谥以慧贤，后在侧，曰："吾他日期以'孝贤'可乎？至是，上遂用为谥。并制述悲赋，曰："易何以首乾坤？诗何以首关睢？惟人伦之伊始，固天俪之与齐。念懿后之作配，廿二年而于斯。痛一旦之永诀，隔阴阳而莫知。昔皇考之命偶，用抡德于名门。俾述予而尸藻，定嘉礼于渭滨。在青宫而养德，即治壶而淑身。纵糟糠之未历，实同甘而共辛。乃其正位坤宁，克赞乾清。奉慈闱之温靖，为九卿之仪型。克俭于家，爰始缫品而育茧；克勤于邦，亦知较雨而课晴。嗟予命之不辰兮，痛元嫡之连弃。臻黯然以内伤兮，遂邈尔而长逝。抚诸子如一出兮，岂彼此之分视？值乖舛之叠遘兮，谁不增夫怨怼？况顾予之伤悼兮，更悦恨而切意。尚强欢以相慰兮，每禁情而制泪。制泪兮泪滴襟，强欢兮欢匪心。聿当春而启辔，随予驾以东临。抱轻疾兮念众劳，促归程兮变故遭。登画舫兮陈翟褕，由潞河兮还内朝。去内朝兮时未几，致邂逅兮怨无已。切自尤兮不可追，论生平兮定于此。影与形兮难去一，居忽忽兮如有失。对嫔嫱兮想芳型，顾和敬兮怜弱质。望湘浦兮何先徂，求北海兮乏神术。循丧仪兮徒怆然，例展禽兮谥孝贤。思遗徽之莫尽兮，讵两字之能宣。包四德而首出兮，谓庶几其可传。惊时序之代谢兮，届十旬而迅如。睹新昌而增恸兮，陈旧物而忆初。亦有时而暂弭兮，旋触绪而欷歔。信人生之如梦兮，了万事之皆虚。呜呼，悲莫悲兮生别离，失内位兮孰予随？入椒房兮阒寂，披凤幄兮空垂。春风秋月兮尽于此已，夏日冬夜兮知复何时？”十七年，葬孝陵西胜水峪，后即于此起裕陵焉。嘉庆、道光累加谥，曰孝贤诚正敦穆仁惠徽恭康顺辅天昌圣纯皇后。子二：永琏、永琮。女二：一殇，一下嫁色布腾巴尔珠尔。

皇后，乌喇那拉氏，佐领那尔布女。后事高宗潜邸，为侧室福晋。乾隆二年，封娴妃。十年，进贵妃。孝贤皇后崩，进皇贵妃，摄六宫事。十六年，册为皇后。三十年，从上南巡，至杭州，忤上旨，后剪发，上益不怿，令后先还京师。三十一年七月甲午，崩。上方幸木兰，命丧仪视皇贵妃。自是遂不复立皇后。子二，永璂、永璟。女一，殇。

四十三年，上东巡，有金从善者，上书，首及建储，次为立后。上因谕曰：“那拉氏本朕青宫时皇考所赐侧室福晋，孝贤皇后崩后，循序进皇贵妃。越三年，立为后。其后自获过愆，朕优容如故。国俗忌剪发，而竟悍然不顾，朕犹包含不行废斥。后以病薨，止令减其仪文，并未削其位号。朕处此仁至义尽，况自是不复继立皇后。从善乃欲朕下诏罪已，朕有何罪当自责乎？从善又请立后，朕春秋六十有八，岂有复册中宫之理？”下行在王大臣议从善罪，坐斩。

孝仪纯皇后，魏佳氏，内管领清泰女。事高宗为贵人。封令嫔，累进令贵妃。二十五年十月丁丑，仁宗生。三十年，进令皇贵妃。四十年正月丁丑，薨，年四十九。谥曰令懿皇贵妃，葬胜水峪。六十年，仁宗立为皇太子，命册赠孝仪皇后。嘉庆、道光累加谥，曰孝仪恭顺康裕慈仁端恪敏哲翼天毓圣纯皇后。后家魏氏，本汉军，抬入满洲旗，改魏佳氏。子四：永璐，殇；仁宗；永璘；其一殇，未命名。女二，下嫁拉旺多尔济、札兰泰。

慧贤皇贵妃，高佳氏，大学士高斌女。事高宗潜邸，为侧室福晋。乾隆初，封贵妃。薨，谥曰彗贤皇贵妃。葬胜水峪。

纯惠皇贵妃，苏佳氏。事高宗潜邸。即位，封纯嫔。累进纯皇贵妃。薨，谥曰纯惠皇贵妃。葬裕陵侧。子一，永瑢。女一，下嫁福隆安。

庆恭皇贵妃，陆氏。初封庆嫔。累进庆贵妃。薨。仁宗以尝受妃抚育，追尊为庆恭皇贵妃。

哲悯皇贵妃，富察氏。事高宗潜邸。雍正十三年，薨。乾隆初，追封哲妃，进皇贵妃。谥曰哲悯皇贵妃，葬胜水峪。子一，永璜，为高宗长子。女一，殇。

淑嘉皇贵妃，金佳氏。事高宗潜邸，为贵人。乾隆初，封嘉妃，进嘉贵妃。薨，谥曰淑嘉皇贵妃，葬胜水峪。子四：永瑊、永璇、永璇，其一殇，未命名。

婉贵太妃，陈氏。事高宗潜邸。乾隆间，自贵人累进婉妃。嘉庆间，尊为婉贵太妃。寿康宫位居首。薨，年九十二。颖贵太妃，巴林氏。亦自贵人累进颖贵妃。尊为颖贵太妃，亦居寿康宫。薨，年七十。

贵人：西林觉罗氏，柏氏，皆自常在进尊为贵人。晋太妃，富察氏。事高宗为贵人。逮道光时，犹存。宣宗尊为皇祖晋太妃。

高宗诸妃有子女者：忻贵妃，戴佳氏，总督那苏图女。女二，皆殇。愉贵妃，珂里叶特氏。子一，永琪。舒妃，叶赫那拉氏。子一，殇，未命名。惇妃，汪氏。尝笞宫婢死，上命降为嫔。未几，复封。女一，下嫁丰绅殷德。

又有容妃，和卓氏，回部台吉和札麦女。初入宫，号贵人。累进为妃,薨。

仁宗孝淑睿皇后,喜塔腊氏,副都统、内务府总管和尔经额女。仁宗为皇子,乾隆三十九年,高宗册后为嫡福晋。四十七年八月甲戌,宣宗生。仁宗受禅,册为皇后。嘉庆二年二月戊寅,崩,谥曰孝淑皇后,葬太平峪,后即于此起昌陵焉。道光、咸丰累加谥,曰孝淑端和仁庄慈懿敦裕昭肃光天佑圣睿皇后。子一,宣宗。女二:一殇,一下嫁玛尼巴达喇。

孝和睿皇后,钮祜禄氏,礼部尚书恭阿拉女。后事仁宗潜邸,为侧室福晋。仁宗即位,封贵妃。孝淑皇后崩,高宗敕以后继位中宫。先封皇贵妃。六年,册为皇后。二十五年八月,仁宗幸热河崩,后传旨令宣宗嗣位。宣宗尊为皇太后,居寿康宫。二十九年十二月甲戌,崩,年七十四。宣宗春秋已高,方有疾,居丧哀毁,三十年正月,崩于慎德堂丧次。咸丰三年,葬后昌陵之西,曰昌西陵。初尊皇太后,上徽号。国有庆,累加上,曰恭慈康豫安成庄惠寿禧崇祺皇太后。逮崩,上谥。咸丰间加谥,曰孝和恭慈康豫安成钦顺仁正应天熙圣睿皇后。子二:绵恺、绵忻。女一,殇。

恭顺皇贵妃,钮祜禄氏。嘉庆初,选入宫,为如贵人。累进如妃。宣宗尊为皇考如皇妃,居寿安宫。文宗尊为皇祖如皇贵太妃。薨,年七十四,谥曰恭顺皇贵妃。子一,绵愉。女二,殇。

和裕皇贵妃,刘佳氏。事仁宗潜邸。嘉庆初,封诚妃。进诚贵妃。宣宗尊为皇考诚禧皇贵妃。薨,谥曰和裕皇贵妃。子一,未命名,殇。女一,下嫁索特纳木多尔济。

仁宗诸妃有子女者:华妃,侯佳氏。事仁宗潜邸。嘉庆初,封莹嫔。改进封。女一,殇。简嫔,关佳氏,逊嫔,沈佳氏,皆事仁宗潜邸,号格格。嘉庆初,追封。女各一,皆殇。

仁宗嫔御至宣宗朝尊封者，又有信妃，刘佳氏；恩嫔，乌雅氏；荣嫔，梁氏；皆自贵人进。安嫔，苏完尼瓜尔佳氏，自常在进。

宣宗孝穆成皇后，钮祜禄氏，户部尚书、一等子布颜达赉女。宣宗为皇子，嘉庆元年，仁宗册后为嫡福晋。十三年正月戊午，薨。宣宗即位，追册谥曰孝穆皇后。初葬王佐村，移宾华峪，以地宫浸水，再移龙泉峪，后即于此起慕陵焉。咸丰初，上谥。光绪间加谥，曰孝穆温厚庄肃端诚恪惠宽钦孚天裕圣成皇后。

孝慎成皇后，佟佳氏，三等承恩公舒明阿女。宣宗为皇子，嫡福晋薨，仁宗册后继嫡福晋。宣宗即位，立为皇后。道光十三年四月己巳，崩，谥曰孝慎皇后。葬龙泉峪。咸丰初，上谥。光绪间加谥，曰孝慎敏肃哲顺和懿诚惠敦恪熙天诒圣成皇后。女一，殇。

孝全成皇后，钮祜禄氏，二等侍卫、一等男颐龄女。后事宣宗，册全嫔。累进全贵妃。道光十一年六月己丑，文宗生。十三年，进皇贵妃，摄六宫事。十四年，立为皇后。二十年正月壬寅，崩，年三十三。宣宗亲定谥曰孝全皇后，葬龙泉峪。咸丰初，上谥。光绪间加谥，曰孝全慈敬宽仁端悫安惠诚敏符天笃圣成皇后。子一，文宗。女二：一殇，一下嫁德穆楚克扎布。

孝静成皇后，博尔济吉特氏，刑部员外郎花良阿女。后事宣宗为静贵人。累进静皇贵妃。孝全皇后崩，文宗方十岁，妃抚育有恩。文宗即位，尊为皇考康慈皇贵太妃，居寿康宫。咸丰五年七月，太妃病笃，尊为康慈皇太后。越九日庚午，崩，年四十四。上谥，曰孝静康慈弼天辅圣皇后，不系宣宗谥，不祔庙。葬慕陵东，曰慕东陵。穆宗即位，祎庙，加谥。光绪、宣统累加谥，曰孝静康慈懿昭端惠庄仁和慎弼天辅圣成皇后。子三：奕纲、奕继、奕䜣。女一，下嫁景寿。

庄顺皇贵妃，乌雅氏。事宣宗，为常在。进琳贵人，累进琳贵妃。文宗尊为皇考琳贵太妃。穆宗尊为皇祖琳皇贵太妃。同治五年，薨，命王公百官持服一日，谥曰庄顺皇贵妃，葬慕东陵围寝。德宗朝，迭命增祭品，崇规制，上亲诣行礼。封三代，皆一品。子三：奕譞、奕詥。奕譓。女一，下嫁德徽。

彤贵妃，舒穆噜氏。事宣宗，为彤贵人。累进彤贵妃。复降贵人。文宗尊为皇考彤嫔。穆宗累尊为皇祖彤贵妃。女二，一下嫁扎拉丰阿，一殇。

宣宗诸妃有子女者：和妃，纳喇氏。初以宫女子，事宣宗潜邸。嘉庆十三年，子奕纬生。仁宗特命为侧室福晋。道光初，封和嫔。进和妃。祥妃，钮祜禄氏。事宣宗，为贵人。进嫔，复降。文宗尊为皇考祥妃。穆宗追尊为皇祖祥妃。子一，奕誴。女二，一殇，一下嫁恩崇。

他无子女而受尊封者：佳贵妃，郭佳氏，成贵妃，钮祜禄氏，皆事宣宗，为贵人，进嫔，复降。历咸丰、同治二朝进封，常妃、赫舍哩氏，以贵人进封，顺嫔，失其氏，以常在进封。恒嫔，蔡佳氏；豫妃，尚佳氏；贵人李氏，那氏，以答应进封。

文宗孝德显皇后，萨克达氏，太常寺少卿富泰女。文宗为皇子，道光二十七年，宣宗册后为嫡福晋。二十九年十二月乙亥，薨。文宗即位，追册谥曰孝德皇后。权攒田村，同治初，移静安庄，旋葬定陵，上谥。光绪、宣统屡加谥，曰孝德温惠诚顺慈庄恪慎徽懿恭天赞圣显皇后。

孝贞显皇后，钮祜禄氏，广西右江道穆阳阿女。事文宗潜邸。咸丰二年，封贞嫔，进贞贵妃。立为皇后。十年，从幸热河。十一年七月，文宗崩，穆宗即位，尊为皇太后。是时，孝钦、皇后两宫并尊，诏旨称“母后皇太后”、“圣母皇太后”以别之。十一月乙酉朔，上奉两太后御养心殿，垂帘听政。同治八年，内监安得海出京，山东巡抚丁宝桢以闻，太后立命诛之。十二年，归政于穆宗。十三年，穆宗崩，德宗即位，复听政。光绪七年三月壬申，崩，年四十五，葬定陵东普祥峪，曰定东陵。初尊为皇太后，上徽号。国有庆，累加上，曰慈安端裕康庆昭和庄敬皇太后。及崩，上谥。宣统加谥，曰孝贞慈安和庆和敬诚靖仪天祚圣显皇后。

孝钦显皇后叶赫那拉氏，安徽徽宁池广太道惠征女。咸丰元年，后被选入宫，号懿贵人。四年，封懿嫔。六年三月庚辰，穆宗生，进懿妃。七年，进懿贵妃。十年，从幸热河。十一年七月，文宗崩，穆宗即位，与孝贞皇后并尊为皇太后。

是时，怡亲王载垣、郑亲王端华、协办大学士尚书肃顺等以文宗遗命，称“赞襄政务王大臣”，擅政，两太后患之。御史董元醇请两太后权理朝政，两太后召载垣等入议，载垣等以本朝未有皇太后垂帘，难之。侍郎胜保及大学士贾桢等疏继至。恭亲王奕䜣留守京师，闻丧奔赴，两太后为言载垣等擅政状。九月，奉文宗丧还京师，即下诏罪载垣、端华、肃顺，皆至死，并罢黜诸大臣预赞襄政务者。授奕䜣议政王，以上旨命王大臣条上垂帘典礼。

十一月乙酉朔，上奉两太后御养心殿，垂帘听政。谕曰：“垂帘非所乐为，惟以时事多艰，王大臣等不能无所禀，承是以姑允所请。俟皇帝典学有成，即行归政。”自是，日召议政王、军机大臣同入对。内外章奏，两太后览讫，王大臣拟旨，翼日进呈。阅定，两太后以文宗赐同道堂小玺钤识，仍以上旨颁示。旋用御史徐启文奏，令中外臣工于时事阙失，直言无隐，用御史钟佩贤奏，谕崇节俭，重名器，用御史卞宝第奏，谕严赏罚，肃吏治，慎荐举。命内直翰林辑前史帝王政治及母后垂帘事迹，可为法戒者，以进。同治初，寇乱未弭，兵连不解，两太后同心求治，登进老成，倚任将帅，粤、捻荡平，滇、陇渐定。十二年二月，归政于穆宗。

十三年十二月，穆宗崩，太后定策立德宗，两太后复垂帘听政。

谕曰:“今皇帝绍承大统,尚在冲龄,时事艰难,不得已垂帘听政。万几综理,宵旰不遑,矧当民生多蹙,各省水旱频仍。中外臣工、九卿、科道有言事之责者,于用人行政,凡诸政事当举,与时事有裨而又实能见施行者,详细敷奏。至敦节俭,祛浮华,宜始自宫中,耳目玩好,浮丽纷华,一切不得上进。”“封疆大吏,当勤求闾阎疾苦,加意抚恤,清讼狱,勤缉捕。办赈积谷,饬有司实力奉行,并当整饬营伍,修明武备,选任贤能牧令,与民休息。”用御史陈彝奏,黜南书房行走、侍讲王庆祺,用御史孙凤翔等奏,黜总管内务府大臣贵宝、文锡,又罪宫监之不法者,戍三人,杖四人。一时宫府整肃。

光绪五年,葬穆宗惠陵。吏部主事吴可读从上陵,自杀,留疏乞降明旨,以将来大统归穆宗嗣子。下大臣王议奏,王大臣等请毋庸议,尚书徐桐等,侍读学士宝廷、黄体芳、司业张之洞,御史李端棻,皆别疏陈所见。谕曰:“我朝未明定储位,可读所请,与家法不合。皇帝受穆宗付托,将来慎选元良,缵承统绪,其继大统者为穆宗嗣子,守祖宗之成宪,示天下以无私,皇帝必能善体此意也。”

六年,太后不豫。上命诸督抚荐医治疾。八年,疾愈。孝贞皇后既崩。太后独当国。十年,法兰西侵越南。太后责恭亲王奕䜣等因循贻误,罢之,更用礼亲王世铎等,并谕军机处,遇紧要事件,与醇亲王奕䜣商办。庶子盛昱、锡珍、御史赵尔巽各疏言醇亲王不宜参豫机务,谕曰:“自垂帘以来,揆度时势,不能不用亲藩进参机务。谕令奕䜣与军机大臣会商事件,本专指军国重事,非概令与闻。奕䜣再四恳辞,谕以俟皇帝亲政,再降谕旨,始暂时奉命。此中委曲,诸臣不能尽知也。”是年,太后五十万寿。

十一年,法兰西约定。醇亲王奕譞建议设海军。十三年夏,命会同大学士、直隶总督李鸿章巡阅海口,遣太监李莲英从。莲英侍太后,颇用事。御史朱一新以各直省水灾,奏请修省,辞及莲英。太后不怿,责一新覆奏。一新覆奏,言鸿章具舟迎王,王辞之,莲英乘以行,遂使将吏迎者误为王舟。太后诘王,王遂对曰:“无之。”遂黜一新。

太后命以次年正月归政，醇亲王奕譞及王大臣等奏请太后训政数年，德宗亦力恳再三，太后乃许之。王大臣等条上训政典礼，命如议行。请上徽号，坚不许。十五年，德宗行婚礼。二月己卯，太后归政。御史屠仁守疏请太后归政后，仍披览章奏，裁决施行。太后不可，谕曰："垂帘听政，本万不得已之举。深宫远鉴前代流弊，特饬及时归政。归政后，惟醇亲王单衔具奏，暂须径达。醇亲王密陈：'初裁大政，军国重事，定省可以禀承'并非著为典常，使训政永无底止。"因斥仁守乖谬，夺官。

同治间，穆宗议修圆明园，奉两太后居之，事未行。德宗以万寿山大报恩延寿寺，高宗奉孝圣宪皇后三次祝厘于此，命葺治，备太后临幸，并更清漪园为颐和园，太后许之。既归政，奉太后驻焉。岁十月十日，太后万寿节，上率王大臣祝嘏，以为常。十六年，醇亲王奕譞薨。二十年，日本侵朝鲜，以太后命，起恭亲王奕䜣。是年，太后六十万寿，上请在颐和园受贺，仿康熙、乾隆间成例，自大内至园，跸路所经，设彩棚经坛，举行庆典。朝鲜军事急，以太后命罢之。二十四年，恭亲王奕䜣薨。

上事太后谨，朝廷大政，必请命乃行。顾以国事日非，思变法救亡，太后意不谓然，积相左。上期以九月奉太后幸天津阅兵，讹言谓太后将勒兵废上；又谓有谋围颐和园劫太后者。八月丁亥，太后遽自颐和园还宫，复训政。以上有疾，命居瀛台养疴。二十五年十二月，立端郡王载漪子溥儁继穆宗为皇子。

二十六年，义和拳事起，载漪等信其术，言于太后，谓为义民，纵令入京师，击杀德意志使者克林德及日本使馆书记，围使馆。德意志、奥大利亚、比利时、日斯巴尼亚、美利坚、法兰西、英吉利、义大利、日本、和兰、俄罗斯十国之师来侵。七月，逼京师。太后率上出自德胜门，道宣化、大同。八月，驻太原。九月，至西安。命庆亲王奕劻、大学士总督李鸿章与各国议和。二十七年，各国约成。八月，上奉太后发西安。十月，驻开封。时端郡王载漪以庇义和拳得罪废，溥儁以公衔出宫。十一月，还京师。上仍居瀛台养疴。太后屡下诏："母子一心，励行新政。"三十二年七月，下诏预备立宪。

三十四年十月，太后有疾。上疾益增剧。壬申，太后命授醇亲王载沣摄政王。癸酉，上崩于瀛台。太后定策立宣统皇帝，即日尊为太皇太后。甲戌，太后崩，年七十四，葬定陵东普陀峪，曰定东陵。初尊为皇太后，上徽号。国有庆，累加上，曰慈禧端佑康颐昭豫庄诚寿恭钦献崇熙皇太后。及崩，即以徽号为谥。子一，穆宗。

庄静皇贵妃，他他拉氏。事文宗，为贵人。累进丽妃。穆宗尊封为皇考丽皇贵太妃。薨，谥曰庄静皇贵妃。女一，下嫁符珍。玫贵妃，徐佳氏。事文宗，为贵人。进玫嫔。穆宗尊封为皇考玫贵妃。子一，未命名，殇。

端恪皇贵妃，佟佳氏。事文宗，为祺嫔。同治间，尊为皇考祺贵妃。宣统初，尊为皇祖祺贵太妃。薨，谥曰端恪皇贵妃。文宗诸妃未有子女而同治、光绪两朝尊封者：婉贵妃、璷妃、吉妃、禧妃、庆妃、云嫔、英嫔、容嫔、玶嫔、玉嫔，皆自贵人进封。婉贵妃，索绰络氏。云嫔，武佳氏。英嫔，伊尔根觉罗氏。余不知氏族。

穆宗孝哲毅皇后，阿鲁特氏，户部尚书崇绮女。同治十一年九月，立为皇后。十三年十二月，穆宗崩，德宗即位，以两太后命，封为嘉顺皇后。光绪元年二月戊子，崩，梓宫暂安隆福寺。二年五月，御史潘敦俨因岁旱上言，请更定谥号，谓："后崩在穆宗升遐百日内，道路传闻，或称伤悲致疾，或云绝粒霣生，奇节不彰，何以慰在天之灵？何以副兆民之望？"太后以其言无据，斥为谬妄，夺官。五年三月，合葬惠陵，上谥。宣统加谥，曰孝哲嘉顺淑慎贤明恭端宪天彰圣毅皇后。

淑慎皇贵妃，富察氏。穆宗立后，同日封慧妃。进皇贵妃。德宗即位，以两太后命，封为敦宜皇贵妃。进敦宜荣庆皇贵妃。光绪三十年，薨。谥曰淑慎皇贵妃。

庄和皇贵妃，阿鲁特氏，大学士赛尚阿女，孝哲毅皇后姑也。事穆宗，为珣嫔，进妃。光绪间，进贵妃。宣统皇尊为皇考珣皇贵妃。孝定景皇后崩，未逾月，妃薨。谥曰庄和皇贵妃。敬懿皇贵妃，赫舍里氏。孝穆宗，自嫔进妃。光绪间，进贵妃。宣统间，累进尊封。荣惠贵妃，西林觉罗氏。事穆宗，自贵人进嫔。光绪间，进妃。宣统间，累进尊封。

德宗孝定景皇后，叶赫那拉氏，都统桂祥女，孝钦显皇后侄女也。光绪十四年十月，孝钦显皇后为德宗聘焉。十五年正月，立为皇后。二十七年，从幸西安。二十八年，还京师。三十四年，宣统皇帝即位。称"兼祧母后"，尊为皇太后。上徽号曰隆裕。宣统三年十二月戊午，以太后命逊位。越二年正月甲戌，崩，年四十六。上谥曰孝定隆裕宽惠慎哲协天保圣景皇后，合葬崇陵。

端康皇贵妃，他他拉氏。光绪十四年，选为瑾嫔。二十年，进瑾妃。以女弟珍妃忤太后，同降贵人。二十一年，仍封瑾妃。宣统初，尊为兼祧皇考瑾贵妃。逊位后，进尊封。岁甲子，薨。

恪顺皇贵妃，他他拉氏，端康皇贵妃女弟。同选，为珍嫔。进珍妃。以忤太后，谕责其习尚奢华，屡有乞请，降贵人。逾年，仍封珍妃。二十六年，太后出巡。沉于井。二十七年，上还京师。追进皇贵妃。葬西直门外，移祔崇陵，追进尊封。

宣统皇后，郭博勒氏，总管内务府大臣荣源女。逊位后，岁壬戌，册立为皇后。淑妃，额尔德特氏。同日册封。

论曰：世祖、圣祖皆以冲龄践祚，孝庄皇后睹创业之难，而树委裘之主，政出王大臣，当时无建垂帘之议者。殷忧启圣，遂定中原，克底于升平。及文宗末造，孝贞、孝钦两皇后躬收政柄，内有贤王，外有名将相，削平大难，宏赞中兴。不幸穆宗即世，孝贞皇后崩，孝钦皇后听政久，稍稍营离宫，修庆典，视圣祖奉孝庄皇后、高宗奉孝圣皇后不逮十之一，而世顾窃窃然有私议者，外侮迭乘，灾祲屡见，非其时也。不幸与德宗意旨不协，一激而启戊戌之争，再激而成庚子之乱。晚乃壹意变法，怵天命之难谌。察人心之将涣。而欲救之以立宪，百端并举，政急民烦，陵土未干，国步遂改。综一代之兴亡，系于宫闱。呜呼！岂非天哉？岂非天哉？

清史稿卷二一五

列传第二

景祖诸子

武功郡王礼敦　孙色勒

慧哲郡王额尔衮

宣献郡王斋堪

恪恭贝勒塔察篇古

显祖诸子

诚毅勇壮贝勒穆尔哈齐

子襄敏贝子务达海

庄亲王舒尔哈齐

子阿敏　郑献亲王济尔哈朗　靖定贝勒费扬武

阿敏子温简贝子固尔玛珲

固尔玛珲子镇国襄敏公瓦三

济尔哈朗子简纯亲王济度

辅国武襄公巴尔堪　济度子简亲王喇布

简修亲王雅布　雅布从孙简仪亲王德沛

巴尔堪子辅国襄愍公巴赛　费扬武子尚善

惠献贝子傅喇塔　舒尔哈齐孙辅国公品级札喀纳

镇国公品级屯齐　镇国将军洛讬

通达郡王雅尔哈齐
笃义刚果贝勒巴雅喇

有明诸藩,分封而不锡土,列爵而不临民,食禄而不治事,史称其制善。清兴,诸子弟但称台吉、贝勒。既乃踵明建亲、郡王,而次以贝勒、贝子,又次以公爵,复别为不入八分。盖所以存国俗,而等杀既多,屏卫亦益广,下此则有将军,无中尉,又与明小异。诸王不锡土,而其封号但予嘉名,不加郡国,视明为尤善。然内襄政本,外领师干,与明所谓不临民,不治事者乃绝相反。

国初开创,栉风沐雨,以百战定天下,繄诸王是庸。康熙间,出讨三藩,胜负互见,而卒底荡平之绩。其后行师西北,仍以诸王典兵。雍正、乾隆谅暗之始,重臣宅揆,亦领以诸王。嘉庆初,以亲王为军机大臣,未几,以非祖制罢。穆宗践阼,辍赞襄之命,而设议政王,寻仍改直枢廷。自是相沿,爰及季年,亲贵用事,以摄政始,以摄政终。论者谓有天焉,诚一代得失之林也。

今用诸史例以皇子为宗,子孙袭爵者从焉。子孙别有功绩复立爵者亦从焉。其爵世,备书之。其爵不世,则具详于表。表曰皇子,传曰诸王,亦互文以见义焉。自公以下,别被除拜具有事实者,及疏宗登追列高位著名绩者,皆散与诸臣相次。清矫明失,宗子与庶姓并用,通前史之例以存其实也。

景祖五子:翼皇后生显祖。诸子,武功郡王礼敦,慧哲郡王额尔衮、宣献郡王斋堪、恪恭贝勒塔察篇古,皆不详其母氏。

武功郡王礼敦,景祖第一子也。肇祖而下,世系始详,事迹未备,四传至兴祖。兴祖六子:长,德世库。次,刘阐。次,索长阿。次,景祖。次，包朗阿。次，宝实。号“宁古塔贝勒”。景祖承肇祖旧业，居赫图阿拉，德世库居觉尔察，刘阐居阿哈河洛，索长阿居河洛噶善，包朗阿居尼麻喇，宝实居章甲，环赫图阿拉而城，近者五里，远者二十里，互相卫。宝实子阿哈纳渥济格与董鄂部长克辙巴颜有隙，屡来侵。索长阿子吴泰，哈达万汗婿也，乞援于哈达，攻董鄂部，取数寨，董鄂部兵乃不复至。“宁古塔”亦自此稍弱。及太祖兵起，德世库、刘阐、索长阿、宝实等子孙惎其英武，屡欲加害，其后益强大，谋始戢。索长阿、宝实子孙皆从攻战，包朗阿云孙拜山尤有功，自有传。帝业既成，景祖诸兄弟追封皆未及。

礼敦生而英勇，景祖讨平硕色纳、奈呼二部，礼敦功最，号曰“巴图鲁”。太祖兵起，礼敦卒久矣。太祖既定东京，葬景祖、显祖于杨鲁山以礼敦陪葬。崇德四年八月，进封武功郡王，配享太庙。子贝和齐，太祖伐明，攻广宁，留守辽阳。

孙色勒，事太祖，授牛录额真。事太宗，自十六大臣进八大臣，授正蓝旗固山额真。从太宗围大凌，军城南，屡击败明兵。又从太宗略宣府、大同，与贝勒德格类入独石口，败明兵于长安岭，攻赤城，克其郛。寻坐事，降镶黄旗梅勒额真。崇德初，从伐朝鲜，朝鲜国王李倧遣妻子入江华岛，走保南汉山城。豫亲王多铎围之急，朝鲜将赴援，色勒与甲喇额真阿尔津击败之。分兵攻江华岛，色勒率右翼兵渡海，越敌舰，近跃登岛，破其守兵，得倧妻子。倧既降，论功，授牛录章京世职，兼吏部右参政。顺治元年，擢内大臣。录礼敦诸孙席赉、阿济赉、阿赉等，并授拜他喇布勒哈番。色勒进一等阿思哈尼哈番，再进二等精奇尼哈番，擢领侍卫内大臣。卒，谥勤慤。阿赉子吉哈礼，自有传。

慧哲郡王额尔衮，景祖第二子。顺治十年，追封谥配享太庙。

宣献郡王齐堪，景祖第三子。当族人与太祖构难，斋堪与额尔衮皆不与。顺治十年，追封谥，配享太庙。

恪恭贝勒塔察篇古，景祖第五子。顺治间，追封谥。天聪九年，诏德世库等子孙以“觉罗”为氏，系红带。乾隆四十年，诏国史馆：“礼敦等传列诸臣之首，以别于宗室诸王。”

显祖五子：宣皇后生太祖、庄亲王舒尔哈齐、通达郡王雅尔哈齐。继妃纳喇氏生笃义刚果贝勒巴雅喇。庶妃李佳氏生诚毅勇壮贝勒穆尔哈齐。

诚毅勇壮贝勒穆尔哈齐，显祖第二子。骁勇善战，每先登陷陈。岁乙酉，从太祖伐哲陈部，值大水，遣众还，留八十人：被棉甲者五十，被铁甲者三十，行略地。加哈人苏枯赖虎密以告，于是托漠河、章甲、把尔达、撒尔湖、界凡五城合兵御我。后哨章京能古德驰告，上出他道，弗遇。上深入，遥望见敌兵八百余，陈浑河至于南山。包朗阿孙札亲桑古里惧敌众，解其甲授人，上呵之。穆尔哈齐及左右颜布禄、兀浚噶从上驰近敌陈，下马夺击，射杀二十余人，敌渡浑河走。穆尔哈齐复从上蹑敌后，至吉林崖，遥见敌兵十五自旁径来。上去胄上缨，隐而待，射其前至者，贯脊殪。穆尔哈齐复射殪其一，余皆坠崖死。上曰：“今日以四人败八百人，天助我也！”穆尔哈齐屡从征伐，赐号青巴图鲁，译言：“诚毅”。天命五年九月，卒，年六十。上临祭其墓。顺治十年，追封谥。

子十一，有爵者六：达尔察、务达海、汉岱、塔海、祜世塔、喇世塔。达尔察、塔海、祜世塔、喇世塔皆封辅国公，达尔察谥刚毅，喇世塔谥恪僖。

襄敏贝子务达海，穆尔哈齐第四子。事太宗，授牛录章京。崇德元年，从睿亲王多尔衮伐明，攻沙河、南和及临洺关、魏县并有功。三年，授刑部左参政。从贝勒岳托败明兵开平，复偕固山额真何洛会等败明兵沙河、三河，又败之浑河岸，至赵州。复攻山东，克临清、安邱、临淄。还次密云，俘四千余。五年，授镶白旗满洲梅勒额真。从攻锦州，夜略杏山、塔山。七年，抶刑部承政。从伐明，分军略登州，未至先归，坐夺俘获入官。顺治元年，从定京师，逐李自成至延安，城兵夜出，击破之。复从豫亲王多铎徇江南。三年，又从讨苏尼特腾机思，败土谢图汗，硕雷汗援兵。五年，偕固山额真阿赖等戍汉中。累进爵。自三等辅国将军至贝子。六年，偕镇国公屯齐哈、辅国公巴布泰代英亲王阿济格讨叛将姜瓖。八年，摄都察院事。十一年，从郑亲王世子济庆讨郑成功，中道疾作，召还。十二年，卒，谥襄敏。

务达海子托克托慧，封镇国公。托克托慧子扬福，事圣祖，官黑龙江将军久，圣祖屡称之，命袭不入八分镇国公。卒，谥襄毅。扬福子三官保，圣祖褒其孝，即命继扬福署黑龙江将军，袭爵。

汉岱，穆尔哈齐第五子。事太宗，与务达海同授牛录章京。崇德六年，从上围松山，击破明总兵吴三桂、王朴。七年，从贝勒阿巴泰伐明，攻苏州、河间、景州，进克衮州，即军前授兵部承政。顺治元年，从入关击李自成，又从多铎西征，破自成潼关。二年，与梅勒额真伊尔德率兵自南阳趋归德，克州一、县四，渡淮克扬州。赐金二十五两、银千三百两。三年，授镶白旗满洲固山额真，与贝勒博洛徇杭州，进攻台州，击明鲁王以海。分兵略福建，攻分水关，破明唐王将师福，入崇安，斩所置巡抚杨文英等，下兴化、漳州、泉州。五年，从贝子屯齐将兵讨陕西乱回。乱定，与英亲王阿济格合军讨叛将姜瓖。六年，从巽亲王满达海克朔州、宁武。移师攻辽州，下长留、襄垣、榆社、武乡诸县。七年，授吏部尚书、正蓝旗满洲固山额真。八年，调刑部。累进爵，自一等奉国将军至镇国公。九年，复调吏部。从定远大将军尼堪下湖南，尼堪战没，坐夺爵。十二年，复授吏部尚书，加太子太保，授镇国将军品级。十三年四月，坐依阿蒙蔽，夺官爵。卒。

汉岱子海兰、席布锡伦、嵩布图，均封辅国公。海兰谥慤厚，度布锡伦谥悼敏，嵩布图谥怀思。

庄亲王舒尔哈齐，显祖第三子。初为贝勒。斐悠城长策穆特黑苦乌喇之虐，愿来附。太祖令舒尔哈齐及贝勒褚英、代善，诸将费英东、杨古利、常书，侍卫扈尔汉、纳齐布，将三千人往迎之。夜阴晦，军行，纛有光，舒尔哈齐曰："吾从上行兵屡矣，未见此异，其非吉兆耶！"欲还兵，褚英、代善不可。至蜚悠，尽收环城屯寨五百户而归。乌喇贝勒布占泰发兵万人邀于路，褚英、代善力战破之。舒尔哈齐以五百人止山下，常书、纳齐布别将百人从焉。褚英、代善既破敌，乃驱兵前进，绕山行，未能多斩获。师还，赐号达尔汉巴图鲁。既，论常书、纳齐布止山下不力战罪，当死。舒尔哈齐曰："诛二臣与杀我同。"上乃宥之，罚常书金百，夺纳齐布所属。自是上不遣舒尔哈齐将兵。舒尔哈齐居恒郁郁，语其第一子阿尔通阿、第三子札萨克图曰："吾岂以衣食受羁于人哉？"移居黑扯木。上怒，诛其二子。舒尔哈齐乃复还。岁辛亥八月，薨。顺治十年，追封谥。子九，有爵者五：阿敏、图伦、寨桑武、济尔哈朗、费扬武。

阿敏，舒尔哈齐第二子。岁戊申，偕褚英伐乌喇，克宜罕山城，俘其众以归。岁癸丑，上伐乌喇，布占泰以三万人拒，诸将欲战，上止之。阿敏曰："布占泰已出，舍而不战，将奈何？"上乃决战，逐破乌喇。天命元年，与代善、莽古尔泰及太宗并授和硕贝勒，号"四大贝勒"，执国政。阿敏以序称二贝勒。四年，明经略杨镐大举来侵，阿敏从上击破明兵萨尔浒山。复御明总兵刘綎于栋鄂路，代善等继之，陈斩綎。还击明将乔一琦，一琦奔固拉库崖，与朝鲜将姜功烈合军。阿敏攻之，功烈降。一琦自经死。寻从上破叶赫。六年，从上取沈阳、辽阳。镇江城将陈良策叛附明将毛文龙，阿敏迁其民于内地。文龙屯兵朝鲜境，阿敏夜渡镇江，击杀其守将，文龙败走。十一年，伐喀尔喀巴林部，取所属屯寨。伐札噜特部俘其众。

天聪元年，太宗命偕贝勒岳讬等伐朝鲜，濒行，上命并讨文龙。师拔义州，分兵攻铁山，文龙所屯地也，文龙败走。进克定州，渡嘉山江，克安州、平壤。复进次中和，朝鲜国王李倧使迎师。阿敏与诸贝勒答书数其罪有七，力拒之。师复进次黄州，倧复遣使来。阿敏欲遂破其都城，诸贝勒谓宜待其大臣至，莅盟许平。总兵李承芳进曰："我等奉上命仗义而行，前已遗书言遣大臣莅盟即班师，背之不义。"阿敏怒，叱之退。师复进次平山，倧走江华岛，遣其臣进昌君至军，阿敏令吹角督进兵。岳讬乃与济尔哈朗驻平山，遣副将刘兴祚入江华岛责倧。倧遣族弟原昌君觉等诣军，为设宴。宴毕，岳讬议还师，阿敏曰："吾恒慕明帝及朝鲜王城郭宫殿，今既至此，何遽归耶？我意当留兵屯耕，杜度与我叔侄同居于此。"杜度变色曰："上乃我叔，我何肯远离，何为与尔同居？"济尔哈朗亦力阻，诸贝勒乃定议许倧盟。阿敏纵兵掠三日，乃还。上迎劳于武靖营，赐御衣一袭。复从上伐明，围锦州，攻宁远，斩明步卒千余。

四年，师克永平、滦州、迁安、遵化，上命阿敏偕贝勒硕讬将五千人驻守。阿敏驻永平，分遣诸将分守三城，谕降榛子镇。明经略孙承宗督兵攻滦州，阿敏遣数百人赴援，收迁安守兵入永平。明兵攻滦州急，滦州守将固山额真图尔格等不能支，弃城奔永平，明兵截击，师死者四百余。阿敏令遵化守将固山额真察哈喇等亦弃其城。遂尽杀明将吏降者，屠城民，收其金帛，夜出冷口东还。

上方遣贝勒杜度赴援，闻阿敏等弃四城而归，上御殿，集诸贝勒大臣宣谕，罪阿敏等。阿敏等至，令屯距城十五里，复宣谕诘责。上念士卒陷敌，感伤堕泪。越三日，召诸贝勒大臣集阙下，上御殿，令贝勒岳讬宣于众曰："阿敏怙恶久矣。当太祖时，嗾其父欲移居黑扯木，太祖坐其父子罪，既而宥之。其父既终，太祖爱养阿敏如己出，授为和硕贝勒。及上嗣位，礼待如初。师征朝鲜，既定盟受质，不愿班师，欲与杜度居王京，济尔哈朗力谏乃止。此阿敏有异志之见端也。俘美妇进上，既，复自求之。上察其觖望，曰：'奈何以一妇人乖兄弟之好？'以赐总兵冷格里。伐察哈尔，土谢图额驸背约与通好，上怒，绝之。阿敏遗以甲胄鞍辔，且以上语尽告之。诸贝勒子女婚嫁必闻上，阿敏私以女嫁蒙古贝勒塞特尔，及宴，上不往，常怀怨愤。太祖时，守边驻防，原有定界，乃越界移驻黑扯木。上责以擅弃汛地，将有异志，阿敏不能答。上出征，令阿敏留守，惟耽逸乐，屡出行猎。岳讬、豪格出师先还，坐受其拜，俨如国君。及代守永平，妄曰：‘既克城，何故不杀其民？’又明告众兵曰：‘我既来此，岂能令尔等不饱欲而归？’略榛子镇，尽掠其财物，又驱降人分给八家为奴。明兵围滦州三昼夜，拥兵不亲援，屠永平、迁安官民，悉载财帛牲畜以归。毁坏基业，故令我军伤残。”命众议其罪。佥曰：“当诛。”命幽之。留庄六所、园二所、奴仆二十、羊五百、牛二十，余财产悉畀济尔哈朗。崇德五年十一月，卒于幽所。

阿敏子六，有爵者五：爱尔礼、固尔玛珲、恭阿、果盖、果赖。爱尔礼果盖、果赖皆封镇国公，爱尔礼坐罪死，果盖谥端纯。

温简贝子固尔玛珲，崇德间，从多尔衮伐明，自京师入山西境复东至济南，克城四十余，封辅国公。阿敏得罪，夺爵，削宗籍。顺治五年，复封辅国公。上以其贫乏，赐白金三千。从济尔哈朗徇湖广，破何腾蛟。师复进攻永兴，夺门入，败明兵，进贝子。康熙二十年，卒。谥温简。

镇国襄敏公瓦三，固尔玛珲子。事圣祖，初封辅国将军。从岳讬定湖广，袭辅国公。二十一年，授右宗人。追论攻长沙退缩罪，夺官，仍留爵。复授镶蓝旗满洲固山额真。俄罗斯侵据雅克萨，上遣瓦三偕侍郎果丕，会黑龙江将军萨布素按治。寻命固山额真朋春等率师讨之，以瓦三统辖黑龙江将士。二十四年，卒，谥襄敏。瓦三子齐克塔哈，袭辅国公。事圣祖，征噶尔丹在行。历右宗人、都统、领侍卫内大臣。坐事，夺爵。以固尔玛珲孙鄂斐袭。征噶尔丹亦在行。卒，以子鄂齐袭。事世宗，尝奉使西藏，宣谕达赖喇嘛，进镇国公。授天津水师都统，坐不能约束所部，夺爵。复起授都统，坐纳赂，再夺爵。

恭阿，亦以阿敏得罪，与固尔玛珲同谴，寻同还宗籍。顺治五年，同徇湖广，克六十余城，封镇国公。六年，卒于军。

郑献亲王济尔哈朗，舒尔哈齐第六子，幼育于太祖，封和硕贝勒。天命十一年伐喀尔喀巴林部、扎噜特部，并有功。天聪元年，伐朝鲜，朝鲜国王李倧既乞盟，阿敏仍欲攻其国都。岳讬邀济尔哈朗议，济尔哈朗曰："吾等不宜深入，当驻兵平山以待。"卒定盟而还。五月，从上伐明，围锦州，偕莽古尔泰击败明兵。复移师宁远，与明总兵满桂遇，裹创力战，大败其众。二年五月，偕豪格讨蒙古固特塔布囊，戮之，收其众归。三年八月，伐明锦州、宁远，焚其积聚。十月，上率师自洪山口入，济尔哈朗偕岳讬攻大安口，夜毁水门以进，击明马兰营援兵。及旦，明兵立二营山上，济尔哈朗督兵追击，五战皆捷，降马兰营、马兰口、大安口三营。引军趋石门寨，歼明援兵，寨民出降。会师遵化，薄明都，徇通州张家湾。四年正月，从上围永平，击斩叛将刘兴祚，获其弟兴贤。既克永平，兴贝勒萨哈璘驻守，察仓库，阅士卒，置官吏，传檄下滦州、迁安。三月，阿敏代戍，乃引师还。

五年七月，初设六部，济尔哈朗掌刑部事。从上围大凌河，济尔哈朗督兵收近城台堡。六年五月，从征察哈尔，还趋归化城，收其众千余人。七年三月，城岫岩。五月，明将孔有德、耿仲明自登州来降，明总兵黄龙以水师邀之，朝鲜兵与会，济尔哈朗与贝勒阿济格等勒军自镇江迓有德等，明兵引去。

崇德元年四月，封和硕郑亲王。三年五月，攻宁远，薄中后所城，明兵不敢出。移师克模龙关及五里堡屯台。四年五月，略锦州、松山，九战皆胜，俘其众二千有奇。五年三月，修义州城。蒙古多罗特部苏班岱、阿尔巴岱附于明，屯杏山五里台，请以三十户来归。上命率师千五百人迎之，戒曰："明兵见我寡，必来战，可分军为三队以行。"夜过锦州，至杏山，使潜告苏班岱等携辎重以行。旦，明杏山总兵刘周智与锦州、松山守将合兵七千逼我师，济尔哈朗纵师入敌阵，大败之，赐御厩良马一。九月，围锦州，设伏城南敌不进，追击破之。六年三月，复围锦州，立八营，掘壕筑堑，以困大寿。大寿以蒙古兵守外郛，台吉诺木齐等遣人约献东关，为大寿所觉，与之战。济尔哈朗督兵薄城，蒙古兵缒以入，据其郛。迁蒙古六千余人于义州，降明将八十余。上御笃恭殿宣捷。四月，败明援兵。五月，又败之，斩级二千。六月，师还。九月，复围锦州。十二月，洪承畴自松山遣兵夜犯我军，我军循壕射之，敌败去，不得入，尽降其众。七年，再围锦州。三月,大寿降,堕松山、塔山、杏山三城以归,赐鞍马一、蟒缎百。

八年,世祖即位,命与睿亲王多尔衮同辅政。九月,攻宁远拔中后所,并取中前所。顺治元年,王令政事先白睿亲王,列衔亦先之。五月,睿亲王率师入山海关,定京师。十月,封为信义辅政叔王,赐金千、银万、缎千疋。四年二月,以府第逾制,罚银二千,罢辅政。五年三月,贝子屯齐、尚善、屯齐喀等讦王诸罪状,言王当太宗初丧,不举发大臣谋立肃亲王豪格。召王就质,议罪当死,遂兴大狱。勋臣额亦都、费英东、杨古利诸子侄皆连染,议罪当死,籍没。既,改从轻比,王坐降郡王,肃亲王豪格遂以幽死。

闰四月,复亲王爵。九月,命为定远大将军,率师下湖广。十月,次山东,降将刘泽清以叛诛。六年正月,次长沙,明总督何腾蛟,总兵马进忠、陶养用等。合李自成余部一只虎等据湖南。王分军进击,拔湘潭,擒腾蛟。四月,次辰州,一只虎遁走,克宝庆,破南山坡、大水、洪江诸路兵凡二十八营。七月,下靖州,进攻衡州,斩养用。逐敌至广西全州,分军下道州、黎平及乌撒土司,先后克六十余城。七年正月,师还,赐金二百、银二万。

八年二月,偕巽亲王满达海、端重亲王博洛、敬谨亲王尼堪奏削故睿亲王多尔衮爵,语详《睿亲王传》。三月,以王老,免朝贺、谢恩行礼。九年二月,进封叔和硕郑亲王。十二年二月,疏言:"太祖创业之初,日与四大贝勒、五大臣讨论政事得失,咨访士民疾苦,上下交孚,鲜有壅蔽,故能扫清群雄,肇兴大业。太宗缵承大统,亦时与诸王贝勒讲论不辍,崇奖忠直,录功弃过,凡诏令必求可以顺民心、垂久远者。又虑武备废弛,时出射猎,诸王贝勒置酒高宴,以优戏为乐。太宗怒曰:'我国肇兴,治弓矢,缮甲兵,视将士若赤子,故人争效死,每战必克。常恐后世子孙弃淳厚之风,沿习汉俗,即于慆淫。今若辈为此荒乐,欲国家隆盛,其可得乎?'遣大臣索尼再三申谕。今皇上诏大小臣工尽言,臣以为平治天下,莫要于信。前者轸恤满洲官民,闻者欢忭。嗣役修乾清宫,诏令不信,何以使民?伏祈效法太祖、太宗，时与大臣详究政事得失，必商榷尽善，然后布之诏令，庶几法行民信，绍二圣之休烈。抑请者，垂谟昭德，莫先于史。古圣明王，进君子，远小人，措天下于太平，垂鸿名于万世，匪史官是赖。今宜设起居注官，置之左右，一言一行，传之无穷。亦治道之助也。"疏上，嘉纳之。

五月，疾革，上临问，奏："臣受三朝厚恩，未及答，愿以取云贵，殄桂王，统一四海为念。"上垂涕曰："天奈何不令朕叔长年耶！"言已，大恸。命工图其像。翼日薨，年五十七。辍朝七日。赐银万，置守园十户，立碑纪功。康熙十年六月，追谥。乾隆四十三年正月，诏配享太庙，复嗣王封号曰郑。

济尔哈朗子十一，有爵者四：富尔敦、济度、勒度、巴尔堪。

富尔敦，济尔哈朗第一子，封世子。顺治八年，卒，谥慤厚。

简纯亲王济度，济尔哈朗第二子。初封简郡王。富尔敦卒，封世子。十一年十一月，命为定远大将军，率师讨郑成功。十二年九月，次福州。久之，进次泉州。十三年六月，成功将黄梧、苏明、郑纯自海澄来降，移军次漳州。俄，成功犯福州，遣梅勒额真阿克善等赴援，击败之，斩二百余级。复击斩其将林祖兰等，夺其舟十有四。又分军攻惠安、闽安、漳浦，获舟数百，斩二千余级。十四年三月，师还，上遣大臣迎劳芦沟桥，始闻郑献亲王之丧，令入就丧次，上临其第慰谕之。五月，袭爵，改号简亲王。十七年，薨。

济度子五，喇布、德塞、雅布先后袭爵简亲王。

喇布，济度第二子。济度初薨，以第三子德塞袭。康熙九年，薨，谥曰惠。是年，喇布袭爵。吴三桂反，十三年九月，命为扬威大将军，率师驻江宁。十四年九月，移师江西，镇南昌，屡遣兵援东乡，击鄱阳，破金鸡、万年。三桂将高得捷、韩大任陷吉安，诏趣进师。喇布驻南昌，不出师攻吉安，屯螺子山，敌来攻，师败绩。上遣侍郎班迪按败状，喇布乃督师围吉安。十六年三月，敌引走，喇布入吉安，疏称大任等屯宁都请降，诏报可。既而大任自宁都出扰万安、泰和，喇布复请增兵。上谕曰："简亲王喇布自至江西，无尺寸之功，深居会城，虚縻廪饷。迨赴吉安，以重兵围城，而韩大任窜逸，窃踞宁都，复扰万安、泰和，不能击灭。喇布所辖官兵为数不为少，乃一大任不能翦除，宜严加处分，俟事平日议罪。”十七年正月，护军统领哈克三等败大任于老虎洞，毁其垒，斩六千级。大任奔福建，诣康亲王杰书军降。二月，移师湖南，驻茶陵。八月，三桂死于衡州，诏令自安仁进师。十八年正月，进复衡州。二月，分军复祁阳、耒阳、宝庆。九月，进次广西，驻桂林。十九年正月，马承荫以柳州叛。五月，进攻柳州，承荫降。八月，移驻南宁。十月，诏选所部付大将军赉塔进攻云南。二十年八月，召还京师。十月，薨。二十一年，追论吉安失机罪，夺爵。

雅布，济度第五子。二十二年，袭。二十七年，命赴苏尼特防噶尔丹。二十九年，噶尔丹深入乌珠穆沁地，以恭亲王常宁为安北大将军。雅布与信郡王鄂扎副之，出喜峰口。既而罢行。诏赴裕亲王福全军参赞军务。八月，击败噶尔丹于乌兰布通，噶尔丹遁，未穷追。师还，议不追敌罪，当夺爵，诏罚俸三年。三十五年，从上亲征。三十八年，掌宗人府事。四十年，薨，谥曰修。子十五，雅尔江阿、神保住先后袭爵。

雅尔江阿，雅布第一子。初封世子。四十二年，袭。雍正四年，诏责雅尔江阿耽饮废事，夺爵。神保住，雅度第十四子。初封镇国将军。雅尔江阿既黜，世宗命袭爵。乾隆十三年，诏责神保住恣意妄为，致两目成眚，又虐待兄女，夺爵。以济尔哈朗弟贝勒费扬武曾孙德沛袭。

德沛，字济斋，贝子福存子。雍正十三年，授镇国将军。以果亲王允礼荐，世宗召见，问所欲，对曰：“愿厕孔庑分特豚之馈。”上大重之。授兵部侍郎。乾隆元年，改古北口提督。二年，授甘肃巡抚，奏言：“甘肃州县多在万山中，遇灾，民入城领赈，路窎远。宜于乡镇设厂散粮，并许州县吏具详即施赈。”旋擢湖广总督，奏言：“治苗疆宜劝恳田，置学校，并谕令植树。”四年，调闽浙总督。御史朱续晫劾福建巡抚王士任赃私，上疑不实，命续晫会鞫。德沛自承失察，直续睥而夺士任官，时服其公。福州将军隆升贪纵，劾去之。奏言："海滨居民恒械斗，宜酌移镇将营汛，预弭争端。"五年十二月，谕曰："德沛屡任封疆，操守廉洁，一介不取，逋负日积，致鬻旧产。赐福建藩库银一万，以风有位。"六年，兼署浙江巡抚。七年，调两江总督。淮、扬大水，令府县发仓库，奏拨地丁、关税、盐课银十万两治赈。寻议河事与高斌不合。八年，转吏部侍郎。十二年五月，署山西巡抚。十二月，擢吏部尚书。十三年七月，以疾解任。神保住既黜，上以德沛操履厚重，特命袭爵，曾祖贝勒引费扬武、祖贝子傅喇塔、及福存，并追封简亲王。十七年，薨，谥曰仪。以济尔哈朗曾孙奇通阿袭。

奇通阿，辅国公巴赛子。初授辅国将军。袭辅国公。乾隆元年，授正红旗满洲都统。三年，授领侍卫内大臣。十七年，袭。祖辅国公巴尔堪、父巴赛，并追封简亲王。二十一年，掌宗人府事。二十八年，薨，谥曰勤。子丰讷亨袭。丰讷亨初授三等侍卫。事高，宗从师讨准噶尔，将健锐千人屯呼尔璊。霍集占以五千人来犯，合诸军击却之，逐北十余里。师进，敌踞堑以拒战，夺堑，所乘马中创，易马再进，败敌沁达勒河渡口，再败敌叶尔羌河岸。诏嘉其勇，迁二等侍卫，擢镶白旗满洲副都统。移军伊犁，授领队大臣。击破玛哈沁及哈萨克部人，收其马。二十七年，师还，赐双眼孔雀翎。迁护军统领，管健锐营。二十八年，袭爵。授都统，掌宗人府事。四十年，薨，谥曰恪。子积哈纳，袭。四十三年正月，复号郑亲王。四十九年，薨，谥曰恭。子乌尔恭阿，袭。

乌尔恭阿，初名佛尔果崇额，袭爵，诏改名。道光二十六年，薨，谥曰慎。

子端华，袭。授御前大臣。宣宗崩，受顾命。文宗即位，迭命为阅兵大臣、右宗正。京师戒严，令督察巡防。十年，扈上幸热河，授领侍卫内大臣。端华弟肃顺用事，文宗崩，再受顾命，与怡亲王载垣及肃顺等并号、"赞襄政务王大臣"。穆宗还京师，诏责端华等专擅跋扈罪，端华坐赐死。肃顺自有传，爵降为不入分辅国公。同治元年二月，以济尔哈朗八世孙岳龄袭。三年七月，克复江宁，复还郑亲王世爵，以奇通阿五世孙承志袭。

承志，辅国公西朗阿子。初袭辅国公，既袭王爵，曾祖辅国公经讷亨、祖辅国公伊丰额、及西朗阿。并追封郑亲王，而以岳龄改袭辅国公。四年二月，御史刘庆劾承志品行不端，诏令力图湔濯。十一年，坐令护卫玉寿殴杀主事福珣，夺爵，圈禁。以积哈纳孙庆至袭。庆至，奉恩将军松德嗣子。既袭王爵，松德追封郑亲王。庆至，光绪四年，薨，谥曰顺。子凯泰，袭。二十六年，薨。谥曰恪。子昭煦，袭。

勒度，济尔哈朗第三子。封敏郡王，薨，谥曰简。无子，爵除。

辅国武襄公巴尔堪，济尔哈朗第四子。初授辅国将军。康熙十三年，吴三桂据湖南，令巴尔堪率师赴兖州，署梅勒额真。进次江宁，耿精忠遣兵犯徽州，诏巴尔堪进剿。九月，次旌德，闻绩溪陷，疾趋过徽岭，破敌。江宁将军额楚继至，合师逐北，斩三千余级，克徽州。复破敌黟县董亭桥，进攻婺源。复破敌于奇台岭、于黄茅新岭，复婺源。进克乐平，击破叛将陈九杰，乘胜下饶州。十四年，攻万年石头街，敌四万人御渡口，水陆并进，破五十七营，斩五千级，擒九杰，克安仁，敌焚舟走。五月，复贵溪，进略弋阳，攻永丰。十六年正月，败于螺子山，议夺官。偕额楚徇广东。九月，战韶州莲花山，陷阵，中流矢，裹创力战，大破敌。十九年八月，喇布师次广西，上命以巴尔堪从。病作，语固山额真额赫纳等曰："吾不能临阵而死，今创发，勿令家人以阵亡冒功也。"遂卒于军。丧还，上命内大臣辉塞往奠，下部议恤。雍正元年，追封谥。子巴赛，袭。

辅国襄愍公巴赛，事圣祖，授镶蓝旗汉军副都统。从征噶尔丹，迁正红旗蒙古都统，署黑龙江将军。世宗即位，授宁古塔将军。既，袭爵，召还。雍正四年，授振武将军，军阿尔台。五年，当代还，以喀尔喀郡王丹津多尔济言巴赛治事整饬，命留防。七年，靖边大将军傅尔丹率师讨噶尔丹策零，授巴赛副将军。八年，傅尔丹入觐，护大将军印。九年，偕傅尔丹驻科布多。六月，噶尔丹策零以三万人来犯，傅尔丹信间言噶尔丹策零兵寡，遂出师，次库列图岭。敌据险，攻之不克，移军和通呼尔哈诺尔。敌伏山谷，突起截战，蒙古兵溃，收满洲兵四千作方营，保辎重，退度哈尔哈纳河。敌追至，傅尔丹还科布多，巴赛与副将军查弼纳率残兵越岭至河滨御敌，没于陈。噶尔丹策零之众旌黄带示我师曰："汝宗室为我所杀矣。"赐恤谥，祀昭忠祠。子奇通阿，袭。寻改袭简亲王，公爵当除。高宗以巴尔堪、巴赛仍世有战功，以奇通阿次子经讷亨袭。四传至曾孙承志，复改袭郑亲王。

靖定贝勒费扬武，一名芬古，舒尔哈齐第六子。天聪五年，授镶蓝旗固山额真。从上伐明，攻大凌河城，费扬武率本旗兵围其西南。上幸阿济格营，城兵突出，费扬武击败之。上令诸军向锦州，帜而驰，若明援兵至者，以致祖大寿。费扬武迎击，大寿败入城，遂不敢出。八年，再从伐明，师进独石口，克长安岭，攻赤城，克其郛。九年，师入山西，上命费扬武等攻宁、锦，缀明师。大寿军大凌河西，击败之。崇德元年，伐明，克城十。是冬，伐朝鲜。叙功，封固山贝子。四年，坐受外藩蒙古贿，削爵寻。复封辅国公。七年，伐明，败明总兵白腾蛟等于苏州，克其城。八年，代戍锦州。十二月，卒。顺治十年，追封谥。

费扬武子七，有爵者三、尚善、傅喇塔、努赛。努赛封贝子，谥悼哀。

尚善，初袭辅国公。顺治元年，进贝子。二年，从多铎南征击李自成，敌以骑兵三百冲我师，尚善击败之。平河南，下江南，并有功，赐圆补纱衣一袭、金百、银王千、鞍马一。五年，戍大同。六年，进贝勒，掌理藩，院为议政大臣。十五年，从多尼征云南。明桂王由榔奔永昌，尚善进镇南州，破其将白文选于玉龙关，渡澜沧江，下永昌。由榔先遁，乘胜取腾越，进南甸，至孟村而还。十六年，赐蟒袍一、玲珑刀一、鞍马一。十七年，追论尚善撤永昌守兵致军士入城伤人罪，降贝子。康熙十一年，复爵，任右宗正。以疾罢。

吴三桂反。授安远靖寇大将军，率师之岳州。尚善至军，移书三桂曰："王以亡国余生，乞师我朝，殄歼贼寇，雪国耻，复父仇，蒙恩眷礼，列爵分藩，富贵荣宠，迄今三十余年矣。而晚节末路，自取颠覆，窃为王不解也。王今藉口兴复明室，曩者大兵入关，不闻请立明裔。天下大定，犹为我计除后患，剪灭明宗，安在其为故主效忠哉？将为子孙创大业，则公主、额驸入滇之时，何不即萌反侧？至遣子入侍，乃复称兵，以陷子于戮，可谓慈乎？若谓光耀前人，则王之投诚也，祖考皆膺封锡，今则坟茔毁弃，骸骨遗于道路，可谓孝乎？为人臣仆，身事两朝，而未尝忠于一主，可谓义乎？躬蹈四罪，而犹逞志角力，谬欲收拾人心，是厝薪于火而云安，结巢于幕而云固也。圣朝宽大，如输诚悔罪，应许自新，毋蹈公孙述、彭宠故辙，赤族湛身，为世大僇。”三桂得书，不报。

尚善疏请发荆州绿营兵、京口沙唬船五十，进攻岳州。十四年，遣舟师绝敌饷道。十五年，败贼于洞庭，取君山，分兵助攻长沙。十六年四月，三桂奔衡州，复出湘潭，分遣其众侵两粤。十七年，诏责尚善师无功，令率所部驻长沙，而以岳乐统大军取岳州。尚善请率舟师克岳州自效，上从之。三桂将杜辉等犯柳林觜，师迎击，舟师来会，合战，辉败走。八月，卒于军。十九年，追论退缩罪，削贝勒。圣祖念尚善旧劳，授其子门度辅公国，世袭。

惠献贝子傅喇塔，费扬武第四子。初封辅国公。顺治二年，从勒克德浑徇湖广，有功，赐金五十、银千。五年，复征湖广，逐敌至广西，赐银六百。六年，进贝子。十六年，以朝参失仪，降辅国公。十八年，复爵。

康熙十三年，耿精忠反，授宁海将军。佐康亲王杰书讨之。师至浙江，温州、处州皆陷。傅喇塔师进台州，战黄瑞山，击斩精忠将陈鹏等，复破敌天台紫云山。十四年，精忠将曾养性再犯台州，师自仙居袭其后，破之，乘胜围黄岩，养性遁，城降。先后复太平、乐清、青田诸县，进攻温州，破敌南江。十五年，精忠兵四万水陆来犯，师分路迎击，斩其将三百，兵二万有奇。

初，傅喇塔之攻温州也。以待红衣炮为辞，继言须战船，杰书疏闻。上责其言先后歧，命克期取温州。傅喇塔疏言：“臣奉康亲王檄催，心思皇惑，语言违谬。臣前驻台州，王云：‘待破台州，进福建’臣得黄岩，又云：'必取温州'以是责臣，臣将无辞。今蒙恩勒期下温州，敢不戮力，但环温州皆水，我军不能猝入。"上命康亲王留兵围温州，而趣傅喇塔率师自衢州规福建。谕曰："王、贝子皆朕懿受命讨贼，师克在和，宜同心合力，以奏肤功。"于是傅喇塔亦留兵围温州，而自率师攻处州，溯江抵得胜山。养性等以数百艘泊江中，复立两营对江及得胜山下古溪，阻我师。傅喇塔遣攻古溪，伏林中，敌败，伏起截杀，并发炮碎敌舟及对江营。师进次温溪渡口，败精忠将马成龙。寻会杰书师于衢州。精忠兵屯云和石塘岭，击之，破其垒二十八，克云和。九月，师入福建，精忠降。浙江诸寇悉平。十一月，卒于军。丧归，赐祭奠，谥惠献。

子富善，仍袭贝子。授左宗人。以病解任。谕责富善乖乱，夺爵。弟福存，袭。卒，子德普，袭镇国公。授左宗人。卒，子恒鲁，袭辅国公。事高宗，历工部侍郎、左宗人，绥远、盛京将军，授内大臣。卒，谥恭懿。子兴兆，袭辅国公。事高宗，从征金川，为领队大臣。历右宗人、荆州将军。攻当噶拉、得黑、绒布寨、卡卡角诸地，有功。金川平，画像紫光阁。历西安、绥远城将军。坐事，夺官。复授荆州将军。苗石柳邓、吴半生、吴八月等为乱，与提督花连布击吴半生，降。与内大臣额勒登保等击吴八月，复击石柳邓，歼焉，屡荷恩赉。嘉庆初，讨教匪姚之富、齐王氏等，师久无功，夺官，戍乌鲁木齐。复授侍卫，驻和阗、塔尔巴哈台。坐事，复夺官。子孙仍以辅国公世袭，录傅喇塔功也。

舒尔哈齐诸孙，札喀纳、屯齐、洛讬皆有功，受封。

札喀纳，札萨克图子。崇德三年八月，睿亲王多尔衮率师伐明，毁边墙，至涿州，分军八道入。扎喀纳趋临清州，渡运河，破济南，还破天津卫，所向有功。四年，师还，赐驼马各一、银二千，封镇国公。上命追蒙古、汉人之逃亡者，札喀纳以泥淖，不追而还，降辅国公。六年，从上攻锦州。明总督洪承畴以兵犯镶红旗营，击败之。罢战，敌袭我后，距百步而近，札喀纳奋力转战，敌惊遁。复偕辅国公费扬武，追击明将吴三桂、白广恩、王朴等于塔山。七年，戍锦州。追论敏惠恭和元妃丧时札喀纳从武英郡王阿济格歌舞为乐，大不敬，削爵，黜宗籍，幽禁。

顺治初，释之。从多尔衮败李自成，复宗籍，授辅国公品级。偕镇国公傅勒赫戍江南，复从平南大将军勒克德浑徇湖广。师还，赐金五十、银千。五年，从郡王瓦克达赴英亲王阿济格军戍大同。六年，进贝子。九年，从定远大将军尼堪征湖南，赐蟒衣、鞍马、弓矢。至衡州，尼堪战殁。上以贝勒屯齐与札喀纳合领其军。败明兵于周家坡。十一年，追论衡州败绩罪，夺爵。十二年，复授辅国公品级。十五年，从定远靖寇大将军多尼徇云南，克永昌。十六年闰三月，卒于军。子玛喀纳，袭。

三等镇国将军品级屯齐，图伦子。图伦，舒尔哈齐第四子，追封贝勒，谥恪僖。屯齐，事太宗，从英亲王阿济格伐明，有功。从郑亲王济尔哈朗略锦州、松山、杏山，九战九胜。屯齐受创，加赐银百，封辅国公。五年，从睿亲王多尔衮围锦州，明兵夜袭镶蓝旗营，击败之。坐不临城及私遣兵还，议削爵，命罚银千。六年，从上攻锦州、塔山，败明兵，复从多尔衮围锦州。

顺治元年，进贝子。寻从豫亲王多铎破流寇，平陕西、河南并有功，赐圆补纱衣一袭。从多铎下江宁，明福王由崧走太平，与贝勒尼堪追至芜湖，获之。师还，赐金百、银五千、鞍马一，授镶蓝旗满洲固山额真。三年，从肃亲王豪格西征，破贺珍，解汉中围。会一只虎、孙守法陷兴安，进师汉阴，击走之。五年，陕西回乱，命为平西大将军，率师讨之。总督孟乔芳已击斩回酋米喇印、丁国栋等，还赴英亲王阿济格军，戍大同。六年，进贝勒。

张献忠将孙可望、李定国等降于明桂王由榔，扰湖南。九年，屯齐从定远大将军尼堪南征。尼堪战殁，以屯齐代将。时定国及别将马进忠率兵四万余，屯永州。定国闻师至，度龙虎关先遁。可望在靖州，别将冯双礼在武冈。屯齐进师宝庆，至周家坡，双礼、进忠据险抗我师，会暮天雨，列阵相拒。其夜可望自宝庆以兵来会，众号十万，屯齐分兵纵击，大破之。十一年，追坐衡州败绩，削爵。十二年，授镇国公品级。十五年，从多尼徇云南，定国挟由榔奔永昌，降其余众，还。康熙二年，卒。

子温齐，初封贝子，授右宗人、镶蓝旗满洲都统。吴三桂反，上命定西大将军董额自陕西徇四川，温齐从。陕西提督王辅臣叛应三桂，师驻汉中。十四年，进次陇州，克仙逸、关山二关，复秦州礼县，逐敌至西和，清水、伏羌并下。十六年，诏责董额师久无功，温齐亦坐降辅国公，夺官。三桂陷湖南，安远靖寇大将军尚善规岳州，上发禁旅，命温齐率以往，参赞军务。十七年，败贼于柳林觜，于君山、于陆石口，进克岳州。十八年，温齐追三桂将吴应麒，以未携爨具，引还，且妄报阵斩五千余级。时尚善已卒，察尼代将。事闻，命察尼按鞫之，温齐坐削爵。

洛讬，寨桑武子。寨桑武，舒尔哈齐第五子，追封贝勒，谥和惠。

洛讬，天聪八年，从太宗伐明。上驻师大同南山西冈，洛讬籍所俘以献。崇德元年，封贝子。从伐朝鲜，偕贝勒多铎围南汉山城。朝鲜将以八千人赴援，尽歼之。又以五千人赴援，击之，败走。二年，与议政。四年，从英亲王阿济格围塔山、连山。五年，从睿亲王多尔衮屯田义州。锦州兵夜袭我镶蓝旗营，与屯齐共击败之。六年，坐围锦州不临城，且私遣兵还，议削爵，诏罚银千。上征松山，大破明总督洪承畴兵。洛讬横击溃兵于塔山，复围锦州。七年，从郑亲王济尔哈朗攻塔山，克之。授督察院承政。偕博洛、尼堪驻锦州。八年，坐事，削爵，幽禁。

顺治初，释之。八年，复封三等镇国将军。十三年，授镶蓝旗满洲固山额真。十四年，孙可望、李定国、冯双礼等扰湖南，命为宁南靖寇将军，驻防荆州，佐经略洪承畴讨之。遣兵取心潭隘，断巴东渡口，可望将赵世超、谭新传、赵三才皆降。俄，可望与定国内讧，战不胜，亦来降。上命偕都统济席哈自湖南进取贵州。十五年，与承畴会师常德，次辰州。复沅陵、泸溪、麻阳、黔阳、溆浦诸县，进次沅州。檄偏沅巡抚袁廓宇徇靖州，屯镇远二十里山口以御敌。双礼部将冯天裕、阎廷桂等先后自平越降。四月，师至贵州，明将罗大顺收溃卒袭新添卫,击败之,洛讬与承畴守贵阳。十六年,师还。叙功,加授拖沙喇哈番,进一等镇国将军。十七年,命为安南将军,征郑成功,大破之。十一月,还。康熙四年,卒。

子富达礼,袭拜他喇布勒哈番世职。旋改袭奉恩将军。八年,进一等辅国将军。坐谄索额图,为其从弟所讦,削爵。

通达郡王雅尔哈齐,显祖第四子,太祖同母弟。其生平不著。顺治十年五月,追封谥,配享太庙。

笃义刚果贝勒巴雅喇,显祖第五子。初授台吉。岁戊戌正月,太祖命偕褚英伐安楚拉库路,夜取屯寨二十,降万余人,赐号卓礼克图,译言"笃义"。岁丁未五月,伐东海窝集部,取赫席赫、鄂谟和苏鲁、佛讷赫托克索三路,俘二千人。天命九年,卒。顺治十年,追封谥。

子拜音图,事太宗,授三等昂邦章京、镶黄旗固山额真。崇德元年五月,从武英郡王阿济格略保定,攻安肃,克之。十月,献所获于笃恭殿,上以拜音图战不忘君,深嘉之。从伐朝鲜,骑入城,收其辎重。三年,从睿亲王多尔衮伐明,偕固山额真图尔格败敌董家口,毁边墙入,克青山关下城。六年,拜音图弟巩阿岱从大军围锦州,临阵退挠。下王大臣鞫其罪,拜音图拂袖出,坐徇庇,论死,命夺爵职,罚锾赎罪。寻率师助多尔衮攻锦州,复偕多铎围松山。七年,复授固山额真。顺治二年,从多铎西征,败敌潼关,封一等镇国将军,赐绣服一袭。复从南征,克扬州,又以舟师破其兵于江南岸,偕贝子博洛下杭州。叙功,赐金八十、银四千、鞍马一。三年,授三等公。五年,进贝子。从阿济格戍大同。叛将姜瓖既死,余党犹分据郡邑。六年,拔沁州,复围瓖将胡国鼎于潞安,歼其众,进贝勒。巩阿岱事多尔衮,最见信任,累进封贝子。多尔衮既薨,坐党附罪,死。拜音图亦牵连,削爵,幽禁,削宗籍。嘉庆四年,仁宗命复宗籍,赐红带。巩阿岱裔孙伊里布,自有传。

清史稿卷二一六
列传第三

太祖诸子一

广略贝勒褚英 子安平贝勒杜度
敬谨庄亲王尼堪 杜度子悫厚贝勒杜尔祜
贝子穆尔祜 恪喜贝子特尔祜 怀愍贝子萨弼

礼烈亲王代善 子巽简亲王满达海
克勤郡王岳讬 硕讬 颖毅亲王萨哈璘
谦襄郡王瓦克达 辅国公玛占
满达海从子康良亲王杰书 岳讬子衍禧介郡王罗洛浑
显荣贝勒喀尔楚浑 镇国将军品级巴思哈
罗洛浑曾孙平敏郡王福彭 萨哈璘子阿达礼
顺承恭惠郡王勒克德浑 勒克德浑子勒尔锦
孙锡保

太祖十六子：孝慈高皇后生太宗，元妃佟佳氏生广略具勒褚英、礼亲王代善，继妃富察氏生莽古尔泰、德格类，大妃乌拉纳喇氏生阿济格、睿亲王多尔衮、豫亲王多铎，侧妃伊尔根觉罗氏生饶余郡王阿巴泰，庶妃兆佳氏生镇国公阿拜，庶妃钮祜禄氏生镇国将军汤古代、辅国公塔拜，庶妃嘉穆瑚觉罗氏生镇国公巴布泰、镇国将军巴布海，庶妃西林觉罗氏生辅国公赖慕布，而费扬古不详所自出。

广略贝勒褚英，太祖第一子。岁戊戌，太祖命伐安楚拉库路，取屯寨二十以归。赐号洪巴图鲁，封贝勒。岁丁未，偕贝勒舒尔哈齐、代善徙瓦尔喀部斐悠城新附之众。军夜行，阴晦，纛有光，舒尔哈齐疑不吉，欲班师，褚英与代善持不可。抵斐悠城，收其屯寨五百户，令扈尔汉卫以先行，乌喇贝勒布占泰以万人邀之路。扈尔汉所部止二百人，褚英、代善策马谕之曰："上每征伐，皆以寡击众，今日何惧？且布占泰降虏耳，乃不能复缚之耶？"众皆奋，因分军夹击，敌大败，得其将常柱、瑚里布，斩三千级，获马五千、甲三千。师还，上嘉其勇，锡号曰阿尔哈图土门，译言"广略"。岁戊申三月，偕贝勒阿敏伐乌喇，克宜罕山城。布占泰与蒙古科尔沁贝勒翁阿岱合兵出乌喇二十里，望见我军，知不可敌，乃请盟。

褚英屡有功，上委以政。不恤众，诸弟及群臣愬于上，上浸疏之。褚英意不自得焚表告天自诉，乃坐咀咒，幽禁，是岁癸丑。越二年乙卯闰八月，死于禁所，年三十六。明人以为谏上毋背明，忤旨被谴。褚英死之明年，太祖称尊号。褚英子三，有爵者二杜度、尼堪。

安平贝勒杜度，褚英第一子，初授台吉。天命九年，喀尔喀巴约特部台吉恩格德尔请内附，杜度从贝勒代善迎以归，封贝勒。天聪元年，从贝勒阿敏、岳讬等伐朝鲜，朝鲜国王李倧请和，诸贝勒许之。阿敏欲仍攻王京，岳讬持不可。阿敏引杜度欲与留屯，杜度亦不可。卒，定盟而还。三年十一月，从上伐明，薄明都，败明援兵。又偕贝勒阿巴泰等略通州，焚其舟，至张家湾。十二月，师还，至蓟州，明兵五千自山海关来援。与代善亲陷阵，伤足，犹力战，歼其众，驻遵化。四年正月，明兵来攻，败之，斩其副将，获驼马以千计。

七年，明将孔有德、耿仲明降，偕贝勒济尔哈朗、阿济格赴镇江迎以归。诏问伐明及朝鲜、察哈尔三者何先？杜度言："朝鲜在掌握，可缓。察哈尔逼则征之。若尚远，宜取大同边地，秣马乘机深入。"八年，军海州。崇德元年，进封安平贝勒。海州河口守将伊勒慎报明将造巨舰百余截辽河，命杜度济师，明兵却，乃还。是冬，上伐朝鲜，杜度护辎重后行，略皮岛、云从岛、大花岛、铁山。二年二月，次临津江。前一日冰解，夕大雨雪，冰复合，师毕渡。上闻之曰："天意也！"从睿亲王多尔衮取江华岛，败其水师，遂克之。

三年，多尔衮将左翼、岳讬将右翼伐明，杜度为岳讬副。师进越密云东墙子岭，明兵迎战，击败之。进攻墙子岭堡，分军破黑峪、古北口、黄崖口、马兰峪。岳讬薨于军，杜度总军事。会多尔衮军于通州河西，越明都至涿州，西抵山西，南抵济南，克城二十，降其二。凡十六战皆捷，杀总督以下官百余，俘二十余万。还，出青山口，自太平寨地隘行。四年四月，师还，赐驼一、马二、银五千，命掌礼部事。略锦州、宁远。五年，代济尔哈朗于义州屯田，刈锦州禾，遇明兵，败之。克锦州台九、小凌河西台二。明总督洪承畴以兵四万营杏山城外，偕豪格击败之，追薄壕而还，又歼运粮兵三百。往锦州诱明兵出战，复击败之。获大凌河海口船，追斩敌之犯义州者。冬，再围锦州。六年，攻广宁，败松山、锦州援兵。以后多尔衮离城远驻，遣军私还，论削爵，诏罚银二千。复围锦州，败明兵于松山。是秋，复从上伐明，留攻锦州。七年六月，薨。病革时，诸王贝勒方集笃恭殿议出征功罪，上闻之，为罢朝。丧还，遣大臣迎奠。雍正二年，立碑旌其功。

杜度子七，有爵者五：杜尔祜、穆尔祜、特尔祜、杜努文、萨弼。

慤厚贝勒杜尔祜，杜度第一子。初封辅国公。从太宗围松山、锦州有功。坐事，降袭镇国公。复以甲喇额真拜山等首告怨望，削爵黜宗室。顺治元年，从多铎南征。二年，复宗室，封辅国公。叙功，赐金五十、银二千。五年，从济尔哈朗徇湖广。六年，败敌永兴，次辰州。进剿广西，定全州。七年，赐银六百。八年，进贝勒。十二年二月，卒，予谥。子敦达，袭贝子，谥恪恭。子孙递降，以辅国公世袭。敦达八世孙光裕，袭辅国公。光绪二十六年，德意志等国兵入京师，死难，赠贝子衔，谥勤慤。

贝子穆尔祜，杜度第二子。天聪九年，师伐明，穆尔祜从贝勒多铎率偏师入宁远、锦州缀明师，抵大凌河，击斩明将刘应选，追奔至松山，获马二百，克台一，并有功。崇德元年，封辅国公。七年十月，与杜尔祜同得罪。顺治元年，从多铎南征，破李自成潼关，先后拔两营。贼犯我噶布什贤兵，穆尔祜击败之。又设伏山隘，贼自山上来袭，败其众。二年，复宗室，封三等镇国将军。三年，进一等。从多铎征苏尼特布腾机思等，败之。四年，进辅国公。六年，从尼堪击叛将姜瓖，进贝子。复从尼堪征湖南，赐蟒衣、鞍马、弓矢。至衡州，尼堪战殁。十一年，论前罪，削爵。卒，子长源，授镇国将军品级。子孙递降至云骑尉品级，爵除。

恪喜贝子特尔祜，杜度第三子。崇德四年，封辅国公。六年，从围锦州，败明兵于松山、杏山间。七年，移师驻塔山，克之。与杜尔祜同得罪。顺治元年，从多尔衮入山海关，破李自成，逐之至庆都。复从多铎败自成潼关。二年，复宗室，封辅国公，赐金五十、银二千。六年，进贝子。十五年，卒，予谥。子孙递降，以奉恩将军世袭。

怀愍贝子萨弼，杜度第七子。杜尔祜得罪，从坐，黜宗室。顺治元年，从多尔衮入山海关，破李自成有功。二年，复宗室封辅国公。三年，从勒克得浑南征，略荆州，屡破敌。师还，赐金五十、银千。六年，从击叛将姜瓖，战朔州，败瓖将姜之芬、孙乾、高奎等，移师攻宁武，瓖将刘伟等降，进贝子。十二年，卒，予谥。子固鼐，袭镇国公，谥悼愍。子孙递降，以镇国将军世袭。杜度诸子，惟第六子杜努文无战功。顺治初，封辅国公。卒。康熙三十七年，追封贝子，亦谥怀愍。子苏努，初袭镇国公。事圣祖，累进贝勒。雍正二年，坐与廉亲王允禩为党，削爵，黜宗室。

敬谨庄亲王尼堪，褚英第三子。天命间，从伐多罗特、董夔诸部，有功。天聪九年，师代明，从多铎率偏师入锦、宁界缀明师。崇德元年，封贝子。上伐朝鲜，从多铎逐朝鲜国王李倧至南汉山城，歼其援兵。四年，上伐明，从阿济格等攻塔山、连山。七年，戍锦州。

顺治元年四月，从多尔衮入山海关，败李自成，复从阿济格追击至庆都，进贝勒。复从多铎率师自孟津至陕州，破敌。二年，师次潼关，自成将刘方亮出御，尼堪与巴雅喇纛章京图赖夹击之，获马三百余。又偕贝子尚善败敌骑，趋归德，定河南，诏慰劳，赐弓一。五月，从多铎克明南都，追获明福王由崧。又攻江阴，力战，克之。师远，赐金二百、银万五千、鞍一、马五。

三年，从豪格西征。时贺珍扰汉中，二只虎、孙守法扰兴安，群寇蜂起。尼堪次西安，自栈道进军，珍自鸡头关迎拒，击歼之，疾驰汉中蹲其垒，贼走西乡，追击于楚湖，至汉阴，二只虎奔四川，孙守法奔岳科寨。十一月，复从豪格入四川，斩张献忠于西充。与贝子满达海分兵定遵义、夔州、茂州、隆昌、富顺、内江、资阳，四川平。五年，师还。偕阿济格平天津土寇，进封敬谨郡王。六年，命为定西大将军，讨叛将姜瓖，屡败敌。破瓖所置巡抚姜辉，其将罗英坛以所部降。多尔衮赴大同招抚姜瓖，承制进尼堪亲王。旋自左卫围大同，瓖将杨振威等斩瓖以降，师还。七年，与巽亲王满达海、端重亲王博洛理六部事。多尔衮遣尚书阿哈尼堪迎朝鲜王弟，阿哈尼堪启尼堪以章京恩国泰代行，事觉，尼堪坐徇隐，降郡王。八年，复封亲王。又坐不奏阿济格私蓄兵器，降郡王。寻掌礼部。居数月，再复亲王，掌宗人府事。

孙可望等犯湖南，命为定远大将军，率师讨之。濒行，赐御服、佩刀、鞍马，上亲送于南苑。李定国陷桂林，诏入广西剿贼。十一月，师次湘潭明将马进忠等遁。师向衡州，噶布什贤兵击敌衡山县，败敌兵千八百。尼堪督兵夜进，兼程至衡州。诘旦，师未阵，敌四万余猝至，尼堪督队进击，大破之，逐北二十余里，获象四、马八百有奇。敌设伏林内，中途伏发，师欲退，尼堪曰："我军击贼无退者。我为宗室，退，何面目归乎？"奋勇直入，敌围之数重，军失道，尼堪督诸将纵横冲击，陷淖中，矢尽，拔刀战，力竭，殁于阵。十年，丧归，辍朝三日。命亲王以下郊迎，予谥。是役也，从征诸将皆以陷师论罪。

第二子尼思哈，袭。顺治十六年，追论尼堪取多尔衮身后遗财，及不劾尚书谭泰骄纵罪，以陈亡，留爵。十七年，卒，谥曰悼。第一子兰布，袭贝勒。圣祖念尼堪以亲王陈亡，进兰布郡王，仍原号。七年，进亲王。兰布取鳌拜女，八年，鳌拜既得罪，兰布坐降镇国公。十三年,从尚善讨吴三桂于湖南。十七年,卒于军。十九年,追论退缩罪,削爵。子赖士,袭辅国公。乾隆四十三年,高宗以尼堪功著,力战捐躯,进镇国公,世袭。

礼烈亲王代善,太祖第二子。初号贝勒,岁丁未,与舒尔哈齐、褚英徙东海瓦尔喀部斐悠城新附之众,乌拉贝勒布占泰遣其将博克多将万人要于路。代善见乌喇兵营山上,分兵缘山奋击,乌喇兵败窜,代善驰逐博克多,自马上左手攫其胄斩之。方雪甚寒,督战益力,乌喇败兵僵卧相属,复得其将常柱瑚哩布。师还,太祖嘉代善勇敢克敌,赐号古英巴图鲁。岁癸丑,太祖伐乌喇,克逊扎搭、郭多、郭谟三城。布占泰将三万人越富勒哈城而营,诸将欲战,太祖犹持重,代善曰:“我师还伐,利速战,虑布占泰不出耳。出而不战,将谓之何?”太祖曰:“我岂怯战?恐尔等有一二被伤,欲计万全。今众志在战,复何犹豫。”因麾兵进,与乌喇步兵相距百步许,代善从太祖临陈奋击,大破之,克其城。乌喇兵溃走,代善追殪过半。布占泰奔叶赫,所属城邑尽降,编户万家。天命元年,封和硕贝勒,以序称大贝勒。

太祖始用兵于明,行二日,遇雨,太祖欲还,代善曰:“我师既入明境,遽引还,将复与修好乎?师既出,孰能讳之?且雨何害,适足以懈敌耳。”太祖从之。夜半雨霁,昧爽,围抚顺,明将李永芳以城降。东州、玛哈丹二城及台堡五百余俱下。师还,出边二十里,明将张承荫率兵来追。代善偕太宗还战,复入边,破其三营,斩承荫及其裨将颇廷相等。四年,命代善率诸将十六、兵五千,守扎喀关备明。寻引还。

三月,明经略杨镐大举来侵,遣总兵刘綎将四万人出宽甸,杜松将六万人出抚顺,李如柏将六万人出清河,马林将四万人出三岔口。太祖初闻明兵分出宽甸、抚顺,以宽甸有备,亲率师西御抚顺明兵。代善将前军,谍复告明兵出清河代善曰:“清河道狭,且崎岖,不利速行,我当御其自抚顺来者。”过扎喀关,太宗以祀事后至,言界凡方筑城，民应役，宜急卫之。代善引兵自太兰冈趋界凡，与筑城役屯吉林崖。杜松以二万人来攻，别军陈萨尔浒山。代善与贝勒阿敏、莽古尔泰及诸将议以千人助吉林崖军，使陟山下击，余军队两翼，右应吉林崖，左当萨尔浒。太祖至，以右翼兵益左翼，先趋萨尔浒。明兵出，我兵仰射，不移时破其垒。吉林崖军自山驰而下，右翼渡河夹击，破明兵，斩松等。马林出三岔口，以三万人军于尚间崖，监军道潘宗颜将万人军于飞芬山，松后部龚念遂、李希泌军于斡珲鄂谟，太祖督兵攻之。代善将三百骑驰尚间崖，见明兵结方营，掘壕三匝，以火器居前，骑兵继之，严阵而待，遣骑告太祖。太祖已击破念遂等，亲至尚间崖，令于军，皆下马步战。未毕下，明兵突至，代善跃马入阵，师奋进，斩获过半。翼日，代善以二十骑先还，诇南路敌远近。太祖亦还，闻刘綎兵深入，命代善率先至诸军御之。出瓦尔喀什，綎已至阿布达哩冈，太宗率右翼陟山，代善率左翼出其西，夹击，明兵大溃，斩綎。镐所遣诸军尽败。

七月，从太祖克铁岭。八月，太祖伐叶赫。叶赫有二城：全台石居其东，布扬古居其西。师至，太祖攻东城，代善攻西城。东城下，布扬古及其弟布尔杭古乞盟，代善谕而降之。六年三月，从太祖伐明沈阳，率其子岳讬战，斩馘甚众。复偕莽古尔泰迁金州民于复州。

十一年八月，太祖崩，岳讬与其弟萨哈璘告代善，请奉太宗嗣位，代善曰："是吾心也！"告诸贝勒定策。太宗辞让再三，代善等请益坚，乃即位。是冬，伐蒙古喀尔喀扎鲁特布，擒贝勒巴克等，斩鄂尔齐图，俘所属而归。

天聪元年，从太宗围锦州，拒明山海关援兵，薄宁远，破敌，以暑还师。三年，从伐明，入洪山口，克遵化，薄明都，明总兵满桂等赴援，击败之德胜门外，克良乡，又破明兵永定门外。从上阅蓟州形势，明步兵五千自山海关至，与师遇，不及陈，列车盾、枪炮而营，代善率左翼四旗击破之。四年正月，明侍郎刘之纶率兵至遵化，营山上，代善环山围之，破其七营，之纶走入山，射杀之。五年八月，从上围大凌河，收城外台堡。九月，明总兵吴襄、监军道张春等将四万人自锦州至，距大凌河十五里，代善从上将二万人击之，明兵方陈，发枪炮，督骑兵突入，矢如雨，明兵大却。褰遁，春收溃兵复陈。黑云起，风自西来，明兵乘风纵火逼我军。大雨反风，毁其营，明兵死者甚众，师乘之，获春等。春见上不屈。上将诛之，代善谏，乃赦之。

初，太祖命四和硕贝勒分直理政事，每御殿，和硕贝勒皆列坐。至是，礼部参政李伯龙请定朝会班制。时和硕贝勒阿敏已得罪，莽古尔泰亦以罪降多罗贝勒，诸贝勒议不得列坐。代善曰："奚独莽古尔泰？上居大位，我亦不当并列。自今请上南面，我与莽古尔泰侍坐于侧，诸贝勒坐于下。"

六年四月，从上伐察哈尔，过兴安岭，闻林丹汗远遁，移师攻归化城，趋大同、宣府，出塞，与沙河堡、得胜堡、张家口诸守将议和而还。八年五月，从伐明，出榆林口，至宣府边外，分兵自喀喇鄂博克得胜堡，遂自朔州趋马邑，会师大同而还。

崇德元年，封和硕兄礼亲王。冬，从上伐朝鲜。二年，有司论王克朝鲜，违旨以所获粮米饲马及选用护卫溢额，上曰："朕于兄礼亲王敬爱有加，何不体朕意若是？"又曰："王等事朕虽致恭敬，朕何所喜？必正身行义以相辅佐，朕始嘉赖焉。"四年十一月，从上猎于叶赫，射獐，马仆，伤足。上下马为裹创，酌金卮劳之，因泣下曰："朕以兄年高不可驰马，兄奈何不自爱？"罢猎，还，命乘舆缓行，日十余里，护以归。

八年，太宗崩，世祖即位。王集诸王、贝勒、大臣议，以郑亲王济尔哈朗、睿亲王多尔衮辅政。又发贝子硕讬、郡王阿达礼私议立睿亲王，下法司，诛之。硕讬、王次子。阿达礼、萨哈璘子，王孙也。顺治元年正月朔，命上殿毋拜，著为例。二年春，至京师。五年十月，薨，年六十六。赐祭葬，立碑纪功。康熙十年，追谥。乾隆四十三年，配飨太庙。

代善子八，有爵者七：岳讬、硕讬、萨哈璘、瓦克达、玛占、满达海、祜塞。祜塞，初封镇国公，追封惠顺亲王，而满达海袭爵。

巽简亲王满达海，代善第七子。崇德五年，从围锦州。六年，封辅国公。从肃亲王豪格围松山，破敌。洪承畴赴援，战，所乘马创，豪格呼曰："马创矣！亟易马！"明兵大至，力战，殿而还。明总兵吴三桂倚山为营，满达海合诸军击破之，三桂宵遁。七年，从济尔哈朗克塔山。八年，授都察院承政。

顺治元年，从入关，败李自成，进贝子。复从英亲王阿济格逐自成趋绥德。二年，克沿边三城及延安，自成遁湖广，师还。三年，从豪格讨张献忠，自汉中进秦州，降献忠将高如励。师次西充，击斩献忠，与尼堪分剿余贼。五年，师还。坐徇巴牙喇纛章京希尔根冒功，议罚银，睿亲王多尔衮令免之。六年，袭爵。降将姜瓖叛大同，满达海与郡王瓦克达率师讨之。寻授征西大将军。克朔州、马邑、宁武关、宁化所、八角堡、静乐县、遂与博洛会师，复汾州。瓖诛，大同平。遣兵围平遥、太谷、辽沁，先后克之。屯留、襄垣、榆社、武乡诸县俱下。睿亲王多尔衮令留瓦克达剿余寇，满达海还京师。

八年，世祖亲政，改封号曰巽亲王。诸王分治部务，满达海掌吏部。九年二月，薨，予谥。十六年，追论满达海于奏削多尔衮封爵后，夺其财物。掌吏部，惧谭泰骄纵，未论劾：削谥仆碑，降爵为贝勒。

子常阿岱，初袭亲王。降贝勒。康熙四年，薨，谥怀愍。子星尼，袭贝子，再袭辅国公。星尼子星海，袭镇国公。并坐事夺爵。乾隆四十三年，追录满达海功，命星海孙福色铿额以辅国将军世袭。常阿岱既降爵，以从弟杰书袭亲王。

康良亲王杰书，祜塞第三子。初袭封郡王。八年，加号曰康。十六年，袭爵，遂改号康亲王。康熙十三年六月，命为奉命大将军。率师讨耿精忠。师至金华，温州、处州已陷。精患将徐尚朝以五万人犯金华，王令都统巴雅尔、副都统玛哈达迎击，破之。尚朝复来犯，巴雅尔会总兵陈世凯破贼垒积道山，歼二万余，复永康、缙云。精忠将沙有祥踞桃花岭，梗处州道，玛哈达率军击之，有祥溃走。十四年，复处州及仙居。尚朝等犹踞宣平、松阳，屡窥处州。都统拉哈达偕诸将御之，破贼于石塘，于石佛岭，于大王岭东陇隘口中上套寨、下五塘诸地。诏宁海将军傅喇塔自黄岩规温州，趣杰书自衢州入，杰书疏言："处州有警，兵单不能骤进。"上谕曰："王守金华，将及二载，徒以文移往来，不亲统兵规剿，贼何自灭？宜刻期进取。"

十五年，自金华移师衢州，精忠将马九玉屯大溪滩拒师。杰书督诸将力击之，伏起，刃相接。杰书坐古庙侧指挥，櫜为火器所穿，卫兵负扉为蔽，杰书谈笑自若，诸军皆踊跃奋击，精忠兵大败，溪水为赤。杰书令偃旗鼓，一日夜行数百里，乘月攻克江山，进徇常山，次仙霞关。精忠将金应虎收舟泊隔岸，师不得渡。令循滩西上，视水浅乱流，涉。精忠兵不战，溃，应虎降。进拔浦城，檄精忠谕降。师复进，拔建阳，抚定建宁、延平二府。精忠遣其子显祚迎师，杰书承制许以不死，精忠出降。下　十月，师入福州，精忠请从师讨郑锦自赎，入告，诏许之。

锦将许耀以三万人屯乌龙江南小门山、真凤山，杰书遣拉哈达等击走之。疏言："精忠从师出剿，其弟昭忠、聚忠，宜留一人于福州，辖其属。"又言："福建制兵已设如额，精忠所率兵不少，左右两镇兵可并裁去。温州总兵祖宏勋、藩下总兵曾养性，宜别除授。"上命昭忠为镇平将军，驻福州，余并如所请。杰书遣兵败锦将吴淑于浦塘，复邵武。师复进，泰宁、汀州及所属诸县皆下。十六年，拉哈达败锦军于白茅山、太平山，破二十六垒，克兴化，复泉州、漳州。奏入，诏褒杰书功。杰书令拉哈达等率兵与精忠进次湖州规广东。锦兵陷平和，逼海澄，副都统穆赫林等守御越七旬，援不至，与长泰并陷。杰书请罪，诏俟师还议之。锦兵复破同安、惠安，杰书遣军讨复之，并复长泰，破敌于柯铿山、万松关，又遣别将破敌江东桥、石卫寨。十八年，战郭塘、欧溪头，屡破敌。敌犯江东桥，击却之。副都统吉勒塔布败敌鳌头山，沃申克东石城。十九年，沃申抚定大定、小定、玉洲、石马诸地，克海澄。水师提督万正色克海坛。拉哈达等克厦门、金门，都统赉塔克铜山。锦以残兵还台湾。

精忠既降，复有异志，杰书疏请逮治。上令杰书讽精忠请入觐，亦召杰书师还，留八旗兵三千分守福州、泉州、漳州。十月，至京师，上率王大臣至芦沟桥迎劳之。二十一年，追论金华顿兵及迟援海澄罪，夺军功，罚俸一年。二十九年，率兵出张家口，屯归化城，备噶尔丹。三十六年闰三月，薨，予谥。子椿泰，袭。椿泰豁达大度，遇下以宽。善舞六合枪，手法矫捷，敌十数人。四十八年，薨，谥曰悼。

子崇安，袭。雍正间，官都统，掌宗人府。九年，率兵驻归化，备噶尔丹。寻命护抚远大将军印，召还。十一年，薨，谥曰修。杰书子巴尔图，袭。乾隆十八年，薨，年八十，谥曰简。

崇安子永安，袭。四十三年，复号礼亲王。永恩性宽易而持已严，袭爵垂五十年，淡泊勤俭，出处有恒。嘉庆十年，薨，谥曰恭。

子昭梿，袭。昭梿好学，自号汲修主人，尤习国故。二十一年，坐陵辱大臣，滥用非刑，夺爵，圈禁。二十二年，命释之。从弟麟趾，袭，父永惠，永恩弟也。亦嗜文学，能诗。追封礼亲王。麟趾，道光元年，薨，谥曰安。孙全龄，袭，父锡春，追封礼亲王。全龄，三十年，薨，谥曰慎。

子世铎，袭。同治间，授内大臣、右宗正。光绪十年，恭亲王奕䜣罢政，太后咨醇亲王奕譞诸王孰可任，举世铎封。乃命在军机大臣上行走，并诏紧要事件会同奕譞商办。德宗亲政，世铎请解军机大臣，奉太后旨，不许。十九年，命增护卫。二十年，太后万寿，赐亲王双俸，再增护卫。二十六年，上奉太后西巡，世铎不及从。召赴行在，复以病未至。二十七年七月，罢直，授御前大臣。逊位后三年，薨，谥曰恪。子诚厚，袭。薨，谥曰敦。

克勤郡王岳讬，代善第一子。初授台吉。天命六年，师略奉集堡，将还，谍告明军所在，岳讬偕台吉德格类击败之。上克沈阳，明总兵李秉诚引退，师从之，至白塔铺。岳讬后至，逐北四十里，歼明兵三千余。喀尔喀扎鲁特贝勒昂安执我使送叶赫，被杀。八年，岳讬同台吉阿巴泰讨之，斩昂安及其子。十一年，复从代善伐扎鲁特，斩其部长鄂尔齐图，俘其众。封贝勒。

天聪元年，偕贝勒阿敏、济尔哈朗伐朝鲜，克义州、定州、汉山三城。渡嘉山江，克安州，次平壤，其守将弃城走。再进，次中和，谕朝鲜国王李倧降。阿敏欲直攻王京，岳讬密与济尔哈朗议驻平山，再使谕傺。傺愿岁贡方物，岳讬谋曰："吾曹事已集，蒙古与明皆吾敌，设有警，可不为备乎？宜与盟而归。"既盟，告阿敏。阿敏以未与盟，纵兵掠。岳讬曰："盟成而掠，非义也。"劝之不可。复令傺弟觉与盟，乃还师。

从上伐明，双从围宁远，并有功。复败明兵于牛庄。二年，略明边，堕锦州、杏山、高桥三城。自十三站以东，毁堠二十一，杀守者三十人。师还，上迎劳，赐良马一。三年，略明锦州、宁远，焚其积聚。上伐明，岳讬与济尔哈朗率右翼兵夜攻大安口，毁水门入，败马兰营援兵于城下。及旦，见明兵营山上，分兵授济尔哈朗击之，岳讬驻山下以待。复见明兵自遵化来援，顾济尔哈朗曰："我当击此。"五战皆捷。寻次顺义，击破明总兵满桂等。薄明都，复从代善击败援兵。偕贝勒萨哈璘围永平，克香河。四年，还守沈阳。

五年三月，诏询诸贝勒："国人怨断狱不公，何以弭之？"岳讬奏："刑罚舛谬，实在臣等。请上擢直臣，近忠良，绝谗佞，行黜陟之典，使诸臣知激劝。"是岁初设六部，命掌兵部事。上攻大凌河，趋广宁，岳讬偕贝勒阿济格率兵二万别自义州进，与师会。固山额真叶臣围城西南，岳讬为之应。祖大寿请降，以子可法质。可法见诸贝勒，将拜，岳讬曰："战则仇敌，和则弟兄，何拜为？"因问何为死守空城，曰："畏屠戮耳！"岳讬善谕之，遣归。越三日，大寿乃降。上议取锦州，命偕诸贝勒统兵四千，易汉服，偕大寿作溃奔状，夜袭锦州。会大雾，乃止。

六年正月，岳讬奏："前克辽东、广宁，汉人拒命者诛之，后复屠滦州、永平，是以人怀疑惧。今天与我大凌河，正欲使天下知我善抚民也。臣愚以为善抚此众，归顺者必多。当先予以室家，出公帑以赡之。倘蒙天眷，奄有其地，仍还其家产，彼必悦服。又各官宜令诸贝勒给庄一区，每牛录令取汉男妇二人、牛一头，编为屯，人给二屯。出牛口之家，各牛录复以官值偿之。至明诸将士，弃其乡土穷年戍守，畏我诛戮。今慕义归降，善为抚恤，毋令失所，则人心附，大业成矣。"疏入，上嘉纳之。

寻偕济尔哈朗等略察哈尔部，至归化城，俘获以行千计。又偕贝勒德格类行略地，自耀州至盖州南，七年，又偕德格类等攻旅顺口，留兵驻守。师还，上郊劳，以金卮酌酒赐之。八年，上阅兵沈阳，岳讬率满洲、蒙古十一旗兵，列陈二十里许，军容整肃，上嘉之。从上征察哈尔，有疾先还。九年，略明山西，岳讬复以病留归化城。土默特部来告，博硕克图汗子俄布遣人偕阿噜喀尔喀及明使者至，将谋我。岳讬伏兵邀之，擒明使者，令土默持捕斩阿噜喀尔喀匿马驼者。部分土默物壮丁，立队伍，授条约。寻与诸贝勒会师，偕还。

崇德元年四月，封成亲王。八月，坐徇庇莽古尔泰、硕讬，及离间济尔哈朗、豪格，论死，上宽之，降贝勒。罢兵部。未几，复命摄部事。二年八月，上命两翼较射，岳讬言不能执弓，上勉之再三，始引弓弓，堕地者五，乃掷去。诸王论岳讬骄慢，当死，上再宽之，降贝子，罚银五千。

三年，复贝勒。从上征喀尔喀，至博硕堆，知扎萨克图汗已出走，乃还。八月，伐明，授岳讬扬武大将军，贝勒杜度副之，统右翼军。统左翼者睿亲王多尔衮也。至墙子岭，明兵入堡，外为三寨，我师克之。堡坚不易拔，用俘卒言岭东西有间道，分兵攻其前，缀明师，潜从间道逾岭入，克台十有一。师深入，徇山东，下济南，岳讬薨于军。四年，多尔衮奏捷，无岳讬名。上惊问，始闻丧，大恸，辍膳，命毋使礼亲王知。丧还，上至沙岭遥奠。还宫，辍朝三日。诏封为克勤郡王，赐驼五、马二、银万。康熙二十七年，立碑纪功。乾隆四十三年，配享太庙。

岳讬子七，有爵者五：罗洛浑、喀尔楚浑、巴尔楚浑、巴思哈、祜里布。巴尔楚浑、祜里布并恩封贝勒，巴尔楚浑谥和惠，祜里布谥刚毅。

衍禧介郡王罗洛浑，岳讬第一子。初袭贝勒。崇德五年，迎蒙古多罗特部苏班岱、阿尔巴岱子于杏山，遇明兵，搏战破之。赐御厩良马一。寻围锦州。复从伐明，克松山，赐蟒缎。八年，坐嗜酒妄议，敏惠恭和元妃丧不辍丝竹，削爵。旋复封，命济尔哈朗、多尔衮戒谕之。顺治元年,从定京师,进衍禧郡王。三年,偕肃亲王豪格征四川,薨于军。康熙间,追谥。

子罗科铎,袭。八年,改封号曰平郡王。十五年,从信郡王多尼徇云南,屡破明将李定国、白文选。十六年,赐蟒衣、弓刀、鞍马,旌其劳。康熙二十一年,薨,谥曰比。子讷尔图,袭。二十六年,以殴毙无罪人及折人手足,削爵。弟讷尔福,袭。四十年,薨,谥曰悼。子讷尔苏,袭。五十七年,从抚远大将军允禵收西藏,驻博罗和硕,寻移古木。六十年,摄大将军事。雍正元年,还京。四年,坐贪婪,削爵。子福彭,袭。

平敏郡王福彭既袭爵,授右宗正,署都统。十一年,命军机处行走。授定边大将军,率师讨噶尔丹策零。师次乌里雅苏台,奏言:"行军,驼马为先。今喀尔喀扎萨克贝勒等远献驼马,力请停偿直。彼不私其所有,而宗室王、公、贝勒皆有马,岂不内愧于心?臣有马五百,愿送军前备用。"十二年,率将军傅尔丹赴科布多护北路诸军。寻召还。十三年,复命率师驻鄂尔坤,筑城额尔德尼昭之北。寻以庆复代,召还。乾隆初,历正白、正黄二旗满洲都统。十三年,薨,予谥。

子庆宁,袭。十五年,薨,谥曰僖,无子。以讷尔苏孙庆恒袭,授右宗正。坐旗员冒借官银,降贝子。四十年,复王爵。四十三年,复号克勤郡王。四十四年,薨,谥曰良。以讷尔图孙雅朗阿袭。五十九年,薨,谥曰庄。子恒谨,袭。嘉庆四年,以不避皇后乘舆,夺爵。以弟恒元子尚格袭。恒元追封克勤郡王。尚格,道光四年以病乞休,十三年,薨,谥曰简。子承硕,袭,十九年,薨,谥曰恪。

子庆惠,袭。咸丰八年,授正黄旗汉军都统。十年,上幸热河,命留京办事。英国兵烧圆明园,其将巴夏礼先为我师所擒,庆惠释之,疏请恭亲王奕䜣入城议抚。十一年,薨,谥曰敬。子晋祺,袭。历左宗人、右宗正、都统、领侍卫内大臣。德宗大婚,加亲王衔。孝钦皇后万寿,赐四团龙补服,并岁加银二千。二十六年,薨,谥曰诚。子崧杰,袭,宣统二年,薨,谥曰顺。子晏森,袭。

显荣贝勒喀尔楚浑，岳讬第三子。顺治元年，从多尔衮击李自成于山海关。二年，封镇国公。三年，从豪格讨张献忠，偕贝子满达海率师进剿。献忠将高如砺等率众降，豪格歼献忠，喀尔楚浑在事有功。五年，授都统。六年，从尼堪讨叛将姜瓖，围宁武，破敌，进贝勒。八年，摄理藩院事。卒，予谥显荣。子克齐，方一岁，袭爵。历七十一年卒，年七十二。子鲁宾，初封贝子。事圣祖，授左宗正。从征噶尔丹，罢宗正。雍正元年，袭爵。四年，坐狂悖，削爵、复封辅国公。乾隆八年，卒，年七十四，谥恪思。子孙以奉恩将军世袭。

镇国将军品级巴思哈，岳讬第五子。崇德四年，封镇国将军。顺治六年，进贝勒。九年，从尼堪征湖南，赐蟒衣、鞍马、弓矢。尼堪战死衡州，屯齐代为定远大将军，巴思哈与合军自永州趋宝庆，败敌周家坡。十一年，追论尼堪败绩失援罪，削爵。十二年，授都统。寻授镇国公品级。十五年，从多尼下云南。师次贵州，破敌。十六年，薄云南会城，同贝勒尚善克镇南州玉龙关、永昌府腾越州，赐蟒袍、鞍马。十七年，师还。追议在永昌纵兵扰民，降镇国将军品级。十八年，卒。

硕讬，代善第二子。初授台吉。天命六年，从伐明，攻奉集堡。十年，偕贝勒莽古尔泰援科尔沁。十一年，从代善伐喀尔喀巴林部，又伐札鲁特部，皆有功，授贝勒。天聪元年，从贝勒阿敏等伐朝鲜。双从上伐大凌河，围锦州。四年，师克永平，偕阿敏驻守。阿敏引还，硕讬坐削爵。五年，从攻锦州，明兵攻阿济格营，硕讬力战，伤于股，上亲酌金卮劳之。明兵趋大凌河，硕讬击败张春，复伤于手，叙劳，赐采缎十、布百。八年，从代善自喀喇鄂博攻得胜堡，克之。又击败朔州骑兵。偕萨哈璘略代州，拔崞县，分克原平驿，寻封贝子。崇德元年，从伐朝鲜，围南汉山城，败援兵二万余。二年，偕阿济格攻克皮岛。三年偕济尔哈朗攻宁远。四年，坐僭上越分，降辅国公。偕阿济格伐明，俘获无算，论功，赐驼、马各一。五年六月，从多尔衮围锦州。坐离城久驻，又遣卒私归，议削爵。上让之曰："尔罪多矣！朕屡宥，尔屡犯，若不关己者。后当任法司治之，不汝宥也！"改罚银千。发复封贝子。太宗崩，硕讬与阿达礼谋立睿亲王多尔衮，谴死，黜宗室。

颖毅亲王萨哈璘，代善第三子，初授台吉。天命十年，察哈尔林丹汗攻科尔沁，萨哈璘将精骑五千赴援，解其围。十一年，从代善伐喀尔喀巴林部，又伐札噜特部，皆有功，授贝勒。天聪元年，上伐明，率巴雅喇精骑为前队。上自大凌河至锦州，明兵走，萨哈璘邀击歼之。复率偏师卫塔山粮运，败明兵二万人。攻宁远，击明总兵满桂，萨哈璘力战，被创。三年，上伐明，次波罗河屯。代善等密请班师，上不怿。萨哈璘与岳讬力赞进取，由是克遵化，薄明都。十二月，萨哈璘略通州，焚其舟，次张家湾。复围永平，克香河。四年，永平既下，萨哈璘与济尔哈朗驻守。永平人李春旺讹言将屠城，斩以徇。旋谕降迁安、滦州、建昌、台头营、鞍山堡诸地。明兵自乐亭、抚宁攻滦州，萨哈璘率军赴援，明兵引退。贝勒阿敏来代，乃还师。

五年，诏诸贝勒指陈时政，萨哈璘言："图治在人。人主灼知邪正，则臣下争尚名节，惟皇上慎简庶僚，任以政事。遇大征伐，上亲在行间，诸臣皆秉方略。若遣军，宜选贤能者为帅，给符节，畀事权，仍限某官以下干军令，许军法从事。"初设六部，掌礼部事。六年，略归化城，俘蒙古千余。指授蒙古诸贝勒牧地，申约法。

七年六月，诏问征明及察哈尔、朝鲜三者何先？萨哈璘言："当宽朝鲜，拒察哈尔，而专征明。察哈尔虽不加兵，如虫食穴中，势且自尽。至于明，我少缓，则彼守益固。臣意视今岁秋成图进取，乘彼禾稼方熟，因粮于敌，为再进计。量留兵防察哈尔。先以骑兵往来袭击蹂躏，再简精兵自一片石入山海关，则宁、锦为无用。或仍自宁、锦入，断北京四路，度地形，据粮足之地。乘机伺便，二三年中，大勋集矣。"寻略山海关。八年，偕多尔衮迎降将尚可喜，招抚广鹿、长山二岛户口三千八百有奇。从伐明，萨哈璘自喀喇鄂博攻克得胜堡。略代州，夜袭崞县，拔之。王东，板镇二堡民弃堡。遁复击败代州兵。会上大同，籍俘获以闻。

九年，偕多尔衮、岳讬、豪格等收察哈尔林丹汗子额尔克孔果尔额哲。师次托里图，收其全部。师还，岳讬驻归化城。萨哈璘偕多尔衮、豪格入明边，略山西。事详多尔衮传。诸贝勒大臣屡请上尊号，不许。既收察哈尔，复请，上仍不许。萨哈璘令内院大臣希福等奏曰："臣等屡请，未蒙鉴允，夙夜悚惶，罔知所措。伏思皇上不受尊号，咎在诸贝勒不能殚竭忠信，展布嘉猷，为久大计。今诸贝勒誓改行竭忠，辅开太平之基，皇上宜受尊号。"上曰："善。萨哈璘为朕谋，开陈及此，实获我心。诸贝勒应誓与否，尔掌礼部，可自主之。"翼日，萨哈璘集诸贝勒于朝，书誓词以进。上命以众议告朝鲜，萨哈璘因言："诸贝勒亦当遣使，示以各国来附，兵力强盛。"上嘉纳之。

崇德元年正月，萨哈璘有疾，上命希福谕曰："群子弟中，整理治道，启我所不及，助我所不能，惟尔之赖。尔其静心调摄，以副朕望！"萨哈璘对曰："蒙皇上温旨眷顾，窃冀仰荷恩育，或可得生。即不幸先填沟壑，亦复何憾。但当大勋垂集，不能尽力国家，乃辗转床蓐，为可恨耳！"希福还奏，上恻然曰："国家岂有专事甲兵以为治理者？倘疆土日辟，克成大业，而明哲先萎，孰能助朕为理乎？"病革，屡临视，见其羸瘠，泪下，萨哈璘亦悲痛不自胜。五月，卒。上震悼，入哭者四，自辰至午乃还。仍于庭中设幄坐，不御饮食，辍朝三日。祭时，上亲奠，痛哭。诏褒萨哈璘明达敏赡，通满、汉、蒙古文义，多所赞助，追封颖亲王。上御翔凤楼，偶假寐，梦人请曰："颖亲王乞赐牛一。"故事，亲王薨，初祭以牛。萨哈璘以追封，未用，上命臻祭如礼。康熙十年，追谥。

萨哈璘子三：阿达礼、勒克德浑、杜兰。杜兰，恩封贝勒，坐事，降镇国公。

阿达礼，萨哈璘第一子。袭郡王。崇德三年，从伐喀尔喀。五年五月，偕济尔哈朗驻义州，迎来归蒙古多罗特部，明锦州杏山、松山兵出拒，击败之。师还，赐御厩良马一。六年，围锦州，降城中蒙古台吉诺木齐、吴巴什等，败明援兵于锦州南山西冈。明兵复自松山沿海进援，我兵薄城下，击歼其众。围松，山明兵来犯，击败之，斩千四百余级。七年，明将夏承德约内应，夜半，我军梯登，遂克松山。

叙功,赐鞍马一、蟒缎九十。寻管礼部,与议政。先是,上御笃恭殿,王以下皆侍立。硕讬奏定仪制,上御殿及赐宴,亲王以下皆跪迎,上升阶方起,驾还清宁宫亦如之。贝勒阿尔泰伐明蓟州,偕多铎屯宁远缀明师。八年,太宗崩,坐与硕讬谋立睿亲王,谴死。

顺承恭惠郡王勒克德浑萨哈璘第二子。阿达礼谴死,缘坐,黜宗室。顺治元年,复宗室,封贝勒。二年,命为平南大将军,代豫亲王多铎驻江宁。时明鲁王以海据浙东称监国,其大学士马士英等率兵渡钱塘江窥杭州,勒克德浑遣兵击却之。复遣梅勒额真珠玛喇击士英余杭,和讬击明总兵方国安富阳,两军合营杭州城三十里外。士英、国安复率兵渡江,又为梅勒额真济席哈所败,溺死者无算。十一月,明唐王聿键所置湖广总督何腾蛟招李自成余部,分据诸府县,命勒克德浑偕镇国将军巩阿岱率师讨之。三年正月,师次武昌,遣护军统领博尔辉等督兵进击,战临湘,歼敌千余。次岳州,降明将黑运昌。至石首,敌渡江犯荆州,遣尚书觉罗郎球等以偏师出南岸,伺敌渡,狙击之。师乘夜疾驰,诘旦抵城下,分两翼躏敌营,大破之,斩获甚众。薄暮,郎球等亦尽夺敌舟以归。翌日,分遣奉国将军巴布泰等逐敌,自安远、南漳、喜峰山、关王岭至襄阳,击斩殆尽。次彝陵,自成弟孜及诸将田见秀、张耐、李佑吴汝义等率马步兵五千,诣军前降,获马、赢、牛万二千余。捷闻,优诏班师,赐金百、银二千。五年九月,进封顺承郡王。寻偕郑亲王济尔哈朗督兵攻湘潭,拔之,擒腾蛟。移师入广西,攻全州。破赵廉,克永安关。逐土寇曹桢子,又败之于道州。七年,师还,赐金五十、银五千。八年,掌刑部事。九年三月,薨。康熙十年,追谥。

子勒尔锦,袭。康熙十一年,掌宗人府事。十二年,吴三桂反,命为宁南靖寇大将军,率师讨之。十三年,驻荆州。三桂兵陷沅州、常德,分兵抵巴东,逼襄阳,遣都统鄂内率兵防守。三月,三桂将刘之复率舟师犯彝陵,夹江立五营,遣护军统领额司泰等水陆并击,大败之。四月,三桂将陶继智复自宜都来犯,又败之。七月,败三桂将吴应麒等。十四年五月,三桂兵犯均州,遣都统伊里布击败之。六月，叛将杨来嘉来犯，列阵山巅，自山沟下断我师道，师击之，斩三千余级。疏言："敌逼彝陵，兵众舟多，请益战舰以断运道。"上从之。七月，三桂将王会等合来嘉犯南漳，遣伊里布与总督蔡毓荣会师击之。八月，疏言："贼立垒掘堑，骑兵不能冲突。当简绿旗步兵，造轻箭帘车，炮车并进，填壕发炮，继以满洲兵，庶可灭贼。"上复从之。十月，复兴山。十二月，请发禁旅益师，上责其迁延。十五年，自荆州渡江，破敌于文村、于石首、复战太平街，师败绩，退保荆州。九日，遣副都统塞格复郧西。十八年，设随征四营，辖新增兵万二千。

三桂既死，复渡江克松滋、枝江、宜都及澧州，进取常德，敌焚庐舍、舟舰先遁，所置巡抚李益阳、按察院陈宝钥等降。遣兵至青石渡，吴世璠将潘龙迎战。师左右夹击，追至平峪铺，斩馘无算，敌堕崖死者甚众。复衡山。攻归州，败世璠将廖进忠于马黄山，追至西瓌，复归州、巴东。十九年，诏趣取重庆。疏请留将军噶尔汉于荆州，亲率师赴重庆。中途引还，具疏自劾，请解大将军任，赴沅州军自效，上责令还京师。下吏议，以老师糜饷，坐失事机，削爵。子勒尔贝，袭。二十一年，薨。弟扬奇，袭。二十六年，薨。弟充保，袭。三十七年，薨。弟布穆巴，袭。五十四年，坐以御赐鞍马给优人。削爵。以从父诺罗布袭。

诺罗布，勒克德浑第三子。初授头等侍卫。累官至杭州将军。袭爵。五十六年，薨，谥曰忠。

子锡保嗣。雍正三年，掌宗人府事，在内廷行走。四年，谕曰："顺承郡王锡保才具优长，乃国家实心效力之贤王，可给与亲王俸。"授都统。坐徇贝勒延信罪不举劾，又逮治迟误，夺亲王俸，降左宗正。七年三月，师讨噶尔丹策零，命锡保署振武将军印，驻军阿尔台。九年，上以锡保治军勤劳，进封顺承亲王，命守察罕叟尔。噶尔丹策零遣其将大策零敦多卜、小策零敦多卜、多尔济丹巴入犯科布多，次克噜伦，侵掠喀尔喀游牧。蒙古亲王策棱等合师邀击，遣台吉巴海夜入大策零敦多卜营挑战，击斩其将喀喇巴图鲁，大策零敦多卜等自哈布塔克拜达克遁归。锡保疏报，得旨嘉奖。十一月，授靖远大将军。十年七月，策棱等败敌额尔德尼昭。十一年，疏请城乌里雅苏台，从之。寻以噶尔丹策零兵越克尔森齐老，不赴援，罢大将军，削爵。

子熙良，初封世子。以锡保罪，并夺。寻命袭郡王。乾隆九年，薨，谥曰恪。子泰斐英阿，袭。授都统、左宗正。二十一年，薨，谥曰恭。子恒昌，袭。四十三年，薨，谥曰慎。子伦柱，袭。道光三年，薨，谥曰简。子春山，袭。咸丰四年，薨，谥曰勤。子庆恩，袭。穆宗大婚，赐三眼孔雀翎。光绪七年，薨，谥曰敏。子讷勒赫，袭。德宗大婚，赐食全俸。孝钦皇后万寿，岁加银二千。逊位后，薨，谥曰质。

谦襄郡王瓦克达，代善第四子。天聪元年，师攻宁远，击败明总兵满桂，瓦克达力战，被创。崇德五年，从多尔衮围锦州，敌兵樵采，瓦克达以十余骑击斩之。六年，洪承畴以十三万人援锦州，次松山，敌骑来夺我红衣炮，瓦克达偕满达海战却之，天雨，复战，又败之。进击承畴步兵，噶布什贤什长费雅思哈失马，瓦克达与累骑而出。甲喇章京哈宁阿坠马，创甚，敌围之数重，瓦克达入其阵，挈以归。硕讬谴死，缘坐，黜宗室。

顺治元年，从多尔衮入山海关，追击李自成至庆都，复从阿济格自边外趋绥德。二年，自成遁湖广，蹑至安陆。贼方乘船遁，瓦克达偕巴牙喇纛章京鳌拜涉水登岸，射殪贼众，夺其船以济大军。三年，叙功，复宗室，授三等镇国将军。从多铎剿苏尼特部腾机思、腾机特等，至图拉河，斩腾机思孙三、腾机特子二，及喀尔喀台吉十一，并获其辎重。至布尔哈图山，复与贝子博和讬合军，进斩千余级，俘八百余人，获驼、马、牛、羊无算。又击败喀尔喀土谢图汗兵。四年，进封镇国公。

五年，上念宗室贫乏，瓦克达赐银六千，进封郡王。喀尔喀部二楚虎尔扰边，从阿济格防大同。复从讨叛将姜瓖，围浑源。六年，偕满达海攻朔州，发炮堕其城。移攻宁武，瓖将刘伟、赵梦龙守焉，纵火，弃城走。瓖将杨振威斩瓖降阿济格，伟、梦龙亦降于瓦克达，静乐及宁化所、八角堡诸寨悉平。十月，代满达海为征西大将军，剿山西余寇。明大学士李建泰既降，复叛，踞太平。围之二十余日，穷蹙，出降。诏诛建泰及其兄弟子侄，籍家产入官。连复平阳属县三十六。七年，师还。八年，加封号，掌工部，预议政。九年，坐事，解部任，罢议政，薨。康熙十年，追谥。

瓦克达尝驻军平阳，戢军安民。既薨，平阳人建祠以祀。薨之明年，授其子留雍、哈尔萨三等奉国将军品级。康熙六年，留雍、哈尔萨诉瓦克达功多，授哈尔萨镇国公，留雍镇国将军。八年，留雍复以己爵卑，讼不平。议政王等言前爵黄缘辅政所得，宜并黜革，上命并降奉国将军品级。二十一年，哈尔萨复诉瓦克达爵乃功封，例得袭。命袭镇国公，并封其子海青辅国公。哈尔萨累迁右宗正。二十五年，诏责其钻营，与海青并夺爵。又以留雍袭镇国公。三十七年，复以惰，夺爵。乾隆四十三年，高宗录瓦克达功，命其四世孙洞福以镇国将军世袭。

辅国公玛占，代善第六子。天聪九年，多铎自广宁入宁远、锦州缀明师，玛占在事有功。崇德元年，从阿济格入长城，至安州，克十二城。师还，上郊劳，赐酒一金卮，封辅国公。三年，从岳讬自墙子岭毁边城，入密云，连克台堡，越燕京趋山东，卒于军。四年，丧归，赐银二千、驼马各一。无子，未立后。

清史稿卷二一七
列传第四

太祖诸子二

镇国勤敏公阿拜
镇国克洁将军汤古代　子镇国公聂克塞
莽古尔泰　辅国慤厚将军塔拜
饶余敏郡王阿巴泰　子安和亲王岳乐
温良贝子博和讬　博洛　博和讬子贝子彰泰
阿巴泰孙悼愍贝子苏布图
镇国恪僖公巴布泰　德格类
巴布海　阿济格
辅国介直公赖慕布

镇国勤敏公阿拜，太祖第三子。天命十年，偕塔拜、巴布泰伐东海北路呼尔哈部，俘千五百户口，还，太祖出城迎劳，授牛录章京。天聪八年，授梅勒额真。崇德三年，授吏部承政。四年，封三等镇国将军。六年，驻防锦州。八年，以老罢承政，顺治四年，进二等。五年二月，卒。十年追封谥。

阿拜子有爵者三：巩安，袭三等镇国将军，进辅国公。干图、灏善封辅国公，干图谥介直。巩、灏善之后，皆以奉恩将军世袭。

镇国克洁将军汤古代，太祖第四子。事太宗，授固山额真，取永平四城，汤古代偕图尔格、纳穆泰守滦州。天聪四年，明兵攻滦州急，贝勒阿敏怯不敢援，遣巴都礼率数百人突围进，夜三鼓，入滦州。既，明兵以炮坏城，城楼火，汤古代等弃城奔永平。既还，太宗廷诘之，汤古代引罪请死。太宗曰："汝不能全师而归，杀汝何益？"下所司论罪，免死。罢固山额真，夺所属人口，籍其家。八年，授三等梅勒章京。崇德四年，封三等镇国将军。五年，卒。

子二：穆尔察，初封三等奉国将军，袭爵，进二等。卒，谥恪恭。聂克塞，袭穆尔察三等奉国将军。从多铎略宁远，从多尔衮定京师，逐李自成至庆都，皆有功，累进镇国公。坐事降三等镇国将军。康熙四年，卒。无子，爵除。

莽古尔泰，太祖第五子。岁壬子，从太祖伐乌喇，克六城，莽古尔泰请渡水击之，太祖曰："止！无仆何以为主？无民何以为君？我且削之。"遂毁六城，移军富勒哈河。越日，于乌喇河建木城，留兵千守焉。天命元年，授和硕贝勒，以序称三贝勒。

四年，明经略杨镐遣总兵杜松以六万人出抚顺关，刘綎以四万人出宽甸。莽古尔泰人太祖御松界凡，伏兵萨尔浒谷口，伺明兵过将半击之，我军据吉林崖，明兵营萨尔浒山，复偕贝勒代善等以千从益吉林崖，而合师攻萨尔浒，大破之，松战死。又从太祖还军击斩綎。八月，从伐叶赫。五年，太祖伐明，略懿路、蒲城，令莽古尔泰以所部逐敌，率健锐百人追击明兵，至浑河乃还。六年，镇江守将陈良策叛投毛文龙，莽古尔泰偕代善迁金州民复州。十年，攻克旅顺口。

察哈尔林丹汗侵科尔沁部，围克勒珠尔根城，莽古尔泰赴援，至农安塔，林丹汗循。十一年，太祖伐喀尔喀巴林部，先命诸贝勒略锡拉穆楞，皆以马乏不能进。莽古尔泰独领兵夜渡击之，俘获无算。

天聪元年，攻明右屯卫，又以偏师卫塔山粮运。三年，从太宗征明，阿巴泰自龙井关入，攻汉儿庄。莽古尔泰偕多尔衮、多铎为继，降其城，旋谕降潘家口守将。上克洪山口，逼遵化。莽古尔泰自汉儿庄合军击败明总兵赵率教，擒其副将臧调元，师进次通州，薄明都，明诸道兵入援。莽古尔泰遣巴牙喇兵前行，与多铎殿，值明溃卒来犯，击歼之。从上阅蓟州，破山海关援兵。四年二月，克永平、遵化。还。与明兵遇，败之。

五年，从围大凌河，正蓝旗围其南，莽古尔泰与德格类率巴牙喇兵策应。明总兵吴襄、监军道张春赴援，距城十五里而营。莽古尔泰从上击之，获春等。当围大凌河时，莽古尔泰以所部兵被创，言于上。上偶诘之曰："闻尔所部兵每有远误。"莽古尔泰恚曰："宁有是耶？"上曰："若告者诬，当治告者。果实，尔所部兵岂得无罪？"言已，将起乘马，莽古尔泰曰："上何独与我为难？我固承顺，乃犹欲杀我耶？"抚佩刀，频目之。贝勒德格类，其母弟也，斥其悖，拳殴之。莽古尔泰益怒，抽刃出鞘。左右挥之出，上愤曰："是固尝弑其母以邀宠者！"诸贝勒议莽古尔泰大不敬，夺和硕贝勒，降多罗贝勒，削五牛录，罚银万及甲胄、雕鞍马十、素鞍马二。

六年，从伐察哈尔，林丹汗遁。移师伐明，略大同、宣府。十二月，卒，上临丧，漏尽三鼓，始还。又于中门设幄以祭，哭之恸，乃入宫。

九年，莽古尔泰女弟莽古济格格所属冷僧机告莽古尔泰与德格类、莽古济格格盟誓怨望，将危上，以莽古济格格夫琐诺木为证。搜得牌印十六，文曰"大金国皇帝之印"。追夺莽古尔泰爵。莽古济格格及莽古尔泰子额必伦坐死，余子并黜宗室。

辅国慤厚将军塔拜，太祖第六子。天命十年，伐东海北路呼尔哈部有功，授三等甲喇章京。天聪八年，进一等。寻封三等辅国将军。崇德四年九月，卒。顺治十年，追封谥。塔拜子八，有爵者三：额克亲、班布尔善、巴都海。额克亲，崇德元年，从阿济格伐明，逼燕京。明兵自涿州来拒，亲陷阵，破之。四年，封三等奉国将军。寻袭爵。五年，从多尔衮攻锦州，复从多铎追击明兵于塔山。六年，上围锦州，败洪承畴兵十三万，移军近松山，掘壕困之。明总兵曹变蛟夜突上营，额克亲偕内大臣锡翰力御却之。叙功，赐银八十。顺治元年，从多尔衮入山海关，破李自成，有功，累进镇国公。七年，授正白旗满洲固山额真，复进贝子。八年，坐附罗什博尔惠谄媚诸王造言构衅，削爵，黜宗室。九年，复入宗室，授内大臣。十二年，卒，班布尔善，累进封辅国公，以附鳌拜，谴死。附见《鳌拜传》。巴都海，亦封辅国公，谥恪僖。

饶余敏郡王阿巴泰，太祖第七子。初授台吉，岁辛亥，与费英东、安费扬古率师伐东海窝集部乌尔固辰、穆棱二路，俘千余人，还。天命八年，偕台吉德格类等伐札噜特部，渡辽河，击部长昂安。昂安携妻子引牛车循，师从之，昂邦章京达音布战死。阿巴泰继进，斩昂安及其子，俘其众，还，太祖郊劳，并赉从征将士。

太宗即位，封贝勒。阿巴泰语额驸扬古利、达尔汉曰："战则擐甲胄，猎则佩猎矢，何不得为和硕贝勒？"语闻，上曰："尔等宜劝之，告朕何为？"天聪元年，察哈尔昂坤杜棱来归，与宴。阿巴泰不出，曰："我与诸小贝勒同列。蒙古贝勒明安巴克乃位我上，我耻之！"上以语诸贝勒，贝勒代善与诸贝勒共责之曰："德格类、济尔哈朗、杜度、岳讬、硕讬早从五大臣议政，尔不预焉。阿济格、多尔衮、多铎，先帝时使领全旗，诸贝勒皆先尔入八分。尔今为贝勒，得六牛录，已逾分矣！乃欲与和硕贝勒抗行，得和硕贝勒，不更将觊觎耶？"阿巴泰引罪，罚甲胄、雕鞍马四、素鞍马八。

二年与岳讬、硕讬伐锦州，明师退守宁远，克墩台二十一，毁锦州、杏山、高桥三城，还。三年，从伐明，自喀喇沁波罗河屯行七日，偕阿济格率左翼四旗及蒙古军攻龙井关，夜半克之。明将易爱自汉儿庄赴援，击斩之，取其城。会上克洪山口，逼遵化，败明山海关援兵，克之。复趋通州，明总兵满桂、侯世禄屯顺义，阿巴泰偕岳讬击走之，获马千余、驼百，顺义亦下。

时袁崇焕、祖大寿以兵二万屯广渠门外，阿巴泰偕莽古尔泰等率师攻之。闻敌伏兵于右，诸贝勒相约入隘必趋右，若出中路，与避敌同。豪格趋右，败伏兵，转战至城壕。阿巴泰出中路，亦破敌，与豪格师会。能战，诸贝勒议违约罪，阿巴泰当削爵。上曰："阿巴泰非怯，以顾其二子，与豪格相失，朕奈何加罪于吾兄？"宥之。徇通州，焚其舟，略张家湾。从上至蓟州，明兵五千自山海关至，奋击，歼其众。四年，从上围永平，与济尔哈朗邀斩叛将刘兴祚。寻命守永平。明兵攻滦州，偕萨哈璘赴援，明兵引退，代还。

五年，初设六部，掌工部事。从上围大凌河，正黄旗围北之西，镶黄旗围北之东，阿巴泰率巴牙喇兵为策应。大寿降，阿巴泰偕德格类、多尔衮、岳讬以兵四千易汉装，从大寿夜袭锦州，二更行，炮发不绝声。锦州人闻之，谓大凌河兵逸，争出应之，师纵击，斩馘甚众。雾，两军皆失伍，乃引还。七年，筑兰磐城，赐御用蟒衣一、紫貂皮八、马一。诏问征明及朝鲜，察哈尔三者何先？阿巴泰请先伐明。八月，略山海关，俘数千人还。上迎劳，责其不深入。八年，从征宣府，至应州，克灵邱及王家庄。九年，阿巴泰病手痛，上曰："尔自谓手痛不耐劳苦。不知人身血脉，劳则无滞。惟家居佚乐，不涉郊原，手不持弓矢，忽尔劳动，疾痛易生。若日以骑射为事，宁复患此？凡有统师之责者，非躬自教练，士卒奚由奋？尔毋偷安，斯克敌制胜，身不期强而自强矣。"

崇德元年，封饶余贝勒。偕阿济格等伐明，克雕鹗堡、长安岭堡、薄延庆，分兵克定兴、安肃、容城、安州、雄、东安、文安、宝坻、顺义、昌平十城。五十六战皆捷，俘十数万。师还，上出城十里迎劳，酌以金卮。上伐朝鲜，留防噶海城。三年上伐喀尔喀，阿巴泰与代善留守，筑辽阳都尔弼城，复治盛京至辽河道，道广十丈，高三尺，浚壕夹之。副多尔衮率师伐明，毁边墙入，越明都趋涿州，直抵山西。复东趋临清，克济南。略天津、迁安、出青山关，还。赐马二、银五千。四年，偕阿济格略锦州、宁远。

五年，偕多尔衮屯田义州，分兵克锦州城西九台，刈其禾。又克小凌河西二台。偕杜度伏兵守远，截明运道，夺米千石。移师败明杏山、松山兵。时大军更番围锦州，阿巴泰屡往还其间。六年，坐从多尔衮去锦州三十里为营及遣士卒还家，论削爵，夺所属户口。诏宽之，罚银二千。寻从上破洪承畴援兵十三万。七年，锦州降，偕济尔哈朗围杏山，克之，还守锦州。叙功，赐蟒缎七十。

十月，授奉命大将军伐明，内大臣图尔格副之。自黄崖口入边，败明将白腾蛟等于蓟州，破河间、景州。趋兖州，擒斩明鲁王以派等。分徇莱州、登州、青州、莒州、沂州，南至海州，还略沧州、天津、三河、密云。凡克城八十八，降城六，俘三十六万，得金万二千、银二百二十万有奇。八年五月，师还，上遣济尔哈朗、多尔衮等郊迎三十里，赐银万。顺治元年四月，进郡王。二年，统左右两翼兵镇山东，剿满家洞土寇，寻还。三年，薨。康熙十年，追谥。

阿巴泰子五，有爵者四：尚建、博和讬、博洛、岳乐，而岳乐袭爵。

安和亲王岳乐，阿巴泰第四子。初封镇国公。顺治三年，从豪格徇四川，击斩张献忠。六年，封贝勒。八年，袭爵，改号安郡王。九年，掌工部事，与议政。十年，命为宣威大将军，驻归化城，规讨喀尔喀部土谢图汗、车臣汗。寻行成，入贡，乃罢兵。十二年，掌宗人府事。十四年，进亲王。

康熙十三年，吴三桂、耿精忠并反，犯江西。命为定远平寇大将军，率师讨之，自江西规广东，次南昌，遣兵复安福、都昌。十四年，复上高、新昌。战抚州唐埠、七里冈、五桂寨、徐汊，屡破敌，复余干、东乡。诏移师湖南，疏言："江西为广东咽喉，当江南、湖广之冲，今三十余城皆陷贼。三桂于醴陵造木城，增伪总兵十余人，兵七万、猓猓三千，固守萍乡诸隘。若撤抚州、饶州、都昌诸路防兵尽赴湖南，则诸路复为贼有。否则，兵势单弱，不能长驱。广东诸路，恐亦多阻。臣欲先平江西，无却顾忧，然后移师。"疏闻，上令速定江西。岳乐督兵攻建昌，精忠将邵连登率数万人迎战长兴乡，击走之，克建昌，并下万年、安仁。师进克广信，再进克饶州，破敌景德镇，复克浮梁、乐平。分兵徇宜黄、崇仁、乐安，皆下。并谕降泰和、袭泉、永新、庐陵、永宁及湖广茶陵诸县。师再进,克靖安、贵溪。疏言:“三桂闻臣进取,必固守要害,非绿旗兵无以搜险,非红衣炮无以攻坚。请令提督赵国祚等率所部从臣进讨,并敕发新造西洋炮二十。”又疏言:“精忠将张存遣人称有兵八千屯顺昌,俟大军入闽为应。”诏以简亲王喇布专主福建军事,而趣岳乐赴长沙。

十五年,岳乐师克萍乡,遂薄长沙。疏言:“敌船集长沙城下,我师无船,难以应敌。长沙附近林木颇盛,请先拨战舰七十艘,仍令督抚委员伐木造船。”如所请。八月,诏曰:“朕闻王复萍乡,直抵长沙,甚为嘉悦。王其善抚百姓,使困苦得纾,即胁从者皆朕赤子,当加意招徕。”十六年,遣兵破敌浏阳,斩千余级,克平江。十七年,破敌七家洞。三桂将林兴珠等自湘潭来降。九月,三桂既死,诏趣岳乐进师。岳乐请赴岳州调度诸军。上命大将军察尼规取岳州,面令岳乐仍攻长沙。十八年正月,岳州降。长沙贼亦弃城遁,遂入长沙,遣兵复湘潭。寻会喇布军克衡州、宝庆,分兵守焉。复与喇布合军攻武冈,破敌宝庆岩溪,斩级数百,获舟四十。师次紫阳河,敌于对岸结营,师迳渡,分兵出敌从夹击之。敌溃走。三桂将吴国贵、胡国柱以二万人守隘,发炮殆国贵,夺隘。贝子彰泰逐敌至木瓜桥,遂克武冈及枫木岭。诏召岳乐还京师,以敕印付彰泰。十九年正月,下诏褒岳乐功。岳乐至京师,上于卢沟桥南二十里行郊劳礼。

顺治初,故明外戚周奎家有自称明太子者,使旧宫人及东宫官属辨视非是。三桂反,京师又有朱慈璊者,自称三太子,私改元广德,纠党举火为乱,事败,慈璊走免。鞫其党,谓其真姓名为杨起隆。及岳乐驻师枫木岭,于新化僧寺得朱慈灿,自言为庄烈帝长子,闯难奔南京,福王置诸狱,释为民,从朽木和尚为僧,往来永州、宝庆间。以三桂悖逆反覆,将募兵声讨,三桂死,乃止。至是,岳乐携慈灿来京,诏令慈璊党相见,复不相识,乃斩之。二十年,仍掌宗人府事。二十七年,偕简亲王雅布往苏尼特防噶尔丹。二十八年二月,薨,予谥。三十九年,贝勒诺尼讦岳乐掌宗人府,听谗,枉坐诺尼不孝罪,追降郡王,削谥。

岳乐子二十，有爵者三：蕴端、玛尔浑、经希。蕴端封勤郡王，坐事降贝子。复坐事夺爵。经希封僖郡王。岳乐得罪，降镇国公，卒，停袭。玛尔浑，袭爵。玛尔浑好学能文章，蕴端亦善诗词。玛尔浑又辑宗室王公诗为宸萼集，一时知名士多从之游。四十八年，薨，谥曰懿。子华玘，袭。五十八年，薨，谥曰节。雍正元年十二月，诏曰："曩安郡王岳乐谄附辅政大臣，每触忤皇考，蒙恩始终宽宥，而其诸子全不知感，倾轧营求，妄冀封爵。玛尔浑、华玘相继夭折，爵位久悬。岳乐诸子伍尔占、诸孙色亨图等，怨望形于辞色。廉亲王允禩又复逞其离间，肆为谗言。安郡王爵不准承袭。"乾隆四十三年，高宗以阿巴泰、岳乐屡著功绩，封华玘孙奇昆辅国公，世袭。

温良贝子博和讬，阿巴泰第二子。初封辅国公。崇德元年，从征朝鲜，围南汉山城，偕尼堪击走其援兵，斩殆甚众。三年，从伐明，自董家口略明都西南六府，入山西界。移师克济南。师还，赐银二千。七年，从阿巴泰伐明，自黄崖口入。及还，赐银三千，顺治元年，从入关，破李自成，进贝子。三年，从多铎击喀尔喀苏尼特部腾机思、腾机特等。五年九月，卒，予谥。子六，彰泰，袭贝子。

彰泰爵进封。康熙十三年春，吴三桂陷湖南，上命贝勒尚善为大将军，率师下岳州，以彰泰参赞军务。十五年，诏责行师延缓。彰泰与尚善议水陆并进，遣额司泰等破敌洞庭湖，获舟五十余。敌立桩套湖峡口阻我师。十七年，督兵伐桩，棹轻舟破敌柳林觜，发炮毁其船。八月，尚善卒于军，贝勒察尼代为大将军，授彰泰抚远将军。九月，督兵出南津港。十月，破敌陆石口，屯白米滩，绝三桂兵运道。十八年，三桂将陈珀等以乏食出降，吴应麒走衡州。都统珠满等克湘阴，彰泰克华容、石首，会安亲王岳乐复长沙，简亲王喇布复衡州，诏彰泰与会师，自衡州进攻武冈，击破三桂将吴国贵等。十一月，召岳乐还京师，命彰泰代为定远平寇大将军。

十九年，复沅州、靖州。三桂所置绥宁诸将吏及附近土司俱降。疏言："将军蔡毓荣调遣汉兵，今进取贵州，若不相闻，恐碍事机。"诏毓荣军事关白大将军。十月，次镇远遣兵攻镇远卫关，截其隘而与毓荣督兵躏敌垒。所遣兵亦夺十向口,破敌大岩门,逐之至偏桥卫,遂复镇远。进下平越及新添卫,趋贵阳。三桂孙世璠及应麒等俱走还云南。迭克安顺、石阡、都匀、思南诸府。十一月,复永宁、破敌安笼铺,逐之至鸡公背山铁索桥,师驻贵阳。诏趣彰泰进规云南。

二十年正月,渡盘江,破敌沙子哨,进次腊茄坡,复新兴所,逐北三十里,克普安、沾益。大将军赉塔自广西入曲靖,会于嵩明州,合围云南会城,距三十里。世璠将胡国柄、刘起龙等以万余人列象陈拒战。赉塔军其右,彰泰军其左,自卯达午,殊死战,破敌阵,斩国柄、起龙等,俘获无算。令诸军分扼南坝、萨石卫、走马街、双塔寺、得腾桥、重关诸地,于是大理、临安、永顺、姚安、武定世番所置将吏,相继诣军前降。

世璠将马宝、胡国柱等自四川,夏国相自广西,还救云南,彰泰遣兵迎击,宝次姚安,亦乞降。国柱走鹤庆、丽江,希福攻云龙州,国柱自经死。国相走广西,李国梁等围之西板桥,国相亦降。与宝同槛送京师。将国赵良栋师自四川至,彰泰偕赉塔及良栋等屡破敌南坝、得腾桥、太平桥、走马街诸地。师薄城环攻,世璠自经死,其将何进忠等出降。彰泰戒将士毋杀掠,入城安抚收仓库戮世璠尸,函首献阙下。云南平,授左宗正。二十一年十月,师还,上迎劳卢沟桥南二十里。

二十二年,议初下岳州迁延罪,以功不坐。赐金二十、银千。二十四年,坐滥举宗人府属官,罢左宗正。二十九年正月,卒。子屯珠,袭镇国公。授左宗正、礼部尚书。五十七年,卒。赠贝子,谥恪敏。孙逢信,以辅国公世袭。

博洛,阿巴泰第三子,天聪九年,从伐明,有功。崇德元年,封贝子。二年,与议政。三年,授理藩院承政。从攻宁远,趋中后所。明将祖大寿袭我军后,巴牙喇纛章京哈宁阿等与相持,博洛突前奋击,大寿引却。五年,从济尔哈朗迎来归蒙古苏班岱,击败明兵,赐良马。寻与诸王更番围锦州。六年,洪承畴以十三万人援锦州,博洛偕阿济格击之,至塔山,获笔架山积粟。又偕维洛浑等设伏阿而斋堡，击败明将王朴、吴三桂。

顺治元年，从入关，破李自成，进贝勒。从多铎征河南。二年，破自成潼关。多铎南征，下江宁，分师之半授博洛，下常州、苏州，趋杭州，屡败明兵。师临钱塘江岸，明兵以为江潮方盛，营且没，会潮连日不至，明潞王常淓以杭州降，淮王常清亦自绍兴降。克嘉兴，徇吴江，破明将吴易，攻江阴亦下。师还，赐金二百、银万五千、鞍马一。

三年，命为征南大将军，率师驻杭州。明鲁王以海监国绍兴，明将方国安营钱塘江东，亘二百里。师无舟，会江沙暴涨，固山额真图赖等督兵径涉，国安惊遁，以海走台州。师入绍兴，进克金华，击杀明蜀王盛浓等，再进克衢州，浙江平。明唐王聿键据福建，博洛率师破仙霞关，克浦城、建宁、延平。聿键走汀州，遣阿济格、尼堪、努山等率师从之，克汀州，擒聿键及曲阳王盛渡等。明将姜正希以二万人夜来袭，击之却，斩万余级。又破敌分水关，克崇安。梅勒额真卓布泰等克福州，斩所置巡抚杨廷清等。降其将郑芝龙等二百九十余人马、步兵十一万有奇。师复进，下兴化、漳州、泉州诸府。十一月，遣昂邦章京佟养甲徇广东，克潮州、惠州、广州，击杀明唐王聿键及诸王世子十余人，承制以养甲为两广总督。四年，师远，进封端重郡王。五年，以所获金币、人口赉焉。

偕阿济格防喀尔喀，徇大同，讨叛将姜瓖。六年正月，偕硕塞援代州，克其郛。三月，瓖将马得胜以五千自北山逼我师，博洛率千余骑应之，与巴牙喇纛章京鳌拜等奋击，大破之，斩馘过半，瓖闭城不敢出。睿亲王多尔衮自京师至军议抚，承制进亲王，命为定西大将军。移师汾州，下清源、交城、文水、徐沟、祁诸县，战平阳、绛州。又遣军克孝义，战寿阳、平遥、辽州、榆次，屡捷。英亲王阿济格、敬谨亲王尼堪围大同，巽亲王满达海、谦郡王瓦克达定朔州、宁武。召博洛还京师，疏言："太原、平阳、汾州所属诸县虽渐次收复，然未下者尚多，恐撤军复后，贼乘军虚袭踞，请仍留守御。"上从之。瓖既诛，与满达海合军克汾州，复岚、永宁二县，战绛州孟城驿、老君庙诸地，尽歼壤余党，乃还师。七年，偕满连海、尼堪同理六部事。再坐事，降郡王。世祖亲政，复爵，寻命掌户部。九年三月，薨，谥曰定。

子齐克新，袭。十六年，追论博洛分多尔衮遗财，又掌户部时尚书谭泰逞私揽权，不力阻，夺爵、谥，齐克新降贝勒。十八年，卒，谥怀思。无子，爵除。博洛子塔尔纳封郡王，卒，谥敏思。坐博洛罪，追夺爵。

悼愍贝子苏布图，阿巴泰孙。父尚建，追封贝子，谥贤愍。苏布图初封辅国公。顺治二年，从勒克德浑驻江宁，移师征湖广。三年，从定荆州、襄阳有功，赐金五十、银千，进贝子。五年，复从济尔哈朗徇湖广，卒于军，谥悼愍。子颜龄，封镇国公。卒，无子，爵除。苏布图弟强度，封贝子，谥介洁，亦不袭。

镇国恪僖公巴布泰，太祖第九子。天命十年，偕阿拜、塔拜伐东海北路呼尔哈部，有功。十一年，命理正黄旗事。天聪四年，从阿敏驻永平。明兵攻滦州，巴布泰不能御，坐罢。八年，授梅勒额真。从伐明，克保安州。巴布泰匿所获不以闻，复坐罢。崇德六年，授三等奉国将军。顺治元年，从入关，逐李自成至庆都。二年，进一等。三年，从勒克德浑伐湖广，战安远、南漳、西峰口、关王岭、襄阳，屡破敌。四年，进辅国公。六年，偕务达海讨姜瓖，进镇国公。十二年正月，卒，予谥。子噶布喇，封辅国公。祜锡禄，袭三等镇国将军。其后并以奉恩将军世袭。

德格类，太祖第十子，初授台吉。天命六年，师略奉集堡，将还，有一卒指明兵所在，德格类偕岳讬硕讬进击之，击败明将李秉诚。复偕台吉寨桑古阅三岔河桥，至海州，城中官民张乐舁舆迎德格类等，令军士毋扰民，毋夺财物，毋宿城上，毋人民居，翌曰，遣视三岔河者还报桥毁无舟楫，乃还。八年，偕阿巴泰伐喀尔喀扎噜特部。十一年，复从代善伐扎噜特部。天聪三年，偕济尔哈朗略锦州，焚其积聚。叙功，进和硕贝勒。

五年，初设六部，掌户部事。从围大凌河，德格类率师策应，击破明监军道张春。十月，祖大寿降，偕阿巴泰等伪为明军袭锦州，击斩甚众。六年，偕济尔哈朗等略归化城。复偕岳讬略地，自耀州至盖州迤南。七年，攻克旅顺口。八年，从伐明，抚定蒙古来归人户。克独石口。攻赤城，未拔。入保安州，会师应州，还。九年十月，卒。上临其丧，痛悼之，漏尽三鼓乃还。设幄坐其中，彻馔三日。

逾月，莽古尔泰既卒，为冷僧机所讦，以大逆削籍，德格类坐同谋，追削贝勒。子邓什库，并坐，削宗籍。德克西克，以侍卫从豪格征张献忠，战死，世祖诏其子辉尔食一等阿思哈尼哈番俸。子五，云柱授一等阿达哈哈番。康熙五十二年，圣祖命复宗籍，赐红带。

巴布海，太祖第十一子。初授牛录章京。天聪八年，授一等甲喇章京。尝命偕镇国将军阿拜祭陵，巴布海不待阿拜，先往祭。牛未至，取民牛代，以祭牛偿民，民以小不受，讼焉，罚银三十偿民，又不与，再讼。巴布海闻上，上责其愚黯，且谓其受制于妻，妻杨古利女也。崇德四年，授梅勒额真，者封镇国将军。七年，巴布海语固山额真谭泰曰："愿罢我梅勒额真。堪者梅勒额真，多于草木！"谭泰语折之，誓曰："若口与心违者，天日鉴之！"图海奉命差择牛录贫富，巴布海曰："我所领牛录甚富。"语闻，巴布海曰："我非太祖之子欤？谭泰等顾厚诬我。"廷鞫皆实，罪当死，上宽之，但夺爵。世祖即位，有为飞书讦谭泰者，投一等公塔瞻第。鞫其仆，谓得之巴布海家。内监逮讯，不承，巴布海及其妻并子阿喀喇皆坐死，籍其家予谭泰。顺治九年，谭泰诛，乃以其奴及遗产畀巴布泰。

阿济格，太祖第十二子。初授台吉。天命十年，从贝勒莽古尔泰伐察哈尔，至农安塔。十一年，偕台吉硕托伐喀尔喀巴林部，复从贝勒代善伐扎鲁特，皆有功，授贝勒。天聪元年，偕贝勒阿敏伐朝鲜，克五城。从上伐明，偕莽古尔泰卫塔山粮运。会师锦州，薄宁远，明兵千余人为车营，掘濠，前列火器，阿济格击歼之。总兵满桂出城陈,上欲进击,诸贝勒以距城近,谏不可,独阿济格请从。上督阿济格驰击明骑兵至城下,诸贝勒皆惭,奋不及胄,亦进击其步军,明兵死者大半。二年,以擅主弟多铎婚,削爵,寻复之。

三年,偕济尔哈朗略明锦州、宁远,焚其积聚,俘三千。复从上伐明,克龙井关,下汉儿庄城,克洪山口。进次遵化,击斩明总兵赵率教。薄明都,袁崇焕、祖大寿以兵二万赴援,屯广渠门外,师逐之,迫壕,阿济格马创,乃还。寻偕阿巴泰等略通州,至张家湾。寻从上阅蓟州,遇明山海关援兵,阿济格偕代善突入敌陈,大破之。

四年,复从伐明趋广宁,会师大凌河,夜围锦州,明兵袭阿济格营,雾不见人,阿济格严阵待。青气降,雾豁若门辟,急纵击,获明裨将一,甲械及马二百余。上酌金卮亲劳之,授围城方略。寻闻明增兵,上命扬古利率八旗巴喇牙喇兵之半以益军。大寿弟大弼逐我军中侦骑近上前,上擐甲与战,阿济格驰至,明兵步骑还出,奋击却之,斩明裨将一。上以所统兵付阿济格,明监军道张春援至,又战于大凌河,截杀过半,逐北四十里。

六年,从伐察哈尔,林丹汗遁。上移师伐明,令阿济格统左翼及蒙古略大同、宣府,尽得张家口所贮犒边财物。七年,城通远堡,迎降将孔有德,拒明及朝鲜兵。诏问攻明及朝鲜,察哈尔三者何先?阿济格言当攻明。偕阿巴泰略山海关,诏责其不深入,阿济格言:“臣欲息马候粮,诸贝勒不从。”上曰:“汝果坚不还,诸贝勒将弃汝行乎?”八年,从伐明,克保安,拔灵邱。

崇德元年,进武英郡王。偕饶余贝勒阿巴泰及扬古利伐明,自雕鹗堡入长安岭,薄延庆。越保定至安州,克昌平、定兴、安肃、宝坻、东安、雄顺义、容城、文安诸县,五十六战皆捷,俘人畜十余万。又遣固山额真谭泰等设伏,斩遵化三屯守将,获马百四十余。得优旨,赐鞍马一。师还,上迎劳地载门外十里,见阿济格劳瘠,为泪下,亲酌金卮劳之。上伐朝鲜,命守牛庄。二年,硕讬攻皮岛未下,阿济格督所,部水陆并进,克之,上遣使褒劳。

四年,从伐明,阿济格扬言欲以红衣炮攻台,守者惧,四里屯。

张刚屯、宝林寺、旺民屯、于家屯、成化峪、道尔彰诸台俱下。寻还守塔山、连山，俘人马千计。复偕阿巴泰略锦州、宁远。六年，偕济尔哈朗围锦州。守郛蒙古降台吉吴巴什等议举城降，祖大寿觉之，击蒙古兵，阿济格夜登陴助战，明兵败，徙蒙古者于义州。屡击败明兵，赐银四千。

洪承畴率诸将王朴、吴三桂等援锦州，号十三万。上亲视师，营松山。明兵奔塔山，阿济格追击之，获笔架山积粟，又偕多尔衮克敌台四，擒明将王希贤等，朴、三桂仅以身免。明兵犹守锦州、松山、杏山、高桥诸地，上还盛京，命阿济格偕杜度、多铎等围之。承畴夜出松山袭我军，阿济格等督众环射之，明兵败还，城闭不得入，其众二千皆降。七年，围杏山，遣军略宁远。三桂以四千人驻塔山、高桥，不战而退，纵兵四击，又迭败之。八年，复偕济尔哈朗攻宁远，军城北，布云梯发炮，城圮，克之。抵前屯卫，攻城西，斩馘四千余，明总兵黄色弃城遁，复克之。

顺治元年，从入关破李自成，进英亲王，赐鞍马二。命为靖远大将军，自边外入陕西，断自成归路，八战皆胜，克城四，降城三十八。时自成为多铎所败，弃西安走商州。诏多铎趋淮、扬，而命阿济格率师讨自成。自成南走，众尚二十万，规取南京。阿济格以师从之，及于邓州，复南至承天、德安、武昌、富池口、桑家口、九江，屡破敌，自成走死，斩其将刘宗敏，俘宋献策。宗敏，自成骁将；献策，自成所倚任，号军师者也。

明将左良玉子梦庚方驻军九江，师至，执总督袁继咸等，率马步兵十万、舟数万，诣军门降。是役凡十三战，下郡县，河南十二，湖广三十九，江西、江南皆六。捷闻，上使赴军慰劳，诏曰："王及行间将士驰驱跋涉，悬崖峻岭，深江大河，万有余里，劳苦功高。寇氛既靖，宜即班师。其招抚余兵，或留或散，王与诸大臣商榷行之。"诏未至，阿济格率师还京师。睿亲王多尔衮责阿济格不候诏班师，又自成未死时，先以死闻，遣人数其罪，又在午门张盖坐，召而斥之。复议方出师时，胁宣府巡抚李鉴释逮问赤城道朱寿鍪及擅取鄂尔多斯、士默特马，降郡王，寻复之。五年，剿天津、曹县土寇。十一月，率师驻大同，姜瓖叛，督兵讨之。旋命为平四大将军，率固山额真巴颜等讨瓖。六年，瓖将刘迁犯代州，遣博洛赴援，围乃解。

多尔衮至大同视师，时阿济格两福晋病卒，命归视，阿济格曰："摄政王躬摄大政，为国不遑，吾敢以妻死废国事？"阿济格自以功多告多尔衮曰："辅政德豫亲王征流寇至庆都，潜身僻地，破潼关、西安不歼其众，追腾机思不取，功绩未著，不当优异其子。郑亲王乃叔父之子，不当称'叔王。'予乃太祖之子，皇帝之叔，宜称'叔王'。"多尔衮斥其妄，令勿预部务及交接汉官。寻复偕巩阿岱攻大同，会降将杨振威斩瓖降，堕其城睥睨五尺，乃还。八年五月，多尔衮薨于喀喇城，阿济格赴丧次，诸王夜临，独不至，召其子郡王劳亲以兵胁多尔衮所属使附已。丧还，上出迎，阿济格不去佩刀。劳亲兵至，阿济格张纛与合军。多尔衮左右讦阿济格欲为乱，郑亲王济尔哈朗等遣人于路监之，还京师，议削爵，幽禁。逾月，复议系别室，籍其家，诸子皆黜为庶人。十月，监守者告阿济格将于系所举火，赐死。

阿济格子十一，有爵者三：和度、傅勒赫、劳亲。和度，封贝子，先卒。劳亲与阿济格同赐死。

傅勒赫，初封镇国公。坐夺爵，削宗籍。十八年，谕傅勒赫无罪，复宗籍。康熙元年，追封镇国公。子构孳、绰克都，并封辅国公。绰克都，事圣祖。从董额讨王辅臣，守汉中，攻秦州，师无功。授盛京将军，又以不称职，夺爵。上录阿济格功，以其子普照仍袭辅国公，坐事夺爵，以其弟经照仍袭辅国公。雍正间，普照亦以军功复爵，卒。世宗谕曰："普照军前效力，且其兄女为年羹尧妻，故特予封爵。今羹尧负恩诛死，此爵不必承袭。"居数年，经照亦坐事，夺爵。普照、经照皆能诗。乾隆四十三年，命阿济格之裔皆复宗籍。经照子孙递降，以奉恩将军世袭。

辅国介直公赖慕布，太祖第十三子。天聪八年，授牛录章京。崇德四年，与议政。七年，从阿济格伐明，败宁远兵。上御笃恭殿赉师，阿济格不待赏先归。赖慕布坐不劝阻，夺职罢议政。顺治二年，封奉恩将军。三年，卒。十年五月，追封谥。子来祜，袭。累进辅国公。坐事，夺爵。高宗以其孙扎昆泰袭奉恩将军，一传，命停袭。

清史稿卷二一八
列传第五

太祖诸子三

睿忠亲王多尔衮　豫通亲王多铎
子信宣和郡王多尼　信郡王董额　辅国恪僖公察尼
多尼子信郡王鄂扎　**费扬果**

睿忠亲王多尔衮，太祖第十四子。初封贝勒。天聪二年，太宗伐察哈尔多罗特部，破敌于敖穆楞，多尔衮有功，赐号墨尔根代青。三年，从上自龙井关入明边，与贝勒莽古尔泰等攻下汉儿庄，趋通州，薄明都，败袁崇焕、祖大寿援兵于广渠门外，又歼山海关援兵于蓟州。四年，引还，多尔衮与莽古尔泰先行，复破敌。五年，初设六部，掌吏部事。从上围大凌河，战，多尔衮陷阵，明兵堕壕者百余，城上炮矢发，将士有死者。上切责诸将不之阻。祖大寿约以锦州献，多尔衮与阿巴泰等以兵四千，侨装从大寿作溃奔状，袭锦州，锦州兵迎战，击败之。事具《阿巴泰传》。

六年五月，从征察哈尔。七年六月，诏问征明及朝鲜、察哈尔三者何先？多尔衮言："宜整兵马，乘谷熟时，入边围燕京，截其援兵，毁其屯堡，为久驻计，可坐待其敝。"八年五月，从上伐明，克保安，略朔州。九年，上命偕岳讬等将万人招察哈尔林丹汗子额哲，师还渡河，多尔衮自平鲁卫至朔州，毁宁武关，略代州、忻州、崞县、黑峰口及应州，复自归化城携降众还。林丹汗得元玉玺曰"制诰之宝"，多尔衮使额哲进上，群臣因表上尊号。崇德元年，进封睿亲王。武英郡王阿济格等率师伐明，命王偕多铎攻山海关缀明师，阿济格捷至，乃还。从伐朝鲜，偕豪格别从宽甸入长山口，克昌州。进攻江华岛，克之，获朝鲜王妃及其二子，国王李倧请降。上还盛京，命约束后军，携朝鲜质子溰、淏及大臣子以归。

三年，上伐喀尔喀，王留守，筑辽阳都尔弼城，城成，命曰屏城，复治盛京至辽河大道。八月，命为奉命大将军，将左翼，岳讬将右翼，伐明。自董家口毁边墙入，约右翼兵会通州河西务。越明都至涿州，分兵八道，行略地至山西，南徇保定，击破明总督卢象升。遂趋临清，渡运河，破济南。还略天津、迁安、出青山关。克四十余城，降六城，俘户口二十五万有奇，赐马五、银二万。五年，屯田义州，克锦州城西九台，刈其禾。又克小凌河西二台。迭败明兵杏山、松山间。

围锦州，王贝勒移营去城三十里，又令每旗一将校率每牛录甲士五人先归。上遣济尔哈朗代将，传谕诘责，对曰："臣以敌兵在锦州、松山、杏山三城，皆就他处牧马。若来犯，可更番抵御。是以遣人归牧，治甲械。旧驻地草尽，臣倡议移营就牧，罪实在臣。"上复使谕曰："朕爱尔过于群子弟，锡予独厚。今违命若此，其自议之。"王自言罪当死，上命降郡王，罚银万，夺二牛录。

六年，复围锦州。洪承畴率十三万人屯松山，王屡击之，以敌众，请济师。上自将疾驰六日，次戚家堡，将屯高桥。王请上驻松山、杏山间，分兵屯乌欣河南山，亘海为营。明兵屡却复前，上张黄盖指挥，明兵引退。王偕洛托等趋塔山道横击之，明兵多死者，遂发炮克塔山外四台，擒王希贤等。寻以贝勒杜度等代将，王暂还。复出。七年，下松山，获承畴，克锦州，大寿复降。进克塔山、杏山。乃堕三城师还。叙功，复亲王。

八年，太宗崩，王与诸王、贝勒、大臣奉世祖即位。诸王、贝勒、大臣议以郑亲王济尔哈朗与王同辅政，誓曰："有不秉公辅理、妄自尊大者，天地谴之！"郡王阿达礼、贝子硕托劝王自立，王发其谋，诛阿达礼、硕讬。寻与济尔哈朗议罢诸王贝勒管六部事。顺治元年正月，却朝鲜馈遗，告济尔哈朗及诸大臣曰："朝鲜国王因予取江华，全其妻子，常以私馈遗。先帝时必闻而受之，今辅政，谊无私交，不当受。"因并禁外国馈诸王贝勒者。济尔哈朗谕诸大臣，凡事先白王，书名亦先之。王由是始专政。固山额真何洛会等讦肃亲王豪格怨望，集议，削爵，大臣扬善等以谄附，坐死。

四月乙丑，上御用笃恭殿，授王奉命大将军印，并御纛盖，敕便宜行事，率武英郡王阿济格、豫郡王多铎及孔有德等伐明。丙寅，发盛京。壬申，次翁后。明平西伯吴三桂自山海关来书乞师，王得书，移师向之。癸酉，次西拉塔拉。答三桂书曰："我国欲与明修好，屡致书不一答。是以整师三入，盖示意于明，欲其熟筹通好。今则不复出此，惟底定中原，与民休息而已。闻流贼陷京都，崇祯帝惨亡，不胜发指，用率仁义之师，沉舟破釜，誓必灭贼，出民水火：伯思报主恩，与流贼不共戴天，诚忠臣之义，勿因向守辽东与我为敌，尚复怀疑。昔管仲射桓公中钩，桓公用为仲父，以成霸业。伯若率众来归，必封以故土，晋为藩王。国仇可报，身家可保，世世子孙，长享富贵。"

丁丑，次连山。三桂复遣使请速进，夜逾宁远抵沙河，戊寅，距关十里，三桂报自成兵已出边。王令诸王逆击，败李自成将唐通于一片石。己卯，至山海关，三桂出迎，王慰劳之。令所部以白布击肩为识，先驱入关，时自成将二十余万人，自北山列阵，横亘至海。我兵陈不及海岸，王令曰："流贼横行久，犷而众，不可轻敌。吾观其阵大，首尾不相顾。可集我军鳞比，伺敌阵尾，待其衰击之，必胜。努力破此，大业成矣。勿违节制！"既成列，令三桂居右翼后。搏战，大风扬沙，咫尺不能辨。力斗良久，师噪。风止，自三桂阵右突出捣其中坚，马迅矢激。自成登高望见，夺气，策马走。师无不一当百，追奔四十里，自成溃遁。王即军前承制进三桂爵平西王。下令关内军民皆剃发。以马步兵各万人属三桂，追击自成。乃誓诸将曰："此行除暴救民，灭贼以安天下。勿杀无辜，掠财物、焚庐舍。不如约者，罪之。"自关以西，百姓有逃窜山谷者，皆还乡里，剃发迎降。辛巳，次新河驿，使奏捷，师遂进。途中明将吏出降，命供职如故。

五月戊子朔，师次通州。自成先一日焚宫阙，载辎重而西。王令诸王偕三桂各率所部追之。己丑，王整军入京师，明将吏军民迎朝阳门外，设卤簿，请乘辇，王曰："予法周公辅冲王，不当乘。"众以周公尝负扆，固请，乃命以卤簿列王仪仗前，奏乐，拜天，复拜阙，乘辇，升武英殿。明将吏入谒，呼万岁。下令将士皆乘城，毋入民舍，民安堵如故。为崇祯帝发丧三日，具帝礼葬之。诸臣降者，仍以明官治事，武英郡王阿济格逐自成至降都，大破之，获其辎重。自成西奔，又令固山额真谭泰、准塔等率巴牙喇兵追至真定，自成败走。王再遣使奏捷，上遣学士詹霸、侍卫巴泰赍敕慰劳。畿辅诸府县先后请降分遣固山额真巴哈纳、石廷柱略山东，叶臣定山西诸省，金砺等安抚天津。

王初令官民皆剃发，继闻拂民愿，谕缓之。令戒饬官吏，网罗贤才，必收恤都市贫民。用汤若望议，厘正历法，定名曰时宪历。复令曰："养民之道，莫大于省刑罚，薄税敛。自明季祸乱，刁风日竟，设机构讼，败俗伤财，心窃痛之！自令咸与维新，凡五月初二日昧爽以前，罪无大小，悉行宥免。违谕讦讼，以所告罪罪之。斗殴，田、婚细故，就有司告理。重大者经抚按结案，非机密要情，毋许入京越诉。讼师诬陷良民，加等反坐。前朝弊政，莫如加派，辽饷之外，复有剿饷、练饷、数倍正供，远者二十年，近者十余年，天下嗷嗷，朝不及夕。更有召买、粮料诸名目，巧取殃民。今与民约，额赋外，一切加派，尽予删除。官吏不从，察实治罪。"六月，遣辅国公屯齐喀、喀讬，固山额真何洛会等迎上，定都燕京。

明福王由崧称帝江宁，遣其大学士史可法督师扬州，设江北四镇，沿淮、徐置戍。王致书可法曰："予向在沈阳，即知燕京物望，咸推司马。后入关破贼，得与都人士相接，识介弟于清班，曾托其手勒平安，拳致衷绪，未审以何时得达？比闻道路纷纷，多谓金陵有自立者。夫君父之仇不共载天。春秋之义，有贼不讨，则故君不得书葬，新君不得书即位，所以防乱臣贼子，法至严也。闯贼李自成，称兵犯阙，手毒君亲，中国臣民，不闻加遣一矢。平西王吴三桂，介在东陲，独效包胥之哭，朝廷感其忠义，念累世之宿好，弃近日之小嫌，爰整貔貅，驱除狗鼠。入京之日，首崇帝后谥号，卜葬山陵，悉如典礼。亲郡王将军以下，一仍故封，不加改削。勋戚文武诸臣，咸在朝列，恩礼有加。耕市不惊，秋毫无扰。方拟秋高气爽，遣将西征。传檄江南，聊兵河朔，陈师鞠旅，戮力同心，报乃君国之仇，彰我朝廷之德。岂意南州诸君子，苟安旦夕，弗审事机，聊慕虚名，顿忘实害，予甚惑之！国家抚定燕都，得之于闯贼，非取之于明朝也。贼毁明朝之庙主，辱及先人，我国家不惮征缮之劳，悉索敝赋，代为不雪耻，孝子仁人，当如何感恩图报。兹乃乘逆冠稽诛，王师暂息，遂欲雄据江南，坐享渔人之利。揆诸情理，岂可谓平？将以为天堑不能飞渡，投鞭不能断流耶？夫闯贼但为明朝祟耳，未尝得罪于我国家也，徒以薄海同仇，特伸大义。今若拥号称尊，便是天有二日，俨为勍敌。予将简西行之锐，转旆东征，且拟释彼重诛，命为前导。夫以中华全力，受制潢池，而欲以江左一隅，兼支大国，胜负之数，无待蓍龟矣。予闻君子之爱人也以德，细人则以姑息。诸君子果识时知命，笃念故主，厚爱贤王，宜劝令削号归藩，永绥福禄。朝廷当待以虞宾，统承礼物，带砺山河，位在诸王侯上，庶不负朝廷伸义讨贼，兴灭继绝之初心。至南州群彦，翩然来义，则尔公尔侯，列爵分土，有平西之典例在。惟执事实图利之！晚近士大夫好高树名义，而不顾国家之急，每有大事，辄同筑舍。昔宋人议论未定，兵已渡河，可为殷鉴。先生领袖名流，主持至计，必能深惟终始，宁忍随俗浮沉？取舍从违，应早审定。兵行在即，可西可东。南国安危，在此一举。愿诸君子同以讨贼为心，毋贪一身瞬息之荣，而重故国无穷之祸，为乱臣贼子所窃笑，予实有厚望焉！记有之，惟善人能受尽言。敬布腹心，伫闻明教。江天在望，延跂为劳，书不宣意。”可法旋遣人报书，语多不屈。

京师民讹言秋七、八月将东迁，王宣谕当建都燕京，戒民毋信流言摇惑。又讹言八月屠民。未几,又讹言上至京师,将纵东兵肆掠,尽杀老壮,止存孩赤。王复宣谕曰:"民乃国之本,尔曹既诚心归服,复以何罪而戮之?尔曹试思,今上携将士家属不下亿万,与之俱来者何故?为安燕京军民也。昨将东来各官内,命十余员为督、抚、司、道等官者何故?为统一天下也。已将盛京帑银取至百余万,后又转运不绝者何故?为供尔京城内外兵之用也。且予不忍山、陕百姓受害,发兵追剿,犹恨未能速定,岂能不爱京城军民,反行杀戮?此皆众所目击,何故妄布流言?是必近京土冠,流贼间谍,有意煽惑摇动,已谕各部严捕。通行晓谕,以安众心。"

九月,上入山海关,王率诸王君臣迎于通州。上至京师,封为叔父摄政王,赐貂蟒朝衣。十月乙卯朔,上即位,以王功高,命礼部尚书郎球、侍郎蓝拜、启心郎渥赫建碑纪绩,加赐册宝、黑狐冠一、上饰东珠十三黑狐裘一、副以金、银、马、驼。二年,郑亲王等议上摄政王仪制,视诸王有加礼。王曰:"上前未敢违礼,他可如议。"翌日入朝,诸臣跪近,命与舆,责大学士刚林等曰:"此上朝门,诸臣何故跪我?"御史赵开心疏言:"王以皇叔之亲,兼摄政王之尊,臣民宁肯自外于拜舞?第王恩皆上恩,君臣谒王,正当限以礼数,与朝见不同。庶诸臣不失尊王之意,亦全王尊上之心。上称叔父摄政王,王为上叔父,惟上得称之。若臣庶宜于叔父上加'皇'字,庶辨上下,尊体制。"下礼部议行。其年六月,豫亲王克扬州,可法死之,遂破明南都。闰六月,英亲王逐李自成至武昌,东下九江,故明南宁侯左良玉子梦庚率众降,江南底定。十月,上赐王马,王入谢,诏曰:"遇朝贺大典,朕受王礼。若小节,勿与诸王同。"王对曰:"上方幼冲,臣不敢违礼。待上亲政,凡有宠恩,不敢辞。"王时摄政久,位崇功高,时诫诸臣尊事主上,曰:"俟上春秋鼎盛,将归政焉。"初,肃亲王怨王不立已,有郄。英、豫二王与王同母,王视豫亲王厚,每宽假之。豫亲王之征苏尼特也,王送之出安定。门及归,迎之鸟兰诺尔。集诸大臣,语以豫亲王功懋,宜封辅政叔王,因罢郑亲王辅政,以授豫亲王。肃亲王既平四川,王摘其微罪,置之死。四年十二月,王以风疾不胜跪拜，从诸王大臣议，独贺正旦上前行礼，他悉免。五年十一月，南郊礼成，赦诏曰："叔父摄政王治安天下，有大勋劳，宜加殊礼。以崇功德，尊为皇父摄政王。凡诏疏皆书之"。六年二月，自将讨大同叛将姜瓖，拔浑。源闻豫亲王病痘，先归。谕瓖降，未下。以师行在外，铸行在印。禁诸王及内大臣干预部院政事及汉官升降，不论所言是非，皆治罪。七月，复征大同，瓖将杨振威斩瓖降。十月，移师讨喀尔喀二楚呼尔，征敖汉、扎噜特、察哈尔、乌喇特、土默特、四子部落以兵来会。至喀屯布拉克，不见敌，乃还。十二月，王妃博尔济吉特氏薨，以册宝追封为敬孝忠恭正宫元妃。

七年正月，王纳肃王福金，福金，妃女弟也。复征女朝鲜。令部事不须题奏者，付巽亲王满达海、端重亲王博洛、敬谨亲王尼堪料理。五月，率诸王贝勒猎于山海关，朝鲜送女至，王迎于连山，成婚。复猎于中后所，责随猎王贝勒行列不整，罚环有差。七月，谕以京城当夏溽暑不可堪，择地筑城避暑。今户部加派直隶、山西、浙江、山东、江南、河南、湖广、江西、陕西九省地丁银二百四十九万两有奇，输京师备工用。八月，王尊所生母太祖妃乌喇纳拉氏为孝烈恭敏献哲仁和赞天俪圣武皇后，祔太庙。

寻有疾，语贝子锡翰、内大臣席纳布库等曰："予罹此大戚，体复不快。上虽人主，独不能循家人礼一临幸乎？谓上幼冲，尔等皆亲近大臣也"。既又戒曰："毋以予言请上临幸。"锡翰等出，追止之不及，上幸王第。王因责锡翰等，议罪当死，旋命贳之。十一月，复猎于边外。十二月，薨于喀喇城，年三十九。上闻之，震悼。丧还，率王大臣缟服迎奠东直门外。诏追尊为懋德修道广业定功安民立政诚敬义皇帝，庙号成宗。明年正月，尊妃为义皇后。祔太庙。

王无子，以豫亲王子多尔博为后，袭亲王，俸视诸王三倍，诏留护卫八十员。又以王近侍苏克萨哈、詹岱为议政大臣。二月，苏克萨哈、詹岱讦告王薨时，其侍女吴尔库尼将殉，请以王所制八补黄袍、大东珠素珠；黑貂挂置棺内。王在时，欲以尔固山驻永平，谋篡位。固山额真谭泰亦言王纳肃王福金，复今肃王子至第较射，何洛会以恶言詈之。于是郑亲王济尔哈朗、巽亲王满达海、端重亲王博洛、敬谨亲王尼堪及内大臣等疏言："昔太宗文皇帝龙驭上宾，诸王大臣共矢忠诚，翊戴皇上。方在冲年，令臣济尔哈朗与睿亲王多尔衮同辅政。逮后多尔衮独擅威权，不令济尔哈朗预政，遂以母弟多铎为辅政叔王。背誓肆行，妄自尊大，自称皇父摄政王。凡批票本章，一以皇父摄政王行之。仪仗、音乐、侍从、府第，僭拟至尊。擅称太宗文皇帝序不当立，以挟制皇上。构陷威逼，使肃亲王不得其死，遂纳其妃，且收其财产。更悖理入生母于太庙。僭妄不可枚举。臣等从前畏威吞声，今冒死奏闻，伏愿重加处治。"诏削爵，撤庙享，并罢孝烈武皇后谥号庙享，黜宗室籍财产入宫，多尔博归宗。十二年，吏科副理官彭长庚、一等精奇尼哈番许。尔安各疏颂王功，请复爵号，下王大臣让，长庚、尔安坐论死，诏流宁古塔。

乾隆三十八年，高宗诏曰："睿亲王多尔衮摄政有年，威福自专，殁后其属人首告，定罪除封。第念定鼎之初，王实统众入关，肃清京辇，檄定中原，前劳未可尽泯，今其后嗣废绝，茔域榛芜，殊堪悯恻。交内务府派员缮葺，并令近支王公以时祭扫。"四十三年正月，又诏曰："睿亲王多尔衮扫荡贼氛，肃清宫禁。分遣诸王，追歼流寇，抚定疆陲、创制规模，皆所经画。寻奉世祖车驾入都，成一统之业，厥功最著。殁后为苏克萨哈所构，首告诬以谋逆。其时世祖尚在冲龄，未尝亲政，经诸王定罪除封。朕念王果萌异志，兵权在握，何事不可为？乃不于彼时因利乘便，直至身后始以敛服僭用龙衮，证为觊觎，有是理乎？《实录》载：'王集诸王大臣，遣人传语曰："今观诸王大臣但知媚予，鲜能尊上，予岂能容此？'昔太宗升遐，嗣君未立，英王、豫王跪请予即尊，予曰：'若果如此言，予即当自刎'誓死不从，遂奉今上即位。似此危疑之日，紧予为君，予尚不可。今乃不敬上而媚予，予何能容？自今后有忠于上者，予用之爱之。其不忠于上者，虽媚予，予不尔宥。"且云："太宗恩育予躬，所以特异于诸子弟者，盖深信诸子弟之成立，惟予能成立之。"朕每览《实录》至此，未尝不为之堕泪。则王之立心行事，实为笃忠荩，感厚恩，明君臣大义。乃由宵小奸谋,构成冤狱,岂可不为之昭雪?宜复还睿亲王封号,追谥曰忠,配享太庙。依亲王园寝制,修其茔墓,令太常寺春秋致祭。其爵世袭罔替。”

多尔博归宗封贝勒,命仍还为王后,以其五世孙辅国公淳颖袭爵。四世祖镇国公博尔发、曾祖辅国公塞勒、祖辅国恪勤公功宜布先已进封信郡王,至是与淳颖父信恪郡王,如松并追封睿亲王。嘉庆五年,淳颖薨。谥曰恭。子宝恩,袭。七年五月,薨,谥曰慎。弟瑞恩,袭。道光六年,薨,谥,日勤。子仁寿,袭。道光九年,上巡盛京谒陵,追念忠王,推恩赐三眼翎。同治三年,薨,谥曰僖。子德长,袭。光绪二年,薨,谥日慤。子魁斌,袭。

豫通亲王多铎,太祖第十五子,初封贝勒。天聪二年,从太宗多罗特部有功,赐号额尔克楚呼尔。三年,从上伐明,自龙井关入,偕莽古尔泰、多尔衮以偏师降汉儿庄。城会大军克遵化,薄明都。广渠门之役,多铎以幼留后,明溃兵来犯,击却之。师还,次蓟州,复击破明援兵。五年,从围大凌河,为正白旗后应,克近城台堡。明兵出锦州,屯小凌河岸,上率二百骑驰击,明兵走。多铎逐之,薄锦州,坠马,马逸入敌阵,乃夺军校马乘以还。六年,从伐察哈尔,将右翼兵,俘其千余。

七年,诏问征明及朝鲜、察哈尔三者何先?多铎言:“我军非怯于战斗,但止攻关外,岂可必得?夫攻山海关与攻燕京,等攻耳。臣以为宜直入关,庶餍士卒望,亦久远计也。且相机审时,古今同然。我军若弛而敌有备,何隙之可乘?吾何受于明而必言和?亦念士卒劳若,姑为委蛇。倘时可乘,何待再。计至察哈尔,且勿加兵,朝鲜已和,亦勿遽绝。当先图其大者。”八年,从上略宣府,自巴颜珠尔克进。寻攻龙门,未下,趋保安,克之。谒上应州。复略朔州,经五台山,还。败明兵大同。九年,上遣诸贝勒伐明,徇山西,命多铎率师入宁、锦缀明师。遂自广宁入,遣固山额真阿山、石廷柱率兵四百前驱。祖大寿合锦州、松山兵三千五百屯大凌河西,多铎率所部驰击之，大寿兵溃。命分道追击，一至锦州，一至松山，斩获无算。翼日，克台一，还驻广宁。师还，上出怀远门五里迎劳，赐良马五、甲五。上嘉之曰："朕幼弟初专阃，即能制胜，是可嘉也！"

崇德元年四月，封豫亲王，掌礼部事。从伐朝鲜，自沙河堡领兵千人继噶布什贤兵，至朝鲜都城。朝鲜全罗、忠清二道援兵至南汉山，多铎击败之，收其马千余。杨古利为残兵所贼，捕得其人，斩以祭。三年，伐锦州，自蒙古扎衮博伦界分率巴牙喇及土默特兵入明境，克大兴堡，俘其居民，道遇明谍，擒之。诏与郑亲王济尔哈朗军会，经中后所，大寿以兵来击，我军伤九人，亡马三十。多铎且战且走，夜达郑亲王所，合师薄中后所城。上统师至，敌不敢出。四年五月，上御崇政殿，召多铎戒谕之，数其罪，下诸王、贝勒、大臣议，削爵，夺所属入官。上命降贝，勒罚银万，夺其奴仆、牲畜三之一，予睿亲王多尔衮。寻命掌兵部。十月，伐宁远，击斩明总兵金国凤。

五年三月，命与郑亲王济尔哈朗率师修义州城，驻兵屯田，并扰明山海关外，毋使得耕稼。五月，上临视。附明蒙古多罗特部苏班岱降，上命偕郑亲王以兵迎之，经锦州杏山，明兵来追，奋击败之，赐御厩良马一。围锦州，夜伏兵桑阿尔斋堡，旦，敌至，败之，追至塔山，斩八十余级，获马二十。六年三月，复围锦州，环城立八营，凿壕以困之。大寿城守蒙古将诺木齐约降，师缒以入，击大寿，挈降者出，置之义州。明援兵自杏山至松山，多铎与郑亲王率两翼兵伏锦州南山西冈及松山北岭，纵噶布什贤兵诱敌，夹击大败之。

洪承畴以十三万援锦州，上自盛京驰六日抵松山，环城而营，明兵震怖，宵遁。多铎伏兵道旁，明总兵吴三桂、王朴自杏山奔宁远，我军追及于高桥，伏发，三桂等仅以身免，嗣与诸王更番围松山，屡破敌。七年二月，明松山副将夏承德遣人通款，以其子舒为质，约内应，夜半，我军梯而登，获承畴及巡抚邱民仰等。叙功，进豫郡王。复布屯宁远旁外缀明师，俘获甚伙。

顺治元年四月，从睿亲王多尔衮入关，破李自成，进亲王。命为定国大将军，南征，定怀庆。进次孟津，遣巴牙喇纛章京图赖率兵先渡，自成守将走，沿河十五寨堡皆降。再进次陕州，克灵宝。再进，距潼关二十里，自成兵据山列营，噶布什贤噶喇依昂邦努山及图赖、鄂硕等击破之。二年正月，自成亲率步骑迎战，师奋击，歼其步卒，骑卒奔溃，及夜，屡犯屡北，凿重壕，坚壁。师进，以巨炮迭战，自成兵三百骑冲我师，贝勒尼谌、贝子尚善等跃马夹击，屡破敌垒，尸满壕堑，械胄弥山野。自成精锐略尽，遁归西安，其将马世尧率七千人降。入潼关，获世尧所遣致自成书，斩以徇，进次西安，自成先五日毁室庐，挈子女辎重，出兰田口，窜商州，南走湖广。二月，诏以陕西贼付英亲王阿济格，趣多铎自河南趋淮、扬。师退徇南阳、开封，走归德，诸州县悉降。所至设官吏，安集流亡。诏褒多铎功，赐嵌珠佩刀、镀金鞓带。四月，师进次泗州，渡淮趋扬州，遣兵部尚书汉岱等先驱，得舟三百余，围七日，克之，杀明大学士史可法。五月，师再进，次扬子江北岸，明将郑鸿逵等以水师守瓜洲、仪真。师例营相持，造船二百余，遣固山额真拜音图将水师薄南岸，复遣梅勒额真李率泰护诸军渡江。明福王由崧走太平。师再进，明忻城伯赵子龙等率文武将吏，籍马步兵二十三万有奇，使迎师。

多铎至南京，承制受其降，抚辑遗民。遣贝勒尼堪、贝子屯齐徇太平，追击明福王。福王复走芜湖，图赖等邀之江口，击杀明将黄得功，获福王。捷闻，上遣侍臣慰劳。明潞王常淓守杭州，遣贝勒博洛率师讨之，潞王降。江、浙底定。多铎承制改南京为江南省，疏请授江宁、安广巡抚以下官。别遣精奇尼哈番吴兆胜徇庐江、和州，并下。诏遣贝勒勒克德浑代镇江宁，召多铎还京师。上幸南苑行郊劳礼，进封德豫亲王，赐黑狐冠、紫貂朝服、金五千、银五万、马十、鞍二。

三年，命为扬威大将军，偕承泽郡王硕塞讨苏尼特部腾机思、腾机特等。师至盈阿尔察克山，闻腾机思方在衮噶噜台，疾行三昼夜，败之于谔特克山，斩台吉茂海。渡图拉河，追至布尔哈图山，斩腾机特子二、腾机思孙三，尽获其奴。师次扎济布喇克，喀尔喀土谢图汗遣兵二万，硕雷车臣汗遣兵三万，迎战。我师奋击，逐北三十余里，先后斩级数千，俘千余，获驼千九百、马二万一千一百、牛万六千九百、羊十三万五千三百有奇。师还，上出安定门迎劳，加赐王鞍马一。

四年，进封为辅政叔德豫亲王，赐金千、银万、鞍马二，封册增录功勋。六年三月，以痘薨，年三十六。九年三月，睿亲王既削爵以同母弟追降郡王。康熙十年，追谥。乾隆四十三年正月，诏配享太庙。

多铎子八，有爵者四：多尼、董额、察尼、多尔博、费扬古。费扬古自三等奉国将军进封辅国公，坐事，夺爵。

信宣和郡王多尼，多铎第一子。初封郡王。顺治六年十月，袭豫亲王。八年，改封信亲王。九年，降郡王。十五年，命为安远靖冠大将军，偕平郡王罗科铎等南征。师自湖南入贵州，趋安庄卫。明将李定国焚盘江口铁索桥走，师以浮桥济，自交水进次松岭卫，击走明将白文选。十六年正月，溥云南会城，定国、文选挟桂王走永昌，遣贝勒尚善以师从之，克永昌及腾越。上使慰劳，赐御衣、蟒袍及鞍马、弓矢。十七年五月，师还，遣内大臣迎劳。六月，追论云南误坐噶布什贤昂邦瑚理布等磨盘山败绩罪，罚银五千。十八年正月，薨，谥曰宣和。

子鄂札，嗣。康熙十四年，命为抚远大将军，讨察哈尔布尔尼。师次岐尔哈台，诇知布尔尼屯达禄。鄂札令留辎重，偕副将军图海及梅勒额真吴丹轻骑进。布尔尼设伏待，命分军搜山涧，伏发，师与土默特兵合击破之。布尔尼督兵列火器以拒，师奋击，布尔尼大败。复收溃卒再战，又击歼之，获马械无算。布尔尼以三十骑遁，中途为科尔沁部长沙津射死。察哈尔平，抚余党一千三百余户。师还，上迎劳南苑，诏褒功，赐金百，银五千。寻掌宗人府事。二十九年，副恭亲王常宁备噶尔丹。三十五年，从上北征，领正白旗营。三十六年，以惰，解宗人府。四十一年，薨，以多铎子董额袭。

信郡王董额，多铎第三子。初封贝勒。康熙十三年，命为定西大将军。讨叛将王辅臣。董额遣将梅勒额真赫业等守凤翔，而率师驻西安。诏令进驻兰州，董额未即行，上复命严守栈道。辅臣遣兵毁偏桥，断栈道。诏责董额迁延，仍趣攻下平凉、秦州诸路。董额进克秦州礼县，逐敌至西和，克清水、伏羌。复遣安西将军穆占取巩昌，兰州亦下。寻与将军毕力克图、阿密达会师攻平凉，久未下。十五年，命大学士图海视师，改授董额固山额真，听图海节制。十六年二月，削贝勒。三十一年，授正蓝旗固山额真。四十二年，袭郡王。四十五年，薨，仍坐前罪，不赐恤。以鄂札子德昭袭。雍正间，历左、右宗正。乾隆二十七年，薨，谥曰慤。以多铎五世孙如松袭。

如松四世祖多尔博，多铎第五子。初出为睿亲王多尔衮后。多尔衮薨后，削爵。多尔博归宗，封贝勒。多尔博生苏尔发，袭贝子。苏尔发生塞勒，塞勒生功宜布，皆袭辅国公。功宜布生如松，历都统、左宗人、署兵部尚书、领侍卫内大臣，绥远城、西安将军。袭爵，复授都统、右宗正。三十五年，薨，谥曰恪。寻以子淳颖袭睿亲王，追进封。具《睿亲王多尔衮传》。

功宜布初薨，以德昭子修龄袭辅国公，授左宗正。四十三年，复袭豫亲王。五十二年，薨，谥曰良。子裕丰，袭。嘉庆十八年，林清之变，所属有从乱者，坐夺爵。弟裕兴，袭。二十五年，奸奴婢，自杀。仁宗谕曰："国家法令，王公与庶民共之。裕兴不自爱惜，恣意干纪，且亲丧未满，国服未除，罪孰大焉！"坐夺爵，幽禁。三年后释之。弟豫全，袭。

道光二十年，薨，谥曰厚。子义道，袭。历内大臣、左宗正。同治七年，薨，谥曰慎。子本格，袭。亦历内大臣、左宗正。德宗大婚，赐四团正龙补服。光绪二十四年薨，谥曰诚，子懋林，袭。辅国恪僖公察尼，多铎第四子。顺治十二年，封贝勒。康熙七年，授左宗正。十二年，吴三桂反，从顺承郡王勒尔锦南征，参赞军务。师次荆州，三桂已陷岳州。察尼偕将军尼雅翰舟师进，三桂将吴应麒引七万人自陆路来拒，击却之。师次七里山，发炮沉其舟十余。方暑，还驻荆州。十四年，佩靖寇将军印，援谷城。时南漳、兴山已陷，敌逼彝陵，踞镇荆山，掘壕为寨。察尼至彝陵、议增舟，师断饷道。击敌牛皮丫口，进攻黄连坪，焚其积聚，取兴山。十五年，三桂移南漳、彝陵兵往长沙，勒尔锦令察尼还荆州、渡江趋石首，据虎渡口，击敌太平街，斩三百余级。翼日再出，遇伏，败还荆州。诏责其无能。十七年八月，贝勒尚善薨于军，命察尼代为安远靖寇大将军。规岳州。疏言："舟师入湖贼饷将绝。宜于湖水涸后，围以木筏，立桩列砲以小舟徼巡，为久困计。"上善其言，令副都统关保济师。寻破敌南津港，斩千级。都统叶储赫等直攻岳州，复破敌万余人。屡疏请增调水陆军合围，上皆许之。

十八年正月，三桂将王度冲、陈珀等以舟师降，应麒弃城遁，逐复岳州。降宙吏六百余、兵千余，获舟六十五、炮六百四十有奇。二月，安亲王岳乐自长沙进取衡州，察尼发绿旗兵济师，寻复湘、阴安乡。四月，命常德征辰龙关，澧州以南诸军听调度。十九年三月，克辰龙关，复辰州。疏言："途中霪雨泥宁，士马须休养。"诏暂屯沅州。六月，诏以贝子彰泰率师下云南，察尼劳苦久，率满洲兵还京师。吏议退缩罪，削爵职、籍其家、幽禁，上念克岳州功，命但削爵。二十四年，授奉天将军。二十七年，卒，赐祭葬视辅国公，谥恪僖。

费扬果，太祖第十六子。太宗时，坐罪赐死，削宗籍。康熙五十二年，圣祖命莽古尔泰、德格类子孙复宗籍。费扬果曾孙三等侍卫尼雅罕呈宗人府请复宗籍，宗人府以闻，圣祖曰："此事朕知之，但不详耳，费扬果，太祖子，太宗时因获大罪诛死者。"命复宗籍，赐红带。

清史稿卷二一九

列传第六

太宗诸子

肃武亲王豪格 子温良郡王猛峨 猛峨子延信 辅国公叶布舒
承泽裕亲王硕塞 庄恪亲王允禄
镇国慤厚公高塞 辅国公品级常舒
辅国公韬塞 襄昭亲王博穆博果尔

世祖诸子

裕宪亲王福全 荣亲王
恭亲王常宁 纯靖亲王隆禧

太宗十一子：孝庄文皇后生世祖，敏惠恭和元妃科尔沁博尔济吉特氏生第八子，懿靖大贵妃阿巴海博尔济吉特氏生襄亲王博穆博果尔，元妃钮祜禄氏生洛博会，继妃乌喇纳喇氏生肃亲豪格、洛格，侧妃叶赫纳喇氏生承泽亲王硕塞，庶妃颜扎氏生辅国公叶布舒，庶妃纳喇氏生镇国公高塞，庶妃伊尔根觉罗氏生辅国公品级常舒，庶妃生辅国公韬塞。洛格、洛博会及第八子，皆殇，无封。

肃武亲王豪格，太宗第一子。初从征蒙古董夔、察哈尔、鄂尔多斯诸部，有功，授贝勒。天命十一年，偕贝勒代善等征扎噜特部，斩其贝勒鄂斋图。天聪元年，败明兵于锦州，复率偏师卫塔山粮运。二年，偕济尔哈朗讨蒙古固特塔布囊，诛之，收其众。三年十月，偕贝勒莽古尔泰等视通州渡口，师薄明都，豪格迎击宁、锦援兵于广渠门外，敌伏于右，豪格以所部当之，冲击至城壕，明兵大溃，偕岳讬、萨哈璘围永平，克香河。六年，从伐察哈尔，移师入明边，略归化诸路。六月，进和硕贝勒。

七年，诏问征明与朝鲜、察哈尔三者何先？疏言："征明，如徒得锦州，余坚壁不下，旷日持久，恐老我师。宜悉我众及边外新旧蒙古从旧道入，谕各屯寨，以我欲和而彼君不答，彼将自怨其主。再用更番法，俟马肥。益以汉兵巨炮，一出宁远，一出旧道，夹攻山海关，不得，则屯兵招谕流贼，驻师通州，待其懈而击之。朝鲜、察哈尔且缓图焉。"八月，略山海关。八年，从上自宣府趋朔州。豪格偕杨古利毁边墙，分兵自尚方堡入，略朔州及五台山。从上视大同，击败明援兵。

九年，偕多尔衮等收察哈尔林丹汗子额哲，抵托里图，定盟。还抵归化城，复略山西边郡，毁宁武关，入代州、忻州。崇德元年四月，进封肃亲王，掌户部事。寻坐党，岳讬漏上言有怨心，降贝勒，解任，罚银千。旋偕多尔衮攻锦州，仍摄户部。又从征朝鲜，偕多尔衮别自宽甸入长山口，克昌州，败安州、黄州兵于宁边城下。复遣将败其援兵，次宣屯村，村民言："黄州守将闻国王被围，遣兵万五千往援，行三日矣。"我军疾驰一昼夜，追及于陶山，击败之。九月，坐固山额真鄂莫克图欲胁取蒙古台吉博洛女媚事豪格，豪格不治其罪，罢部任，罚银千。

三年九月，伐明，自董家口毁边墙入，败明兵于丰润。遂下山东、降高唐，略地至曹州，还下东光。又遣骑二千破明兵，克献县。四年四月，师还，赐马二、银万，复摄户部，复原封。又偕多铎败宁远兵，斩明将金国凰。五年六月，偕多尔衮屯田义州，刈锦州禾，克台九、小凌河西台二，明兵夜出袭镶蓝旗营，击败之。又击洪承畴杏山，偕多尔衮围锦州。坐离城远驻，复遣兵还家，降郡王。六年，再围锦州，击松山及山海关援兵，皆败之，获马五百余。

承畴将兵十三万援锦州，破其垒三。上至军，将驻高桥，豪格等恐敌约军夹攻，请改屯松山、杏山间。七年，松山明将夏承德密遣人请降，以其子舒为质，豪格遣左右翼夜梯城入，八旗兵继之，旦，克松山，获承畴及巡抚邱民仰等，斩官百余、兵千六十有奇。进驻杏山，复偕济尔哈朗克塔山。叙功，复原封、赐鞍马一、蟒缎百。

顺治元年四月，以语侵睿亲王多尔衮，为固山额真何洛会所讦，坐削爵。十月，大封诸王，念豪格从定中原有功，仍复原封。其年冬，定济宁满家洞土寇，堙山洞二百五十一。

三年，为命靖远大将军，偕衍禧郡王罗洛浑、贝勒尼堪等西征。师次西，安遣尚书星纳等破敌邠州，别遣固山额真都类攻庆阳。时贺珍、二只虎、孙守法据汉中、兴安，武大定、高如砺、蒋登雷、石国玺、王可成、周克德据徽县、阶州。师自西安分兵进击，登雷、国玺、可成、克德俱降，余溃走，下所陷城邑。陕西平。十一月，入四川，张献忠据西充，遣巴牙喇昂邦鳌拜先发。师继进，抵西充，大破之，豪格亲射献忠，殪，平其垒百三十余所，斩首数万级。捷闻，上嘉奖。四年八月，遵义、夔州、茂州、荣昌、隆昌、富顺、内江、宝阳诸郡县悉定。四川平。五年二月，师还，上御太和殿宴劳。睿亲王多尔衮与豪格有夙隙，坐豪格徇隐部将冒功及擢用罪人扬善弟吉赛，系豪格于狱。三月，薨。

睿亲王纳豪格福晋，尝召其子富绶至邸校射。何洛会语人曰："见此鬼魅，今人心悸，何不除之?"锡翰以告，睿亲王曰："何洛会意，因尔不知我爱彼也。"由是得全。八年正月，上亲政，雪豪格枉，复封和硕肃亲王，立碑表之。十三年，追谥。亲王得谥自豪格始。以谥系封号上，曰武肃亲王。乾隆四十三年，配享太庙。

豪格子七，有爵者二、富绶、猛峨。

富绶袭爵，改号曰显亲王。康熙八年，薨，谥曰懿。子丹臻袭。三十五年，从征噶尔丹。四十一年，薨，谥曰密。子衍潢，袭。乾隆三十六年，薨，年八十二。谥曰谨。富绶孙蕴著，袭。乾隆中，自三等辅国将军授内阁侍读学士，历通政使、盛京户部侍郎。调兵部侍郎，迁漕运总督。坐受商人馈遗，谬称上旨籍盐政吉庆家，坐绞，上宽之，复授副都统，厉凉州、绥远城将军、工部尚书。既，袭封。四十三年，复号肃亲王。薨，年八十，谥曰勤。丹臻孙永锡，袭。官都统。坐事，罢。道光元年，薨，谥曰恭。子敬敏，袭。咸丰二年，薨，谥曰慎。子华丰，袭，历内大臣、宗令。以火器营设碓制药，占用王府地，华丰力拒之，诏责不知大体，罢宗令、内大臣。八年，薨，谥曰恪。子隆懃，袭，官内大臣。光绪二十一年，疏请纳正言，裕财用。上嘉纳之。二十四年，薨，谥曰良。子善耆，袭。三十三年，授民政部尚书。逊国后，避居大连湾。久之，薨，谥曰忠。

温良郡王猛峨，豪格第五子。顺治十四年，封。康熙十三年，薨。子佛永惠，袭。三十七年，降贝勒。卒。子揆惠，袭辅国公。坐事，夺爵。

延信，猛峨第三子。初封奉国将军。累官至都统。五十七年，从抚远大将军贝子允禵率师讨策妄阿喇布坦，驻西宁。五十九年，授平逆将军。率师徇西藏，道青海，击败策妄阿喇布坦将策零敦多卜，遂入西藏。西藏平。诏曰："平逆将军延信领满洲、蒙古、绿旗各军，经自古未辟之道，烟瘴恶溪，人迹罕见。身临绝域。歼夷丑类，勇略可嘉！封辅国公。"寻摄抚远大将军事。揆惠既夺爵，议以延信袭。进贝子，再进贝勒。授西安将军。五年，上以延信与阿其那等结党，又阴结允禵，徇年羹尧，入藏侵帑十万两，夺爵，逮下王大臣按治。谳上延信党援、欺罔、负恩，要结人心，贪婪乱政，失误兵机，凡二十罪，当斩，上命幽禁，子孙降红带。

辅国公叶布舒，太宗第四子。初封镇国将军。康熙八年，晋辅国公。二十九年，卒。子薛尔登，降袭镇国将军。

承泽裕亲王硕塞，太宗第五子。顺治元年，封。时李自成奔潼关，河以南仍为自成守。硕塞从豫亲王多铎师次孟津，进攻陕州，破自成将张有增、刘方亮，自成迎战，又大破之。师入关，斩其将马世尧。寻复从南征，击破明福王由崧，赐团龙纱衣一袭、金二千、银二万。嗣复从多铎征喀尔喀，英亲王阿济格戍大同。会姜瓖叛，硕塞移师解代州围，进亲王。论曰："博洛、尼堪、硕塞皆不当在贵宠之列。兹以太祖孙故，加锡王爵。其班次、俸禄不得与和硕亲王等。"七年，以和硕亲王下，多罗郡王上无止称亲王者，仍改郡王。八年，复进和硕亲王。迭掌兵部、宗人府。十一年十二月，薨，予谥。

第一子博果铎，袭，改号曰庄亲王。雍正元年，薨，年七十四。谥曰靖。无子，宗人府题请以圣祖子承袭，世宗请于皇太后，以圣祖第十六子允禄为之后，袭爵。居数日，上手诏谓："外间妄议朕爱十六阿哥，今其承袭庄亲王爵。朕封诸弟为亲王，何所不可。而必藉承袭庄亲王爵加厚于十六阿哥乎？"

允禄精数学，通乐律，承圣祖指授，与修数理精蕴。乾隆元年，命总理事务，兼掌工部，食亲王双俸。二年，叙总理劳，加封真国公，允禄请以硕塞孙宁赫袭。寻坐事，夺爵仍厚分与田宅，时论称之。四年，坐与允礽子弘晰往来诡秘，停双俸，罢都统。七年，命与三泰、张照管乐部。允禄等奏："藉田礼毕，筵宴当奏雨旸时若、五谷丰登、家给时足三章，本为蒋延锡所撰，乐与礼不符，不能施于燕乐，请敕别撰。"又奏："中和韶乐，例用笙四、箫笛皆二，金、革二音独出众乐之上。请增笙为八，箫笛为四。"又奏："汉以来各史乐志，俱有镈有钟、特磬。今得西江古钟铜，考定黄钟直度，上下损益，铸镈钟十二。窃以条理宜备始终，请仿周礼磬氏遗法，制特磬十二，与镈钟俱为特悬乐阕特磬、乃奏敔。大祭祀、大典礼皆依应月之律，设镈钟、特磬各一簴。"上悉从之。二十九年，允禄年七十，上赐诗褒之。三十二年，死，年七十三，谥曰恪。

子弘普，辅国公，前卒。孙永瑺，袭，历都统、领侍卫内大臣，仍管乐部、宗人府。五十三年，薨，谥曰慎。无子，以从子绵课袭，历都统、领侍卫内大臣、御前大臣。嘉十八年，林清为乱，其徒入宫门，绵课持械拒，射伤一人，得旨议叙。明年，上幸木兰，绵课奏河桥圮于水，意在尼行，不称上旨，坐罚俸，并能诸职。道光二年，坐承修裕陵隆恩殿工草率，降郡王。四年，重修工蒇复亲王。六年，薨，谥曰襄。子奕賫，嗣。八年，以宝华峪地宫入水，追论绵课罪，降奕賫郡王，并夺诸子奕甡、奕叙、奕瞓；奕赓职。十一年，上五十万寿，复奕賫亲王。十八年九月，坐与辅国分溥喜赴尼寺食鸦片，夺爵。上闻奕賫浮薄列行，戍吉林。又娶民女为妾，改戍黑龙江，以允禄曾孙绵护袭。

绵护，允禄次子辅国公弘曧孙，辅国将军永番子也。二十一年，薨，谥曰勤。弟绵谋，袭。二十五年，薨，谥曰质。子奕仁，袭。同治十三年，薨，谥曰厚。子载勋，袭。光绪二十六年，义和团入京师，载勋与端郡五载漪相结，设坛于其邸，纵令侵使馆。俄，授步军统领。上奉太后幸太原，载勋从。为行在查营大臣。既，与各国议和，罪祸首，夺爵，赐自尽。弟载功，袭。

硕塞第二子博尔果洛，封惠郡王。坐事，夺爵。世宗既以允禄袭庄亲王，封博尔果洛孙球琳为贝勒，惠郡王所属佐领皆隶为焉。乾隆中，坐事，夺爵。子德谨，袭辅国公。子孙递降，以奉恩将军世袭。

镇国慤厚公高塞，太宗第六子。初封辅国公。康熙八年，进镇国公。高塞居盛京，读书医无闾山，嗜文学，弹琴赋诗，自号敬一主人。九年，卒。子孙递降，至会孙忠福，袭辅国将军，坐事夺爵。

辅国公品级常舒，太宗第七子。初封镇国将军。康熙八年，进辅国公。十四年，坐事，夺爵。三十七年，授辅国公品级。明年，卒。

乾隆元年,高宗命录太祖、太宗诸子后无爵者,授常舒子海林奉恩将军,世袭。再传至慧文,卒,命停袭。

辅国公韬塞,太宗第十子。初封镇国将军。康熙八年,进辅国公。三十四年,卒。乾隆元年,授韬塞子谕德奉恩将军,世袭。

襄昭亲王博穆博果尔,太宗第十一子。顺治十二年,封襄亲王。十三年,薨,予谥。无子,爵除。

世祖八子:孝康章皇后生圣祖,孝献皇后董鄂氏生荣亲王,宁悫妃董鄂氏生裕宪亲王福全,庶妃巴氏生牛钮,庶妃陈氏生恭亲王常宁,庶妃唐氏生奇授,庶妃钮氏生纯靖亲王隆禧,庶妃穆克图氏生永干。牛钮、奇授、永干皆殇,无封。

裕宪亲王福全,世祖第二子。幼时,世祖问志,对:“愿为贤王。”世祖异之。康熙六年封,命与议政。十一年十二月,疏辞,允之。二十二年,上奉太皇太后幸五台,先行视道路,命福全扈太皇太后行。次长城岭,上以岭险不可陟,命福全奉太皇太后先还。二十七年,太皇太后崩。既绎祭,谕曰:“裕亲王自太皇太后违豫,与朕同处,殊劳若。”命皇长子及领侍卫大臣送王归第。

二十九年七月,噶尔丹深入乌朱穆秦,命为抚远大将军,皇长子允禔副之,出古北口。而以恭亲王常宁为安北大将军,出喜峰口。福全请发大同绿旗兵往杀虎口听调遣,上令发大同镇标马兵六百、步兵一千四百从征,兼命理藩院自阿喇尼设站处量发附近蒙古兵尾大军置驿。福全又请凡谍报皆下军中,上从之。师行,上御太和门赐敕印出东直门送之。上先后遣内大臣阿密达、尚书阿喇尼、都统阿南达等出塞,命各率所部与福全师会。上出塞,驻古鲁富尔坚嘉浑噶山。命康亲王杰书率师会福全,进驻博和洛屯。又命简亲王雅布参赞福全军事。上先遣内大臣索额图、都统苏努分道出师,福全奏请令索额图驻巴林，待师至，与会，上从之，并令苏努同赴巴林，又趣阿密达、阿喇尼等速率兵内向分驻师所经道中以待，上自博洛和屯还驻舍里乌朱，遣使谕福全曰："兵渐与敌近，斥堠宜严明。噶尔丹当先与羁縻，以待盛京及乌喇、秒尔沁诸部兵至。"

福全遣济隆胡土克图等以书喻噶尔丹曰："我与汝协护黄教，汝追喀尔喀。入我界，上命我等来论决此事。汝使言：'我汗遵达赖喇嘛之论"讲信修礼，所关重大，今将于何地会议？"并遣以羊百、牛二十。苏努、阿密达师来会，福全疏言："噶尔丹声息渐近，臣等分大军为三队，三队当置将。自参赞大臣以下、副都统以上在行间者，皆奋欲前驱，唯上所命。"上命前锋统领迈图、护军统领杨岱、副都统札木素、塞赫、罗满色、海兰尚书吉勒塔布、阿喇尼率前队，都统杨文魁、副都统康喀喇、伊垒、巴格印率次队，公苏努、彭春率两翼，内大臣佟图维、索额图、明珠、阿密达从王亲督指挥，师遂进。八月已未朔，次乌兰布通，与厄鲁特兵遇。黎明，整队进，日晡，与战，发枪炮。至山下，厄鲁特兵于林内隔河高岸横卧橐驼以为障。内大臣佟国纲等战没。至昏，师左翼自山腰入，大败之，斩馘颇众。师右翼阻河崖泥淖，夜收兵徐退。事闻，上深奖谕之。福全数其罪，遗还。越日，济隆胡土克图率其弟子七十人来言：博硕克图汗信伊拉古克三等言，入边侵掠，大非理。但欲索其仇土谢图汗及泽卜尊丹巴，迫而致此。彼今亦不敢复索土谢图汗，愿以泽卜尊丹巴予其师达赖喇嘛，荣莫大矣！"福全谓之曰："土谢图汗、泽卜尊丹巴即有罪，唯上责之，岂能因噶尔丹之言遣还达赖嘛？且汝往来行说，能保噶尔丹不乘间奔逸掠我境内民人乎？"济隆固言噶尔丹不敢妄行，福全许檄各路军止勿声。时盛京及乌喇、科尔沁诸军未至，厄鲁持方据险，故福全既击败厄鲁特，欲因济隆之请羁縻之，待诸军至复战。

上以福全奏下王大臣集议，佥谓福全不即进军，明知济隆为噶尔丹游说以缓我师而故听之，坐失事机，上严旨诘责，又以允禔与福全不协，留军前必偾事，召先还京师。福全遣侍卫吴丹、护军参领塞尔济等偕济隆谕噶尔丹，噶尔丹跪威灵佛稽首设誓，复遣伊拉古克三赍奏章及誓书诣军前乞宥罪，出边待命，上许之，复戒福全曰："噶尔丹虽服罪请降，但性狡诈，我撤兵即虞背盟，仍宜为之备。"十月，福全率师还，驻哈吗尔岭内，疏言："军中粮至十月十日当尽，前遣侍郎额尔贺图偕伊拉古克三谕噶尔丹，月余未归，度噶尔丹已出边远遁。"上以福全擅率师内徙，待归时议罪，命即撤兵还京师，令福全及索额图、明珠、费扬古、阿密达留后。寻奏："噶尔丹出边，伊拉古克三等追及于塞外。噶尔丹具疏谢罪。"因并命福全还京师。

十一月，福全等至京师，命止朝阳门外听勘，谕曰："贝勒阿敏弃永平，代善使朝鲜，不遵旨行事，英亲王以兵噪，皆取口供。今应用其例。"且谕允禵曰："裕亲王乃汝伯父，倘汝供与王有异同，必置汝于法。"福全初欲录允禔军中过恶上闻，闻上命，流涕曰："我复何言"！遂引为己罪。王大臣议夺、爵上以击败改厄鲁特功，免夺爵，罢议政，罚俸三年，撤三佐领。

三十五年，从上亲征噶尔丹。四十一年，重修国子监文庙。封长子保泰为世子。四十二年，福全有疾，上再临视。巡塞外，闻福全疾笃，命诸皇子还京师，福全薨。即日还跸。临丧，摘缨，哭至柩前奠酒，恸不已。是日，太后先临王第，上劝太后还宫，自苍震门入居景仁宫，不理政事，君臣劝上还乾清宫，上曰："居便殿不自朕始，乃太祖、太宗旧典也。"越日，再临丧，赐内厩马二、对马二、散马六、骆驼十，及蟒缎、银两。予谥。又越日，举殡，上奉太后临王第恸哭，殡行，乃已。命如郑亲王例，常祭外有加祭。御史罗占为临造坟茔，建碑。

福全畏远权势，上友爱綦笃，尝命画工写御容与并坐桐阴，示同老意也。有目耕园，礼接士大夫。子保泰、保绶。

保泰，初封世子，袭爵。雍正二年，坐谄附廉亲王允禩国丧演剧，夺爵。以保绶子广宁袭，保绶追封悼亲王。四年，谕："广宁治事错缪，未除保泰朋党之习。"夺爵，锁禁。弟广禄，袭。乾隆五十年，薨，谥曰庄。子亮焕，袭郡王。嘉庆十三年，薨，谥曰僖。孙文和，袭贝勒。子孙循例递降，以镇国公世袭。

荣亲王，世祖第四子。生二岁，未命名，薨。追封。

恭亲王常宁，世祖第五子。康熙十年，封。十四年，分给佐领。二十二年，府第灾，上亲临视。是秋，上奉太皇太后幸五寿，常宁扈从。二十九年，噶尔丹深入乌朱穆秦。常宁为安北大将军，扈简亲王雅布、信郡王鄂札副之，出喜峰口。同时，裕亲王福全以抚远大将军。出古北口。先发，旋令率师会裕亲王军。十一月，以击败噶尔丹不穷追，罢议政，罚王俸三年。三十五年，从上亲征。四十二年，薨。上方巡幸塞外，命诸皇子经理其丧，赐银万。内务府郎中皂保监修坟茔，立碑，遣官致祭。上还京师，临其丧。第三子海善，袭贝勒。五十一年，坐纵内监妄行，夺爵。雍正十年，复封。乾隆八年，卒，谥僖敏。初夺爵，以常宁第二子满都护袭贝勒。屡坐事，降镇国公，又以海善孙斐苏袭贝勒。子孙循例递降，以不入八分镇国公世袭。

纯靖亲王隆禧，世祖第七子。康熙十三年，封。十四年，分给佐领。十八年七月，隆禧疾笃。上亲临视，为召医。是日再临视，日加申，薨，上痛悼，辍朝三日。太皇太后欲临其丧，上力谏乃。止上复欲临奠，太皇太后亦谕止之，留太皇太后宫中，越日，上临奠，命发帑修茔，加祭，予谥。子富尔祜伦。袭，明年，薨，上辍朝三日、又明年，葬纯亲王隆禧，上临奠。富尔祜伦无子，未立后，爵除。

清史稿卷二二〇
列传第七

圣祖诸子

贝子品级允禔　理密亲王允礽
诚隐郡王允祉　恒温亲王允祺
淳度亲王允祐　允禩　允禟
辅国公允䄉　履懿亲王允祹
怡贤亲王允祥　恂勤郡王允禵
愉恪郡王允禑　果毅亲王允礼
果恭郡王弘瞻　简靖贝勒允祎
慎靖郡王允禧　质庄亲王永瑢
恭勤贝勒允祜
郡王品级诚贝勒允祁
诚恪亲王允祕

世宗诸子

端亲王弘晖　和恭亲王弘昼

怀亲王惠福

圣祖三十五子：孝诚仁皇后生承祜、理密亲王允礽，孝恭仁皇后生第六子允祚、世宗、恂勤郡王允禵、敬敏皇贵妃章佳氏生怡贤亲王允祥，温僖贵妃钮祜禄氏生贝子品级允䄉，顺懿密妃王氏生愉恪郡王允禑、庄恪亲王允禄、第十八子允祄，纯裕勤妃陈氏生果毅亲王允礼，惠妃纳喇氏生承庆、贝子品级允禔，宜妃郭络罗氏生恒温亲王允祺、第九子允禟、第十一子允禌，荣妃马佳氏生承瑞、赛音察浑、长华、长生、诚隐郡王允祉，成妃戴佳氏生淳度亲王允祐，良妃卫氏生第八子允禩，定妃万琉哈氏生履懿亲王允祹，平妃赫舍里氏生允禨，通嫔纳喇氏生万黼、允禶，襄嫔高氏生第十九子允禝、简靖贝勒允祎，谨嫔色赫图氏生恭勤贝勒允祜，静嫔石氏生郡王品级诚贝勒允祁，熙嫔陈氏生慎靖郡王允禧。穆嫔陈氏生诚恪亲王允祕，贵人郭络罗氏生允禐，贵人陈氏生允禐。允禄出为承泽裕亲王硕塞后，允祚、允禌、允祄、允禶皆殇，无封，承瑞、承祜、承庆、赛音察浑、长华、长生、万黼、允禶、允禐、允禐、允禨、皆殇，不齿序。

固山贝子品级允禔，圣祖第一子。有巡幸，辄从。康熙二十九年，命副裕亲王福全御噶尔丹。上以允禔听谗，与福全不协，私自陈奏，虑在军中偾事，召还京师。未几，福全师还，命诸王大臣勘鞫。福全初欲发允禔在军中过失，会有严旨戒允禔不得与福全异同，福全乃引罪。语在《福全传》。三十五年，从上征噶尔丹，命与内大臣索额图统先发八旗前锋；汉军火器营与四旗察哈尔及绿旗诸军驻拖陵布喇克待上。西路大将军费扬古军后期，下军中大臣议，亦遣官咨允禔。上遂进军昭莫多。既捷，允禔留中拖陵犒军，寻召还。三十七年三月，封直郡王。三十九年四月，上巡视永定河堤，鸠工疏浚，命允禔总之。

四十七年九月，皇太子允礽既废，允禔奏曰："允礽所行卑污，失人心。术士张明德尝相允禩必大贵。如诛允礽，不必出皇父手。"上怒，诏斥允禔凶顽愚昧，并戒诸皇子勿纵属下人生事。允禔用喇嘛巴汉格隆魇术魇太子，事发，上命临守。寻夺爵，幽于第。四月，上将巡塞外，谕："允禔镇魇皇太子及诸皇子，不念父母兄弟，事无顾忌。万一祸发，朕在塞外，三日后始闻，何由制止"？下诸王大臣议，于八旗遣护军参领八、护军校八、护军八十，仍于允禔府中监守。上复遣贝勒延寿，贝子苏努，公鄂飞，都统辛泰，护军统领图尔海、陈泰，并八旗章京十七人，更番监守，仍严谕疏忽当族诛。

雍正十二年，卒，世宗命以固山贝子礼殡葬。子弘昉，袭镇国公。卒。子永扬，袭辅国公。坐事，夺爵。高宗以允禔第十三子弘昫封奉恩将军，世袭。

理密亲王允礽圣祖第二子。康熙十四年十二月乙丑，圣祖以太皇太后、皇太后命立为皇太子。太子方幼，上亲教之读书。六岁就傅，令大学士张英、李光地为之师，又命大学士熊赐履授以性理诸书。二十五年，上召江宁巡抚汤斌，以礼部尚书领詹事。斌荐起原任直隶大名道耿介为少詹事，辅导太子。介旋以疾辞。逾年，斌亦卒。太子通满、汉文字，娴骑射，从上行幸，赓咏斐然。

二十九年七月，上亲征噶尔丹，驻跸古鲁富尔坚嘉浑噶山，遘疾，召太子及皇三子允祉至行宫。太子侍疾无忧色，上不怿，遣太子先还。三十三年，礼部奏祭奉先殿仪注，太子拜褥置槛内，上谕尚书沙穆哈移设槛外，沙穆哈请旨记档，上命夺沙穆哈官。三十四年，册石氏为太子妃。

三十五年二月，上再亲征噶尔丹，命太子代行郊祀礼。各部院奏章，听太子处理。事重要，诸大臣议定，启太子。六月，上破噶尔丹，还，太子迎于诺海河朔，命太子先还。上至京师，太子率君臣郊迎。明年，上行兵宁夏，仍命太子居守。有为蜚语闻上者，谓太子昵比匪人，素行遂变。上还京师，录太子左右用事者置于法。自此眷爱渐替。

四十七年八月，上行围。皇八子允衸疾作，留永安拜昂阿。上回銮临视，允衸病笃。上谕曰："允衸病无济，区区稚子，有何关系，至于朕躬，上恐贻高年皇太后之忧，下则系天下臣民之望，宜割爱就道。"因启跸。

九月乙亥，次布尔哈苏台，召太子，集诸王大臣谕曰："允礽不法祖德，不遵朕训，肆恶虐众，暴戾淫乱，朕包容二十年矣。乃其恶愈张，僇辱廷臣，专擅威权，鸠聚党与，窥伺朕躬起居动作。平郡王讷尔素、贝勒海善；公普奇遭其殴打，大臣官员亦罹其毒。腾巡幸陕西、江南、浙江、未尝一事扰民。允礽与所属恣行乘戾，无所不至，遣使邀截蒙古贡使，攘进御之马，致蒙古俱不心服。朕以其赋性奢侈，用凌普为内务府总管，以为允礽乳母之夫，便其征索。凌普更为贪婪，包衣下人无不怨憾。皇十八子抱病，诸臣以朕年高，无不为朕忧，允礽乃亲兄，绝无友爱之意。朕加以责让，忿然发怒，每夜逼近布城，裂缝窃视。从前索额图欲谋大事。朕知而诛之，今允礽欲为复仇。朕不卜今日被鸩、明日遇害，昼夜戒慎不宁，似此不孝不仁，太祖、太宗、世祖所缔造，朕所治平之天下，断不可会此人！"上且谕且泣，至于仆地，即日执允礽，命直郡王允禔监之，诛索额图二子格尔芬，阿尔吉善，及允礽左右二格、苏尔特、哈什太、萨尔帮阿。其罪稍减者，遣戍盛京。次日，上命宣谕诸臣及侍卫官兵，略谓："允礽为太子，有所使令，众敢不从，即其中岂无奔走逢迎之人？今事内干连应诛者已诛，应遣者已遣，余不更推求，毋危惧。"

上既废太子，愤懑不已，六夕不安寝，召扈从诸臣涕泣言之，诸臣皆呜咽。既又谕诸臣，谓："观允礽行事，与人大不同，类狂易之疾，似有鬼物凭之者。"及还京，设毡帷上驷院侧，令允礽居焉，更命皇四子与允禔同守之。寻以发太子诏宣示天下，上并亲撰文告天地、太庙、社稷曰："臣只承丕绪，四十七年余矣，于国计民生，夙夜兢业，无事不可质诸天地。稽古史册，兴亡虽非一辙，而得众心者未有不兴，失众心者未有不亡。臣以是为鉴，深惧祖宗垂贻之大业自臣而隳，故身虽不德，而亲握朝，纲一切政务，不徇偏私，不谋群小，事无久稽，悉由独断，亦惟鞠躬尽瘁，死而后已，在位一日，勤求治理，断不敢少懈。不知臣有何辜，生子如允礽者，不孝不义，暴虐慆淫，若非鬼物冯附，狂易成疾，有血气者岂忍为之？允礽口不道忠信之言，身不履德义之行，咎戾多端，难以承祀，用是昭告昊天上帝，特行废斥，勿致贻忧邦国，痛毒苍生。抑臣更有哀吁者臣自幼而孤，未得亲承父母之训，惟此心此念，对越上帝，不敢少懈。臣虽然有众子，远不及臣，如大清历数绵长，延臣寿命，臣当益加勤勉，谨保终始。如我国家无福，即殃及臣躬，以全臣令名臣，不胜痛切，谨告。”

太子既废，上谕：“诸皇子中如有谋为皇太子者，即国之贼，法所不宥。”诸皇子中皇八子允禩谋最力，上知之命执付议政大臣议罪，削贝勒。十月，皇三子允祉发喇嘛巴汉格隆为皇长子允禔魇允礽事，上令侍卫发允礽所居室，得厌胜物十余事。上幸南苑行围，遘疾，还宫。召允礽入见，使居咸安宫。上谕诸近臣曰：“朕召见允礽询问前事，竟有全不知者，是其诸恶皆被魇魅而然。果蒙天佑，狂疾顿除，改而为善，朕自有裁夺。”廷臣希旨有请复立允礽为太子者，上不许。左副都御史劳之辨奏上，上斥其奸诡，夺官，予杖。

既，上召诸大臣，命于诸皇子中举孰可继立为太子者，诸大臣举允禩。明日，上召诸大臣入见，谕以太子因魇魅失本性状。诸大臣奏：“上既灼知太子病源，治疗就废，请上颂旨宣示。”又明日，召允礽及诸大臣同入见，命释之。且曰：“觉古史册，太子既发，常不得其死，人君靡不悔者。前执允礽、朕日日不释于怀。自顷召见一次，胸中乃疏快一次。今事已明白，明日为始，朕当霍然矣。”又明日，诸大臣奏请复立允礽为太子，疏留中未下。上疾渐愈，四十八年正月，诸大臣复疏请，上许之。

三月辛巳，复立允礽为皇太子，妃复为皇太子妃。五十年十月，上察诸大臣为太子结党会饮，谴责步军统领托合齐，尚书耿额、齐世武，都统鄂缮、迓图。托合齐兼坐受户部缺主沈天生赌罪，绞。又以镇国公景熙首告贪婪不法诸事，未决，死于狱，命剉尸焚之。齐世武、耿额亦以得沈天生贿，绞死。鄂缮夺官，幽禁。迓图入辛者库，守安亲王墓。上谕谓："诸事皆因允礽。允礽不仁不孝，徒以言语货财属此辈贪得谄媚之人，潜通消息，尤无耻之甚。

五十一年十月，复废太子，禁锢咸安宫。五十二年，赵申乔疏请立太子，上谕曰：建储大事，未可轻言。允礽为太子时，服御俱用黄色，仪注上几于朕，宝开骄纵之门。宋仁宗三十年未立太子，我太祖、太宗亦未豫立。汉、唐已事，太子幼冲，尚保无事。若太子年长，左右群小结党营私，鲜有能无过者。太子为国本，朕岂不知？立非其人，关系匪轻。允礽仪表、学问、才技俱有可观，而行事乖谬，不仁不孝，非狂易而何？凡人幼时犹可教训、及长而诱党当类，便各有所为，不复能拘制矣。立皇太子事，未可红定。"自是上意不欲更立太子，虽谕大学士、九卿等裁定太子仪仗，卒未用。终清世不复立太子。

五十四年十一月，有医贺孟頫者。为允礽福金治疾，允礽以矾水作书相往来，复属普奇举为大将军，事发，普奇等皆得罪。五十六年，大学士王掞疏请建储，越数日，御史陈嘉猷等八人疏继上，上疑其结党，疏留中不下。五十七年二月，翰林院检讨朱天保请复立允礽为太子，上亲召诘责，辞连其父侍朗朱都纳，及都统衔齐世，副都统戴保、常赉，内阁学士金宝，朱天保、戴保诛死，朱都纳及常赉、金宝交步军统领枷示，齐世交宗人府幽禁。七月，允礽福金石氏卒。上称其淑孝宽和，作配允礽辛勤历有年所，谕大学士等同翰林院撰文致祭。六十年三月，上万寿节，掞复申请建储。越数日，御史陶彝等十二人疏继上。上乃严旨斥掞为奸，并以诸大臣请逮掞等治罪，上令掞及彝等发军前委署额外章京，掞年老，其子奕清代行。

六十一年，世宗即位，封允礽子弘晰为理郡王，雍正元年，诏于祁县郑家庄修盖房屋，驻札兵丁，将移允礽往居之。二年十二月，允礽病薨，追封谥。六年，弘晰进封亲王。乾隆四年十月，高宗谕责弘晰自视为东宫嫡子。居心叵测，削爵。以允礽第十子弘旿袭郡王。四十年，薨，谥曰恪。子永暖，袭贝勒。子孙循例递降。以辅国公世袭。允礽第三子弘晋、第六子弘曣、第七子弘晀、第十二子弘晥皆封辅国公。弘曣卒，谥恪僖。子永玮，袭。事高宗，历官左右宗正，广州、黑袭江、盛京将军。卒，谥恪勤。永暧四世孙福锟，事德宗，官至体仁阁大学士。谥文慎。

诚隐郡王允祉，圣祖第三子。康熙二十九年七月，偕皇太子诣古鲁富尔坚嘉浑噶山行宫。上命先还。三十二年，阙里孔庙成，命偕皇四子往祭。凡行围、谒陵，皆从。三十五年，上亲征，允祉领镶红旗大营。三十七年三月，封诚郡王。三十八年，敏妃之丧未百日，允祉剃发，坐降贝勒，王府长史以下谴黜有差。四十三年，命勘三门底柱。四十六年三月，迎上幸其邸园，侍宴。嗣是，岁以为常，或一步再幸。

四十七年，太子既废，上以允祉与太子素亲睦，召问太子情状，且曰："允祉与允礽虽昵，然未怂思其为恶，故不罪也。"蒙古喇嘛巴汉格隆为允禔厌胜废太子，允祉侦得之，发其事。明年，太子复立，允祉进封诚亲王。五十一年，赐银五千。

圣祖邃律历之学，命允祉率庶吉士何国宗等辑律吕、算法诸书，谕曰："古历规模甚好，但其数目岁久不合。今修历书，规模宜存古，数目宜准今。"五十三年十一月，书成，奏进。上命以律吕、历法、算法三者合为一书，名曰《律历渊源》。

五十八年，上有事于圜丘，拜毕，命允祉行礼。五十九年，封子弘晟为世子，班俸视贝子。六十年，上命弘晟偕皇四子、皇十二子祭盛京三陵。世宗即位，命允祉守护景陵。雍正二年，弘晟得罪，削世子，为闲散宗室。

六年六月，允祉索苏克济赇，事发，在上前诘王大臣，上责其无臣礼，议夺爵，锢私第。上曰："朕止此一兄。朕兄弟如允祉者何限？皆欲激朕治其罪，其心诚不可喻。良亦朕不能感化所致，未可谓尽若辈之罪也。"命降郡主，而归其罪于弘晟，交宗人府禁固。八年二月，复进封亲王。五月，怡亲王之丧，允祉后至，无戚容。庄亲王允禄等劾，下宗人府议，奏称："允祉乘张不孝，昵近陈梦雷、周昌言，祈禳镇魇，与阿其那、塞思黑、允禵交相党附。其子弘晟凶顽狂纵，助父为恶，谨予禁固，而允祉衔恨怨怼，怡亲王忠孝性成，允祉心怀嫉忌，并不恳请持服，王府齐集，迟至早散，背理蔑伦，当削爵。"与其子弘晟皆论死。上命夺爵，禁景山永安亭，听家属与偕，弘晟仍禁宗人府。十年闰五月，薨，视郡王例殡葬。乾隆二年，追谥。

子弘暻，封贝子。子孙递降，以不入八分辅国公世袭。五世孙载龄，袭爵。事德宗，官至体仁阁大学士。谥文恪。

恒温亲王允祺，圣祖第五子。康熙三十五年，上征噶尔丹，命允祺领正黄旗大营。四十八年十月，封恒亲王。五十一年，赐银五千。五十八年，封子弘升为世子，班禄视贝子。雍正五年，坐事，削世子，十年闰五月，允祺薨，予谥。子弘晊，袭乾隆四十年，薨，谥曰恪。子永皓，袭郡王。五十三年，薨，谥曰敬。弘升子永泽，袭贝子。子孙循例处降，以镇国公世袭。弘升既削世子，乾隆十九年卒，予贝勒品级，谥恭恪。

淳度亲王允祐，圣祖第七子。康熙三十五年，上征噶尔丹，命允佑领镶黄大营。三十七年三月，封贝勒。四十八年十月，封淳郡王。五十一年，赐银五千。五十七年十月，正蓝旗满洲都统延信征西陲，命允祐管正蓝二旗事务。雍正元年进封亲王，诏褒其安分守已，敬顺小心。复命与诚亲王允祉并书景陵碑额，以两王皆工书故。八年四月，薨，予谥。

子弘曙。圣祖命皇十四子允禵为抚远大将军，驻甘州，今弘曙从。圣祖崩，世宗召还京，封世子。雍正五年，坐事削，改封弘暻为世子。允祐薨死，弘暻袭。乾隆四十二年，薨，谥曰慎。子永鋆，袭贝勒。子孙递降，以镇国公世袭。永鋆子绵洵，事穆宗，官闵州副都统，转战河南、直隶、山东、湖北、克临清，破连镇、冯官屯，皆有功。迁荆州将军。卒，谥庄武。

允禩，圣祖第八子。康熙三十七年三月，封贝勒。四十七年九月，署内务府总管事。

太子允礽既废，允禩谋代立。诸皇子允禟，允䄉，允禵诸大臣阿灵阿、鄂伦岱、揆叙、王鸿绪等，皆附允禩。允祉言于上，谓相士张明德言允禩后必大贵，上大怒，会内务府总管凌普以附太子得罪，籍其家，允禩颇庇之，上以责允禩。谕曰："凌普贪婪巨富，所籍未尽，允禩每妄博虚名，凡朕所施恩泽，俱归功于己，是又一太子矣！如有人誉允禩，必杀无赦。"翌日，召诸皇子入谕曰："当废允礽时，朕即谕诸皇子有钻营为皇太子者，即国之贼，法所不容。允禩柔奸性成，妄蓄大志，党羽相结，谋害允礽。今其事皆败露，即锁系，交议政处审理。"允禟语允禵，入为允禩营救，上怒，出佩刀将诛允禵，允祺跪抱劝止，上怒少解，仍谕诸皇子、议政大臣等毋宽允禩罪。

逮相士张明德会鞫，词连顺承郡王布穆巴，公赖士、普奇，顺承郡王长史阿禄。张明德坐凌迟处死，普奇夺公爵，允禩亦夺贝勒，为闲散宗室。上复谕诸皇子曰："允禩庇其乳母夫雅齐布，雅齐布之叔厩长吴达理与御史雍泰同榷关税，不相能，诉之允禩，允禩借事痛责雍泰，朕闻之，以雅齐布发翁牛特公主处。允禩因怨朕，与褚英孙苏努相结，败坏国事。允禩又受制于妻，妻为安郡王岳乐甥，嫉妒行恶，是以允禩尚未生子。此皆尔曹所知，尔曹当遵朕旨，方是为臣子之理。若不如此存心，日后朕考终，必至将朕躬置乾清宫内，束甲相争耳。"上幸南苑，遘疾，还宫，召允禩入见，并召太子使居咸安宫。

未几，上命诸大臣于诸皇子中举可为太子者，阿灵阿等私示意诸大臣举允禩。上曰："允禩未更事，且罹罪，其母亦微贱，宜别举。"上释允礽，亦复允禩贝勒。四十八年正月，上召诸大臣，问倡举允禩为太子者，诸臣不敢质言。上以大学士马齐先言众欲举允禩，因谴马齐，不复深诘，寻复立允礽为太子。五十一年十一月，复废允礽。

六十一年十一月，上疾大渐，召允禩及诸皇王子允祉、允祐、允禟、允䄉、允祹、允祥同受末命。世宗即位，命允禩总理事务，进封廉亲王，授理藩院尚书。雍正元年，命办理工部事务。皇太子允礽之废也，允禩谋继立，世宗深憾之。允禩亦知世宗憾之深也，居常怏怏。封亲王命下，其福晋雅氏对贺者曰："何贺为？虑不免首领耳！"语闻，世宗憾滋甚。会副都统祁尔萨条奏："满洲俗遇丧，亲友馈粥吊慰。后风俗渐弛，大设奢馔，过事奢靡。"上用其议申禁，因谕斥："允禩居母妃丧，沽孝名，百日后犹扶掖匍匐而。行而允禟、允䄉、允禵指称馈食，大肆筵席，皇考谕责者屡矣。"二年，上谕曰："允禩素行阴狡，皇考所深知，降旨不可悉数。自朕即位、优封亲王，任以总理事务。乃不能输其诚悃以辅朕躬，怀挟私心，至今未已。凡事欲激朕怒以治其罪，加朕以不令之名。允禩有诸弟中颇有治事才，朕甚爱惜之，非允禵允禟等可比，是以屡加教诲，今其改过，不但成朕友于之谊，亦全皇考慈爱之衷。朕果欲治其罪，百，岂有于众前三复教诲之理？朕一身上关宗庙社稷，不得不为防范。允禩在皇考时，恣意妄行，匪伊朝夕，朕可不念祖宗肇造鸿图，以永贻子孙之安乎？"

三年二月，三年服满。以允禩任总理事务，挟私怀诈，有罪无功，不予议叙。寻因工部制祈谷坛祖宗牌草率，阿尔泰驻兵军器粗窳，屡下诏诘责允禩。允禩议减内务府披甲，上令覆奏，又请一佐领增甲九十余副。上以允禩前后异议，谕谓：阴邪叵测，莫此为甚！"因命一佐领留甲五十副不即裁，待缺出不补。隶内务府披甲诸人集允禩邸嚣哄，翌日，又集副都统李延禧家，且纵掠。上命捕治，诸人自列允禩使哄延禧家，允禩不置辩。上命允禩鞫定为首者立斩，允禩以五人姓名上，上察其一乃自首，其一坚称病未往，责允禩所献不实。宗人府议夺允禩爵，上命宽之。允禩杖杀护军九十六，命太监阎伦隐其事，厚赐之宗人府复议夺允禩爵，上复宽之。

四年正月，上御西暖阁，召诸王大臣暴允禩罪状，略曰："当时允禩希冀非望，欲沽忠孝之名，而事事伤圣祖之心。二阿哥坐废，圣祖命朕与允禩在京办事，凡有启奏，皆蒙御批，由允禩藏贮。嗣问允禩，则曰：'前值皇考怒，恐不测，故焚毁笔札，御批亦纳其中。'此允禩亲向朕言者。圣祖升遐，朕念允禩夙有才干，冀其痛改前非，为国家出力，令其总理事务。加封亲王，推心置腹。三年以来，宗人府及诸大臣劾议，什伯累积，朕百端容忍，乃允禩诡谲阴邪，狂妄悖乱，包藏祸心，日益加甚。朕令宗人府讯问何得将皇考御批焚毁，允禩改言：‘抱病昏昧，误行烧毁。’及朕面质之，公然设誓，诅及一家。允禩自绝于天，自绝于祖宗，自绝于朕，断不可留于宗姓之内，为我朝之玷！谨述皇考谕，遵先朝削籍离宗之典，革去允禩黄带子，以儆凶邪为，为万世子孙鉴戒。”并命逐其福晋还外家。

二月，授允禩为民王，留所属佐领人员，凡朝会，视民公、侯、伯例，称亲王允禩。诸王大臣请诛允禩，上不许。寻命削王爵，交宗人府圈禁高墙。宗人府请更名编入佐领。允禩改名阿其那，子弘旺改菩萨保。六月，诸王大臣复胪允禩罪状四十事，请与允禟、允禵并正典刑上暴其罪于中外。九月，允禩患呕哕，命给与调养，未几卒于幽所。诸王大臣仍请戮尸，不许。

乾隆四十三年正月，高宗谕曰：“圣祖第八子允禩、第九子允禟结党妄行，罪皆自取。皇考仅令削籍更名，以示愧辱。就两人心术而论，觊觎窥窃，诚所不免，及皇考绍登大宝，怨尤诽谤，亦情事所有，特未有显然悖逆之迹。皇考晚年屡向朕谕及，愀然不乐，意颇悔之，若将有待。朕今临御四十三年矣，此事重大，朕若不言，后世子孙无敢言者。允禩、允禟仍复原名，收入玉牒，子孙一并叙入。此实仰体皇考仁心，申未竟之绪，想在天之灵亦当愉慰也。

允禟，圣祖第九子。康熙四十七年，上责允禩，允禟语允禵，入为保奏，上怒。是时，上每巡幸，辄随。四十八年三月，封贝子。十月，命往翁牛特送和硕温恪公主之丧。五十一年，赐银四千。

雍正元年，世宗召允禵回京，以诸王大臣议，命允禟出驻西宁。允禟屡请缓行，上谴责所属太监，允禟行至军。二年四月，宗人府劾允禟擅遣人至河洲买草、勘牧地，违法肆行，请夺爵，上命宽之。三年，上闻允禟纵容家下人在西宁生事，遣都统楚宗往约束，楚宗至，允禟不出迎，传旨诘责，曰："上责我皆是，我复何言？我行将出家离世！"楚宗以闻，上以允禟傲慢无人臣礼，手诏深责之，并索连及允禩、允禵、允䄉私结党援诸事。七月，山西巡抚伊都立奏劾允禟护卫乌雅图等经平定殴诸生，请按律治罪，陕西人称允禟九王，为上所闻，手诏斥为无耻，遂夺允禟爵，撤所属佐领，即西宁幽禁，并录允禟左右用事者毛太、佟保等，撤还京师，授以官。

四年正月，九门捕役得毛太、佟保等寄允禟私书，以闻，上见书迹类西洋字，遣持问允禟子弘晸，弘晸言允禟所造字也。谕曰："从来造作隐语，防人察觉，惟敌国为然。允禟在西宁，未尝禁其书札往来，何至别造字体，暗藏密递，不可令人以共见耶？允禟与弘晸书用朱笔，弘晸复书称其父言为'旨'，皆僭妄非礼。允禟寄允䄉书言：'事机已失，'其言尤骇人。"命严鞫毛太、佟保等。诸王大臣请治允禟罪，命革去黄带子，削宗籍，逮还京，令楚宗及侍卫什里监以行。五月，令允禟改名，又以所拟字样奸巧，下诸王大臣议，改为塞思黑

六月，诸王大臣复劾允禟罪状二十八事，请诛之。胡什里监允禟至保定，命直隶总督李绂暂禁，观其行止。绂语胡什里"当便宜行事，"胡什礼以闻，上命驰谕止之，绂奏无此语。八月绂奏允禟以腹疾卒于幽所。上闻胡什礼与楚宗中途械系允禟，旋释去，胡什礼又妄述绂语，命并逮治。其后绂得罪，上犹现绂不以允禟死状明白于众，乃起流言也。乾隆间，复原名，还宗籍。子弘晸封不入八分，辅国公，坐事夺爵。

辅国公允䄉，圣祖第十子。康熙四十八年十月，封敦郡王。五十七年，命办理正黄旗满洲、蒙古、汉军三旗事，允䄉与允禟、允禵皆党附允禩，为世宗所恶。雍正元年，泽卜尊丹巴胡土克图诣京师，谒圣祖梓宫，俄病卒，上遣关灵龛还喀尔喀，命允䄉赍印册赐奠。允䄉托疾不行，旋称有旨召还，居张家口复弘行禳祷，疏文内连书"雍正新君"为上所知，斥为不敬。兵部劾奏，命允禩议其罪。四月，夺爵，逮京师拘禁。乾隆二年，高宗命释之，封辅国公。六年，卒，诏用

贝子品级祭葬。

履懿亲王允祹，圣祖第十二子。康熙四十八年十月，封贝子。自是有巡幸，辄从。五十六年，孝惠章皇后崩，署内务府总管事务，大事将毕，乃罢。五十七年，办理正白旗满洲、蒙古、汉军三旗事。六十年，上以御极六十年，遣允祹祭成京三陵。六十一年，授镶黄旗满洲都统。世宗即位，进封履郡王。雍正二年，宗人府劾允祹治事不能敬谨，请夺爵，命在固山贝子上行走。二月，因圣祖配享仪注及封妃金册遣漏舛错，降镇国公。八年五月，复封郡王。高宗即位，进封履亲王。乾隆二十八年七月，薨，予谥。

子弘昆，先卒，用世子例殡葬，余子皆未封。高宗命以皇四子永珹为允祹后，袭郡王。四十二年，薨，谥曰端。嘉庆四年，追封亲王。子绵惠，袭贝勒。嘉庆元年，薨，追封郡王。以成郡王绵勤子奕纶为后，袭贝子，进贝勒。子孙循例递降，以镇国公世袭。

乾隆四十二年，高宗南巡，还跸次涿州，有僧携童子迎驾，自言永珹庶子，为侧室福晋王氏所弃，僧育以长。上问永珹嫡福晋伊尔根觉罗氏，言永珹次子以痘殇。乃令入都，命军机大臣诘之。童子端坐名诸大臣，诸大臣不敢决。军机章京保成直前批其颊，叱之，童子乃自承刘氏子，僧教为妄语。斩僧，戍童子伊犁，仍自称皇孙，所为多不法。上命改戍黑龙江，道库伦。库伦办事大臣松筠责其不法，缚出，绞杀之，高宗嘉其明决。

怡贤亲王允祥，圣祖第十三子。康熙三十七年，从上谒陵。自是有巡幸，辄从。六十一年，世宗即位，封为怡亲王。命总理户部三库。雍正元年，命总理户部。十一月，谕："怡亲王于皇考时敬谨廉洁，家计空乏，举国皆知。朕御极以来，一心翊戴，克尽臣弟之道。从前兄弟分封，各得钱粮二十三万两，朕援此例赐之，奏辞不已，宣谕再起，仅受十三万；复援裕亲王例，令支官物六年，王又固辞。今不允所请，既不可，允其请，而实心为国之懿亲，转不得与诸弟兄比，朕心不安。"下诸王大臣议。既,仍允王请,命王所兼管佐领俱为王属,加护卫一等一员、二等四员、三等十二员、豹尾枪二、长桿刀二、每佐领增亲军二名。二年,允祥请除加色、加平诸弊,并增设三库主事、库大使,从之。

三年二月,三年服满,以王总理事务谨慎忠诚,从优议叙。复加封郡王,任王于诸子中指封。八月,加俸银万。京畿被水,命往勘。十二月,令总理京畿水利。疏言:"直隶卫河、淀河、子牙河、永定河皆汇于天津大直沽入海,卫河与汶河合流东下。沧、景以下,春多浅阻,伏秋暴涨,不免溃溢。请将沧州砖河、青县与济河故道疏濬,筑减水坝,以泄卫河之涨。并于白塘口入海处开直河,使砖河与济河同归白塘出海,又濬东、西二淀,多开引河,使脉络相通,沟浍四达,仍疏赵北、苑家二口以防冲决。子牙河为滹沱河及漳水河下流,其下有清河、夹河、月河同趋于淀,宜开决分注,缓其奔放之势。永定河故道已淹,应自柳义口引之稍北,绕王庆坨东北入淀,至湔淀,为众水所归,应逐年疏濬,使濁水不能为患。又请于京东滦、蓟、天津,京南文、霸、任丘、新、雄诸州县设营田专官,募农耕种。"四年二月,疏言直隶与修水利,请分诸河谓四局,下吏、工部诸议,议以南运河与臧家桥以下之子牙河、苑家口以东之淀河为一局,令天津道领之;苑家口以西各淀池及畿南诸河为一局,以大名道改清河道领之;永定河为一局,以永定分司改道领之;北运河为一局,撤分司以通永道领之,分隶专官管辖。寻又命分设京东、京西水利营田使各一。三月,疏陈京东水利诸事。五月,疏陈畿辅西南水利诸事。皆下部议行。

七月,赐御书"忠敬诚直勤慎廉明"榜,谕曰:"怡亲王事朕,克殚忠诚,职掌有九,而公尔忘私,视国如家,朕深知王德,觉此八字无一毫过量之词。在朝诸臣,于忠勤慎明尚多有之,若"敬诚直廉",则未能轻许。期咸砥砺,以副朕望。"七年六月,命辩理西北两路军机。十月,命增仪仗一倍。十一月,王有疾。八年五月,疾笃,上亲临视,及至,王已薨。上悲恸,辍朝三日。翌日,上亲临奠,谕:"怡亲王薨逝，中心悲恸，饮食无味，寝卧不安。王事朕八年如一日。自古无此公忠体国之贤王，朕待王亦宜在常例之外。今朕素服一月，诸臣常服，宴会俱不怡行。”越日，复谕举怡亲王功德，命复其名上一字为“胤”，配享太庙，谥曰贤，并以“忠敬诚直勤慎廉明”八字加于谥上。白家疃等十三村民请建祠，允之。拨官地三十余顷为祭田，免租赋。命更定园寝之制，视常例有加。又命未殡，月赐祭；小祥及殡，视大祭礼赐祭。三年后，岁赐祭。皆特恩，不为例。乾隆中，祀盛京贤王祠，命王爵世袭。

子弘晓，袭。乾隆四十三年，薨，谥曰僖。子永琅，袭。嘉庆四年，薨，谥曰恭。孙奕勋，袭。二十三年，薨，谥曰恪。子载坊，袭。明年，薨。弟载垣，袭。事宣宗，命在御前大臣行走，受顾命。文宗即位，历左宗正、宗令、领侍卫大臣。八年，赐紫禁城内肩舆。

载垣与郑王端华及华弟肃顺皆为上所倚，相结，权势日张。九年，命赴天津察视海防。十年正月，万寿节，赐杏黄色端罩。七月，英吉利、法兰西两国兵至天津，命与兵部尚书穆荫以钦差大臣赴通州与英人议和。时大学士桂良已于天津定议，上许英使额尔金至通州签约，英使额尔金请入京师亲递国书，不许。兵复进，上以和议未成，罢载垣钦差大臣。未几，扈上幸热河。及和议定，君臣请还京师，上犹豫未决。十一年七月，文宗崩，穆宗即位。载垣等受遣诏辅政，与端华、景寿、肃顺及军械大臣穆荫、匡源、杜翰、焦佑瀛称“赞襄政务王大臣，”擅政。九月，上奉文宗丧还京师，诏罪状载垣等，夺爵职，下王大臣按治，议殊死，赐自尽。事详肃顺传。爵降为不入八分辅国公，并命不得以其子孙及亲兄弟子承袭。同治元年，以庄亲王允禄四世孙载泰袭辅国公，收府第敕书。三年七月，师克江宁，推恩还王爵。九月，以宁郡王弘晈四世孙镇国公载敦袭怡亲王，还敕书。光绪十六年，薨，谥曰端。子溥静，嗣。二十六年八月，薨。九月，坐纵芘拳匪启衅，夺爵，以先薨免罪。弟之子毓麒，袭。

宁良郡王弘晈，允祥第四子。世宗褒允祥功，加封郡王，任王于诸子中指封，允祥固辞不敢承。及允祥薨，世宗乃封弘晈宁郡王，世袭。乾隆二十九年八月，薨，谥曰良。子永福，仍循例袭贝勒。四十七年九月，薨，谥恭恪。子绵誉，仍袭贝勒。子孙递降，以镇国公世袭。载敦绍封怡亲王，即以载泰袭镇国公。

允祥诸子：弘昌，初封贝子，进贝勒，坐事夺爵。弘暾，未封早世，聘于富察氏。未婚守志，世宗悯之，命视贝勒例殡葬。弘日吟，亦用其例。

恂勤郡王允禵，圣祖第十四子。康熙四十八年，封贝子。五十年，从上幸塞外。自是辄从。五十一年，赐银四千两。五十七年，命为抚远大将军，讨策妄阿喇布坦。十二月，师行，上御太和殿授印，命用正黄旗纛。五十八年四月，劾吏部侍郎色尔图督兵饷失职，都统胡锡图索诈骚扰，治其罪。都统延信疏称："准噶尔与青海联姻娅，大将军领兵出口。必有谍告准酋者，不若暂缓前进。"上命驻西宁。五十九年二月，允禵移军穆鲁斯乌苏，遣平逆将军延信率师入西藏，令查布防西宁，讷尔素防古木。时别立新胡必尔汗，遣兵送之入藏。十月，延信击败准噶尔将策零敦多卜等于卜克河诸地。六十年五月，允禵率师驻甘州，进次吐鲁番。旋请于明年进兵。闰六月，和尔博斯厄穆齐寨桑以厄鲁特兵五百围回民，回众万余人乞援。允禵以粮运艰阻，兵难久驻，若徙入内地，亦苦粮少地狭，哈密扎萨克额敏皆不能容，布隆吉尔、达里图诸地又阻瀚海，请谕靖逆将军富宁安相机援抚，从之。十月，召来京，面授方略。六十一年三月，还军。

世宗即位，谕总理王大臣曰："西路军务，大将军职任重大，但于皇考大事若不来京，恐于心不安，速行文大将军王驰驿来京。"允禵至，命留景陵待大祭。雍正元年五月，谕曰："允禵无知狂悖，气傲心高，朕望其改悔，以便加恩。今又恐其不能改，不及恩施，特进为郡王，慰我皇妣皇太后之心。"三年三月，宗人府劾允禵前为大将军，苦累兵丁，侵扰地方，糜费军帑。请降授镇国公，上命仍降贝子。四年，诸王大臣劾。请正国法。谕："允禵止于糊涂狂妄，其奸诈阴险与允禩、允禟相去甚远。朕于诸人行事,知之甚悉,非独于允禵有所偏徇。今允禵居马兰峪,欲其瞻仰景陵,痛涤前非。允禵不能悔悟,奸民蔡怀玺又造为大逆之言,摇惑众听,宜加禁锢,即与其子白起并固于寿皇殿左右,宽以岁月,待其改悔。"高宗即位,命释之。乾隆二年封辅国公。十二年六月,进贝勒。十三年正月,进封恂郡王。二十年六月,薨,予谥。

第一子弘春,雍正元年,封贝子。二年,坐允禩汉,革爵。四年,封镇国公。六年,进贝子。九年,进贝勒。十一年,封泰郡王。十二年八月,谕责弘春轻佻,复降贝子。高宗即位,夺爵。别封允禵第二子弘明为贝勒。乾隆三十二年,卒,谥恭勤。子孙循例递降,以不入八分镇国公世袭。弘春曾孙奕山,自有传。

愉恪郡王允禑,圣祖第十五子。康熙三十九年,从幸塞外,自是辄从。雍正四年,封贝勒。命守景陵。八年,封愉郡王。九年二月,薨,予谥。子弘庆,袭。乾隆三十四年,薨,谥曰恭。子永珔,袭贝勒。子孙循例递降,以辅国公世袭。

果毅亲王允礼,圣祖第十七子。康熙四十四年,从幸塞外。自是辄从。雍正元年,封果郡王,管理藩院事。三年,谕曰:"果郡王实心为国,操守清廉,宜给亲王俸,护卫亦如之,班在顺承郡王上。"六年,进亲王。七年,命管工部事。八年,命总理户部三库。十一年,授宗令,管户部。十二年,命赴泰宁,送达赖喇嘛还西藏,循途巡阅诸省驻防及绿营兵。十三年,还京师,命办理苗疆事务。世宗疾大渐,受遗诏辅政。

高宗即位,命总理事务,解宗令,管刑部。寻赐亲王双俸,免宴见叩拜。密疏请蠲江南诸省民欠漕项、芦课、学租、杂税,允之。谕曰:"果亲王秉性忠直,皇考所信任。外间颇疑其严厉,今观密奏,足见其存心宽厚,特以宣示九卿。"允礼体弱,上命在邸治事,越数日一入直。乾隆元年,坐事,罢双俸。三年正月,病笃,遣和亲王弘昼往视。二月，薨，上震悼，即日亲临其丧。予谥。无子，庄亲王允禄等请以世宗第六子弘瞻为之后。

弘瞻善诗词，雅好藏书，与怡府明善堂埒。御下严，晨起披衣巡视，遇不法者立杖之，故无敢为非者。节俭善居积，尝以开煤窑夺民产。从上南巡，属两淮盐政高恒鬻人参牟利，又令织造关差致绣段、玩器，予贱值。二十八年，圆员园九州清宴灾，弘瞻后至，与诸皇子谈笑露齿，上不怿，又尝以门下私人嘱阿里衮。上发其罪，并责其奉母妃俭薄，降贝勒，罢一切差使。自是家居闭门，意抑郁不自聊。三十年三月，病笃，上往抚视。弘瞻于卧榻间叩首引咎，上执其手，痛曰："以汝年少，故稍加拂拭，何愧恧若此？"因复封郡王。旋薨，予谥。

子永瑹，袭。五十四年，薨，谥曰简。子绵从，袭贝勒。孙奕湘，袭镇国公，历官副都统，广州、盛京将军，兵部尚书，加贝子衔。卒，谥恪慎。子孙递降，以辅国公世袭。

简靖贝勒允祎，圣祖第二十子。康熙五十五年，始从幸塞外，自是辄从。雍正四年，封贝子。八年二月，进贝勒。十二年八月，命祭陵。称病不行，降辅国公。十三年九月，高宗即位，复封贝勒，守护泰陵。乾隆二十年，卒，予谥。子弘闰，袭贝子。子孙循例递降，以不入八分镇国公世袭。

慎靖郡王允禧，圣祖第二十一子。康熙五十九年，始从幸塞外。雍正八年二月，封贝子。五月，谕以允禧立志向上，进贝勒。十三年十一月，高宗即位，进慎郡王。允禧诗清秀，尤工画，远希董源，近接文征明，自署紫琼道人。乾隆二十三年五月，薨，予谥。

二十四年十二月，以皇六子永瑢为之后，封贝勒。三十七年，进封质郡王。五十四年，再进亲王。永瑢亦工书，济美紫琼，兼通天算。五十五年，死，谥曰庄。子绵庆，袭郡王。绵庆幼聪颖，年十三，侍高宗避暑山庄校射，中三矢，赐黄马褂、三眼孔雀翎，通音律，体孱弱。

嘉庆九年,死,年仅二十六。仁宗深惜之,赐银五千,谥曰恪。子奕绮,袭贝勒。道光五年,坐事,罚俸。十九年,夺爵。二十二年,卒,复其封。子孙循例递降,以镇国公世袭。

恭勤贝勒允祜,圣祖第二十二子。康熙五十九年,始从幸塞外。雍正八年二月,封贝子。十二年二月,进贝勒。乾隆八年,卒予谥。子弘昽,袭贝子。卒。子永芝,袭镇国公。坐事,夺爵,爵除。

郡王品级诚贝勒允祁,圣祖第二十三子。雍正八年二月,封镇国公。十三年十月,高宗即位,进贝勒。屡坐事,降镇国公。四十五年,复封贝子。四十七年,进贝勒。四十九年,加郡王衔。五十年,卒,予谥。子弘谦,袭贝子,嘉庆十四年,加贝勒品级。卒,子永康,袭镇国公。卒,子绵英,袭不入八分镇国公。卒,无子,爵除。

诚恪亲王允祕,圣祖第二十四子。雍正十一年正月,谕曰:"朕幼弟允祕,秉心忠厚,赋性和平,素为皇考所钟爱。数年以来,在宫中读书,学识亦渐增长,朕心嘉悦,封为诚亲王。"乾隆三十八年,薨,予谥。第一子弘畅,袭郡王。六十年,薨,谥曰密。子永珠,袭贝勒。道光中,坐事,夺爵。弘旿,允祕第二子,字仲升。乾隆二十八年,封二等镇国将军。三十九年,进封贝子。屡坐事,夺爵。嘉庆间,授奉恩将军,卒。弘旿工画,师董邦达,自署瑶华道人,名与紫琼并。永珠既夺爵,以弘旿孙绵勋袭贝子。子孙递降,以镇国公世袭。

世宗十子:孝敬宪皇后生端亲王弘晖,孝圣宪皇后生高宗,纯懿皇贵妃耿佳氏生和恭亲王弘画,敦肃皇贵妃年佳氏生福宜,怀亲王惠福、福沛,谦妃刘氏生果恭郡王弘瞻,齐妃李氏生弘昀、弘时、弘昐。弘瞻出为果毅亲王允礼后。弘昀、弘昐、福宜、福沛皆殇。无封。弘时雍正五年以放纵不谨,削宗籍无封。

端亲王弘晖，世宗第一子。八岁殇。高宗即位，追封亲王，谥曰端。

和恭亲王弘昼，世宗第五子，雍正十一年，封和亲王。十三年，设办理苗疆事务处，命高宗与弘昼领其事。乾隆间，预议政。弘昼少骄抗，上每优容之。尝监试八旗子弟于正大光明殿，日晡，弘昼请上退食，上未许。弘昼遽曰："上疑吾买属士子耶"？明日，弘昼入谢，上曰："使昨答一语，汝虀粉矣"！待之如初。性复奢侈，世宗雍邸旧赀，上悉以赐之，故富于他王。好言丧礼，言："人无百年不死者，奚讳为"？尝手订丧仪，坐庭际，使家人祭奠哀泣，岸然饮啖以为乐。作明器象鼎彝盘盂，置几榻侧。三十年，薨，予谥。子永璧，袭。三十七年，薨，谥曰勤。子绵伦，袭郡王。三十九年，薨，谥曰谨。弟绵循，袭。嘉庆二十二年，薨，谥曰恪。子奕亨，袭贝勒。卒，子载容，袭贝子。同治中，加贝勒衔。卒，谥敏恪。子溥廉，袭镇国公。

怀亲王惠福，世宗第七子。八岁殇。高宗即位，追封亲王，谥曰怀。

清史稿卷二二一

列传第八

高宗诸子

定安亲王永璜　端慧太子永琏

循郡王永璋　荣纯亲王永琪

哲亲王永琮　仪慎亲王永璇

成哲亲王永瑆　贝勒永瑆

庆僖亲王永璘

仁宗诸子

穆郡王　惇恪亲王绵恺　惇勤亲王奕综

瑞怀亲王绵忻　惠端亲王绵愉

宣宗诸子

隐志郡王奕纬　顺和郡王奕纲

慧质郡王奕继　恭忠亲王奕䜣

醇贤亲王奕譞　钟端郡王奕詥

孚敬郡王奕譓

文宗子

悯郡王

高宗十七子：孝贤纯皇后生端慧太子永琏、哲亲王永琮，皇后纳喇氏生贝勒永璂、永璟，孝仪纯皇后生永璐、仁宗、第十六子、庆僖亲王永璘，纯惠皇贵妃苏佳氏生循郡王永璋、质庄亲王永瑢，哲悯皇贵妃富察氏生定安亲王永璜，淑嘉皇贵妃金佳氏生履端亲王永珹、仪慎亲王永璇、第九子、成哲亲王永瑆，愉贵妃珂里叶特氏生荣纯亲王永琪，舒妃叶赫纳喇氏生第十子。永珹出为履懿亲王允祹后，永瑢出为慎靖郡王允禧后。永璟、永璐、第九子、第十子、第十六子皆殇，无封。

定安亲王永璜，高宗第一子，乾隆十三年，上南巡，还跸次德州，孝贤纯皇后崩，永璜迎丧，高宗斥其不知礼，切责之。十五年三月，薨。上谕曰："皇长子诞自青宫，齿序居长。年逾弱冠，诞毓皇孙，今遘疾薨逝，朕心悲悼，宜备成人之礼。"追封定亲王，谥曰安。

子绵德，袭郡王。坐事，夺爵。弟绵恩，袭。五十八年，进封亲王。嘉庆四年正月，封其子奕绍为不入八分辅国公。八年闰二月，有陈德者，匿禁门，犯跸，诸王大臣捍御。论功，赐绵恩御用补褂，进奕绍贝子。二十年，授御前大臣。道光二年，薨，赐银五千治丧，谥曰恭。子奕绍，先以上六十万寿进贝勒，至是袭亲王。十五年，奕绍年六十，封其子载铨为辅国公。十六年，奕绍薨，赐银治丧，谥曰端。载铨袭。

载铨初封二等辅国将军，三进封辅国公，授御前大臣、工部尚书、步军统领。袭爵。道光末，受顾命。文宗即位，益用事。咸丰二年六月，给事中袁甲三疏劾："载铨营私舞弊，自谓'操进退用人之权'。刑部尚书恒春、侍郎书元潜赴私邸，听其指使。步军统领衙门但准收呈，例不审办。而载铨不识大体，任意颠倒，遇有盗案咨部，乃以武断济其规避。又广收门生，外间传闻有定门四配、十哲、七十二贤之称。"举所绘息肩图朝官题咏有师生称谓为证。上谕曰："诸王与在廷臣工不得往来，历圣垂诫周详。恒春、书元因审办案件，趋府私谒，载铨并未拒绝。至拜忍师生，例有明禁，而息肩图题咏中，载龄、许诵恒均以门生自居，不知远嫌。"罚王俸二年，所领职并罢。九月，仍授步军统领。三年，加亲王衔，充办理巡防事宜。二月，疏请申明会议旧章，报可。四年九月，病作，诏以绵德曾孙溥煦为后。是月，薨。追封亲王，赏银五千两治丧，谥曰敏。

溥煦袭郡王。光绪三十三年，薨，谥曰慎。子毓朗，袭贝勒。光绪末，授民政部侍郎、步军统领。宣统二年七月，授军机大臣。三年四月，改授军咨大臣。

端慧太子永琏，高宗第二子。乾隆三年十月，殇，年九岁。十一月，谕曰："永琏乃皇后所生，朕之嫡子，聪明贵重，气宇不凡。皇考命名，隐示承宗器之意。朕御极后，恪守成式，亲书密旨，召诸大臣藏于乾清宫'正大光明'榜后，是虽未册立，已命为皇太子矣。今既薨逝，一切典礼用皇太子仪注行。"旋册赠皇太子，谥端慧。

循郡王永璋，高宗第三子。乾隆二十五年七月，薨。追封循郡王。四十一年，以永瑆子绵懿为后，袭贝勒。卒，子奕绪，袭贝子。卒，载迁，袭镇国公。

荣纯亲王永琪，高宗第五子。乾隆三十年十一月，封荣亲王。永琪少习骑射，娴国语，上钟爱之。三十一年三月，薨，谥曰纯。子绵亿，四十九年十一月，封贝勒。嘉庆四年正月，袭荣郡王。绵亿少孤，体羸多病，特聪敏，工书，熟经史。十八年，林清变起，绵亿方扈跸，闻警，力请上速还京师，上即日回銮，因重视之，宠眷日渥。逾年，薨，谥曰恪。子奕绘，袭贝勒。卒，子载钧，袭贝子。子溥楣，袭镇国公。

哲亲王永琮，高宗第七子与端慧太子同为嫡子。端慧太子薨，高宗属意焉。乾隆十二年二月，以痘殇，方二岁。上谕谓："先朝未有以元后正嫡绍承大统者，朕乃欲行先人所未行之事，邀先人不能获之福，此乃朕过耶！"命丧仪视皇子从优，谥曰悼敏。嘉庆四年三月，追封哲亲王。

仪慎亲王永璇，高宗第八子。乾隆四十四年，封仪郡王。嘉庆四年正月，进封亲王，总理吏部。二月，罢。谕曰："六卿分职，各有专司，原无总理之名，勿启专权之渐"。十三年正月，谕曰："内廷行走诸王日入直，仪亲王朕长兄，年逾六十，冬寒无事，不必进内。"十四年正月，封其子锦志为贝勒。十七年，以武英殿刻高宗圣训，误书庙讳，罢王俸三年。

十八年，林清变起，贼入禁城，绵志从高宗发鸟枪殪贼。仁宗褒其奋勇，加郡王衔，加俸岁千两。永璇亦以督捕勤劳，免一切处分。二十年七月，命祭裕陵，阴雨还京，坐降郡王，并夺绵志郡王衔及加俸，仍罚王俸五年。二十四年正月，复绵志郡王衔，赐三眼孔雀翎。七月，坐刺探政事，上谕曰："朕兄仪亲王年已七十有四，精力渐衰。所领事务甚多，恐有贻误，探听尚有可原，朕不忍烦劳长兄，致失颐养。嗣后止留内廷行走，平日不必入直。"六月，绵志坐纵妾父冒职官诈赃，夺郡王衔，罚贝勒俸四年。

二十五年七月，宣宗即位，谕仪亲王不必远迎，又谕召对宴赉无庸叩拜。道光三年正月，绵志复郡王衔，加俸。八年正月，命在紫禁城乘轿，并加赏俸银五千，示亲亲敬长之意。十一月，复谕朝贺免行礼。十年十月，永璇诣圆明园视大阿哥，径入福园门，谕罢绵志官。十一年，谕寿皇殿、安佑宫当行礼时，于府第内行礼。又谕元旦暨正月十四日宗亲筵宴，均免其入宴，别颁果榖一席。十二年八月，薨，年八十八。赐银五千治丧，亲临赐奠，谥曰慎。绵志袭郡王，薨，谥曰顺。子奕絪，袭贝勒，加郡王衔。卒，曾孙毓岷，袭贝子。卒，弟毓岐，袭镇国公。

成哲亲王永瑆，高宗第十一子，乾隆五十四年，封成亲王。永瑆幼工书，高宗爱之，每幸其府第。嘉庆四年正月，仁宗命在军机处行走，总理户部三库。故事，亲王无领军机者，领军机自永瑆始。二月，仪亲王永璇罢总理吏部，并命永瑆俟军务奏销事毕，不必总理户部。三月，和珅以罪诛，没其园第，赐永瑆。七月，永瑆辞总理户部三库，允之。八月，编修洪亮吉上书永瑆，讥切朝政，永瑆上闻，上治亮吉罪。语在亮吉传。十月，上谕曰："自设军机处，无诸王行走。因军务较繁，暂令永瑆入直，究与国家定制未符。罢军机处行走。

永瑆尝闻康熙中内监言其师少时及见董其昌以前三指握管悬腕作书，永瑆广其说，作拨镫法。推论书旨，深得古人用笔之意。上命书裕陵圣德神功碑，并令自择书迹刻为诒晋斋帖，以手诏为序。刻成，颁赏臣工。

十八年，林清变起，永瑆在紫禁城内督捕，上嘉其勤劳，免一切处分及未完罚俸。二十四年正月，加其子不入八分辅国公绵勤郡王衔。五月，祭地坛，终献时，赞引误，永瑆依以行礼。上以永瑆年老多病，罢一切差使，不必在内廷行走，于邸第闭门思过，罚亲王半俸十年。绵勤亦罢内大臣，居家侍父。二十五年六月，绵勤卒，赠郡王。有司请谥，以非例斥之，著为令。

仁宗崩，有旨免迎谒。语见仪亲王传。十月，命曾孙戴锐袭贝勒。道光二年十月，上还自行在，永瑆进食品十六器，以非例却之。三年三月，薨，年七十二，赐银五千治丧，谥曰哲。载锐袭郡王。绵勤及载锐父奕绶并追封如其爵。咸丰九年，薨，谥曰恭。子溥庄，袭贝勒。加郡王衔。卒，子毓棣，袭贝子。

贝勒永璂，高宗第十二子。乾隆四十一年，卒。嘉庆四年三月，追封贝勒。以成亲王子绵偲为后，初封镇国将军，再进封贝子。道光十八年正月，谕曰："绵偲逮事皇祖，昔同朕在上书房读书者只绵偲一人。"进贝勒。二十八年，卒，子奕缙，袭贝子。卒，弟奕缮，袭镇国公。

庆僖亲王永璘，高宗第十七子。乾隆五十四年，封贝勒。嘉庆四年正月，仁宗亲政，封惠郡王，寻改封庆郡王。三月，和坤诛，没其宅赐永璘。五年正月，以祝颖贵太妃七十寿未奏明，命退出乾清门，留内廷行走。二十一年正月朔，乾清宫筵宴，辅国公绵慜就席迟，奕绍推令入座，拂坠食椀，永璘告内奏事太监。得旨"诸王奏事不得迳交内奏事太监。"罚永璘俸。二十五年三月，永璘疾笃，上亲临视，命进封亲王。寻薨，谥曰僖。命皇子往奠，上时谒陵归，复亲临焉。

子绵慜，袭郡王。绵慜奏府中有毗卢帽门口四座、太平缸五十四件、铜路镫三十六对。上谕曰："庆亲王府第本为和坤旧宅，凡此违制之物，皆和坤私置。嗣后王、贝勒、贝子当依会典，服物宁失之不及，不可僭逾，庶几永保令名。"府置谙达二，亦命裁汰。道光三年正月，赐绵慜三眼孔雀翎，管雍和宫、中正殿。十六年十月，薨，赐银四千治丧，谥曰良。上命再袭郡王一次。

以仪顺郡王绵志子奕彩为后，袭郡王。十七年正月，命在御前行走。二十二年十月，奕彩以服中纳妾，下宗人府议处。奕彩行赇请免，永璘第第六子辅国公绵性亦行赇觊袭王爵，事发，奕彩夺爵，绵性戍盛京。以永璘第五子入八分镇国公绵悌奉永璘祀。旋又坐事，降镇国将军。二十九年，卒。

以绵性子奕劻为后。三十年，袭辅国将军。咸丰二年正月，封贝子。十年正月，上三十万寿，进贝勒。同治十一年九月，大婚，加郡王衔，授御前大臣。光绪十年三月，命管理总理各国事务衙门。十月，进庆郡王。十一年九月，会同醇亲王办理海军事务。十二年二月，命在内廷行走。十五年正月，授右宗正。大婚，赐四团正龙补服，子载振头品顶带。二十年，太后六十万寿，懿旨进亲王。二十六年七月，上奉太后幸太原，命奕劻留京会大学士李鸿章与各国议和。二十七年六月，改总理各国事务衙门为外务部，奕劻仍总理部事。十二月，加载振贝子衔。二十九年三月，授奕劻军机大臣，仍总理外务部如故。寻命总理财政处、练兵处，解御前大臣以授载振。

载振赴日本大坂观展览会归，请振兴商务，设商部，即以载振为尚书。十月，御史张元奇劾载振宴集召歌妓侑酒。上谕："当深加警惕，有则改之，无则加勉。"旋请开缺，未许。三十年三月，御史蒋式瑆奏："户部设立银行，招商入股。臣风闻上年十一月庆亲王奕劻将私产一百二十万送往东交民巷英商汇丰银行收存。奕劻自简任军机大臣以来，细大不捐，门庭如市。是以其父子起居、饮食、车马、衣服异常挥霍，尚能储蓄巨款。请命将此款提交官立银行入股。"命左都御史清锐、户部尚书鹿传霖按其事，不得实，式瑆回原衙门行走。

二十一年，充日、俄修订东三省条约全权大臣。三十二年，遣载振使奉天、吉林按事。改商部为农工商部，仍以载振为尚书。三十三年，命奕劻兼管陆军部事。东三省改设督抚，以直隶候补道段芝贵署黑龙江巡抚。御史赵启霖奏："段芝贵善于迎合，上年贝子载振往东三省，道经天津，芝贵以万二千金鬻歌妓以献，又以十万金为奕劻寿，夤缘得官。"上为罢芝贵，而命醇亲王载沣、大学士孙家鼐按其事，不得实，夺启霖官，载振复疏辞御前大臣、农工商部尚书，许之。三十四年十一月，命以亲王世袭。

宣统三年四月，罢军机处，授奕劻内阁总理大臣，大学士那桐、徐世昌协理大臣。八月，武昌兵起，初命陆军部尚书荫昌视师，奕劻请于朝，起袁世凯湖广总督视师。世凯入京师，代奕劻为内阁总理大臣，授奕劻弼德院总裁。十二月，诏逊位，奕劻避居天津。后七年，薨，谥曰密。

仁宗五子：孝淑睿皇后生宣宗，孝和睿皇后生惇恪亲王绵恺、瑞怀亲王绵忻、恭顺皇贵妃钮祜禄氏生惠端亲王绵愉，和裕皇贵妃刘氏生穆郡王。

穆郡王，未命名，仁宗第一子。二岁，殇。宣宗即位，追封。

惇恪亲王绵恺，仁宗第三子。嘉庆十八年，林清变起，绵恺随宣宗捕贼苍震门，得旨褒嘉。二十四年，封惇郡王。宣宗即位，进亲王。子奕缵，封不入八分公，道光三年正月，命绵恺内廷行走。旋以福晋乘轿径入神武门，坐罢，罚王俸五年。上奉太后幸绵恺第，仍命内廷行走，减罚王俸三年。七年，坐太监张明得私相往来，复匿太监苑长青，降郡王。八年十月，追叙苍震门捕贼，急难御侮，复亲王，谕加意检束。十三年五月，绵恺以议皇后丧礼引书'百姓如丧考妣，四海遏密八音'，于义未协，退出内廷，罚王俸十年。十八年五月，民妇穆氏诉其夫穆齐贤为绵恺所囚，命定郡王载铨按实，复降郡王，罢一切职任。十二月，薨，复亲王。上亲临奠，谥曰恪。奕缵前卒，追封贝勒，命赐福晋郡王半俸。

二十六年，以皇五子奕谅为绵恺后，袭郡王。文宗即位，命在内廷行走。奕谅屡以失礼护谴。咸丰五年三月，降贝勒，罢一切职任，上书房读书。六年正月，复封惇郡王。十月，进亲王，穆宗即位，谕免叩拜称名。同治三年，江宁克复，封其子载濂不入八分镇国公，载津赐头品项带。四年六月，授宗令。七年正月，捻匪逼近畿，奕谅陈防守之策。八年十一月，醇郡王奕谖劾王自授宗令。藉整顿之名，启揽权之渐，诏两解之。十一年，大婚，赐紫禁城乘四人肩舆，并免进领侍卫内大臣班及带豹尾枪。载濂进辅国公。十三年十二月，赐亲王双俸。光绪五年六月，普祥峪吉地工竣，复赐食双俸。十三年，上亲政，免带领引见。十五年正月，薨，上奉太后临奠，谥曰勤。

子八，有爵者五："载濂、载漪、载澜、载瀛、载津。载濂，奕誴第一子。初封一等辅国将军，累进辅国公，袭贝勒，加郡王衔。二十五年，子溥称，赐头品顶带。二十六年，载濂以庇义和拳，夺爵。弟载瀛，袭。载瀛，奕誴第四子。初封二等镇国将军。加不入八分辅国公衔。袭贝勒。载漪，亦誴第二子。出为瑞郡王奕志后。获罪，夺爵，归宗。语在《瑞怀亲王绵忻传》。载澜，奕誴第三子。初封三等辅国将军，再进封不入八分辅国公。以庇义和拳，夺爵，戍新疆。载津，奕誴第五子。封二等镇国将军，加不入八分辅国公衔。

瑞怀亲王绵忻，仁宗第四子。嘉庆二十四年，封瑞亲王。道光三年，命在内廷行走。八年七月，薨，谥曰怀，子奕约甫晬，上命定亲王奕绍检察邸第官吏，内务府大臣敬征治家政。十月，奕约袭郡王，予半俸。寻更名奕志。三十年五月，薨，谥曰敏。无子。赐绵忻福晋郡王半俸。咸丰三年，福晋薨，复赐奕志福晋郡王半俸。

十年，命以惇亲王子载漪为奕志后，袭贝勒。同治十一年，大婚，命食贝勒全俸。光绪十五年，加郡王衔。十九年九月，授为御前大臣。二十年，进封端郡王。循故事，宜仍旧号。更曰端者，述旨误，遂因之。载漪福晋，承恩公桂祥女，太后侄也。二十四年，太后复训政。二十五年正月，赐载漪子溥俊头品顶带。十二月，上承太后命，溥俊入为穆宗后，号'大阿哥'，命在弘德殿读书，以承恩公尚书崇绮、大学士徐桐为之傅。明年元旦，大高殿、奉先殿行礼，以溥俊代。都下流言将下诏禅位，大学士荣禄与庆亲王奕劻以各国公使有异同，谏止。

二十六年，义和拳乱起，载漪笃信之，以为义民，乱遂炽。五月，命充总理各国事务大臣。义和拳击杀日本使馆书记杉山彬，复及德国使臣克林德，围攻东交民巷使馆。八月，诸国联军自天津逼京师，上奉太后出狩，载漪及溥俊皆从。次大同，命载漪为军机大臣，未逾月罢。命奕劻与大学士李鸿章议和，诸国目载漪为首祸。十二月，夺爵，戍新疆。二十七年十月，上奉太后还京师。次开封，谕："载漪纵义和拳，获罪祖宗，其子溥俊不宜膺储位，废‘大阿哥’名号。”赐公衔俸，归宗。

二十八年六月，别以醇贤亲王奕譞子镇国公载洵为奕譓后，袭贝勒。宣统间，为海军部尚书。改海军部大臣，加郡王衔。

惠端亲王绵愉，仁宗第五子。二十五年七月，宣宗即位，封惠郡王，在内廷行走，上书房读书。故事，亲、郡王未及岁，食半俸。道光九年，命食全俸。十九年，进亲王。文宗即位，谕：“惠亲王为朕叔父，内廷召对及宴赉赏赐宜免叩拜，章奏免书名。”咸丰三年，赐御用龙褂。

洪秀全之徒北扰近畿，命为奉命大将军，颁锐捷刀，统健锐、火器、前锋、护军、巡捕诸营，及察哈尔兵，哲里木、卓索图、昭乌达东三盟蒙古兵，与科尔沁郡王僧格林沁督办防剿。僧格林沁出驻涿州，绵愉留师。九月，会奏颁行银钱钞法。时秀全兵至深州，请发哲里林盟马队一千及热河、古北口兵各五百赴涿州助防。复奏请发蒙古兵三千，以德勒克色楞为将，督兵进击。

四年正月，命朝会大典外悉免叩拜。寻与恭亲王奕䜣、定郡王载铨疏请铸铁钱为大钱辅，上令王详议以行。五年四月，北路肃清，行凯撤礼，上奉命大将军印。十二月，以铸铁钱有效，下宗人府议叙。八年五月，以奏保耆英，罢中正殿、雍和宫诸职任。九年，罢铁钱局。

十年七月，英、法二国兵至天津，命至通州与僧格林沁办防，并谕绵愉及怡亲王载垣、郑亲王端华、尚书肃顺、军机大臣等筹商交涉。同治二年，穆宗典学，太后以绵愉行辈最尊，品行端正，命在弘德殿专司督责，并令王子奕详、奕询伴读。三年十二月，薨，上亲临奠，赐银五千治丧，谥曰端。

子六，有爵者三：奕详、奕询、奕谟。奕详，绵愉第五子。初封不入八分辅国公。赐三眼孔雀翎，进镇国公，袭郡王。穆宗大婚，加亲王衔。十三年，命食亲王俸。光绪十年十月，太后万寿，命食亲王全俸。十一年六月,授内大臣。十二年正月,薨,谥曰敬。子载润,袭贝勒。奕询,绵愉第四子。初封不入八分辅国公,进封镇国公。卒,无子,以愉恪郡王允禑五世孙载泽为后,袭辅国公,进镇国公,加贝子衔。光绪末,授度支部尚书。奕谟,绵愉第六子。初封不入分镇国公,再进封贝子,加贝勒衔,卒,以醇贤亲王奕譞孙溥佶为后。袭镇国公。

宣宗九子:孝全成皇后生文宗,孝静成皇后生顺和郡王奕纲、慧质郡王奕继。恭忠亲王奕䜣,庄顺皇贵妃生醇贤亲王譞、钟端郡王奕詥、孚敬郡王奕惠,和妃纳喇氏生隐志郡王奕纬,祥妃钮祜禄氏惇勤亲王奕誴。奕誴出为惇恪亲王绵恺后。

隐志郡王奕纬,宣宗第一子。嘉庆二十四年,封贝勒。道光十一年四月,薨,以皇子例治丧,进封隐志贝勒。文宗即位,进郡王。无子,以贝勒绵懿子奕纪为后,袭贝勒。卒,谥恭勤。子溥伦,袭贝子,进贝勒。溥侗,授一等镇国将军。

顺和郡王奕纲,宣宗第二子。二岁,殇。文宗即位,进封谥。

慧质郡王奕继,宣宗第三子。三岁。殇。文宗即位,追封谥。

恭忠亲王奕䜣,宣宗第六子。与文宗同在书房,肄武事,共制枪法二十八势、刀法十八势,宣宗赐以名,枪曰“棣华协力”,刀曰“宝锷宣威,”并以白虹刀赐奕䜣。文宗即位,封为恭亲王。咸丰二年四月,分府,命仍在内廷行走。

三年九月,洪秀全兵逼畿南,以王署领侍卫内大臣办理巡防,命仍佩白虹刀。十月,命在军机大臣上行走。四年,迭授都统、右宗正、宗令。五年四月,以畿辅肃清,予优叙。七月,孝静成皇后崩,上责王礼仪疏略,罢军机大臣、宗令、都统,仍在内廷行走,上书房读书。七年五月，复授都统。九年四月，授内大臣。

十年八月，英吉利、法兰西兵逼京师，上命怡亲王载垣、尚书穆荫与议和，诱执英使巴夏礼，与战，师不利。文宗幸热河，召回载垣、穆荫，授王钦差便宜行事全权大臣。王出驻长辛店，奏请饬统兵大臣激励兵心，以维大局。克勤郡王庆惠等奏释巴夏理，趣王入城议和。英、法兵焚圆明园。豫亲王义道等奏启城，许英、法兵入。王入城与议和，定约，悉从英、法人所请，奏请降旨宣示，并自请议处。上谕曰："恭亲王办理抚局，本属不易。朕深谅苦衷，毋庸议处。"十二月，奏通商善后诸事。初设总理各国事务衙门，命王与大学士桂良、侍郎文祥领其事。王疏请训练京师旗兵，并以吉林、黑龙江与俄罗斯相邻，边防空虚，议练兵筹饷。上命都统胜保议练京兵，将军景淳等议练东三省兵。

十一年七月，文宗崩，王请奔赴，两太后召见，谕以赞襄政务王大臣端华、载垣、肃顺等擅政状。穆宗侍两太后奉文宗丧还京师，谴黜载垣等，授议政王，在军机处行走，命王爵世袭，食亲王双俸，并免召对叩拜、奏事书名。王坚辞世袭，寻命兼宗令、领神机营。

同治元年，上就傅，两太后命王弘德殿行走，稽察课程。三年，江宁克复。上谕曰："恭亲王自授议政王，于今三载。东南兵事方殷，用人行政，征兵筹饷，深资赞画，弼亮忠勤。加封贝勒，以授其子辅国公载澄，并封载濬辅国公、载滢不入八分辅国公。"四年三月，两太后谕责王信任亲戚，内廷召对，时有不检，罢议政王及一切职任。寻以惇亲王奕誴、醇郡王奕譞及通政使王拯、御史孙翼谋、内阁学士殷兆麟、左副都御史潘祖荫、内阁侍读学士王维珍、给事中广诚等奏请任用，广诚语尤切。两太后命仍在内廷行走，管理总理各国事务衙门。王入谢，痛哭引咎，两太后复谕："王亲位重臣，相关休戚，斯望既厚，责备不得不严。仍在军机大臣上行走。

七年二月，西捻逼畿辅，命节制各路统兵大臣。授右宗正。十一年九月，穆宗大婚，复命王爵世袭。十二年正月，穆宗亲政，十三年七月，上谕责王召对失仪，降郡王，仍在军机大臣上行走，并夺载澄贝勒。翼日,以两太后命复亲王世袭及载澄爵。十二月,上疾有间,于双俸外复加赐亲王俸。旋复加剧,遂崩。德宗即位,复命免召对叩拜、奏事书名。

光绪元年,署宗令。十年,法兰西侵越南。王与军机大臣不欲轻言战,言路交章论劾。太后谕责王等委靡因循,罢军机大臣,停双俸,家居养疾。十二年十月,复双俸。自是国有庆屡增护卫及甲数,岁时祀事赐神糕。节序辄有赏赉,以为常。二十年,日本侵朝鲜,兵事急,太后召王入见,复起王管理总理各国事务衙门,并总理海军,会同办理军务,内廷行走。仍谕王疾未愈,免常川入直,寻又命王督办军务。节制各路统兵大臣。十一月,授军机大臣。二十四年,授宗令。王疾作。闰三月增剧,上奉太后三临视,四月薨,年六十七。上再临奠,辍朝五日,持服十五日。谥曰忠,配享太庙,并谕:“王忠诚匡弼,悉协机宜,诸臣当以王为法”。

子四:载澄,贝勒加郡王衔,谥果敏。载滢,出为钟端郡王奕詥后,袭贝勒,坐事夺爵归宗。载濬与载滢,同时受封。载潢,封不入八分辅国公。载澄、载濬、载潢皆前王卒。王薨,以载滢,子溥伟为载澄后,袭恭亲王。

醇贤视王奕譞。宣宗第七子。文宗即位,封为醇郡王。咸丰九年三月,分府,命仍在内廷行走。穆宗即位,谕免宴见叩拜、奏事书名。迭授都统、御前大臣、领侍卫内大臣,管神机营。同治三年,加亲王衔。四年,两太后命弘德殿行走,稽察课程。十一年,进封醇亲王。十二年,穆宗亲政,罢弘德殿行走。

德宗即位,王奏两太后,言:“臣侍从大行皇帝十有三年,昊天不吊,龙驭上宾。仰瞻遗容,五内崩裂。忽蒙懿旨下降。择定嗣皇帝,仓猝昏迷,罔知所措。触犯旧有肝疾,委顿成废。惟有衷恳矜全,许乞骸骨。为天地容一虚糜爵位之人,为宣宗成皇帝留一庸钝无才之子。”两太后下其奏王大臣集议,以王奏诚恳请罢一切职任,但令照料菩陀峪陵工,从之。命王爵世袭。王疏辞,不许。光绪二年,上在毓庆宫入学,命王照料。五年,赐食亲王双俸。

十年,恭亲王奕䜣罢军机大臣,以礼亲王世铎代之。太后命遇有重要事件,与王商办,时法兰西侵越南,方定约罢兵,王议建海军。十一年九月,设海军衙门,命王总理,节制沿海水师,以庆郡王奕劻、大学士总督李鸿章、都统善庆、侍郎曾纪泽为佐。定议练海军自北洋始,责鸿章专司其事。十二年三月,赐王与福晋杏黄轿,王疏辞,不许。鸿章经书海防、于旅顺开船坞。筑炮台,为海军收泊地。北洋有大小战舰凡五。辅以蚊船、雷艇,复购舰英、德,渐次成军。五月,太后命王巡阅北洋。善庆从焉,会鸿章自大沽出海至旅顺,历威海、烟台,集战舰合操,偏视炮台、船坞及新设水师学堂,十余日毕事。王还京,奏奖诸将吏及所聘客将,请太后御书榜悬大沽海神庙。

太后命于明年归政,王疏言:“皇帝甫逾志学,诸王大臣籲恳训政,乞体念时艰,俯允所请,俟及二旬,亲理庶务。至列圣宫廷规制,远迈前代。将来大婚后,一切典礼,咸赖训教。臣愚以为诸事当先请懿旨,再于皇帝前奏闻。俾皇帝专心大政,承圣母之欢颜。免宫闱之剧务。此则非如臣生深宫者不敢知,亦不敢言也”。太后命毋庸议。十三年正月,上亲政。四月,太后谕预备皇帝大婚,当力行节俭,命王稽察。十四年九月,王奏:“太平湖赐第为皇帝发祥地。世宗以潜邸升为宫殿,高宗谕子孙有自藩邸绍承大统者,应用其例。”太后从之,别赐第,发帑十万葺治。十五年正月,大婚礼成,赐金桃皮鞘威服刀,增护卫。葺治邸第未竟,复发帑六万。并进封诸子:载沣镇国公,载洵辅国公,载涛赐头品顶带、孔雀翎。

二月,河道总督吴大澄密奏,引高宗御批通鉴辑览,略谓:“宋英宗崇奉濮王,明世宗崇奉与王,其时议者欲改称伯叔,实人情所不安,当定本生名号,加以徽称。”且言:“在臣子出为人后,例得以本身封典貤封本生父母,况贵为天子,天子所生之父母,必有尊崇之典,请伤廷臣议醇亲王称号礼节。”特旨宣示。上即位逾年,王密奏:“臣见历代继承大统之君,推崇本生父母者,备载史书。其中有适得至当者焉,宋孝宗不改子称秀王之封是也。有大乱之道焉,宋英宗之濮议、明世宗之议礼是也。张璁、桂萼之俦，无足论矣。忠如韩琦，乃与司马光议论牴牾，其故何欤？盖非常之事出，立论者势必纷沓扰攘，乃心王室，不无其人。而以此为梯荣之具，迫其主以不得不视为庄论者，正复不少。皇清受天之命，列圣相承，十朝一脉，讵穆宗毅皇帝春秋正盛，遽弃臣民。皇太后以宗庙社稷为重，特命皇帝入承大统，复推恩及臣，以亲王世袭罔替。渥叨异数，感惧难名。原不须更生过虑，惟思此时垂帘听政，简用贤良，廷议既属执中，邪说自必潜匿。倘将来亲政后，或有草茅新进，趋六年拜相捷径，以危言故事耸动宸聪，不幸稍一夷犹，则朝廷滋多事矣。仰恳皇太后将臣此折，留之宫中。俟皇帝亲政，宣示廷臣世赏之由及臣寅畏本意。千秋万载，勿再更张。如有以治平、嘉靖之说进者，务目之为奸邪小人，立加屏斥。果蒙慈命严切，皇帝敢不钦遵，不但臣名节得以保全，而关乎君子小人消长之机者，实为至大且要。”太后如王言，留疏宫中。大澄疏入，谕曰：“皇帝入承大统，醇亲王奕譞谦卑谨慎，翼翼小心，十余年来，殚竭心力，恪恭尽职。每优加异数，皆涕泣恳辞，前赐杏黄轿，至今不敢乘坐。其秉心忠赤，严畏殊常，非徒深宫知之最深，实天下臣民所共谅。光绪元年正月初八日，王即有豫杜妄论一奏，请俟亲政宣示，俾千秋万载，勿再更张。自古纯臣居心何以过此？当归政伊始，吴大澄果有此奏，特明白晓谕，并将王原奏发钞，俾中外咸知贤王心事，从此可以共白。阚名希宠之徒，更何所容其觊觎乎？

十六年正月，以上二十万寿，增护军十五、蓝白甲五十，授载涛二等镇国将军。十一月，王疾作，上亲诣视疾。丁亥，王薨，年五十一。太后临奠，上诣邸成服。定称号曰皇帝本生考，称本生考，遵高宗御批。仍原封，从王志也。谥曰贤，配享太庙。下廷臣议：上持服期年，缟素、辍朝十一日。初祭、大祭、奉移前一日。亲诣行礼，御青长袍褂，摘缨。期年内御便殿，用素服。葬以王，祭以天子，立庙班讳。十八年，葬京师西山妙高峰。宣统皇帝即位，定称号曰皇帝本生祖考。

子七：德宗，其第二子也。载洸，初封不入八分辅国公，进镇国公。载沣，袭醇亲王，宣统皇帝即位，命为监国摄政王。载洵，出为瑞郡王奕志后。载涛，出为钟郡王奕诒后。宣统间，载洵为海军部大臣，载涛为军咨府大臣，主军政。三年十月，并罢。十二月，逊位。

钟端郡王奕诒，宣宗第八子。文宗即位，封为钟郡王。穆宗即位，命免宴见叩拜、奏事书名。同治三年，分府，仍在内廷行走。七年十一月，薨，谥曰端。无子以恭忠亲王奕䜣子载滢为后，袭贝勒。坐事，夺爵，归宗。又以醇贤亲王奕譞子载涛为后，龙袭贝勒，加郡王衔。

孚敬郡王奕譓，宣宗第九子。文宗即位，封孚郡王。穆宗即位，命免宴见叩拜、奏事书名。同治三年，分府，仍在内廷行走，命管乐部。十一年，授内大臣，加亲王衔。德宗即位。复命免宴见叩拜、奏事书名。光绪三年二月，薨，谥曰敬。无子，以愉恪郡王允禑四世孙奕栋子载沛为后，袭贝勒。卒，又以奕瞻子载澍为后，袭贝勒，坐事夺爵归宗。又以贝勒载瀛子溥伒为后，封贝子。

文宗二子：孝钦显皇后生穆宗，玫贵妃徐佳氏生悯郡王。

悯郡王，生未命名，殇。穆宗即位。追封。

论曰：庄亲王佐太祖建业，将出师，登垅而谋，策定驰而下，黄道周亟称其骁勇。太祖崩，诸子嗣业，未有成命，礼烈亲王拥立太宗，亲为捍御边圉，夏允彝以为行事何减圣贤。盖雄才让德，虽在敌国，不能掩也。睿忠亲王手定中原，以致于世祖。求之前史，实罕其伦。徒以执政久。威福自专，其害肃武亲王，相传谓因师还赐宴拉杀之，又或谓还至郊外遇伏死，死处即今葬地。传闻未敢信，然其惨酷可概见矣。身后蒙谤，仅乃得雪，亦有以取之也。

圣祖遇诸宗人厚,遗诏犹以礼亲王、饶余亲王子孙安全,拳拳在念。然当用兵时,诸王贝勒为帅,小违律必议罚,且不得以功掩。养以行法,仁以睦亲,固不相悖也。雍正中,允禩、允禟之狱,世宗后亦悔之。怡贤亲王特驯谨,渥加宠荣,示非寡恩。诚以尺布斗粟,相逼笮过甚,恂勤郡王尝握兵柄,非母弟亦岂得幸生耶?时去天国未远,以尚武为家法其失则犷。

太宗屡谕诸子弟当读书,悫厚公承其教,彬彬有东丹王之风。高宗诸子多擅文学,尤以成哲亲王为最,词章书翰,无愧古人。恭忠亲王继以起,绸缪宫府,定乱绥疆,罢不生怼,用不辞劳,有纯臣之度焉。醇贤亲王尊为本生亲,乾乾翼翼,靡间初终,预绝治平、嘉靖之议,载在方策,彰彰迈前代远甚。治时移势易,天方降割,乃以肺腑之亲,寄腹心之重,漠然不知阴雨之已至,一发而不可复收。天欤人欤,亡也忽诸,尤足为后来之深鉴矣!

清史稿卷二二二
列传第九

阿哈出 子释加奴 猛哥不花 释加奴子李满住 李满住孙完者秃 猛哥不花子撒满哈失里 猛哥帖木儿 猛哥帖木儿弟凡察 子董山 董山子脱罗 脱罗子脱原保 凡察子不花秃 王杲

阿哈出，辽东边外女真头人。太祖以建州卫起兵。建州设卫，始永乐元年十月辛丑，初为指挥使者，阿哈出也。明赐姓名李诚善，所属授千百户、镇抚，赐诰印、冠服、钞币有差。三年十月，阿哈出朝于明，六年三月，忽的河、法胡河、卓儿河、海剌河诸女真头人哈喇等朝于明，以其地属建州卫，哈喇等授千百户。七年七月，阿哈出朝于明。

阿哈出子二：释加奴、猛哥不花。八年，成祖亲征出塞，释加奴率所属从战有功。八月乙卯，以释加奴为都指挥佥事，赐姓名李显忠，所属昝卜赐姓名张志义，阿剌失赐姓名李从善，可捏赐姓名郭以诚，皆为正千户。九年九月，释加奴举猛哥不花为毛怜卫指挥使。初，永乐三年设毛怜卫，以头人巴儿逊为指挥使。至是从释加奴请，以命其弟。十年，释加奴等岁祲乏食，辽东都指挥巫凯以闻，成祖命发粟赈之。

猛哥帖木儿者，亦女真头人，其弟曰凡察，与阿哈出父子并起，明析置建州左卫处之，以为指挥使。十一年十月，与释加奴、猛哥不花同朝于明。十四年，释加奴、猛哥不花朝于明，为所属乞官。十五年二月，猛哥不花朝于明。十二月，释加奴上言："颜春头人月儿速哥率其奴来归，请属于建州。"释加奴、猛哥不花、猛哥帖木儿屡为所属乞官。十八年闰正月，成祖命无功不得乞官，赐敕戒谕之。十九年十月，猛哥不花朝于明。廿年正月，成祖亲征出塞，猛哥不花率子弟及所属从，赐弓矢。袭、马。二十二年三月，成祖复亲征出塞，猛哥不花使所属指挥佥事王吉从，成祖嘉赉之。七月，成祖崩。

宣德元年正月，猛哥不花、猛哥帖木儿朝于明。是月壬子，进猛哥帖木儿为都督佥事。释加奴已前卒，三月辛丑，以其子李满住为都督佥事。九月丁巳，进猛哥不花为中军都督同知，仍掌毛怜卫。二年二月，猛哥不花使贡马，旋卒。四月，命饩其奴。

猛哥不花子二：撒满哈失里、官保奴。撒满哈失里蒙其祖阿哈出赐姓为李氏，四年三月壬子，明以为都督佥事。五年三月，官保奴朝于明。四月，李满住上言求市于朝鲜，朝鲜不纳，宣宗敕谕听于辽东境上通市。六年正月，释加奴妻唐氏朝于明。二月，撒满哈失里朝于明。七年二月，猛哥帖木儿使其弟凡察朝于明。三月壬戌，明以为都指挥佥事。

八年二月庚戌，进猛哥帖木儿为右都督，凡察都指挥使。六月，撒满哈失里朝于明。是年，七姓野人木答忽等纠阿速江等卫头人弗答哈等掠建州卫，杀左卫都督猛哥帖木儿及其子阿古，凡察告难于明。会明使都指挥裴俊如斡木河，中途遇寇，凡察以所属赴援，有功。九年二月癸酉，进凡察都督佥事，掌卫事。敕谕木答忽等还所掠人、马、资财，且赦其罪。是月，撒满哈失里母金阿纳失里朝于明。

宣德十年正月，宣宗崩。是月，李满住、撒满哈失里上言忽刺温境内野人那列秃等掠所属那颜寨，敕谕那列秃等还所掠人、马、赀财。并以责弗答哈等。四月，撒满哈失里朝于明。正统元年闰六月，李满住使其子古纳哈等朝于明，还辽东逃人，明英宗嘉其效诚，赐彩缎、冠服；并上章言忽刺温野人相侵。乞徙居辽阳猪婆江，英宗命辽东总兵官巫凯计议安置，毋弛边备，毋失夷情。二年正月，凡察使所属指挥同知李伍哈朝于明，上章言："居邻朝鲜，为所困。欲还建州,又为所阻,乞朝命。"英宗赐敕抚谕。五月,撒满哈失里朝于明,自陈愿留京师自效。

前,撒满哈失里已进都督同知,英宗命仍掌毛怜卫事,赐敕遣之。是时,李满住掌建州卫,凡察掌建州左卫,与撒满哈失里并奉职贡惟谨。而故建州左卫都督猛哥帖木儿死七姓野人之难,子阿古殉焉,诸子董山、绰颜依凡察以居。是年十一月,以董山为本卫指挥使。三年正月,凡察朝于明。是月壬子,英宗赐以敕曰:"往者猛哥帖木儿死七姓野人之难,失其印,宣德间,别铸印畀凡察。董山上言旧印故在,而凡察复请留新印,一卫二印无故事。敕至,尔等协同署事,遣使上旧印"。凡察、董山争卫印自此始。六月,李满住使所属指挥赵歹因哈上章,言:"自徙居猪婆江,屡为朝鲜侵掠。今复徙居灶突山东南浑河上,为朝廷守边圉,罔敢或违"。别疏又言:"毛怜卫印为指挥阿里所匿,请别铸印畀撒满哈失里。"英宗不许,命撒满哈失里奏事附李满住以达。

四年四月,李满住上言:"都督凡察、指挥童仓为朝鲜所诱,叛去。"童仓即董山,译音异也。英宗敕朝鲜国王李祹问状,祹疏自明非诱。英宗命凡察、童仓即居镜城,复敕祹抚谕之。五年四月,英宗以李满住与福余卫鞑靼相侵盗,敕辽东总兵曹义备边。九月,朝鲜国王李祹上言凡察、童仓复逃还建州。总兵曹义亦疏陈"凡察等去镜城,率叛军马哈刺等四十家至苏子河,乏食。"英宗敕义使编置三土河及猪婆江迄西冬古河两界间,仍依李满住以居,发粟赈之。贯逃军马哈刺等,命还伍。复谕祹使归其种人留朝鲜境者。是时,凡察以都督;董山以指挥同领建州左卫,其徙居镜城复还。六年正月戊午,进董山为都督佥事。

二月,朝鲜国王李祹上言:"凡察旧居镜城阿木河,其兄猛哥帖木儿,臣祖授以万户,创公廨,与婢仆、衣粮、鞍马,臣父又授以上将军。及死七姓野人之难,其子阿古殉焉,屋宇、资产焚掠殆尽。臣抚恤凡察,如先臣抚恤其兄。近岁徙居东良,后乃潜逃,与李满住同处。此时臣不及知,安有追杀?或有留者,非怀土不去,则同类开谕而还，非臣阻之也。李满住昔居猪婆江，在臣国边境，盐米醯醬随其所索，时时给与。后引忽刺温劫掠臣边不已。今凡察同恶，谋与忽刺温等来侵。请饬凡察等遄返旧居，庶小国边民获免寇盗。"英宗敕禂谨为备。会凡察上言不敢为非，敕辽东总兵曹义遣使谕之，并廉其情伪。

凡察、董山争卫印数年而不决。七年二月甲辰，英宗用总兵曹义议，析置建州右卫，凡察、董山皆进都督同知，董山以旧印掌左卫，凡察以新印掌右卫，敕分领所属，守法安业，毋事争斗。董山、凡察及李满住各为所属乞官，皆许之。自是，岁有干请。久次，乞进秩。物故，乞袭职，以为常。撒满哈失里朝于明。三月丁丑，进右都督，别铸毛怜卫印畀之。五月，英宗以凡察等屡言朝鲜留其部众，使锦衣卫指挥佥事吴良赍敕往勘。凡察所索童阿哈里等，居朝鲜久，受职事，守丘墓，皆自陈不愿还，而以十人还李满住。八年十月，李满住使报兀良哈将入寇，英宗命佥都御史王翱勒兵为备。九年正月，李满住等上言指挥郎克苦等还自朝鲜，乞赈，英宗命发粟赈之。十二月，董山、凡察朝于明。十年正月，撒满哈失里朝于明。十一年二月，以董山弟绰颜为副千户。十二年正月，进李满住为都督同知。六月，以闻瓦剌将寇边，敕建州三卫李满住、董山、凡察等使为备。十三年正月，复敕戒李满住等毋为北虏诱。十二月，董山、凡察朝于明。十四年，凡察妻朵儿真索朝于明，进皇太后塔纳珠二颗，赉以纻丝表里。既而额森入冠，建州三卫亦屡犯边。景泰中，王翱巡抚辽东，使招谕，复叩关。

天顺二年正月，李满住朝于明。二月，进董山右都督。时董山阴附朝鲜，朝鲜授以中枢密使。巡抚辽东都御史程信诇得其制书以闻，英宗使诘朝鲜及董山，皆慑服，贡马谢。五年十二月，朝鲜国王李瑈上言："建州众夜至义州江，杀并江收禾民，掠男妇、牛马。"下兵部议，以为朝鲜尝诱杀毛怜卫都督郎卜儿哈，致寇乃自取，置勿问。八年春正月，英宗崩。

成化元年正月，董山朝于明，自陈防边有劳，乞进秩。宪宗不许，赐以彩缎。十月，整饬边备。左都御史李秉上言："建州、毛怜、海西诸部落入贡，边臣验方物，貂必纯黑，马必肥大，否则拒不纳。今诸部落结福余三卫屡犯边。贡使至，使者不宜过持择，召边衅。"宪宗命从之。二年十一月，秉上言："毛怜诸卫犯边，官兵击破之。"十二月，复入犯，总兵武安侯郑宏战败。三年正月，秉上言："董山归所掠边人，请赎俘。"宪宗敕奖董山，因戒责建州、毛怜诸卫，旋使锦衣卫署都督佥事武忠将命抚谕。是月，海西、建州诸卫复入鸦鹘关，都指挥邓佐御诸双岭，中伏死，副总兵施英不能救。三月，复入连山关，掠开原、抚顺，窥铁岭、宁远、广宁。及忠至，董山等受抚。四月，偕李古纳哈等朝于明，宪宗使集阙下，宣诏赦其罪，董山等顿首听命。

五月己丑，复以左都御史李秉提督军务，武靖伯赵辅佩靖虏将军印，充总兵官，发兵讨建州，而董山等留京师，会赐宴，其从者语嫚，夺庖人铜牌，事闻，有诏切责。既而，予马值、赉彩币如故事。董山、李古纳哈乞蟒衣、玉带、金顶帽、银酒器，宪宗命增赐衣、帽，人一具。董山又言指挥可昆等五人有劳。乞赐，宪宗命赐衣，人一袭。董山等辞归，鸿胪寺通事署丞王忠奏："董山等骂坐不敬，贪求无厌，扬言归且复叛，请遣官防送。"宪宗命礼部遣行人护行，复赐敕戒谕。董山等既行，宪宗复用礼部主事高冈议，命赵辅絷董山塞上。辅留董山等广宁，令遣使戒所属毋更盗边。七月庚申，辅召董山等听宣敕，未毕，董山等为嫚语，袖出刃刺译者，吏士格斗，杀董山等二十六人。宪宗命发兵益秉、辅东征，敕安抚毛怜、海西诸卫，示专讨建州。九月，分道出师：左军渡浑河，越石门，至分水岭。右军度鸦鹘关，逾凤凰城、摩天岭，至猪婆江。中军下抚顺，经薄刀山，过五岭，渡苏子河，至虎城。攻破张打必纳、戴咬纳、朗家、嘹哈诸寨，四战皆捷。十月，师还。秉上疏请增兵戍辽阳，于凤凰山、鸦鹘关、抚顺、奉集、通远诸路度地筑城堡，选将吏习边事者镇开原，宪宗悉从之。

四年正月，朝鲜国王李瑈上言，遣中枢府知事康纯等将兵征建州,渡鸭绿、泼猪二江,破兀弥府诸寨,禽李满住及其子古纳哈等,多所俘馘,使献俘。

自阿哈出始领建州卫,传其子释加奴及孙李满住。析左卫,猛哥帖木儿领之,死,而弟凡察代,既复传其子董山。析右卫,移凡察领之。其入边为乱,董山为之渠。明既杀董山,朝鲜亦破李满住,其子古纳哈同死,他子都喜亦的哈,后不著。凡察正统后不复见。当已前死。其子不花秃不与董山之乱,独全。他子阿哈答尝朝于明,争赐币不及例。五年六月,建州左卫都指挥佟那和札等上章,为董山子脱罗等、李古纳哈孙完者秃乞官。兵部请进止,宪宗命脱罗都指挥同知、完者秃指挥佥事。自是,凡从董山为乱者,其子姓降一等,仍袭职。

六年正月,建州三卫头人沙加保等三百余人朝于明,宪宗敕示威德,俾复奉朝贡。居数年,太临王直擅政,欲以边功自重,巡抚辽东右副都御史陈钺阿直意,十三年十二月,上章言建州三卫为边患,请声罪致讨。十四年六月,命兵部侍朗马文升及钺会议招抚,文升上言:"建州左、右二卫掌印都指挥脱罗、卜花秃等一百九十五人,建州卫掌印都指挥完者秃等二十七人,先后应命。"宣敕抚慰,遣还。卜花秃即不花秃,凡察子也。九年十二月、十一年正月,再入朝,至是同受招抚。

寻复命直诣辽东处置边务,直至边,钺复请用兵。十五年十月,命直监督军务,抚宁侯朱永佩靖虏将印充总兵官,钺参赞军务,讨建州三卫,并敕朝鲜国王李娎发兵夹击。十一月,永等分道出抚顺关,建州人拒守,纵击破之,有所俘馘。师还,永等受上赏。十六年六月,建州复寇边。巡按辽东御史强珍疏论钺等启衅冒功,下吏议。汪直憾珍,劾珍欺罔,逮治,谪戍。钺寻罢去。十八年,直亦得罪,建州三卫奉朝贡如故。

弘治初,脱罗、完者秃皆进都督。孝宗之世,脱罗三朝,完者秃五朝,明赐完者秃大帽、金带。正德元年,脱罗卒,以其子脱原保袭都督佥事。二年四月,卜花秃卒,赐祭。武宗之世,脱原保三朝。

嘉靖间，建州卫都督方巾，左卫都督章成、古鲁哥，右卫都督阿剌哈、真哥、腾力革辈，见于《明实录》。皆不知其世。盖自李满住死，复传其孙完者秃。阿哈出之后，可纪者四世。其别子猛哥不花领毛怜卫，传子撒满答失里，后不著。董山死，传其子脱罗及孙脱原保。猛哥帖木儿之后，可纪者三世。其弟凡察传子不花秃，后不著。迨嘉靖季年，王杲强，而阿哈出、猛哥帖木儿之族不复见。

王杲，不知其种族。生而黠慧，通番、汉语言文字，尤精日者术。嘉靖间，为建州右卫都指挥使，屡盗边。三十六年十月，窥抚顺，杀守备彭文洙，遂益恣掠东州、惠安、一堵墙诸堡无虚岁。四十一年五月，副总兵黑春帅师深入，王杲诱致春，设伏媳妇山，生得春，磔之，遂犯辽阳，劫孤山，略抚顺，汤站，前后杀指挥王国柱、陈其孚、戴冕、王重爵、杨五美，把总温栾、于栾、王守廉、田耕、刘一鸣等，凡数十辈。当事议绝贡市，以兵剿，寻又请贷，杲不为悛。隆庆末，建州哈哈纳等三十人款塞请降，边史纳焉。王杲走开原索之，勿予，乃勒千余骑犯清河。游击将军曹簠伏道左，突起，斩五级，王杲遁走。

故事，当开市，守备坐听事，诸部酋长以次序立堂上，奉土产，乃验马。马即羸且跛，并予善值，餍其欲乃已。王杲尤桀骜，攫酒饮，至醉，使酒箕踞骂坐。六年，守备贾汝翼初上，为亢历，抑诸酋长立阶下，诸酋长争非故事，尽阶进一等。汝翼怒，抵几叱之，视戏下箠不下者十余人，验马必肥壮。王杲鞅鞅引去，椎牛约诸部，杀掠塞上。是时，哈达王台方强，诸部奉约束，边将檄使谕王杲。王杲讼言汝翼摧抑状，巡抚辽东都御史张学颜以闻。下兵部议，令辽东镇抚宣谕，示以恩威。于是王台以千骑入建州寨，令王杲归所掠人马，盟于抚顺关下而罢。学颜复以闻，赉王台银币。

万历二年七月，建州奈儿秃等四人款寨请降，来力红追亡至塞上，守备裴承祖勿予，追者从骑掠行夜者五人以去。承祖檄召来力红令还所掠，亦勿予。是时王杲方入贡，马二百匹、方物三十驮，休传舍。承祖度王杲必不能弃辎重而修怨于我，乃率三百骑走来力红寨，诸部围之，未敢动。王杲闻耗惊，驰归，与来力红入谒承祖，而诸部围益众。王杲曰："将军幸毋畏。仓卒闻将军至，皆匍匐愿望见。"承祖知其诈，呼左右急兵之，击杀数十人，诸部皆前斗，杀伤相当。来力红执承祖及把总刘承奕、百户刘仲文，杀之。于是学颜奏绝王杲贡市，边将复檄王台使捕王杲及来力红。王台送王杲所掠塞上士卒，及其种人杀汉官者。

王杲以贡市绝，部众坐困，遂纠土默特、泰宁诸部，图大举犯辽、沈。总兵李成梁屯沈阳，分部诸将：杨腾驻邓良屯，王维屏驻马根单，曹簠驰大冲挑战。王杲以诸部三千骑入五味子冲，明军四面起，诸部兵悉走保王杲寨。王杲寨阻险，城坚堑深，谓明军不能攻。成梁计诸部方聚处，可坐缚。十月，勒诸军具炮石、火器疾走围王杲寨，斧其栅数重。王杲拒守，成梁益挥诸将冒矢石陷坚先登。王杲以三百人登台射明军，明军纵火，屋庐、刍茭悉焚，烟蔽天，诸部大溃。明军纵击，得一千一百四级。往时剖承祖腹及杀承奕者皆就馘，王杲遁走。明军车骑六万，杀掠人畜殆尽。

三年二月，王杲复出，谋集余众犯边，复为明军所围。王杲以蟒褂、红甲授所亲阿哈纳，阳为王杲突围走，明军追之。王杲以故得脱，走重古路，将往依泰宁卫速把亥。明军购王杲急，王杲不敢北走，假道于王台。边吏檄捕送。七月，王台率子虎儿罕赤缚王杲以献，槛车致阙下，磔于市。王杲尝以日者术自推出亡不即死，竟不验。妻奴二十七人为王台所得，其子阿台脱去。阿台妻，清景祖女孙也。

王台卒，阿台思报怨，因诱叶赫杨吉砮等侵虎儿罕赤。总督吴兑遣守备霍九皋谕阿台，不听。李成梁率师御之曹子谷、大梨树佃，大破之，斩一千五百六十三级。四年春正月，阿台复盗边，自静远堡九台入，既又自榆林堡入至浑河，既又自长勇堡入薄浑河东岸，又纠土蛮谋分掠广宁、开原、辽河。阿台居古勒寨，其党毛怜卫头人阿海居莽子寨，两寨相与为犄角。成梁使裨将胡鸾备河东，孙守廉备河西，亲帅师自抚顺王刚台出寨，攻古勒寨，寨陟峻，三面壁立，濠堑甚设。成梁麾诸军火攻两昼夜，射阿台，殪。别将秦得倚已先破莽子寨，杀阿海，斩二千二百二级。景祖、显祖皆及于难。语详《太祖纪》。

同时又有王兀堂，亦不知其种族，所居寨距叆阳二百五十里，叆阳故通市。王兀堂初起，奉约束惟谨。万历三年，李成梁策徙孤山、险山诸堡，拓境数百里，断诸部窥塞道。王杲既擒，张学颜行边，王兀堂率诸部酋环跪马前，谓徙堡塞道，不便行猎，请得纳质子，通市易盐、布。学颜以请，神宗许之。开原、抚顺、清河、叆阳、宽奠通布市自此始。

当是时，东方诸部落，自抚顺、开原而北属海西，王台制之。自清河而南抵鸭绿江属建州，王兀堂制之，颇守法。已，渐窃掠东州、会安堡。七年七月，开市宽奠，参将徐国辅纵其弟若仆减直强鬻参，欧种人以回易至者几毙，诸部皆忿，数掠宽奠、永奠、新奠诸堡。他酋佟马儿等牧松子岭，拦入林刚谷。巡抚都御史周咏等劾国辅，罢之。谕王兀堂戢诸部。八年三月，王兀堂及他酋赵锁罗骨等，以六百骑犯叆阳及黄关岭，指挥王宗义战死。四月，又以千骑自永奠堡入，成梁帅师击败之，斩七百五十级，俘一百六十人。十一月，复自宽奠堡入，副总兵姚大节帅师击败之，斩六十七级，俘十一人。王兀堂自是遂不振，不复通于明。

当隆庆之世，下逮万历初。建州诸卫以都督奉朝贡者，建州卫则有纳答哈、纳木章，左卫则有大疼克、八汗马、哈塔台、右卫则有八当哈、来留住、松塔。而王杲自指挥使迁何秩，不可考见，王兀堂并不著其官，然皆强盛为大酋。自王杲就擒后五年而王兀堂败，又后三年而阿台死，太祖兵起。

论曰：建州之为卫，始自阿哈出。枝干互生，左右析置，自永乐至嘉靖，一百五十余年，而阿哈出之世绝。王杲乘之起，父子弄兵十余年乃灭。其在于清，犹爽鸠、季萴之于齐，所谓因国是也。或谓猛哥帖木儿名近肇祖讳，子若孙亦相同。然清先代遘乱，幼子范察得脱，数传至肇祖，始克复仇，而猛哥帖木儿乃被戕于野人，安所谓复仇？若以范察当凡察，凡察又亲猛哥帖木儿弟也，不得为数传之祖。清自述其宗系，而明乃得之于简书。《春秋》之义，名从主人，非得当时纲载如《元秘史》者，固未可以臆断也。隆庆、万历间，建州诸部长未有名近与兴祖讳者。太祖兵起，明人所论述但及景、显二祖，亦未有谓为董山裔者。信以传信，疑以传疑，今取太祖未起兵前建州三卫事可考见者著于篇，以阿哈出、王杲为之纲，而其子弟及同时并起者附焉。

清史稿卷二二三
列传第一〇

万　子扈尔干　孟格布禄　扈尔干　子岱善
孟格布禄子吴尔古代　**杨吉砮**　兄清佳砮
杨吉砮子纳林布禄　金台石　清佳砮子布寨
布寨子布扬古　**布占泰　拜音达里**

万，哈达部长也。万自称汗，故谓之万汗。明译为王台，"台""万"音近。明于东边酋长称汗者，皆译为"王"某，若以王为姓，万亦其例也。哈达为扈伦四部之一，明通称海西。哈达贡于明，入广顺关，地近南，故谓之南关。

万姓纳喇氏，其始祖纳齐卜禄。纳齐卜禄生尚延多尔和齐，尚延多尔和齐生嘉玛喀硕珠古，嘉玛喀硕珠古生绥屯，绥屯生都勒喜。都勒喜子二：克什纳、古对朱颜。古对朱颜之后别为乌喇部。克什纳，嘉靖初掌塔山左卫，于诸部中最强，修贡谨，又捕叛者猛克有劳，明授左都督，赐金顶大帽。既，为族人巴代达尔汉所杀。克什纳子二：长彻彻穆，次旺济外兰。克什纳死时，彻彻穆子万奔席北部境绥哈城，而旺济外兰奔哈达，遂为其部长。明以其侦冠功，授都督佥事。叶赫部长褚孔格数为乱，旺济外兰执而僇之，夺其贡敕七百道，及所部十三寨。后其部众叛，旺济外关为所杀。其子博尔坤舍进杀父仇，迎从兄万于绥哈城，还长其部。万能用其众，略邻部，远交而近攻，势益盛，遂以哈达为国，称汗。兴祖诸子环居赫图阿喇，号"宁古塔贝勒，"与董鄂部构衅。兴祖第三子索长阿为其子吴泰娶万女，盖尝乞兵于万以御董鄂部。

万居静安堡外，室庐、耕植与他部落异，事明谨。是时王杲领建州，与鞑靼东西遥应，窥辽塞，万支拄其间不令合。明使继其大父克什纳为都督。王杲盗边，开原备兵副使王之弼檄万，令王杲还所掠。万入建州寨，要王杲盟于抚顺关下，复通市如故。土默特徙账辽东，万入贡，多夺其马。已而，土默特弟韦征与万为婚，其从子小黄台吉拥五万骑，介叶赫复请婚于万，万惧而许之。小黄台吉以马牛羊、甲胄、貂豹之裘遗万，筑坛刑白马为盟，约毋犯塞。居无何，小黄台吉要万犯塞，万不可，乃罢，时为万历元年。明年，王杲乱，辽东巡抚张学颜檄万捕王杲。万令海西、建州诸酋款塞，乞先开市，游击丁仿语之曰："必得王杲而后市可图也。"万复率建州卫都督大疼克等叩关，督抚以闻，许开市，遂缚献王杲所掠辽军八十四人，及种人兀黑，以兀黑尝杀汉官也。又明年，捕得王杲，槛致京师。明进万右柱国、龙虎将军，官二子都督佥事，赐黄金二十两、大红师子纻衣一袭。

是时万所领地，东则辉发、乌喇，南则建州，北则叶赫，延袤千里，保塞甚盛。万暴而黩货，以事赴诉，视赂有无为曲直。部下皆效之，使于诸部，骄恣无所忌，求贿鹰、犬、鸡、豚惟所欲。使还，意为毁誉，万辄信之。以是诸部皆贰。而叶赫部长清佳砮、杨吉砮兄弟，以父褚孔格见僇心怨万。万纳其女弟温姐，又以女妻杨吉砮，卵翼之。万老而衰，杨吉砮复婚于哈屯恍惚太，势渐张。万子扈尔干尤暴，所部或去从杨吉砮。杨吉砮构乌喇与扈尔干为仇，遂收故所部诸寨为旺济外兰所侵者，取其八寨，惟把太等五寨尚属万。自是辉发、乌喇诸部皆不受约束，万地日蹙，忧愤不自憀。万历十年七月，万卒。叶赫闻万死，使求故贡敕。扈尔干曰："我父以汝兄弟故，卒用忧愤死，今尚问敕书乎？"勿与，告哀于明。明以万忠，赐祭，予彩币、四表里。

万有子五：扈尔干为长。仲、叔皆前死。季孟格布禄，温姐子也。又有康古鲁，为万外妇子。万卒，康古鲁与扈尔干争父业。扈尔干怒曰："汝，我父外妇子也，宁得争父业乎？不避我，我且杀汝！"康古鲁因亡抵清佳砮，清佳砮妻以女。是时太祖初起兵。八月，扈尔干以兵从兆佳城长李岱劫太祖所属瑚济寨，太祖部将安费扬古、巴逊以十二人追击，杀哈达兵四十人，还所掠。扈尔干旋卒。孟格布禄年十九，袭父职龙虎将军、左都督，众未附。康古鲁闻扈尔干死，遂还，蒸温姐。

扈尔干有子曰岱善，与康古鲁、孟格布禄析万遗业为三。康古鲁报扈尔干之怨，释憾于其子。孟格布禄亦以母温姐故，肋康古鲁，共攻万岱善。而清佳砮、杨吉砮兄弟谋攻万子孙报仇，十一年七月，挟暖兔、恍惚太等万骑来攻。明总督侍郎周咏念岱善弱，孟格布禄少，请加敕部诸酋，神宗许之。十二月，杨吉砮等复挟蒙古科尔沁贝勒瓮阿岱等万骑来攻，孟格布禄及岱善以二千骑迎战而败。自是兵屡至，恣焚掠不已。十二年，明总兵李成梁诱杀清佳砮、杨吉砮兄弟，所部詟服，暂受孟格布禄约束。

叶赫难始纾，而内讧复急。清佳砮子布寨、杨吉砮子纳林布禄乘隙图报怨。十五年四月，纳林布禄以恍惚太万骑攻把泰寨，明兵来援，围解。乃阴结其姑温姐，嗾孟格布禄佐康古鲁图岱善。先是扈尔干许以女归太祖，十六年，岱善亲送以往，太祖为设宴成礼。是年纳林布禄复以恍惚太五千骑围岱善。孟格布禄将其孥从纳林布禄往叶赫，居十八里寨，于是图岱善益急，而康古鲁诱岱善所部叛岱，略其资畜，纳林布禄并掠岱善妻哈尔屯以去。明边吏议绝孟格布禄布，以所部及土田、牲畜尽归于岱善。孟格布禄不听，复与布寨、纳林布禄、康古鲁入开原，温姐偕。开原兵备副使王缄令裨将袭其营，执温姐、康古鲁以归。巡抚顾养谦谕孟格布禄："和岱善，还所掠，否则断若母头矣！"王缄以为戮温姐则孟格布禄益携，不如释之，而囚康古鲁，待朝命。温姐既得脱，遁还。孟格布禄自叶赫攻岱善，自焚其所居，劫温姐去。王缄坐是夺职。

十六年二月，河西大饥，岱善乞籴于明，明予粟百斛。李成梁出师讨布寨、孟格布禄，围其城，布寨、孟格布禄请降，成梁振旅还。开原兵备副使成逊议释康古鲁,和诸部。总督侍郎顾养谦亦谓:“岱善弱而多疑,即歼诸酋立之,不能有其众。不如释康古鲁,使和岱善,则万子孙皆全。岱善内倚中国。外结建州,阴折北关谋,实制东陲胜策也。”夏四月,遂释康古鲁而谕之曰:“中国立岱善,以万故。囚汝,以助北关侵岱善也。汝亦万子,不忍杀。今释汝,和诸酋,修父业。岱善安危,汝则任之。”康古鲁听命,因令岱善以叔父事康古鲁,以祖母事温姐,刑牲盟。且进布寨、纳林布禄使者诫谕之,为均两部,敕孟格布禄出岱善妻子五人,及所部种人三百二十三、妇稚五百四十三、马牛羊数百,归岱善。康古鲁偕温姐归故寨,居月余,康古鲁病且死。语温姐圾孟格布禄,戒部曲毋盗边负明恩。康古鲁死。孟格布禄谋尽室徙依叶赫,度温姐不从,微告布寨、纳林布禄以兵至。孟格布禄纵火燔其居,趣温姐行,温姐不可,强扶持上马,郁郁不自得,七月亦死。

布寨、纳林布禄诱孟格布禄图岱善如故。成逊令诸酋面相要释憾,并入贡,而太祖日强盛,布寨、纳林布禄与有隙。二十一年夏六月,纠孟格布禄及乌喇、辉发四部合兵攻太祖,略户布察寨。太祖率兵追之,设伏于中途,引兵略哈达富儿家齐寨。哈达兵至,太祖欲引敌至设伏所,挥众使退,以单骑殿。孟格布禄以三骑自后相迫,一骑出于前,太祖引弓射前骑,前骑在右,回身自马项上发矢,矢著于马腹,遂逸去。三骑聚至,太祖马惊几坠,右足挂于鞍,复乘,遂射孟格布禄马踣地,其从者秦穆布禄授以己马,挟以驰。太祖率所部兵骑者三、步者二十,逐而击之!斩十二人,获甲六、马十八,以还。九月,复从布寨、纳林布禄以九部之兵三万人攻太祖,战于黑济格城下,九部之兵熸,布寨歼焉。

二十五年,叶赫诸部请成于太祖,盟定辄背之。二十六年,孟格布禄所居城北溪流血。二十七年秋,纳林布禄攻孟格布禄,孟格布禄不能支,以其三子质于太祖,乞师。太祖使费英东、噶盖以兵二千戍哈达。纳林布禄恐,乃构明开原译者为书,诱孟格布禄使贰于明,将袭击费英东等。费英东等诇得之,以告太祖。九月丁未朔,太祖帅师攻哈达。贝勒舒尔哈齐请为前锋，薄孟格布禄所居城。兵出，舒尔哈齐使告太祖曰："彼城兵出矣"！太祖曰："岂为此城无兵而来耶"？躬督兵进。舒尔哈齐兵塞道，太祖军循城行，城上发矢多伤者，遂攻城，癸丑，克之。扬古利生得孟格布禄，太祖命勿杀，召入谒，赐以所御貂帽、豹裘，置帐中。既，孟格布禄与噶盖谋为乱，事泄，乃杀之。

二十九年春正月，太祖以女妻孟格布禄子吴尔古代，明使来让，太祖遣吴尔古代还所部。纳林布禄归所掠敕六十道，请于明，补双贡如故事。已而，纳林布禄复纠蒙古掠哈达。哈达饥，乞籴于明，明不与，至鬻妻子、奴仆以食。太祖周恤之，遂以吴尔古代归。哈达亡。

杨吉砮，叶赫部长，孝慈高皇后父也。其先出自蒙古，姓土默特氏，灭纳喇部据其地，遂以地为姓。后迁叶赫河岸，因号叶赫。其贡于明，取道镇北关，地近北，故明谓之北关。

始祖星根达尔汉生席尔克明噶图，席尔克明噶图生齐尔噶尼。正德初，齐尔噶尼数盗边，斩开原市。八年，其子褚孔格纠他酋加哈复为乱，旋就抚，授达喜木鲁卫都督佥事。褚孔格阻兵数反覆，为哈达部长旺济外兰所杀，明赐敕书及所属诸寨，皆为所夺。

褚孔格子太杵。太杵子二：长清佳砮，次即杨吉砮。能抚诸部，依险筑二城，相距可数里，清佳砮居西城，杨吉砮居东城，皆称贝勒。明人以译音，谓之"二奴"。是时哈达万汗方强，杨吉砮弟兄事万谨，万纳其女弟温姐，藉势浸骄，数纠建州王杲侵明边。明讨王杲，而清佳砮，杨吉砮不与，盖万实庇之，既又以女妻杨吉砮。兄弟日夜思复先世褚孔格之仇，怨万。会万老，势衰，杨吉砮复婚于哈屯恍惚太，以隙复故地季勒诸寨。万子扈尔干所属白虎赤等先后叛归杨吉砮，杨吉砮势日盛，万遂以忧愤死。死而诸子内争，其庶孽康古鲁亡抵清佳砮，清佳砮妻以女，益间万子孙使自相图。

既而太祖兵起，尝如叶赫，杨吉砮顾知为非常人，谓太祖曰：

“我有幼女,俟其长,当使事君”。太祖曰:“君欲结姻盟,盍以年已长者妻我”?杨吉砮对曰:“我虽有长女,恐未为嘉偶。幼女端重,始足为君配耳。”太祖遂纳聘焉。

万历十一年,杨吉砮弟兄率白虎赤,益以暖兔、恍惚太所部万骑,袭败孟格布禄。斩三百级,掠甲胄一百五十。益借猛骨太,那木塞兵,焚躏孟格布禄所部室庐;田稼殆尽。明分巡副使任天祚使赍布帛及铁釜,犒杨吉砮兄弟,谕罢兵。杨吉砮兄弟言:“必得敕书尽辖孟格布禄等然后已。”既,复焚孟格布禄及其仲兄所分庄各十,岱善庄一,胁所属百余人去。既,又以恍惚太二千骑驰广顺关,攻下沙大亮寨,俘三百人,挟兵邀贡敕。

十二年,巡抚李松与总兵李成梁谋诛杨吉砮兄弟,哈达亦以请。明制,凡诸部互市,筑墙规市场,谓之“市圈”。成梁使召杨吉奴弟兄,当赐敕赏赉,乃伏兵中固城,距开原可四十里,待其至。已而杨吉砮弟兄挟恍惚太二千骑擐甲叩镇北关,守备霍九皋遣使让之曰:“若来就抚,甲骑数千何为者?”杨吉砮兄弟乃请以三百骑入圈。李松令参将宿振武、李宁等夹城四隅为伏,戒军中曰:“虏入圈,听抚则张帜,按甲毋动。不则鸣炮,皆鼓行而前,急击之勿失。”松与任天祚坐南楼,使九皋谕杨吉砮兄弟。杨吉砮兄弟则益兵,以精骑三千屯镇北关,而以三百骑入圈。杨吉砮兄弟请敕书部勒孟格布禄等,九皋谯让之,渐急,杨吉砮兄弟瞋目,语不驯,李松奋髯抵几叱之。九皋麾杨吉砮等下马,杨吉砮目从者白虎赤,白虎赤拔刀击九皋,微中右臂。九皋还击杨吉砮从者一骑踣,余骑群噪击明兵。军中炮如雷,伏尽起,遂杀清佳砮,杨吉砮、白虎赤、清佳砮子兀孙孛罗、杨吉砮子哈儿哈麻,及诸从者,斩三百十有一级。勒兵驰出关,成梁先自中固城至,围击叶赫军,斩千五百二十一级,夺马千七百有三,遂深入杨吉砮弟兄所居寨。师合围,旦日,诸酋出寨门蒲伏,请受孟格布禄约束,刑白马攒刀为誓,成梁引师还。自是叶赫不敢出兵窥塞扰哈达为乱。明总督张佳胤等以陈斩“二奴”闻,成梁、松、天祚、九皋、振武、宁予荫进秩有差。

居数年，清佳砮子布寨、杨吉砮子纳林布禄继为贝勒，收余烬，谋倾哈达报世仇，挟以儿邓数侵掠，阑入威远堡。纳林布禄尤狂悖，要贡敕如其诸父，频岁纠恍惚太攻岱善不已，且因其姑温姐煽孟格布禄、康古鲁图岱善、俾哈达内讧。会明助岱善，袭报康古鲁。

十六年二月，巡抚顾养谦决策讨布寨、纳林布禄。成梁帅师至海州，雪初消，人马行淖中，马足胶不可拔，成梁计击虏利月明。军抵开原已下弦，不如三月往，遂壁海州，养谦壁辽阳。是岁，河西大饥，斗米钱三千，菽二千，发海州、辽阳谷赡军。月将晦，成梁自海州乘传出，三月十有三日，至开原。令岱善军以白布缀肩际为帜，鸡鸣，发盛远堡，行三十里，至叶赫属酋落罗寨。成梁使召落罗，落罗骇兵至，迎谒，命以一帜树寨门，材官十人守之，戒诸军毋犯。挟落罗及其从者三骑俱，又行三十里，至叶赫城下。卜寨弃西城，奔纳林布禄，并兵以拒，其众与明军夹道驰，明军不敢先发。二酋摩其骑突明军，杀三人，成梁乃纵兵击之。游击将军吴希汉先驱，流矢集于面，创甚，弟希周奋起，斩虏骑射希汉者，亦被创。明军如墙进，叶赫兵退入城守。城以石为郭，外以石，内以木，又二重，构八角楼，置妻奴、财货。明师攻二日，破郭外栅二重。城上木石杂下，先登者辄死，城坚不可拔。成梁乃敛兵，发巨炮击城，城坏，穿楼断桁，叶赫兵死者无算，歼其酋把当亥，斩级五百五十四，城中皆号泣。明军车载云梯至，直立，齐其内城，将置巨炮其上。二酋始大惧，出城乞降，请与南关分敕入贡。成梁令毋攻，燔云梯，戒诸军毋发其窖粟，遂引师还。四月朔，释康古鲁遣还，因进叶赫使者谕曰："往若效顺，朝廷赏不薄。江上远夷以貂皮、人参至，必籍若以通。若布帛、米盐、农器仰给于我，耕稼围猎，坐收木枲、松实、山泽之利，为惠大矣。今贡事绝，江上夷道梗，皆怨若。我第传檄诸部，斩二酋头来，俾为长，可无烦兵诛也。今贷若，若何以报"？遂与哈达均敕，永乐初，赐海西诸部敕，自都督至百户，凡九百九十九道。至是，畀哈达、叶赫分领之，以哈达效顺，使赢其一。

秋九月，纳林布禄送其女弟归太祖，太祖率诸贝勒迎之，大宴成礼，是为孝慈高皇后。

十九年，纳林布禄令宜尔当、阿摆斯汉使于太祖，且曰："扈伦诸部与满洲语言相通，宜合五为一。今属地尔多我寡，额尔敏、扎库木二地，盍以一与我"！太祖曰："我为满洲，尔为扈伦，各有分地。我毋尔取，尔毋我争。地非牛马比，岂可分遣？尔等皆知政，不能谏尔主，奈何强颜来相渎耶"！遣其使还。既而纳林布禄又令尼喀里、图尔德偕哈达、辉发二部使者复至，太祖与之宴。图尔德起而请曰："我主有传语，恐为贝勒怒。"太祖问："尔主何语？我不尔责。"图尔德曰："我主言曩欲分尔地，尔靳不与。傥两国举兵相攻，我能入尔境，尔安能蹈我地乎？"太祖大怒，引佩刀断案曰："尔叶赫诸舅，盍尝躬在行间，马首相交，裂甲毁胄，堪一剧战耶？哈达惟内讧，故尔等得乘隙掩袭，何视我若彼易与也！吾视蹈尔地，如入无人境，昼即不来，夜亦可往，尔其若我何！"因诋布寨、纳林布禄父见杀于明，至不得收其骨，奈何出大言，以其语为书，遣巴克什阿林察报之。布寨要至其寨，不令见纳林布禄，遣还。

未几，长白山所属朱舍里、讷殷二路引叶赫兵劫太祖所属东界洞寨。二十一年夏六月，扈伦四部合兵攻太祖，布寨、纳林布禄为戎首，劫户布察寨。太祖以师御之，遂侵哈达。秋九月，复益以蒙古科尔沁、席北、卦尔察三部，朱舍里、殷讷二路，攻太祖，谓之"九姓之师。"太祖将出师，祀于堂子，祝曰："我初与叶赫无衅，叶赫横来相格，纠集诸部，为暴于无辜，天其鉴之"！又祝曰："愿敌尽垂首，我军奋扬，人不遗鞭，马无颠踬，惟天某助我！"是时，叶赫兵万人，哈达、乌喇、辉发三部合兵万人，蒙古科尔沁三贝勒及席北、卦尔察三部又万人，凡三万人。太祖兵少，众皆惧，太祖戒勉之。朝发虎栏哈达，夕宿扎喀城。叶赫兵方攻黑济格城，未下。旦日，太祖师至，面城而陈，使额亦都以百人先。叶赫兵疲攻城来战，太祖军迎，击斩九级，叶赫兵小却。布寨、金台石及蒙古科尔沁三贝勒复并力合攻，金台石者，纳林布禄弟也。布寨将突阵，马触木，踣，太祖部卒吴谈趋而前，伏其身刺杀之。叶赫兵见布寨死，皆痛哭，阵遂乱，九姓之师以此败。布寨死，子布扬古嗣为贝勒。

二十五年春正月，扈伦诸部同遣使行成于太祖曰："吾等兵败名辱，继自今愿缔旧好，申之以婚媾"。布扬古请以女弟归太祖，金台石请以女妻太祖次子台吉代善，上许之，具礼以聘。宰牛马告天，设卮酒、块土及肉、血、骨各一器，四国使者誓曰："既盟之后，苟弃婚媾，背盟约，如此土，如此骨，台此血，永坠厥命！若始终不渝，饮此酒，食此肉，福禄永昌。"太祖誓曰："彼等践盟则已，有或渝者，待三年不悛，吾乃讨之。"布扬古女弟，高皇后侄也，是时年十四。未几，太祖遣将穆哈连侵蒙古，获马四十。纳林布禄邀夺其马，执穆哈连归于蒙古。乌喇贝勒布占泰亦背盟结纳林布禄。二十七年，太祖克哈达。以明有责言，使哈达故贝勒孟格布禄子吴尔古代还所部。二十九年，纳林布禄以兵侵之，太祖遂以吴尔古代归。三十一年秋九月，高皇后疾笃，思见母，太祖使迎焉。纳林布禄不许，令其仆南太来视疾，太祖数之曰："汝叶赫诸舅无故掠我户布察寨，又合九姓之师而来攻我，既乃自服其辜，歃血誓天为盟誓，而又背之，许我国之女皆嫁蒙古。今我国妃病笃，欲与母诀，而又不许，是终绝我也！"即而，高皇后崩。三十二年春正月，太祖帅师攻叶赫，克二城，曰张，曰阿气兰，取七寨，俘二千余人而还。

三十五年，纳林布禄闻辉发贝勒拜音达里使贰于太祖，太祖以是取辉发，纳林布禄不能救。而布扬古女弟受太祖聘，十六年不遣，年三十，乌喇贝勒布占泰将强委禽焉。四十年，太祖讨布占泰。四十一年，师再举，遂克乌喇，布占泰亡奔叶赫。布扬古欲遂以女弟嫁之，布占泰逊谢不敢娶，为别婚。是时纳林布禄已死，其弟金台石嗣为贝勒，与布扬古分居东、西城如故。秋九月，太祖使告叶赫执布占泰以献，使三往，不听。太祖谋伐之，先期遣第七子巴布泰率所属阿都、干骨里等三十余人质于明。至广宁，谒巡抚都御史张涛，请敕叶赫遣布占泰，涛以闻，神宗下部议，以为质子真伪莫可辨，拒勿纳。太祖乃以四万人会蒙古喀尔喀贝勒介赛伐叶赫。会有逋卒泄师期，叶赫收张、吉当阿二路民堡。太祖围兀苏城，城长山谈、扈石木降，太祖饮以金卮，赐冠服。遂略张、吉当阿、呀哈、黑儿苏、何敦、克布齐赉、俄吉岱七城，下十九寨，尽焚其庐舍储峙，以兀苏城降民三百户还。

叶赫诉于明，以兵援，遇介赛，战胜，遂遣使让太祖，令游击马时楠、周大岐率兵千，挟火器，戍叶赫。太祖至抚顺，投书游击李永芳，申言："侵叶赫，以叶赫背盟，女已字，悔不遣。又匿布占泰，故于明无怨，何遽欲相侵?"遂引师还。

金台石有女，育于其兄纳林布禄，嫁介赛。金台石既为贝勒，杀纳林布禄妻，介赛假辞为外姑复仇，觊得布扬古女弟以解。布扬古女弟誓死不愿行。介赛治兵攻叶赫。既而喀尔喀贝勒巴哈达尔汉为其子莽古尔代请婚，布扬古将许之。明边吏谕布扬古，姑留此女，毋使太祖及介赛望绝，冀相羁縻。而以兵分屯开原、抚顺及镇北堡为犄角，卫叶赫。四十三年夏五月，布扬古遂以其女弟许莽尔古代，秋七月婚焉。太祖闻，诸贝勒皆怒，请讨叶赫，不许。请侵明，又不许，且曰："此女生不祥，哈达、辉发乌喇三部以此女构怨，相继覆亡。今明助叶赫，不与我而与蒙古，殆天欲亡叶赫，以激其怒也。我知此女流祸将尽，死不还矣。"布扬古女弟嫁介赛未一年而死，死时年盖三十四，明所谓"北关老女"者也。是岁为太祖天命元年。

太祖既称帝建国，始用兵于明。三年，取抚顺、清河。明经略侍郎杨镐使谕叶赫发兵挠太祖。秋九月，金台石子德尔格勒侵太祖，克一寨，俘四百七人，斩八十四级。明赐以白金二千两、彩缎表里二十。四年春正月，太祖谋报之，使大贝勒代善以兵五千戍札喀关阻明师，而躬督兵伐叶赫。辛卯，入其境，经克亦特城、粘罕寨，至叶赫城东十里，克大小屯寨二十余。叶赫乞援于明，明开原总兵马林以师至，合城兵而出，见太祖兵盛，不敢击。太祖亦引还。二月，杨镐大举伐太祖，使都司窦永澄征兵于叶赫，叶赫以二千人应。至三岔北，明师覆，永澄死之。太祖谋使所属诈降于金台石，金台石不应。六月，太祖攻开原，叶赫复以二千人援，至则开原已下。秋八月，经略侍郎熊廷弼初视事，叶赫使期复开原，廷弼厚赉之。

太祖惎叶赫，八月，大举伐之。己巳，师出，声言向沈阳，以缀明师。壬申，至叶赫城下，太祖攻金台石东城，而命诸贝勒驰向西城取布扬古。布扬古与其弟布尔杭古以城兵出西郭，陟冈，鸣角而噪，望太祖军盛，敛兵入。诸贝勒遂督军合围。太祖围东城，入其郛，布攻具，呼金台石降，不听，曰："吾非明兵比，等丈夫也，肯束手降乎？宁战而死耳。"太祖麾兵攻城，两军矢交发，太祖军拥盾陟山麓将穴城，城上下木石，掷火器。太祖军冒进，穴城，城圮，师入，城兵迎战，败溃，皆散走。太祖使执帜约军士毋妄杀，执黄盖，令降者免死，城民皆请降。金台石以其奴登台，太祖军就围之，命之下。金台石求见四贝勒盟而后下，四贝勒太宗，高皇后所出，金台石甥也。四贝勒方攻西城，太祖召之至，使见金台石。金台石曰："我未尝见我甥，真伪乌能辨？"费英东、达尔哈在侧曰："汝视常人中有奇伟台四贝勒者乎？且曩与汝通好时，尝以媪往乳汝子德尔格勒，盍使媪辨之！"金台石曰："何用媪为也！观汝辈辞色，特诱我下杀我耳。我石城铁门既为汝破，纵再战，安能胜，特我祖父世分土于斯。我生于斯，长于斯，则死于斯可已。"四贝勒劝之力，金台石使阿尔塔石先见太祖，太祖复令谕降。金台石又求见其子德尔格勒，德尔格勒至，金台石终不下。四贝勒将缚德尔格勒，德尔格勒曰："我年三十六，乃今日死耶！杀可也，何缚焉？"四贝勒以德尔格勒见太祖，太祖撤所食食之，命四贝勒与共食。且曰："尔兄也，善遇之！"金台石妻将其幼子下，金台石引弓，其从者复甲。太祖军进毁台，金台石纵火，屋宇皆烬。太祖诸将谓金台石且死，军退。火烬，金台石潜下，为太祖军所获，缢杀之。

诸贝勒围西城，布扬古闻东城破，与布尔杭古使请降，并请盟无死。大贝勒曰："汝辈畏死，盍以汝母先，汝母我外姑也，我宁能杀之？"布扬古母至军，大贝勒以刀划酒，誓，饮其半，使送布扬古、布尔杭古饮其半，乃降。大贝勒以布扬古见太祖，布扬古行复勒马，大贝勒挽其辔，命毋沮，见太祖，布扬古以一膝跪，不拜而起。太祖取金卮授之，布扬古复以一膝跪，酒不竟饮，不拜而起。太祖命大贝勒引去，以其怼也，即夕亦缢杀之。贷布尔杭古。攻杀明游击马时楠戍兵，歼焉。杨镐闻警，使总兵李如桢自抚顺出，张疑兵为叶赫声援，得十余级而退。

神宗命给事中姚宗文行边，求叶赫子孙，德尔格勒有女子子二，嫁蒙古，各赐白金二千。明臣请为金台石、布扬古立庙，又以哈达余裔王世忠为金台石妻侄，授游击，将以风诸部，然叶赫遂亡。

太祖以德尔格勒归，旗制定，隶满洲正黄旗，授三等副将。太宗天聪三年，改三等梅勒章京，卒。八年，子南楮嗣。十年，察哈尔林丹汗殂，所部内乱，太宗遣贝勒多尔衮帅师略地。林丹汗福金号苏泰太后，南楮女兄也，因使南楮谕降。南楮至其帐，呼其人出，语之曰："尔福金苏泰太后之弟南楮至矣"！其人入告，苏泰太后大惊，使故叶赫部来胜者视之，信。苏泰太后号而出，与南楮相抱持，遂使其子额哲出降，南楮旋以罪夺爵，复以南楮弟索尔和嗣。乾隆初，改二等男。

布尔杭古分隶正红旗，亦授三等副将。再传，坐事，夺世职。

布占泰，乌喇部长，太祖婿也，乌喇亦扈伦四部之一，与哈达同祖纳齐卜禄。纳齐卜禄五传至克什纳、古对朱颜兄弟。克什纳之后为哈达部。古对朱颜生太兰，太兰生布颜。布颜收附近诸部，筑城洪尼，滨乌喇河，因号乌喇，为贝勒。

布颜子二：布干、博克多。布颜死，布干嗣为部长。布干子二：满泰、布占泰。布干死，满泰嗣为部长。万历二十一年夏六月，叶赫纠扈伦诸部侵太祖，满泰以所部从。秋九月，叶赫再纠扈伦诸部，及蒙古科尔沁所部，及满洲长白山所属，大举分道侵太祖。满泰使布占泰以所部从，与哈达贝勒孟格布禄、辉发贝勒拜音达里合军万人。战败，叶赫贝勒布寨死于阵，科尔沁贝勒明安单骑走。战之明日，卒有得布占泰者，缚以见太祖，曰："我获俘，将杀之。俘大呼勿杀，愿自赎。因缚以来见。"跽太祖前，太祖问谁何，对曰："乌喇贝勒满泰弟布占泰也，生死惟贝勒命。”叩首不已。太祖曰：“汝辈合九部兵为暴于无辜，天实厌之，昨阵斩布寨，彼时获汝，汝死决矣！今见汝，何忍杀？语有之曰：‘生人胜杀人，与人胜取人。’”遂解其缚，与以猞猁狲裘，抚育之。

居三年，二十四年秋七月，遣还所部，使图尔坤黄占、博尔焜蜚扬古护行，未至，满泰及其子淫于所部，皆见杀。布占泰至，满泰有叔兴尼牙，将杀而夺其地，二使者严护让之，兴尼牙谋不行，乃出奔叶赫，卒定布占泰而还。冬十二月，布占泰以女弟妻贝勒舒尔哈齐。二十五年春正月，与叶赫诸部同遣使请盟，盟甫罢，布占泰旋执太祖所属瓦尔喀部安褚拉库、内河二路头人为众所推者罗屯、噶哈石屯、汪吉努三人送叶赫，使招所部贰于太祖。又以满泰妻都都祜所宝铜锤畀纳林布禄。二十六年春，正月，太祖命台吉褚英等伐安褚拉库路。冬十二月，布占泰来谒，以三百人俱，太祖以舒尔哈齐女妻之，赐甲胄五十，敕书十道，礼而遣之。二十九年冬十一月乙未朔，布占泰以其兄满泰女归太祖。布占泰初聘布寨女，既又聘明安女，以铠胄、貂、猞猁狲裘、金银、驼马为聘，明安受之而不予女。三十一年春正月，布占泰使告太祖曰：“我昔被擒，待以不死，俾我主乌喇，又妻我以公主，恩我甚深。我孤恩，尝聘叶赫、蒙古女，未敢以告。今蒙古受聘而复悔，我甚耻之！乞再降以女，当岁从两公主来朝。”太祖允其请，又以舒尔哈齐女妻焉。

三十五年春正月，东海瓦尔喀部蜚悠城长策穆特黑谒太祖，自陈属乌拉，为布占泰所虐，乞移家来附。太祖命贝勒舒尔哈齐、褚英、代善率诸将费英东、扈尔汉、扬古利等以兵三千至蜚悠城，收环城屯寨五百户，分兵三百授扈尔汉、扬古利护之先行。布占泰使其叔博克多将万人要诸途。日暮，扈尔汉依山结寨以相持。翼日，乌喇兵来攻，扬古利率兵击败之，乌喇兵引退，渡河陟山为固。褚英、代善等率后军至，绿山奋击，乌拉兵大败，代善阵斩博克多。是日昼晦，雪，甚寒，乌拉兵死者甚，众俘其将常住、胡里布等，斩三千级，获马五千、甲三千以还。

三十六年春，正月，太祖复命褚英及台吉阿敏将五千人伐乌拉，克宜罕阿麒城，斩千人，获甲三百，俘其余众。布占泰纠蒙古科尔沁贝勒瓮阿代，出合军屯所居城外二十里，畏褚英等军强，不敢进，引还。秋九月，遣使复请修好，太祖使执问。布占泰报纳林布禄所部种人五十辈，畀太祖使者尽杀之。又遣使来请曰："我数背盟，获罪于君父，若更以女子子妻我，抚我如子，我永赖以生矣。"太祖复允其请，又以女子子妻之。

四十年，布占泰复背盟，秋九月，侵太祖所属虎尔哈路，复欲娶太祖所聘叶赫贝勒布寨女，又以鸣镝射所娶太祖女。太祖闻之怒，癸丑，亲率兵伐之。庚申，兵临乌喇河，布占泰以所部迎战，夹河见太祖军甲胄甚具，士马盛强，乌喇兵人人惴恐，有敢渡。太祖循河行，下河滨属城五，又取金州城，遂驻军焉。冬十二月辛酉朔，太祖以太牢告天祭纛，青白气见东方，指乌喇城北。太祖屯其地三日，尽焚其储峙。布占泰昼引兵出城，暮入城休。太祖率兵毁所下六城，庐舍、糗粮皆烬，移军驻伏尔哈河渡口。布占泰使使者三辈以舟出见太祖，布占泰率其弟喀尔喀玛及所部拉布泰等继以舟出，跽舟中而言曰："乌喇国即父国也，幸毋尽焚我庐舍、糗量。"叩诈请甚哀。太祖立马河中，数其罪。布占泰对曰："此特谗者离间，使我父子不睦。我今在舟中，若果有此，惟天惟河神其共鉴之！"拉布泰自旁才曰："贝勒既以此怒，曷不以使者来诘？"太祖责之曰："我部下岂少汝辈人耶？事实矣，又何诘，河冰无时，我兵来亦无时。汝口虽利，能齿我刃乎？"布占泰大惧，止拉布泰毋言。喀尔喀玛为乞宥，太祖乃命质其子及所部大酋子，遂还营。五日引还，度乌喇河滨邑麻虎山颠，以木为城，留千人戍焉。

十二月，有白气起乌喇，经太祖所居南属虎拦哈达山。布占泰旋复背盟，幽太祖及舒尔哈齐女，将以其女萨哈廉子绰启鼎及所部大酋子十七人质于叶赫，娶太祖所聘贝勒布寨女。四十一年春正月，太祖闻，复率兵伐之。布占泰期以是月丙子送其子出质，而太祖军以乙亥至，攻下孙扎泰及郭多、俄谟三城。丙子，布占泰以兵三万越伏尔哈城而军，太祖犹欲谕之降。诸贝勒代善、阿敏，诸将费英东、何和里、扈尔汉、额亦都、安费扬古皆请战，曰："我利速战，但虑彼不出耳。今既出，平原广野，可一鼓禽也！舍此不战，利兵秣马，何为乎来？且使布占泰娶叶赫女，辱莫甚焉！虽后讨之，何益？"太祖曰："我荷天宠，自少在兵间，遇劲敌，无不单骑突阵者！今日何难率三汝辈身先博战，但虑诸贝勒、诸将或一二夷伤，我所深惜，故欲出万全，非有所惧也。今汝辈志一，即可决战。"因命被甲，诸贝勒、诸将则大欢，一军尽甲，今曰："胜即夺门，毋使复入！"乃率兵进。布占泰自伏尔哈城率兵还，令其军皆步为阵，两军距百步，太祖军亦皆舍马步战，矢交如雨，呼声震天。太祖躬入阵，诸贝勒、诸将从之纵击，乌拉兵大败，死者十六七。师入，太祖坐西门楼，命树帜。布占泰盖余兵不满百，还至城下，见帜则大奔。遇代善，布占泰兵皆溃，仅以身免，奔叶赫。太祖使请于叶赫，叶赫不听。后七年，太祖克叶赫，布占泰已前死。

拜音达里，辉发部长也。辉发亦扈伦四部之一，其先姓益克得里氏，居黑龙江岸。尼马察部有昂古里星古力者，自黑龙江载木主迁于渣鲁，居焉。时扈伦部噶扬噶、图墨土二人居张城，二人者姓纳喇氏，昂古里星古力因附其族，宰七牛祭天，改姓纳喇，是为辉发始祖。

昂古里星古力子二：留臣、备臣。备臣子二：纳领噶、耐宽。纳领噶生拉哈都督，拉哈都督生噶哈禅都督，噶哈禅都督生齐讷根达尔汉，齐讷根达尔汉生王机褚。王机褚收邻近诸部，度辉发河滨扈尔奇山，筑城以居，因号辉发。城负险坚峻。蒙古察哈尔部扎萨克图土门汗尝自将攻之，不能克。王机褚死时，其长子前死，孙拜音达里，杀其叔七人，自立为贝勒。

万历二十一年夏六月，叶赫纠哈达、乌喇诸部侵太祖，拜音达里以所部从。秋九月，复举兵，拜音达里与哈达贝勒孟格布禄、乌喇贝勒布占泰合兵万人，兵败，还。二十三年夏六月，太祖攻辉发，取所属多壁城，辉发将克充格、苏猛格二人戍，歼焉。二十五年春正月，与叶赫诸部同遣使行成于太祖。居数年，拜音达里之族有叛附叶赫者，部众有携心。拜音达里惧，以所属七人之子质于太祖，太祖发兵千人助之镇抚。叶赫贝勒纳林布禄使告拜音达里曰："尔以质子归我，亦归尔叛族。"拜音达里信之，乃曰："吾其中立于满洲、叶赫二国之间乎！"遂取质子还，以其子质于纳林布禄。纳林布禄殊无意归叛族，拜音达里以告太祖，且曰："吾前者为纳林布禄所诳，怙旧恩，敢请婚。"太祖许之。既而拜音达里背约不娶，太祖使诘之曰："汝昔助叶赫，再举兵侵我。我既宥尔罪，复许尔婚。今背约不娶，何也？"拜音达里诡对曰："吾子质叶赫，须其归，娶尔女，与尔合谋。"因筑城三重自固。及其子自叶赫归，太祖复遣使问，拜音达里倚城坚，度兵即至，足以守，遂负盟。三十五年秋九月丙申，长星出东方指辉发，八夕乃灭。乙亥，太祖率师讨之。甲辰，合围，遂克之，杀拜音达里及其子，安集其民，帅师还。辉发亡。

论曰："扈伦四部，哈达最强，叶赫稍后起，与相埒，乌喇、辉发差弱。其通于明，皆以所领卫，令于所部则曰"国"。太祖渐强盛，四部合攻之。兵败纵散，以次覆灭。太祖与四部皆有连，夺其地，歼其酋，显庸其族裔。疆场之事不以婚媾逭，有时乃藉口以启戎，自古则然，不足异也。

清史稿卷二二四
列传第一一

张煌言 张名振 王翊等
郑成功 子锦 锦子克爽 李定国

张煌言，字玄著，浙江鄞县人，明崇祯十五年举人。时以兵事急，令兼试射，煌言三发皆中。慷慨好论兵事。顺治二年，师定江宁，煌言与里人钱肃乐、沈宸荃、冯元飏等合谋奉鲁王以海。煌言迎于天台，授行人。至绍兴，称"监国"，授翰林院修撰。入典制诰，出领军旅。三年，师溃。归与父母妻子诀，从王次石浦，与黄斌卿军相犄角，加右佥都御史。

鲁王诸将，张名振最强。四年，江南提督吴胜兆请降，煌言劝名振援胜兆，遂监其军以行。至崇明，飓作，舟覆，煌言被执。七日，有导之出者，走间道复还入海。经黄岩，追者围而射之，以数骑突出，自是益习骑射。集义旅屯上虞、平冈。诸山寨多出劫掠，独煌言与王翊履亩劝输，戢所部毋扰民。六年，觐王于健跳。七年，名振奉王居舟山，召煌言入卫。乃以平冈兵授刘翼明，陈天枢，率亲军赴之，加兵部侍郎。八年，闻父讣，浙江提督田雄书招降，却之。师攻滃洲，名振奉王侵吴淞，冀相牵制。俄，师破舟山。乃奉王入金门，依郑成功。成功用唐王隆武号，事鲁王但月上豚、米，修寓公之敬。煌言尝谓成功曰："招讨始终为唐，真纯臣也！"成功亦曰："侍郎始终为鲁，与吾岂异趋哉？"故与成功所事不同，而其交能固，王亦赖以安居，九年，监名振军，经舟山至崇明，进次金山，十年，复至崇明，师与战,败绩。十一年,又自吴淞入江,逼镇江,登金山,望祭明太祖陵。烽火达江宁,俄,退次崇明。再入江,略瓜洲、仪真,薄燕子矶,寻还屯临门,皆与名振俱。十二年,成功遣其将陈六御与名振取舟山,台州守将马信约降,煌言以沙船五百迎之。名振中毒,卒,遗言以所部属煌言。

十三年,师再破舟山,煌言移军秦川,王去"监国"号,通表桂王。十四年,桂王使至,授煌言兵部侍郎、翰林院学士。两江总督郎廷佐书招煌言,煌言以书报,略曰:"来书揣摩利钝,指画兴衰,庸夫听之,或为变色,贞士则不然。所争者天经地义,所图者国恤家仇,所期待者豪杰事功。圣贤学问,故每毡雪自甘,胆薪深历,而卒以成事。仆于将略原非所长,衹以读书知大义。左袒一呼,甲盾山立,济则赖君灵,不济则全臣节。凭陵风涛,纵横锋镝,今逾一纪矣,岂复以浮词曲说动其心哉?来书温慎,故报数行。若斩使焚书,适足见吾意之不广,亦所不为也。"

十五年,与成功会师将入江,次羊山,遇飓,引还。十六年,成功复大举,煌言与俱,次崇明。煌言曰:"崇明,江、海门户。宜先定营于此,庶进退有据。"成功不从。师防江,金、焦两山间横铁索,隔江置大炮,煌言以十七舟翦江而渡。成功破瓜洲,欲取镇江,虑江宁援至,煌言曰:"舟师先捣观音门,南京自不暇出援。"成功以属煌言,煌言所将人不及万,舟不满百,即率以西。降仪真,进次六合,闻成功拔镇江,煌言致书,言当先抚定夹江郡县,以陆师趋南京,成功复不从。煌言进薄观音门,遣别将以轻舟数十直上攻芜湖,分兵掠江浦。成功水师至,会芜湖已降,趣煌言往抚,部勒诸军,分道略地,移檄诸郡县。于是太平、宁国、池州、徽州、广德及诸属县皆请降,得府四、州三、县二十四。煌言所过,秋毫无犯,经郡县,入谒孔子庙,坐明伦堂,进长吏,考察黜陟,略如巡按行部故事,远近响应。

方如徽州受降,闻成功败,还芜湖收兵,冀联合瓜洲、镇江军为守计,既,闻成功并弃瓜洲、镇江入海,煌言兵遂溃。两江总督郎廷佐发舟师断煌言东下道,书招煌言。煌言拒不应,率余兵道繁昌,谋入鄱阳湖。次铜陵，师自湖广至，煌言与战而败，抚残兵仅数百，退次无为，焚舟登陆。自铜城道霍山、英山，度东溪岭，追骑至，从者尽散。煌言突围出，变服夜行，至高浒埠，有父老识之，匿于家数日，导使出间道，渡江走建德、祁门乱山间，痁作，力疾行，至休宁，得舟下严州。复山行，经东阳、义乌至天台达海，收集旧部，成功分兵益之，屯长亭乡，筑唐捍潮，辟田以赡军。使桂王告败，桂王敕慰问，加兵部尚书。十七年，移军临门。十八年，廷议徙海上居民绝接济，煌言无所得饷，开屯南田自给。

成功攻台湾，煌言移书阻之。不听。师下云南，取桂王。煌言遣其客罗纶入台湾。趣成功出兵，成功以台湾方定。不能行。遣使入郧阳山中，说十三家兵，使之扰湖广，以缓云南之师。十三家者，郝永忠、刘体纯辈，故李自成部，将窜据茅麓山，衰疲不敢出。康熙元年，煌言复移军沙堤。成功自攻江宁败还，取台湾谋建国。鲁王在金门，礼数日薄，煌言岁时供亿，又虑成功疑，十年不敢入谒。及闻桂王败亡，上启鲁王，将奉以号召。俄成功卒，煌言还军临门，又有议奉鲁王监国者，煌言使劝锦，以李亚子锦囊三矢相勗。

浙江总督赵廷臣复招煌言，煌言书谢之，煌言孤军势日促，或议入鸡笼岛，煌言不可。二年，鲁王殂，煌言恸曰："孤臣栖栖海上，与部曲相依不去者，以吾主尚存也。今更何望？"三年，遂散遣其军，居悬澳。悬澳在海中，荒瘠无人烟，南汊港通舟，北倚山，人不能上，煌言结茅而处，从者纶及部曲数人，一侍者，一舟子而已。廷臣与提督张杰谋致煌言，得煌言故部曲，使为僧普陀，伺煌言，知踪迹，夜半，引兵攀岭入，执煌言及纶，与部曲叶金、王发，侍者汤冠玉。煌言至杭州，廷臣宾礼之。九月乙未，死于弼教坊，举目望吴山，叹曰："好山色！"赋绝命词，坐而受刃，纶等并死。煌言妻董、子万祺先被执，羁管杭州，先煌言死。

纶字子木，丹徒诸生。方成功败还，纶入谒，劝以回帆复取南都，成功不能用，乃从煌言。又有山阴叶振名，字介韬，尝谒煌言论兵事，煌言荐授翰林院修撰，兵科给事中。既，复上策，欲擒斩成功，夺其兵，图兴复。煌言死，登越王岭遥祭，为文六千五百余言。与纶称“张司马二客”。

乾隆四十一年，高宗命录胜朝殉节诸臣，得专谥者二十六，通谥忠烈百十三，煌言与焉。忠节百八，烈愍五百七十六节，节愍八百四十三。祀忠义祠，职官四百九十五，士民千七百二十八。诸与煌言并起者，钱肃乐、沈宸荃、冯元飏，《明史》并有传。

张名振，字侯服，应天江宁人。崇祯末，为石浦游击。鲁王次长垣，率舟师赴之，封定西侯。以所部屯舟山，移南田，迎王居健跳所，与阮进、王朝先共击黄斌卿。斌卿，莆田人，崇祯末为舟山参将，唐王时封伯。名振奉鲁王如舟山，不纳。既，以王命进侯。斌卿法严急，配民为兵，籍大户田为官田，先后戕荆本澈、贺君尧。王次健跳，令进告籴，又不应。至是，名振破舟山，沈斌卿于海，迎王居焉。使日本乞师，不应。成功袭破郑彩，名振因声彩杀熊汝霖，郑遵谦罪，击破其余兵。俄，又袭杀朝先。师攻舟山，名振与煌言奉王南依成功。成功居王金门，名振屯岩头。成功初见名振不为礼，名振袒背示之，涅“赤心报国”四字，深入肤，乃与二万人，共谋复南京，攻崇明，破镇江，题诗金山而还。复与成功偕出，师次羊山，飓作，舟多损，惟名振部独完。再攻崇明，复入镇江，观兵仪真，侵吴淞，战屡胜。顺治十二年十二月，卒于军。或云成功鸩之。

王翊，字完勋，浙江余姚人。顺治四年，起兵下管，奉鲁王破上虞。是时萧山、会稽、台州、奉化民兵并起结山寨，无所得饷，则不免剽掠。翊与煌言皆履亩科税赡兵。陈天枢者，会稽山寨将也，荐刘翼明佐翊，武勇善战。东徇奉化，师与遇。引却。鲁王授翊官，累进至兵部尚书。复陷新昌，越余姚，拔浒山。固山额真金砺、浙江提督田雄合兵攻大岚山。八年七月，翊走还山，团练执以献，死定海。天枢与翼明攻陷新昌，视火药骤焚，急投水，月余死。翼明善大刀，治兵戒毋犯民，翊败，死于家。

肃乐、宸荃谥忠节，翊谥烈愍，斌卿谥节愍，名振不与，而其弟名扬死舟山，谥烈愍。

郑成功，初名森，字大木，福建南安人。父芝龙，明季入海，从颜思齐为盗，思齐死，代领其众。崇祯初，因巡抚熊文灿请降，授游击将军。以捕海盗刘香、李魁奇，攻红毛功，累擢总兵。

芝龙有弟三：芝虎、鸿逵、芝豹。芝虎与刘香搏战死。鸿逵初以武举从军。用芝龙功。授锦衣卫掌印千户。崇祯十四年，成武进士。明制，勋卫举甲科进三秩，授都指挥使。累迁亦至总兵。福王立南京，皆封伯，命鸿逵守瓜洲。顺治二年，师下江南，鸿逵兵败，奉唐王聿键入福建，与芝龙共拥立之，皆进侯，封芝豹伯。未几，又进芝龙平国公、鸿逵定国公。

芝龙尝娶日本妇，是生森，入南安学为诸生。芝龙引谒唐王，唐王宠异之，赐姓朱，为更名。寻封忠孝伯。唐王倚芝龙兄弟拥重兵。芝龙族人彩亦封伯，筑坛拜彩、鸿逵为将，分道出师，迁延不即行。招抚大学士洪承畴与芝龙同县，通书问，叙乡里，芝龙挟二心。三年，贝勒博洛师自浙江下福建，芝龙撤仙霞关守兵不为备，唐王坐是败。博洛师次泉州，书招芝龙，芝龙率所部降，成功谏不听。芝龙欲以成功见博洛，鸿逵阴纵之入海。四年，博洛师还，以芝龙归京师，隶汉军正黄旗，授三等精奇尼哈番。

成功谋举兵，兵寡，如南澳募兵，得数千人。会将吏盟，仍用唐王隆武号，自称"招讨大将军"。以洪政、陈辉、杨才、张正、余宽、郭新分将所部兵，移军鼓浪屿。成功年少，有文武略，拔出诸父兄中，近远皆属目，而彩奉鲁王以海自中左所改次长垣，进建国公，屯厦门。彩弟联，鲁王封为侯，据浯屿，相与为犄角。成功与彩合兵攻海澄，师赴援，洪政战死。成功又与鸿逵合兵围泉州，师赴援，围解。鸿逵入揭阳，成功颁明年隆武四年《大统历》。五年，成功陷同安，进犯泉州，总督陈锦师至，克同安，成功引兵退。六年，成功遣其将施琅等陷漳浦，下云霄镇，进次诏安。明桂王称帝，号肇庆，至是已三年。成功遣所署光禄卿陈士京朝桂王，始改用永历号。桂王使封成功延平公。鲁王次舟山，彩与鲁王贰，杀鲁王大学士熊汝霖及其将郑遵谦。七年,成功攻潮州,总兵王邦俊御战,成功败走。攻碣石寨,不克,施琅出降。成功袭夏门,击杀联,夺其军。彩出驻沙埕。鲁王将张名振讨杀汝霖、遵谦罪,击彩,彩引余兵走南海,居数年,成功招之还,居厦门,卒。

八年,桂王诏成功援广州,引师南次平海。使其族叔芝管等守夏门。福建巡抚张学圣遣泉州总兵马得功乘虚入焉,尽攫其家资以去。成功还,斩芝管,引兵入漳州。提督杨名高赴援,战于小盈岭,名高败绩,进陷漳浦。总督陈锦克舟山,名振进奉鲁王南奔,成功使迎居金门。九年,陷海澄,锦赴援,战于江东桥,锦败绩。左次泉州,成功复取诏安、南靖、平和,遂围漳州。锦师次凤凰山,为其奴所杀,以其首奔成功。漳州围八阅月,固山额真金砺等自浙江来援,与名高兵合,自长泰间道至漳州,击破成功。成功入海澄城守,金砺等师薄城,成功将王秀奇、郝文兴督兵力御,不能克。

上命芝龙书谕成功及鸿逵降,许赦罪授官,成功阳诺,诏金砺等率师还浙江。十年,封芝龙同安侯,而使赍敕封成功海澄公、鸿逵奉化伯,授芝豹左都督。芝龙虑成功不受命,别为书使鸿逵谕意,使至,成功不受,命为书报芝龙。芝豹奉其母诣京师,成功复出掠福建兴化诸属县。十一年,上再遣使谕成功,授靖海将军,命率所部分屯漳、潮、惠、泉四府。

成功初无意受抚,乃改中左所为思明州,设六官理事,分所部为七十二镇。遥奉桂王,承制封拜,月上鲁王豚、米,并厚廪泸、溪、宁、靖诸王,礼待诸遗臣王忠孝、沈全期、郭贞一、卢若胜、华若荐、徐孚远等,置储贤馆以养士。名振进率所部攻崇明,谋深入,成功嫉之,以方有和议,召使还。名振俄遇毒死。成功托科饷,四出劫掠,蔓及上游。福建巡抚佟国器疏闻,上密敕为备。李定国攻广东急,使成功趣会师,成功遣其将林察、周瑞率师赴之,迁延不即进。定国败走,成功又攻漳州,千总刘国轩以城献,再进,复陷同安。其将甘辉陷仙游,穴城入,杀掠殆尽。至是和议绝。

上命郑亲王世子济度为定远大将军,率师讨成功。十二年,左都御史袭鼎孳请诛芝龙，国器亦发芝龙与成功私书，乃夺芝龙爵，下狱。成功遣其将洪旭、陈六御攻陷舟山，进取温、台，闻济度师且至，堕安平镇及漳州、惠安、南安、同安诸城，撤兵聚思明。济度次泉州，檄招降，不纳。易为书，成功依违答之。上又令芝龙自狱中以书招成功，谓不降且族诛，成功终不应。十三年，济度以水师攻厦门，成功遣其将林顺、陈泽拒战，飓起，师引还。

成功以军储置海澄，使王秀奇与黄梧、苏明同守。梧先与明兄茂攻揭阳未克，成攻杀茂，并责梧。梧、明并怨成功。俟秀奇出，以海澄降济度。诏封梧海澄公，驻漳州，尽发郑氏墓，斩成功所置官。大将军伊尔德克舟山，击杀六御。成功陷闽安城牛心塔，使陈斌戍焉。十四年，鸿逵卒。师克闽安，斌降而杀之。成功陷台州。

十五年，谋大举深入，与其将甘辉、余新等率水师号十万，陷乐清，遂破温州，张煌言来会。将入江，次羊山，遇飓，舟败，退泊舟山。桂王使进封为王，成功辞，仍称招讨大将军。十六年五月，成功率辉、新等整军复出，次崇明，煌言来会，取瓜洲、攻镇江，使煌言前驱，溯江上。提督管效忠师赴援，战未合，成功将周全斌以所部陷阵，大雨，骑陷淖，成功兵徒跣击刺，往来剽疾，效忠师败绩。成功入镇江，将以违令斩全斌，继而释之，使守焉。进攻江宁，煌言次芜湖，庐、凤、宁、徽、池、太诸府县多与通款腾书成功，谓宜收旁郡县，以陆师急攻南京。成功狃屡胜，方谒明太祖陵，会将吏置酒，辉谏不听。崇明总兵梁化凤赴援，江宁总管喀喀木等合满、汉兵出战，袭破新军，诸军皆奔溃，遂大败，生得辉杀之。成功收余众犹数万，弃瓜洲、镇江，出海，欲取崇明。江苏巡抚蒋国柱遣兵赴援，化凤亦还。师御之，成功战复败，引还。煌言自间道走免。

上遣将军达素、闽浙总督李率泰分兵出漳州、同安，规取厦门。成功使陈鹏守高崎，族兄泰出浯屿而与周全斌、陈辉、黄庭次海门。师自漳州薄海门战，成功将周瑞、陈尧策死之，迫取辉舟，辉焚舟。战方急，风起，成功督巨舰冲入，泰亦自浯屿引舟合击，师大败，有满洲兵二百降，夜沈之海，师自同安向高崎，鹏约降。其部将陈蟒奋战，师以鹏已降，不备，亦败，成功收鹏杀之，引还。十七年，命靖南王耿继茂移镇福建，又以罗托为安南将军，讨成功。十八年，用黄梧议，徙滨海居民入内地，增兵守边。

成功自江南败还，知进取不易。桂王入缅甸，声援绝，势日蹙，乃规取台湾。台湾，福建海中岛，荷兰红毛人居之。芝龙与颜思齐为盗时，尝屯于此。荷兰筑城二，曰赤嵌、曰王城，其海口曰鹿耳门。荷兰人恃鹿耳门水浅不可渡，不为备。成功师至，水骤长丈余，舟大小衔尾径进，红毛人弃赤嵌走保王城，成功使谓之曰："土地我故有，当还我。珍宝恣尔载归。"围七阅月，红毛存者仅百数十，城下，皆遣归国。成功乃号台湾为东都，示将迎桂王狩焉。以陈永华为谋主，制法律，定职官，兴学校。台湾周千里，土地饶沃，招漳、泉、惠、潮四府民，辟草莱，兴屯聚，令诸将移家实之。水土恶，皆惮行，又以令严不敢请，铜山守将郭义、蔡禄入漳州降。是岁，圣祖即位，戮芝龙及诸子世恩、世荫、世默。

成功既得台湾，其将陈豹驻南澳，而令子锦居守思明。康熙元年，成功听周全斌谗，遣击豹，豹举军入广州降。恶锦与乳媪通，生子，遣泰就杀锦及其母董。会有讹言成功将尽杀诸将留厦门者，值全斌自南澳还，执而囚之，拥锦，用芝龙初封，称平国公，举兵拒命。成功方病，闻之，狂怒啮指，五月朔，尚据胡床受诸将谒，数日遽卒，年三十九。

成功子十，锦其长也，一名经。成功既卒，台湾诸将奉其幼弟世袭为招讨大将军。使于锦告丧。锦出全斌使为将，以永华为咨议，冯锡范为侍卫，引兵至台湾。诸将有欲拒锦立世袭者，全斌力战破之，锦乃入，嗣为延平王。世袭走泉州降。二年，锦还思明。泰尝与台湾诸将通书，锦得之，遂杀泰。泰弟鸣骏、赓，子缵绪亦走泉州降。诏封鸣骏遵义侯、缵绪慕恩伯，世袭、赓皆授左都督。诸将蔡鸣雷、陈辉、杨富、何义先后举军降。锦渐弱。

耿继茂、李率泰大发兵规取金、厦，出同安。马得功将降卒。并征红毛兵，出泉州。黄梧、施琅出海澄。锦令全斌当得功，遇于金门外乌沙，得功舟三百，红毛夹板船十四，全斌以二十舟入阵冲击，红毛炮皆不中，诸舟披靡，得功战死，而同安、海澄二道兵大胜，直破厦门。琅复进克金门、浯屿，锦退保铜山。三年，锦将杜辉以南澳降。铜山粮垂尽，全斌亦出降，封承恩伯。锦与其将黄廷坚守。继茂等复以水师出八尺门，廷与诸将翁求多等以三万人降，遂拔铜山，焚之，得仗舰无算。锦与永华及洪旭引余众，载其奴尽入台湾。改东都为东宁国，置天兴、万年二州，仍以永华综国政。

诏授施琅靖海将军。周全斌、杨富为副，督水师攻台湾，阻飓，有得进。四年，廷议罢兵。李率泰请遣知府慕天颜谕降，假卿衔，赍敕往。锦请称臣入贡如朝鲜，上未之许。六年，征琅入京师。撤降兵分屯诸省，严戍守界，不复以台湾为意。锦兵亦不出。相安者数年，滨海居民渐复业。

十二月，耿精忠将以福建叛应吴三桂，使约锦为援。十三年，精忠遂反，锦仍称永历年号。以永华辅长子克藏居守，与诸将冯锡范等督诸军渡海而西，入思明，取同安。锦以族人省英知思明，省英，芝管子也。集舟航，整部伍，方引军复出，而精忠与争泉州。泉州兵内乱，精忠所遣守将溃围走，迎锦师入，复攻下漳州。精忠遣兵围潮州，潮州总兵刘进忠降于锦，锦遣其将赵得胜入潮州，击破精忠兵。

锦更定军制，以锡范及参军陈绳武赞画诸政，诸将刘国轩、薛进思、何祐、许辉、施福、艾祯祥分领各军。省英为宣慰使，督各郡钱粮，令人月输银五分，曰“毛丁”。船计丈尺输税，曰“梁头”。盐司管盐场，盐石值二钱，征饷四钱。饷司科杂税给军。复开互市，英圭黎、暹罗、安南诸国市舶并至，思明井里烟火几如承平时。

十四年，精忠使贺年，锦亦报礼，自是复相结。永春民吕花，保所居村曰:“马跳”，不应征索，使进思围之，三月不下，诱花降而杀之。绩顺公沈瑞屯饶平，进忠攻之，何祐击破援兵，遂执瑞及其奴归于台湾。海澄公黄梧卒，子芳度保漳州。锦自海澄移军万松关，祐亦自潮州攻平和，降守将赖升。芳度孤守漳州，围合，总兵吴淑以城降，芳度死之，其奴皆殉。

十五年，康亲王杰书下福建，精忠降。克泉州，国轩复围之，两月不下。李光地迎师自间道赴援，总兵林贤、黄镐、林子威以舟师会，国轩退次长泰，堕同安，稍进屯漳洲溪西。师进击国轩，国轩败，弃长泰走。锦将许辉以二万人攻福州，壁乌龙江。康亲王遣副都统喇哈达等渡江奋击，破其垒，逐北四十里。兴、泉、汀、漳诸郡尽复，惟海澄未下。十六年，师克海澄，锦复破之，遂围泉州。锦下教叙国轩、淑、祐等功。副都统穆赫林等克泰宁、建宁、宁化、长汀、清流、归化、连城、上杭、武平、永定，凡十县。喇哈达等解泉州围，锦撤兵还思明。十七年，康亲王遣知府张仲举招锦，不纳。

国轩自长泰退据三汊河、玉洲、水头、镇门诸寨，屡遣兵攻石玛、江东桥。锦又遣其将林耀、林英犯泉州，提督段应举击破之，获耀。吴淑又自石玛登陆，海澄公黄芳世、都统孟安击破之，沈其舟。上令复徙滨海民如顺治十八年例，迁界守边。穆赫林、黄芳世会师湾腰树，攻国轩，师败绩。国轩陷平和、漳平，遂复破海澄，段应举、穆赫林及总兵黄兰死之。兰、梧族，芳度所遣诣京师奏事者也。国轩进围泉州。诏趣诸军合击，将军喇哈达、赖塔，总督姚启圣，巡抚吴兴作，提督杨捷，分道并进，贤、镐、子威以舟师会，克平和、漳平、惠安，复解泉州围。启圣与赖塔等逐国轩至长泰，及于蜈蚣山，大破之，斩四千余级，进克同安、斩锦将林钦。赖塔又破锦兵万松关，启圣、捷及副都统吉勒塔布等，与国轩战于江东桥，于潮沟，国轩屡败。副都统瑚图又击吴淑于石街，尽焚其舟。锦敛兵退保思明。

诏厚集舟师，规取金、厦。十九年，兴祚出同安，与启圣、捷会师，自陆路向厦门。提督万正色以水师攻海坛，分兵为六队前进，自统巨舰继。又以轻舟绕出左右，发炮毁锦师船十六，兵三千余入水死，锦将朱天贵引退。正色督兵追击，斩锦将吴内、林勋。湄洲、南日、平海、崇武诸澳皆下。天贵出降。副都统沃申击破锦将林英、张志，水陆并进，趋玉洲，国轩走还思明。锦将苏堪以海澄降。启圣分遣总兵赵得寿、黄大来从赖塔击破陈洲、马洲、湾腰山、观音山、黄旗诸寨。兴祚复与喇哈达等逐锦兵至浔尾，遂克厦门、金门，锦还壹湾。二十年，锦卒。

子克臧，自锦出师时为居守，永华请于锦号“监国”。年未冠，明察能沼事，顾乳媪子锡范等意不属，先构罢永华兵，永华郁郁死。及锦卒，遂共缢杀克臧，奉锦次子克爽嗣为延平王。

克爽幼弱，事皆决于锡范。行人傅为霖谋合诸将从中起，事泄，锡范执而杀之，并及续顺公沈瑞。诏用施琅为水师提督，与启圣规取台湾。二十二年，国轩投书启圣，复请称臣入贡视琉球，上趣琅进兵，时国轩以二万人守澎湖。六月，琅师乘南风登铜山，入八罩屿，攻澎湖，击沈锦师船二百，斩将吏三百七十有奇，兵万余。国轩以小舟自吼门走台湾。七月，克爽使请降，琅疏闻。上降敕宣抚，克爽上降表，琅遣侍卫吴启爵持榜入台湾谕军剃发。八月，琅督兵至鹿耳门，水浅不得入，泊十有二日。潮骤长高丈余，群舟平入。台湾人咸惊，谓无异成功初至时也。克爽及国轩、锡范率诸将吏出降，诣京师，上授克爽公爵，隶汉军正红旗，国轩、锡范皆伯爵。诸明宗人依郑氏者，宁靖王术桂自杀。鲁王子及他宗室皆徙河南。上以国轩为天津总兵，召对慰勉。眷属至，赐第京师，克爽请为成功子聪、锦子克举等叙官，上特许之。光绪初，德宗允船政大臣沈葆桢疏请，为成功立祠台湾。

李定国，字鸿远，陕西延安人。初从张献忠为乱，与孙可望、刘文秀、艾能奇并为献忠养子，献忠入四川，遣诸将分道屠杀，定国为抚南将军。顺治三年，肃亲王豪格率师入四川，献忠死西充。可望与定国等及白文选、冯双礼率残众自重庆而南，四年，破遵义，入贵州。可望令定国袭破临安，屠其城，尽下迤东诸郡县，定国等皆自号为王。居年余，可望用任僎议，自号为国主。

时能奇已前卒，定国、文秀故侪辈，不相下，而定国尤崛强。六年春，可望密与文秀谋藉演武声定国罪，缚而杖之百。已，复相抱哭，令取沙定洲自赎。定国憾可望，念兄事久，未可遽发难，乃率所部攻定洲，定洲降，械以归，剥皮死。定国兵渐强。可望知不可制，乃通使桂王，思得封爵。弹压诸将。桂王封可望公，寻进为王。定国与文秀亦自侯进公。八年，可望遣使迎桂王。九年，劫迁安隆所。会定南王孔有德师出河池向贵州，可望令定国与冯双礼将八万人自黎平出靖州，别遣马进忠自镇远出沅州，两军会武冈，图桂林。文秀亦出兵规取成都。可望言于桂王，进定国西宁王、文秀南康王。

定国自靖州进陷沅州，再进，陷宝庆，遂破武冈，与双礼兵合。有德引师还桂林。定国使张胜、郭有铭为前锋，趋严关，而令双礼与高文贵、靳统武继其后。有德遣兵逆战驿湖，败绩，陷全州。定国与王之邦、刘之讲、吴子圣、廖鱼、卜宁率所部自西延大埠疾驰向桂林，胜、有铭已破严关。有德率师出战，定国军中象陈略退，斩驭象者以徇，所部战甚力，驱象突阵，有德败，绩退保桂林。定国昼夜环攻，城陷，有德自杀。定国分兵徇广西诸郡，县梧州、柳州皆下，又遣白文选攻陷辰州。大将军敬谨亲王尼堪率师南征，次湘潭。马进忠引退，师从之，次衡州。定国赴援，两军同时至，战衡州城下，定国败走。敬谨亲王自率精骑追之，遇伏，没于阵。定国收兵屯武冈。

定国转战广西，湖广，下数十城。兵屡胜，可望益嫉之，次沅州，召定国计事，将以衡州败为定国罪而杀之。定国察其意，辞不赴。十年，率进忠等犯永州。大将军、贝勒屯齐率师自衡州赴之，未至，定国度龙虎关复入广西，次柳州。可望谋会双礼追定国，自靖州进次宝庆。贝勒屯齐遣兵自永州要击，可望败走，还贵阳。定国自柳州道怀集，攻肇庆，师自广州赴援，战四会河口，定国兵败。移军破长乐，行略高，雷、廉三府，悉属于定国。

桂王在安隆，马吉翔为政，遥奉可望指，可望自帝甚急，王惧，与大学士吴贞毓谋，密遣林青阳敕定国统兵入卫，定国感泣，议奉迎，青阳密使报王。王复遣周官铸“屏翰亲臣”金印赐之，定国拜受命，十一年，事为吉翔闻，启可望，可望怒，遣其将郑国按治，杀贞毓、青阳及诸与谋者凡十八人，独官走免。定国发兵陷商明，进围新城。平南王尚可善、靖南王耿继茂赴援，次三水，将军珠玛喇以师会，战于珊洲，定国兵败，退保新会。师进击之，定国败走。十二年，师进次兴业，再进次横州江上，定国战屡败，乃道宾州走南宁。可喜等抚定高、雷、廉三府及广西横州。十三年，师进攻南宁，定国战复败，将道安隆入云南。可望诇知之，遣白文选移桂王贵阳。文选心不直可望，因密告王曰："姑迟行，候西府"。西府谓定国也，定国至，文选与共奉王自安南卫入云南，文秀自四川还军，可望令与诸将王尚礼、王自奇守云南，亦不直可望，遂与沐天波迓王入居可望廨，进定国晋王，并封文秀、文选皆王，尚礼等公。令文选还贵阳喻意，可望夺文秀兵，置之军中。定国令靳统武收吉翔，将杀之，吉翔哀统武为言于定国，召入谒，叩头，谄定国，定国荐于王，使入阁，复用事。

十四年，可望举兵反攻定国，起文选为将，留双礼守贵阳。定国与文秀率师御之，遇于三岔河。两军夹河而阵，文选弃其军奔定国，可望遣张胜、马宝自寻甸间道袭云南，而自将当定国。战方合，其将马维兴先奔，兵尽溃，可望走还贵阳。定国遣文秀追可望，引军还云南，遇胜于浑水塘，获而杀之，宝降定国。可望至贵阳，双礼言追兵且至，可望乃诣经略洪承畴降。双礼尽取其子女玉帛，从文秀归云南，桂王进双礼王、惟兴等公。

十五年，大将军罗托自湖南，吴三桂自四川，将军卓布泰自广西，三道入贵州。文秀病卒。定国使刘正国、杨武守三坡；红关诸隘，御三桂，马进忠守贵州，会王自奇、关有才贰于定国，据永昌举兵，定国自将击之。罗托师自镇远入，定国有及援，卓布泰亦尽下南丹、那地、独山诸州，两军会贵阳，进忠遁去。三桂师后入，至三坡，正国拒战，大败，自水西奔还云南。师次开州，武迎战倒流水，亦败，遂取遵义。王拜定国招讨大元帅，赐黄钺，谋御敌。三桂亦入贵阳，大将军信郡王多尼至军。会师平越，戒期入云南。定国与双礼扼鸡公背，图复贵州，文选守七星关。三桂师自遵义趋天生桥，出水西，克乌撒，文选弃关走沾益。卓布泰兵次盘江，自下流宵济，遂入安隆，定国将吴子圣拒战，败走。定国以全军据双河口，卓布泰师进破象阵，迭战罗炎、凉水井，定国兵溃，妻子俱散失，诸将窜走不相顾。定国收兵还云南，奉桂王走永昌。

十六年春，师自普安入云南会城。定国使靳统武护桂王走腾越，文选自沾益追及定国，定国使断后，屯玉龙关。师从之，文选战而败，自右甸走木邦，师遂克永昌，渡潞江，陟磨盘山。定国使其将窦民望、高文贵、王玺为三伏以待。师半度，以炮发其伏，伏起力战，自至午短兵接，死者如堵墙。民望弹穿胁，犹持刀溃围出，乃死。玺亦死于阵。定国坐山巅督战，飞炮堕其前，土坌起扑面，遂奔，退走滕越。未至，马吉翔以桂王走南甸。统武还从定国，双礼渡金沙江走建昌，其部将执以出降。

桂王入缅甸，定国次孟艮，如木邦，从文选谋，分屯边境。文选将入卫王，与定国意异。定国乃移驻猛缅，收残部，势稍振。未几，复移驻孟连。贺九仪招文秀将张国用、赵得胜归定国，孟艮酋惧定国兼并，攻定国，定国击破之，遂据其地。号召诸土司起兵，沅江土司那嵩应定国。三桂讨焉，嵩自焚死。三桂使招九仪，定国执而杀之。国用、得胜皆鞅鞅不为用，定国坐是终不竟。十七，文选自木邦攻阿瓦，求出桂王，不克，引兵会定国孟艮。十八年，合兵复攻阿瓦，定国上三十余疏迎桂王，为吉翔所阴，不得达。文选使密启王，得报书。与缅人战，定国军稍却，文选引兵横击之，缅人大败，退城守，然终不肯出桂王。复议以舟师攻之，造船，为缅人所焚，乃移兵次洞鄔、国用、得胜挟文选北走，定国还孟良。文选至耿马，遇定国将吴三省，方得定国妻子，将归诸定国，乃合军驻锡箔，凭江为险。三桂与将军爱星阿会木邦，倍道深入，文选降。师薄阿瓦缅人执王归于我师。

定国自景线走猛腊，遣将入车里、暹罗诸国乞师，皆不应。伺边上求王消息。康熙元年，闻王凶问，号恸祈死。六月壬子，其生日也，病作，诫其子及靳统武曰："任死荒徼，毋降"。乙丑，定国卒。统武寻亦卒。嗣兴文秀子震率所部出降。

论曰：当鼎革之际，胜国遗臣举兵图兴复，时势既去，不可为而为，盖鲜有济者。徒以忠义郁结，深入于人心，陵谷可得沬更，精诚不可得。煌言势穷兵散，终不肯为逭死之计。成功大举不克，退求自保，存先代正朔。定国以降将受命败军后，崎岖险阻，百折而不挠，比之扩廓帖木儿、陈友定辈，何多让焉。即用《明史》例，次于开国群雄之列。既表先代遗忠，并以见其倔强山海间，远至三十余年，近亦十余年。开创艰难，卒能定于一，非偶然也。

清史稿卷二二五

列传第一二

额亦都 费英东 子索海 孙倭黑 何和礼 子多积礼 和硕图 都类 安费扬古 扈尔汉

额亦都，钮祜禄氏，世居长白山。以资雄乡里。祖阿陵阿拜颜，移居英峩峪。父都陵阿巴图鲁。岁壬戌，额亦都生。幼时，父母为仇家所杀，匿邻村以免。年十三，手刃其仇。有姑嫁嘉木瑚寨长穆通阿，往依焉。穆通阿子哈思护，长额亦都二岁，相得甚欢，居数岁，庚辰，太祖行经嘉木瑚寨，宿穆通阿家。额亦都与太祖语，心知非常人，遂请从，其姑止之，额亦都曰："大丈夫生世间，能以碌碌终乎？此行任所之，誓不贻姑忧。"翌日，遂从太祖行。是岁太祖年二十二，额亦都年十九。太祖为族人所惎，数见侵侮，矢及于户，额亦都护左右，卒弭其难。

居三年，岁癸未，太祖起兵，额亦都从，讨尼堪外兰，攻图伦城，先登。攻色克济城，掩敌无备，取之，获其牛马、甲士。又别将兵攻舒勒克布占，克其城。额亦都骁果善战，挽强弓十石，能以少击众，所向克捷，太祖知其能，日见信任。岁丁亥八月，令将兵取巴尔达城。至浑河，秋水方至，不能涉，以绳约军士，鱼贯而渡，夜薄其城，率骁卒先登，城兵惊起拒，跨堞而战，飞矢贯股著于堞，挥刀断矢，战益力，被五十余创，不退，卒拔其城。师还，太祖迎于郊，燕劳，其所俘获悉畀之，号为“巴图鲁。”萨克察来攻，额亦都率数卒出御，为所败。夜入其城，进攻克尼玛兰、章家二城，索尔瑚寨，师还，太祖迎劳如初。界藩有科什者，以勇闻，盗九马以遁，额亦都单骑追斩之，尽返所盗马。嘉木瑚人贝挥巴颜谋叛附哈达，太祖命额亦都讨之，诛其父子五人以徇。

岁癸巳九月，叶赫等九部合师来侵，攻我黑济格城，太祖亲御之，阵于古勒山。令额亦都以百骑挑战，敌悉众来犯，奋击，殆九人，敌却，我师乘之，禽叶赫贝勒布赛。九部师皆溃，遂乘胜略诺赛寨及兆佳村。有齐法罕者，战没，额亦都直入敌阵，以其尸还。讷殷路者，九部之一也，其长搜稳寨克什，既败归，复聚七寨之众守佛多和山自固。太祖命额亦都偕噶盖、安费扬古，以兵千人围其寨，克之，斩搜稳寨克什，太祖以所乘马赐之。岁己亥秋，从征哈达，灭之。

岁丁未五月，从贝勒巴雅喇等伐东海渥集部，取赫席黑、俄漠和苏鲁、佛讷赫拖克索等三路，俘二千人。九月，从征辉发，灭之。岁庚戌十一月，太祖命将兵千，抚渥集部那木都鲁、绥分、宁古塔、尼玛察四路，降其长康古礼等十九人。旋乘胜取雅揽路，俘万人。岁辛亥，太祖命偕何和礼、扈尔汉将兵二千伐渥集部虎尔哈路，围札库塔城三日，招之不下，遂攻克其城，斩千级，俘二千人。环近各路悉降，令其长土勒伸、额勒伸护其民五百户以还。岁癸丑，从征乌拉，灭之。

岁乙卯，定旗制，额亦都隶满洲镶黄旗。天命建元，置五大臣，以命额亦都，国语谓之“达拉哈辖”。二年，命偕安费扬古攻明马根单、花豹冲、三岔儿诸堡，皆克之。四年，明经略杨镐大举来侵，总兵杜松军自抚顺入。三月甲申朔，诸贝勒帅师出御。日过午，师至太兰冈，大贝勒代善以太祖未至，议驻军以俟。太宗时号四贝勒，谓：“界藩有我筑城夫役，宜急护之！何为次，且示弱？”额亦都大言曰：“四贝勒之言是也！”师遂进。师至界藩，筑城夫役腾跃下山赴战，太祖亦至，指挥夹击，松军遂覆，还破马林于尚间崖、刘綎于阿布达里冈，额亦都并为军锋。

太祖有所征讨，额亦都皆在行间，未尝挫衄。每克敌受赐，辄散给将士之有功者，不以自私。太祖厚遇之，始妻以族妹，后以和硕公主降焉。

额亦都次子达启，少材武，太祖育于宫中，长使尚皇女。达启怙宠而骄，遇诸皇子无礼，额亦都患之。一日，集诸子宴别墅，酒行，忽起，命执达启，众皆愕。额亦都抽刃而言曰："天下安有父杀子者，顾此子傲慢，及今不治，他日必负国败门户，不从者血此刃！"众乃惧，引达启入室，以被覆杀之。额亦都诣太祖谢，太祖惊婉久之，乃嗟叹。谓额亦都为国深虑，不可及也。

累官至左翼总兵官、一等大臣，给以百人廪食，食三世。分所部为世管牛录三，分棣镶黄、正白二旗。六年，克辽阳，赐第一区。六月，卒，年六十，太祖临哭者三。天聪元年，追封弘毅公。崇德初，配享太庙。顺治十一年，世祖命立碑旌功，亲为制文，详著其战阀，以为"忠勇忘身，有始有卒，开拓疆土，厥绩懋焉。"

额亦都子十六人，其知名者，彻尔格、图尔格、伊尔登、超哈尔、遏必隆，皆自有传。四子韩代，五子阿达海，及阿达海之子阿哈尼堪，并以从征战死。七子谟海，蚤岁从军，屡立战功，仕至都统，亦战死。十五子孙索浑，从太宗战伐有功，授世管牛录额真，累迁至议政大臣。

额亦都初授一等总兵官，康熙间改袭一等精奇尼哈番，乾隆元年改一等子。图尔格别封公爵，以其从孙阿里衮及阿里衮子丰升额父子相继有功，进一等果毅继勇公。高宗谕："额亦都后已进一等公，其初封子爵仍绍封如故。"

费英东，瓜尔佳氏，苏完部人。父索尔果，为部长。太祖起兵之六年，岁戊子，索尔果率所部五百户来归。费英东时年二十有五，善射，引强弓十余石。忠直敢言，太祖使佐理政事授一等大臣，以皇长子台吉褚英女妻焉。兑沁巴颜者，费英东女兄之夫也，有逆谋，费英东擒而诛之。旋授札尔固齐，扎尔固齐职听讼治民。

太祖命费英东伐瓦尔喀部，取噶嘉路，杀其酋阿球，降其众以归。岁戊戌正月，太祖命费英东从台吉褚英、巴雅喇，伐瓦尔喀部安褚拉库路，将兵千，克屯寨二十余，收所属村落。岁己亥秋九月，哈达、叶赫二部构兵，哈达贝勒孟格布禄乞援于太祖，太祖命费英东及噶盖将兵二千戍哈达。既而贰于明，费英东等以其谋闻，哈达以是亡。

岁丁未春正月，瓦尔喀部蜚悠城长策穆特黑请徙所部属太祖，太祖命费英东从贝勒舒尔哈齐等将兵三千以往，收环城居民五百户，分兵三百授扈尔汉，使护之先行。乌喇贝勒布占泰发兵万人要诸途，费英东从诸贝勒督后军至，大败乌喇兵。夏五月，太祖命费英东从贝勒巴雅喇伐渥集部，略赫席黑等路，俘二千人以还。岁辛亥秋七月，渥集部乌尔古辰，木伦二路掠他路太祖所赐甲，太祖命费英东从台吉阿巴泰将千人讨之，俘千余人以还。岁癸丑，从太祖伐乌喇，灭之。

岁乙卯，太祖将建号，设八旗，命费英东隶镶黄旗，为左翼固山额真。置五大臣辅政，以命费英东，仍领一等大臣、札尔固齐如故。明年岁丙辰，太祖遂建国，改元天命。三年，始用兵于明，费英东从攻抚顺。明总兵张承荫以万骑来援，据险而阵，火器竞发。费英东马惊旁逸，诸军为之却，费英东旋马大呼，麾诸军并进，遂破之。太祖叹曰："此真万人敌也！"四年，明大举来侵，分道深入。明总兵杜松屯萨尔浒山巅，费英东所部属左翼，合诸旗奋击破之，松战死，明师以是沮败。秋八月，太祖伐叶赫，费英东从，薄其城，城人飞石投火，太祖命且退，费英东曰："我兵已薄城，安可退也？"又命之，费英东曰："城垂克，必毋退！"遂拔其城，太宗谕金台石降，费英东在侧，相与诘责，卒获金台石，叶赫以是破。

费英东事太祖，转战，每遇敌，身先士卒，战必胜，攻必克，摧锋陷阵，当者辄披靡，国事有阙失，辄强谏，毅然不稍挠。佐太祖成帝业，功最高。五年春三月，太祖定武功爵，授费英东三等总兵官。是月，费英东卒，年五十有七。方疾革，日向西，云起，有声铿訇，雷电雨雹交至，不移时而霁。太祖将临丧，诸贝勒以日晏谏，太祖曰："吾股肱大臣，与同休戚，今先雕丧，吾能无悲乎？"遂往，哭之恸，至夜分始还。秋九月，太祖祭贝勒穆尔哈齐墓，出郊，因至费英东墓，躬奠酒者三，泣数行下。

天聪六年，太宗命追封直义公。崇德元年，始建太庙，以费英东配享。太宗尝谕群臣曰："费英东见人不善，必先自斥责而后劾之。见人之善，必先自奖劝而后举之。被劾者无怨言，被举者亦无骄色。朕未闻诸臣以善恶直奏如斯人者也！"顺治十六年，世祖诏曰："费英东事太祖，参赞庙谟，恢扩疆土，为开创佐命第一功臣。延世之赏，勿称其勋，命进爵为三等公。"康熙九年，圣祖亲为文勒碑墓道，称其功寇诸臣，为一代元勋。雍正九年，世宗命加封号曰信勇。乾隆四十三年，高宗复命进爵为一等公。费英东子十，图赖自有传。

索海，费英东第六子，袭总兵官。旋坐事，夺职。太宗天聪五年，初置六部，授刑部承政。七年，与兵部承政车尔格桢明边，至锦州，有所俘馘，命管牛录事。崇德三年，更定部院官制，改都察院左参政。十月，从太宗伐明，略大凌河，下屯堡十四，复授刑部承政。

四年，索伦部博木博果尔等降而复叛，命索海及工部承政萨木什喀帅师往讨之。克雅克萨兀库尔二城，进攻铎陈城，博木博果尔以六千人来援，乘我师后，索海设伏以待，破敌，俘四百，乘胜入其垒，博亦博果尔遁去。索海率诸将攻挂喇尔屯，攻克之，屯兵五百，斩级二百俘百三十还。逐敌额苏里屯西、额尔图屯东，俘六千九百五十六人，半羊驼马称是。师还，命贝勒杜度、阿巴泰迎劳，太宗幸实胜寺，赐宴。叙功，授二等甲喇章京。兵部劾索海行军不立寨，俘有逋者，当夺赏，命贯之。

六年春，从睿亲王多尔衮等出师围锦州，坐私遣官兵归，离城远屯，征还，与谭泰、阿山、叶克书等皆罚锾。夏，复从多尔衮等出师围锦州，城兵出行汲小凌河、索海以兵四百邀击，斩九十余级，遂从攻松山，击破明军。明有敏惠恭和元妃之丧，索海召降将祖大乐俳优至其帐歌舞，刑部论索海当死，削职。上使谕之曰："尔既耽逸乐，姑自娱于家，自今毋至笃恭殿及大清门前。"索海遂坐废，终太宗世不复用。世祖顺治二年，以副都统从征四川，卒于军。子多颇罗，以从入关击流贼有劳，授牛录章京，进一等甲喇章京。十四年，从信郡王多尼征云南，战死磨盘山。

倭黑，费英东诸孙。父察哈尼。方索海嗣父爵而黜也，太宗以纳海、图赖分袭，既又以事夺爵，复以察哈尼袭。寻改三等昂邦章京。卒，子倭黑，袭。世祖初元，从入关。四年，复更定爵秩，改三等精奇尼哈番，遇恩诏累进一等。十六年，进三等公，并授内大臣。康熙八年，圣祖谴鳌拜，吏部议倭黑与同族，当黜，命罢内大臣，隶骁骑营。

吴三桂反，倭黑从征。十三年，命以署副都统率兖州驻防兵，佐定南将军希尔根进讨，败耿精忠将左宗邦于分宜，败吴三桂将朱君聘、黄乃忠于袁州，遂收安福。击贼鸾石岭、白水口，屡捷。十五年，加太子太保。从大将军安亲王岳乐复萍乡，至长沙，击败吴三桂兵。十六年，岳乐分兵授倭黑，令驻茶陵。十七年，移屯攸县。十八年，从大将军贝子章泰下云南，授镶黄旗蒙古副都统。云南平，二十一年，擢都统。议政大臣议诸将帅功罪，以倭黑击贼长沙尝引退，尝谴，命罢太子太保。三十年，卒。子傅尔丹，自有传。

何和礼，栋鄂氏，其先自瓦尔喀迁于栋鄂，别为一部，因以地为姓。何和礼祖曰克彻巴颜，父曰额勒吉，兄曰屯珠鲁巴颜，世为其部长。何和礼年二十六，代兄其部。栋鄂部索强，克彻巴颜与章甲城长阿哈纳相仇怨。阿哈纳，兴祖诸孙，为"宁古塔"六贝勒之一。栋鄂屡侵宁古塔，宁古塔借兵哈达伐栋鄂，互攻掠。

太祖初起兵，闻何和礼所部兵马精壮，乃加礼招致之。岁戊子，太祖纳哈达女为妃，何和礼率三十骑卫行。比还，遂以所部来附，太祖以长女妻焉。何和礼故有妻，挟所部留故地者，求与何和礼战，太祖面谕之，乃罢兵降。旗制初定，何和礼所部隶红旗，为本旗总管。岁戊申，从太祖征乌喇，率本旗兵破敌有功。岁辛亥，太祖命与额亦都、扈尔汉将兵伐渥集部虎尔哈路，克扎库塔城。岁癸丑，从太祖再征乌喇。太祖招谕布占泰，犹冀其悛悔，何和礼与诸贝勒力请进攻，遂灭乌喇。天命建元，旗制更定，何和礼所部隶正红旗。置五大臣，何和礼与焉。四年，从破明经略杨镐。六年，下沈阳、辽阳，何和礼皆在行间，叙功，授三等总兵官。九年八月，卒，年六十有四。时费英东、额亦都、安费扬古、扈尔汉皆前卒，太祖哭之恸，曰："朕所与并肩友好诸大臣，何不遗一人以送朕老耶？"太宗朝，进爵为三等公。顺治十二年，追谥温顺，勒石纪功。雍正九年，加封号曰勇勤。子六。

多积礼，何和礼次子。初授牛录额真。事四贝勒，从伐乌拉。天聪间，擢甲喇额真。从伐锦州，围大凌河，授游击世职。崇德元年，帅师伐东海瓦尔喀部，俘壮丁三百余，擢本旗梅勒额真。四年，与镇国公扎喀纳率兵屯藩、屏二城间，卒窃马遁去，追之勿及。论罪，夺世职，籍没，上命留弓矢、甲胄及三马，仍领梅勒额真事。六年，从击洪承畴，率骑兵循海追捕，斩获甚众。七年，以老罢。顺治五年，卒。

和硕图，何和礼四子。初袭三等总兵官。太祖以大贝勒代善女妻焉，号和硕额附。太宗即位，授正红旗固山额真。天聪元年，从击朝鲜，又从伐明，攻锦州、宁远有功。二年，从贝勒阿巴泰帅师破锦州、杏山、松山诸路。九月，复伐察哈尔，克其四路军。以功加五牛录，进爵三等公。三年，从贝勒岳托帅师攻大安山口，败明戍兵于马兰峪，再败明援兵于石门寨，复从太宗攻遵化，率本旗兵攻其城西北，克之。师薄燕京，结营土城关，明兵来攻，击却之。复败明师于卢沟桥，与副都统阿山等阵斩明武经略满桂、总兵孙祖寿，获黑云龙、麻登云。师旋，克永平，帅骑兵守滦州。五年，从围大凌河城，以本旗兵当其西北。明兵突围出，与都统叶臣等夹击破之，追奔及城濠而还。七年，上询伐明及朝鲜、察哈尔三国何先，和硕图疏言："宜先葺治诸城堡，乃觇明边，乘瑕而入。若天佑我，各城纳款，势不能速归，南界六城，立界屯耕，修筑可差后。虑我兵既出，敌伺其隙，鞭长不及，难为援也。沈阳、牛庄、耀州三城宜先缮完，庶边界内外皆可长驱。”七月，和硕图卒，上亲临哭之。顺治十二年，追谥端恪。

都类，何和礼第五子，公主出也。初为牛录额真，荐擢本旗固山额真。以公主子，增领两牛录。崇德元德，从太宗伐朝鲜，薄汉城，先登，城溃，率阿礼超哈兵入城搜剿。以失察所部违法乱行，罚锾，夺所分俘获。三年，从贝勒岳托伐明，次密云墙子岭。明将以三千人来拒，都类与谭泰督部将夹击，大败之，获马百、驼二十。军分四道进，所当辄摧破，略地至济南而还。四年，从郑亲王济尔哈朗围锦州，坐所部退缩，又受蒙古馈遗，罚锾。未几，所部讦告都类在山东时，纵厮养盗马，私发明德王埋藏珍物，坐论死，上贷之，夺职，籍没。八年，复起为固山额真，镇锦州。顺治三年，从肃亲王豪格征张献忠，分兵定庆阳，会师西充，击杀献忠，与贝勒尼堪等戡定川北州县。师还，论功，并遇恩诏，累进二等伯。十三年，卒。

安费扬古，觉尔察氏，世居瑚济寨。父完布禄，事太祖，有章甲、尼麻喇人诱之叛，不从，又劫其孙以要之，终无贰志。安费扬古少事太祖。旗制定，隶满洲镶蓝旗。

岁癸未，太祖兵初起，仇尼堪外兰，克图伦城，攻甲版。萨尔浒城长诺米讷，奈喀达阴助尼堪外兰，漏师期，尼堪外兰得遁去。太祖憾诺米讷、奈喀达，执而杀之，使安费扬古率兵取其城。康嘉者，太祖再从兄弟也，惎太祖英武，与群从谋以哈达兵至，俾兆佳城长李岱为导，劫瑚济寨。既，引去，安费扬古方猎，闻有兵，与巴逊以十二人追及，击破之。岁甲申正月，从太祖攻兆佳城，获李岱。其党李古里扎泰走附汪泰，安费扬古以太祖命往谕，并汪泰降之。六月，从太祖攻马儿墩寨，寨负险，守者甚备，矢石杂下，攻三日不克。安费扬古夜率兵自间道攀崖而上，拔其寨。岁丁亥六月，太祖伐哲陈部，八月，克洞城，岁戊子九月，克王甲城，安费扬古皆从战有功。寻攻克章甲、尼麻喇、赫彻穆诸城，又取香潭寨。其长李躬勒兵以殿，哈达贝勒孟格布禄率骑追至，一骑出太祖前，太祖方引弓射，复有三骑突至，太祖马几坠，三骑挥刀来犯，安费扬古截击，尽斩之。太祖亦射孟格布禄中马踣,敌骑败走。太祖嘉其勇,赐号硕翁科罗巴图鲁,九月,太祖既破九部师,闰十一月,命与额亦都、噶盖等攻讷殷路佛多和山寨,斩其长搜稳寨克什。岁己亥九月,从太祖灭哈达。

岁辛亥七月,命与台吉阿巴泰等伐渥集部乌尔古辰、木伦二路,取其地,俘其人以归。岁癸丑正月,从太祖灭乌喇师薄城,安费扬古执纛先登。寻置五大臣,安费扬古与焉。天命元年七月,命与扈尔汉帅师伐东海萨哈达部,至元尔简河,刳木为舟,水陆并进,取河南北三十六寨。八月丁巳,师至黑龙江之阳,江水常以九月始冰,是日当驻师处独冰,宽将六十步,若浮梁。安费扬古曰:“此天佑我国也!”策骑先涉,众竞从之,师毕度,冰旋解,遂取江北十一寨,降使犬、诺洛、石拉忻三路。三年四月,太祖取抚顺,明总兵张承荫等赴援,分为三营安费扬古击其左营大破之,遂乘胜取三岔儿诸堡。四年,破明经略杨镐,灭叶赫。。六年,取沈阳、辽阳。安费扬古皆在行间。

七年七月,卒,年六十四。顺治十六年,追谥敏壮,立碑纪其功。太宗尝谕群臣曰:“昔达海、库尔缠劝朕用汉衣寇,朕谓非用武所宜。我等宽袍大袖,有如安费扬古、劳萨其人者,挺身突入,能御之乎?”当日猛士如云,而二人尤杰出云。

子达尔岱、阿尔岱、硕尔辉。达尔岱以甲喇额真事太宗。伐明,攻大凌河,守臧家堡,取锦州宁远,征朝鲜,皆有功。顺治二年,授拖沙喇哈番。七年,追叙安费扬古功,进一等阿达哈哈番。康熙五十二年,圣祖念安费扬古开国勋,别授三等阿达哈哈番,令其孙明岱分袭。阿尔岱子都尔德及硕尔辉孙逊塔,皆有功,受爵世祖朝,别有传。

扈尔汉,佟佳氏,世居雅尔古寨。父扈喇虎,与族人相仇,率所部来归,是岁戊子,太祖起兵之六年也,扈尔汉年十三,太祖养以为子。稍长,使为侍卫。旗制定,隶满洲正白旗。扈尔汉感太祖抚育恩,誓效死,战辄为前锋。

瓦尔喀部蜚悠城初属乌喇，勒布占泰待之虐，丁未正月，城长策穆特黑请徙附太祖，太祖命贝勒舒尔哈齐等将三千人迎之，扈尔汉从，既至蜚悠城，收环城屯寨凡五百户，使扈尔汉与扬古利率兵三百，护以前行。布占泰发兵万人邀诸路，扈尔汉结寨山巅，使蜚悠城来附者五百户入保，分兵百人卫之。自率二百人与乌喇兵万人各据山为阵，相持，使驰告后军。翼日，乌喇悉众来战，扬古利迎击，乌喇兵稍退，会后军至，奋击，大破之。夏五月，太祖命贝勒巴雅喇将千人伐渥集部，扈尔汉从，取赫席黑、俄漠和苏鲁、佛讷赫拕克索三路，俘二千人。己酉冬十二月，复命扈尔汉将千人伐渥集部，取滹野路，收二千户以还，太祖嘉其功，赉甲胄及马，赐号“达尔汉”。辛亥冬十二月，复命扈尔汉及何和礼、额亦都将二千人伐渥集部虎尔哈路，克扎库塔城，斩千余级，俘二千人，抚环近诸路，收五百户以还。癸丑，太祖讨乌喇，扈尔汉及诸将皆从战，夺门入，遂灭乌喇。太祖置五大臣，扈尔汉与焉。

先是太祖与明盟，画界，戒民毋窃逾，违者杀毋赦。至天命初将十年，明民越境采参鉴矿。取树木果蔬，殆岁有之。太祖使扈尔汉行边，遇明民逾塞，取而杀之，凡五十余辈，太祖遣纲古里、方吉纳如广宁，广宁巡抚李维翰击诸狱，而使来责言，且求杀逾塞民者，太祖拒不许。既乃取叶赫俘十人戮抚顺关下，明亦释使者。是年秋七月，太祖命扈尔汉及安费扬古将二千人代萨哈连部，道收兀尔简河南北三十六寨。逐进攻萨哈连部，取十一寨，降其三路。语详《安费扬古传》。

四年春二月，明经略杨镐大举四道来侵，三月，太祖督军御之，扈尔汉从贝勒阿敏先行，与明游击乔一琦遇，击败之。时朝鲜出军助明，其帅姜宏立屯孤拉库岭，一琦收残卒匿朝鲜营。扈尔汉从诸贝勒击明军，战于萨尔浒，破明将杜松等。战于尚间崖，破明将马林等，扈尔汉皆在行间。明将刘綎自宽奠入董鄂路，牛录额真托保等战不利。扈尔汉帅师与托保合军，凭隘为伏，诸贝勒军出瓦尔喀什林。刘綎将率兵登阿布达里冈为陈，扈尔汉引军扼其冲，诸贝勒继至，东西夹击，破之，綎战死，明兵遂熸。五年，太祖取沈阳，扈尔汉从击明总兵贺世贤等，败之。历加世职至三等总兵官。八年冬十月，卒，年甫四十八，太祖亲临其丧。

扈尔汉诸子：浑塔袭三等总兵官，其后不著，准塔别有传。阿拉密袭准塔世职，附见《准塔传》。

论曰：国初置五大臣以理政听讼，有征伐则帅师以出，盖实兼将帅之重焉。额亦都归太祖最早，巍然元从，战阀亦最多。费英东尤以忠谠著，历朝褒许，稍佐命第一。何和礼，安费扬古、扈尔汉后先奔走，共成筚路蓝缕之烈，积三十年，辅成大业，功施烂然。太祖建号后，诸子皆长且才，故五大臣没而四大贝勒执政。他塔喇希福祖罗屯，传言列五大臣，或实阙员时尝简补欤？草昧传闻，盖不可深考矣。